PERSPECTIVAS
sobre PAULO

organizadores
SCOT MCKNIGHT
B.J. OROPEZA

PERSPECTIVAS *sobre* PAULO
CINCO PONTOS *de* VISTA

John M.G. Barclay
A. Andrew Das
James D.G. Dunn
Brant Pitre
Magnus Zetterholm

Título original: *Perspectives on Paul: Five Views*
Copyright © 2020 por Scot McKnight e B. J. Oropeza
Edição original por Baker Academic a division of Baker Publishing Group. Todos os direitos reservados.
Copyright de tradução © Vida Melhor Editora LTDA., 2021.

Todos os direitos desta publicação são reservados por Vida Melhor Editora LTDA.
As citações bíblicas são da *Nova Versão Internacional* (NVI), da Bíblia, Inc., a menos que seja especificada outra versão da Bíblia Sagrada.

Os pontos de vista desta obra são de responsabilidade de seus autores e colaboradores diretos, não refletindo necessariamente a posição da Thomas Nelson Brasil, da HarperCollins Christian Publishing ou de sua equipe editorial.

Publisher	*Samuel Coto*
Editor	*André Lodos Tangerino*
Preparação	*Shirley Lima*
Revisão	*Davi Freitas* e *Gabriel Braz*
Diagramação	*Sonia Peticov*
Capa	*Jonatas Belan*

DADOS INTERNACIONAIS DE CATALOGAÇÃO NA PUBLICAÇÃO (CIP)
(Benitez Catalogação Ass. Editorial, Campo Grande/MS)

P548
    Perspectivas sobre Paulo: cinco pontos de vista / John M. G. Barclay...[et al.]; tradução de Paulo Benício; organização Scot McKnight, B. J. Oropeza. – 1.ed. – Rio de Janeiro: Thomas Nelson Brasil, 2021.

    368 p.; 15,5 x 23 cm.

    Outros autores: A. Andrew Das, James D. G. Dunn, Brant Pitre, Magnus Zetterholm.
    ISBN 978-65-56894-85-0

1. Apóstolo Paulo. 2. Bíblia – Estudo e ensino. 3. Cartas Paulinas – Novo Testamento. 4. Teologia cristã. I. Das, A. Andrew. II. Dunn, James D. G. III. Pitre, Brant. IV. Zetterholm, Magnus. V. Benício, Paulo. VI. McKnight, Scot. VII. Oropeza, B. J.

07-2021/51   CDD: 230.071

Índice para catálogo sistemático:
1. Teologia cristã: Apóstolo Paulo: Estudo e ensino   230.071

Aline Graziele Benitez — Bibliotecária — CRB-1/3129

Thomas Nelson Brasil é uma marca licenciada à Vida Melhor Editora LTDA.
Todos os direitos reservados à Vida Melhor Editora LTDA.
Rua da Quitanda, 86, sala 218 — Centro
Rio de Janeiro — RJ — CEP 20091-005
Tel.: (21) 3175-1030
www.thomasnelson.com.br

Para Jimmy
(21 de outubro de 1939—26 de junho de 2020)

SUMÁRIO

Prefácio	9
Lista de reduções	11
Paulo em perspectiva: uma visão geral do cenário mais de quarenta anos depois de *Paul and Palestinian Judaism* (B. J. OROPEZA E SCOT MCKNIGHT)	17

1. A Perspectiva Católica Romana sobre Paulo
(BRANT PITRE)   45

- A resposta da Perspectiva Protestante Tradicional a Pitre (A. ANDREW DAS)   86
- A resposta da Nova Perspectiva a Pitre (JAMES D. G. DUNN)   93
- A resposta da Perspectiva de Paulo dentro do Judaísmo a Pitre (MAGNUS ZETTERHOLM)   96
- A resposta da Perspectiva do Dom a Pitre (JOHN M. G. BARCLAY) 102
- Réplica da Perspectiva Católica Romana (BRANT PITRE)   109

2. A Perspectiva Protestante Tradicional sobre Paulo
(A. ANDREW DAS)   119

- A resposta da Perspectiva Católica Romana a Das (BRANT PITRE)   150
- A resposta da Nova Perspectiva a Das (JAMES D. G. DUNN)   158
- A resposta da Perspectiva de Paulo dentro do Judaísmo a Das (MAGNUS ZETTERHOLM)   161
- A resposta da Perspectiva do Dom a Das (JOHN M. G. BARCLAY) 167
- Réplica da Perspectiva Protestante Tradicional (A. ANDREW DAS)   173

3. A Nova Perspectiva sobre Paulo (JAMES D. G. DUNN)   181

- A resposta da Perspectiva Católica Romana a Dunn (BRANT PITRE)   198
- A resposta da Perspectiva Protestante Tradicional a Dunn (A. ANDREW DAS)   207

- A resposta da Perspectiva de Paulo dentro do Judaísmo a Dunn
  (MAGNUS ZETTERHOLM)   215
- A resposta da Perspectiva do Dom a Dunn
  (JOHN M. G. BARCLAY)   221
- Réplica da Nova Perspectiva (JAMES D. G. DUNN)   226

4. A Perspectiva de Paulo dentro do Judaísmo
(MAGNUS ZETTERHOLM)   231

- A resposta da Perspectiva Católica Romana a Zetterholm
  (BRANT PITRE)   261
- A resposta da Perspectiva Protestante Tradicional a Zetterholm
  (A. ANDREW DAS)   270
- A resposta da Nova Perspectiva a Zetterholm
  (JAMES D. G. DUNN)   278
- A resposta da Perspectiva do Dom a Zetterholm
  (JOHN M. G. BARCLAY)   281
- Réplica da Perspectiva de Paulo dentro do Judaísmo
  (Magnus Zetterholm)   288

5. A Perspectiva do Dom sobre Paulo
(JOHN M. G. BARCLAY)   293

- A resposta da Perspectiva Católica Romana a Barclay
  (BRANT PITRE)   317
- A resposta da Perspectiva Protestante Tradicional a Barclay
  (A. ANDREW DAS)   325
- A resposta da Nova Perspectiva a Barcley (JAMES D. G. DUNN)   328
- A resposta da Perspectiva de Paulo dentro do Judaísmo
  a Barclay (MAGNUS ZETTERHOLM)   330
- Réplica da Perspectiva do Dom (JOHN M. G. BARCLAY)   336

Posfácio: Reflexões pastorais acerca de *Perspectivas sobre
Paulo: cinco pontos de vista* (DENNIS EDWARDS)   343

Índice de autores

Índice das Escrituras

Índice de temas

PREFÁCIO

Temos uma herança em comum nos estudos paulinos: nosso orientador de doutorado, James D. G. Dunn. Entretanto, B. J. trabalhou com ele nas pesquisas sobre o apóstolo, enquanto Scot se dedicou ao Evangelho de Mateus. Scot estava estudando com Dunn logo após a palestra original da "Nova Perspectiva sobre Paulo" — na verdade, antes era chamada de "A Nova Perspectiva" — e assistiu ao desenrolar de tudo. Gostaríamos de expressar nossa tristeza pelo falecimento de nosso querido mestre, Jimmy, no dia 26 de junho de 2020, após uma batalha rápida contra o câncer. As futuras gerações de exegetas e teólogos bíblicos o reconhecerão como um dos maiores estudiosos da Bíblia do final do século 20 e do início do século 21. Cada página deste livro — e inúmeras outras — mostra a presença das propostas extraordinárias que seus conhecimentos ofereceram sobre o apóstolo Paulo.[1]

Em muitos aspectos, o ímpeto decisivo a cada uma das perspectivas aqui apresentadas foi o livro *Paul and Palestinian Judaism*, de E. P. Sanders, de 1977. Essa obra tentou acabar com o estereótipo típico do judaísmo que vigorava em boa parte dos estudos, mas, ao mesmo tempo, e somente em caráter provisório, abriu as portas para uma nova análise de Paulo à luz da reconstrução do judaísmo por esse autor. Essas reflexões, até mesmo a visão tradicional de A. Andrew Das, assumiram um formato inédito e ângulos novos por causa de Sanders.

---

[1]Sobre nossas homenagens a James D. G. Dunn, veja Scot McKnight, "Rest in Peace, Jimmy" [Descanse em paz, Jimmy], *Jesus Creed* (blog), *Christianity Today*, 26 de junho de 2020, https://www.christianitytoday.com/scot-mcknight/2020/junho/rest-in-peace--jimmy.html; B. J. Oropeza, "Memories of My Doktorvater, James D. G. Dunn (1939-2020)" [Lembranças do meu orientador de doutorado, James D. G. Dunn (1939-2020)], *In Christ* (blog), *Patheos*, 26 de junho de 2020, https://www.patheos.com/blogs/inchrist/2020/06/memories-of-my-doktorvater-james-d-g-dunn-1939-2020/.

PREFÁCIO

Este livro é indicado para professores, alunos e pastores que desejam conhecer os desdobramentos das pesquisas paulinas recentes e pretendem compreender o envolvimento público com a teologia de Paulo em seu contexto. Nos últimos tempos, houve muitos casos de difamação, principalmente entre aqueles que acreditam que a visão de Sanders sobre o judaísmo e a Nova Perspectiva em si (embora esta não exista concretamente, uma vez que o que temos são novas *perspectivas*) minou o entendimento deles acerca do que pensavam que o apóstolo queria dizer, abrindo espaço para críticas — e parte dessas críticas é quase uma repetição das difamações. Nossa esperança é que este volume ajude toda a igreja a alcançar uma melhor compreensão sobre Paulo e suas cartas grandiosas, que — vale lembrar — servem de fundamento a tanta produção teológica na história da igreja.

Somos gratos por aqueles que tornaram este projeto possível, em especial Bryan Dyer, da Baker. Agradecemos também aos colaboradores por sua disposição em apresentar seus pontos de vista e em responder aos outros colegas adequadamente. Além disso, Scot gostaria de agradecer ao Northern Seminary e ao conselho administrativo; e B. J., à Azusa Pacific University, principalmente ao Departamento de Estudos Bíblicos e Religiosos (Bobby Duke e Robert Mullins, reitor e presidente, respectivamente), bem como ao Gabinete de Pesquisa e Subsídios (Yvonne Rodriguez), que lhe concedeu uma bolsa de pesquisa acadêmica direcionada a este projeto.

Scot McKnight
B. J. Oropeza

LISTA DE REDUÇÕES

Livros de E. P. Sanders

PALLT *Paul: The Apostle's Life, Letters, and Thought*
PLPJ *Paulo, a lei e o povo judeu*
PPJ *Paul and Palestinian Judaism: A Comparison of Patterns of Religion*

Abreviações gerais

NPP Nova Perspectiva sobre Paulo
JST Judaísmo do Segundo Templo

Versões e traduções da Bíblia

ACF Almeira Corrigida Fiel
ARA Almeida Revista Atualizada
BJ Bíblia de Jerusalém
LXX Septuaginta
NEB New English Bible
NET New English Translation
NVI Nova Versão Internacional
NRSV New Revised Standard Version
TA Tradução do Autor
RSV Revised Standard Version

Principais fontes

Obras deuterocanônicas e Septuaginta

Tob. Tobias
Jdt. Judite
Ad. Est. Adições em Ester
Sir. Sirácida
1—4 Mac. 1—4 Macabeus

Pseudoepígrafos do Antigo Testamento

Apoc. Ab. Apocalipse de Abraão
Ct. Aris. Carta de Aristeias

Jos. Az. José e Azenate
Jub. Jubileus
LAB Liber antiquitatum biblicarum (Pseudo-Filo)
Sl. Sol. Salmos de Salomão
T. Ab. Testamento de Abraão

Manuscritos do mar Morto

1QapGen Gênesis Apócrifo
1QS Regra da Comunidade
4QMMT Carta Haláquica
CD Cópia de Cairo Geniza do Documento de Damasco

Fílon

Abr. *De Abrahamo* [Sobre a vida de Abraão]
Congr. *De congressu eruditionis gratia* [Sobre os estudos preliminares]
Ebr. *De ebrietate* [Sobre a embriaguez]
Flacc. *In Flaccum* [Contra Flaco]
Fug. *De fuga et inventione* [Sobre fugir e encontrar]
Her. *Quis rerum divinarum heres sit* [Quem é o herdeiro?]
Leg. *Legum allegoriae* [Interpretação alegórica]
Legat. *Legatio ad Gaium* [Sobre o legado de Caio]
Migr. *De migratione Abrahami* [Sobre a migração de Abraão]
Mos. *De vita Mosis* [Sobre a vida de Moisés]
Mut. *De mutatione nominum* [Sobre a mudança de nomes]
Post. *De posteritate Caini* [Sobre a posteridade de Caim]
Praem. *De praemiis et poenis* [Sobre recompensas e castigos]
QDeus *Quod Deus sit immutabilis* [Esse Deus é imutável]
QG *Quaestiones et solutiones in Genesin* [Perguntas e respostas sobre Gênesis]
Sacr. *De sacrificiis Abelis et Caini* [Sobre os sacrifícios de Abel e Caim]
Sobr. *De sobrietate* [Sobre a sobriedade]
Somn. *De somniis* [Sobre os sonhos]
Spec. *De specialibus legibus* [Sobre as leis especiais]
Virt. *De virtutibus* [Sobre as virtudes]

Josefo

Ant. *Antiguidades judaicas*
G. J. *A guerra dos judeus*
Vida *A vida de Josefo*

Literatura rabínica

b. Sanh.	Talmude Babilônico, Tratado de Sanhedrin
m. ʿAbod. Zar.	Mishná, Tratado Avodá Zará
m. Ber.	Mishná, Tratado Berachot
m. Demai	Mishná, Tratado Demai
m. Ḥul.	Mishná, Tratado Hullin
m. ʾOhol.	Mishná, Tratado Oholot
t. ʿAbod. Zar.	Tosefta, Tratado Avodá Zará

Literatura grega e latina

AGOSTINHO
Civ. *De civitate Dei* (A cidade de Deus)
ARISTÓTELES
Eth. nic. *Ethica nicomachea* (Ética a Nicômaco)
Rhet. *Rhetorica* (Retórica)
CLÁUDIO ELIANO
Var. hist. *Varia historia* (Various History)
DIÃO CÁSSIO
Hist. rom. *História romana*
ÉLIO TÉON
Prog. *Progymnasmata*
EPITETO
Diatr. *Diatribai* (Discursos)
QUINTILIANO
Inst. *Institutio oratoria* [Instituição Oratória]
SÊNECA
Ep. *Epistulae morales* [Cartas de um estoico]
TUCÍDIDES
Hist. *Historiai* (História da Guerra do Peloponeso)

Fontes secundárias

AB	Anchor Bible [Bíblia Anchor]
ACW	Ancient Christian Writers [Antigos escritores cristãos]
APB	*Acta Patristica et Byzantina* [Atas Patrística e Bizantina]
APR	Ancient Philosophy and Religion [Filosofia e Religião antigas]
AYBRL	Anchor Yale Bible Reference Library
BBR	Bulletin for Biblical Research
BDAG	Baur, Walter, Frederick W. Danker, William F. Arndt, e F. Wilbur Gingrich. *Greek-English Lexicon of the New Testament and Other Early Christian Literature.* 3. ed. Chicago: University of Chicago Press, 2000

LISTA DE REDUÇÕES

BECNT   Baker Exegetical Commentary on the New Testament
Bib   *Bíblica*
BJRL   *Bulletin of the John Rylands University Library of Manchester*
BNTC   Black's New Testament Commentaries
BSac   *Bibliotheca Sacra*
BWANT   Beiträge zur Wissenschaft vom Alten und Neuen Testament
BZ   *Biblische Zeitschrift*
BZNW   Beihefte zur Zeitschrift für die neutestamentliche Wissenschaft
CanTR   *Canadian Theological Review*
CBQ   *Catholic Biblical Quarterly*
CBR   *Currents in Biblical Research*
CC   Continental Commentaries
CCSS   Catholic Commentary on Sacred Scripture
ConBNT   Coniectanea Biblica: New Testament Series
ConcC   Concordia Commentary
ConcJ   *Concordia Journal*
COQG   Christian Origins and the Question of God
CRINT   Compendia Rerum Iudaicarum ad Novum Testamentum
CTJ   *Calvin Theological Journal*
CTR   *Criswell Theological Review*
DSSSE   *The Dead Sea Scrolls: Study Edition*. Org. Florentino García Martínez e Eibert J. C. Tigchelaar. 2 vols. Leiden: Brill; Grand Rapids: Eerdmans, 1997–98
EC   *Early Christianity*
ETL   *Ephemerides theologicae lovanienses*
EvQ   *Evangelical Quarterly*
ExpTim   *Expository Times*
PI   *Pais da Igreja*
FEB   Ferramentas e estudos bíblicos
HBT   *Horizons in Biblical Theology*
HTKNT   Herders theologischer Kommentar zum Neuen Testament
HTR   *Harvard Theological Review*
HTSTS   *HTS Teologiese Studies/Theological Studies*
IBC   Interpretation: A Bible Commentary for Teaching and Preaching
ICC   International Critical Commentary
IJRR   *Interdisciplinary Journal of Research on Religion*
Int   *Interpretação*
IntBib   *Interpretação bíblica*

LISTA DE REDUÇÕES

JAET	*Journal of Asian Evangelical Theology*
JAOC	Judaïsme ancien et origines du christianisme
JBL	*Journal of Biblical Literature*
JEBS	*Journal of European Baptist Studies*
JETS	*Journal of the Evangelical Theological Society*
JJMJS	*Journal of the Jesus Movement in Its Jewish Setting*
JMT	*Journal of Ministry and Theology*
JSJ	*Journal for the Study of Judaism*
JSNT	*Journal for the Study of the New Testament*
JSNTSup	*Journal for the Study of the New Testament Supplement Series*
JSOTSup	*Journal for the Study of the Old Testament Supplement Series*
JSPL	*Journal for the Study of Paul and His Letters*
JSSR	*Journal for the Scientific Study of Religion*
JTI	*Journal of Theological Interpretation*
KI	*Kirche und Israel*
KNNE	Kontexte und Normen neutestamentlicher Ethik/ Contexts and Norms of New Testament Ethics
LNTS	Library of New Testament Studies
LPS	Library of Pauline Studies
LQ	*Lutheran Quarterly*
LTJ	*Lutheran Theological Journal*
NCBC	New Century Bible Commentary
NIB	*The New Interpreter's Bible.* Org. Leander E. Keck. 12 vols. Nashville: Abingdon, 1994–2004
NICNT	New International Commentary on the New Testament
NIGTC	New International Greek Testament Commentary
NIVAC	NIV Application Commentary
NovT	*Novum Testamentum*
NovTSup	Supplements to Novum Testamentum
NPNF[1]	*Nicene and Post-Nicene Fathers,* Series 1
NSD	New Studies in Dogmatics
NTM	New Testament Monographs
NTR	New Testament Readings
NTS	*New Testament Studies*
NTT	New Testament Theology
OECS	Oxford Early Christian Studies
OTP	*Old Testament Pseudepigrapha.* Org. James H. Charlesworth. 2 vols. Nova York: Doubleday, 1983–85
PB	Pesquisa bíblica
PBM	Paternoster Biblical Monographs
PFES	Publicações da Finnish Exegetical Society

PNTC	Pillar New Testament Commentary
RHCS	Romans through History and Cultures Series
SBET	*Scottish Bulletin of Evangelical Theology*
SBL	Studies in Biblical Literature
SBLDS	Society of Biblical Literature Dissertation Series
SBLECL	Society of Biblical Literature Early Christianity and Its Literature
SBLSP	Society of Biblical Literature Seminar Papers
SBLTT	Society of Biblical Literature Texts and Translations
SEÅ	*Svensk exegetisk årsbok*
SFSHJ	South Florida Studies in the History of Judaism
SJLA	Studies in Judaism in Late Antiquity
SJT	*Scottish Journal of Theology*
SNTSMS	Society for New Testament Studies Monograph Series
SP	Sacra Pagina
ST	*Studia Theologica*
TECC	Theological Explorations for the Church Catholic
Them	*Themelios*
TL	*Theology & Life*
TR	*Theological Review*
TS	*Theological Studies*
TSAJ	Texte und Studien zum antiken Judentum
TynBul	*Tyndale Bulletin*
TZ	*Theologische Zeitschrift*
VIOT	Veröffentlichungen des Instituts für Orthodoxe Theologie
WBC	Word Biblical Commentary
WTJ	*Westminster Theological Journal*
WUNT	Wissenschaftliche Untersuchungen zum Neuen Testament
ZTK	*Zeitschrift für Theologie und Kirche*

PAULO EM PERSPECTIVA

Uma visão geral do cenário
mais de quarenta anos depois
de *Paul and Palestinian Judaism*

B. J. Oropeza e Scot McKnight

Mais de quarenta anos se passaram desde a publicação de *Paul and Palestinian Judaism: A Comparison of Patterns of Religion*, um estudo de E. P. Sanders que revolucionaria a forma como os especialistas em Bíblia e os teólogos interpretam Paulo e o judaísmo de seu tempo.[1] Sanders analisou os "padrões religiosos" na literatura palestina com base no Judaísmo do Segundo Templo e nas cartas incontestáveis de Paulo.[2] Um de seus maiores objetivos era "destruir a visão do judaísmo rabínico que ainda prevalece em grande parte, se não na maioria, dos conhecimentos acerca do Novo Testamento".[3] Nessa monografia,

---

[1]Filadélfia: Fortress, 1977; Londres: SCM, 1977. Para a descrição do próprio Sanders desse estudo, veja E. P. Sanders, *Comparing Judaism and Christianity: Common Judaism, Paul, and the Inner and the Outer in Ancient Religion* (Mineápolis: Fortress, 2016), p. 1-27.

[2]Romanos, 1-2Coríntios, Gálatas, Filipenses, 1Tessalonicenses, Filemom.

[3]PPJ, xii. Antes de Sanders, outros precursores importantes foram George Foot Moore, "Christian Writers on Judaism", HTR 14 (1921): 197-254; Moore, *Judaism in the First Centuries of the Christian Era: The Age of the Tannaim*, 3 vols. (Cambridge, MA: Harvard University Press, 1927); C. G. Montefiore, *Judaism and St. Paul: Two Essays* (Nova York: Dutton, 1915); H. J. Schoeps, *Paul: The Theology of the Apostle in the Light of Jewish Religious History*, trad. Harold Knight (Filadélfia: Westminster, 1961); W. D. Davies, *Paul and Rabbinic Judaism: Some Rabbinic Elements in Pauline Theology*, 4. ed. (1948; Filadélfia: Fortress, 1980). Veja outros exemplos em PPJ, 1-12; Preston M. Sprinkle, "The Old Perspective on the New Perspective: A Review of Some 'Pre-Sanders' Thinkers", *Them* 30 (2005): 21-31; Jay E. Smith, "The New Perspective on Paul: A Select and Annotated Bibliography," CTR 2 (2005): 91-111.

a perspectiva do autor, ao lado de sua obra seguinte, *Paulo, a lei e o povo judeu*,[4] apresenta um ponto de vista diferente do sustentado pela interpretação luterana-protestante do apóstolo e do judaísmo de sua época. Uma geração inteira de pesquisadores foi influenciada ou usou como base Sanders e a Nova Perspectiva sobre Paulo, que surgiu a partir de suas reflexões.[5] Assim, neste capítulo introdutório, trazemos uma breve "história da interpretação", incluindo Sanders, a NPP, os críticos da Nova Perspectiva e algumas das principais visões que se seguiram.[6]

---

[4]São Paulo: Paulus, 2008.

[5]É claro que não estamos sugerindo que essas são as únicas perspectivas acerca de Paulo no mercado. Nosso foco está nas tradições e críticas envolvendo Sanders e a Nova Perspectiva sobre Paulo.

[6]Para mais pesquisas e bibliografia, veja Stephen Westerholm, *Perspectives Old and New on Paul: The "Lutheran" Paul and His Critics* (Grand Rapids: Eerdmans, 2004), p. 101-248; Westerholm, "The 'New Perspective' Atos Twenty-Five", in *Justification and Variegated Nomism*, vol. 2, *The Paradoxes of Paul*, ed. D. A. Carson, Peter T. O'Brien, e Mark A. Seifrid, WUNT 2/181 (Tübingen: Mohr Siebeck; Grand Rapids: Baker Academic, 2004), p. 1-38; Westerholm, "The New Perspective in Review", *Direction* (2015): 4-15; Michael F. Bird, "Bibliography on the New Perspective on Paul", in *The Saving Righteousness of God: Studies on Paul, Justification and the New Perspective*, PBM (Milton Keynes: Paternoster, 2007), p. 196-211; Don Garlington, "The New Perspective on Paul: Two Decades On", in *Studies in the New Perspective on Paul: Essays and Reviews* (Eugene, OR: Wipf & Stock, 2008), p. 1-28 (= "The New Perspective on Paul: An Appraisal Two Decades Later", CTR [2005]: 17-38); Jay E. Smith, "The New Perspective on Paul: A Select and Annotated Bibliography", CTR 2 (2005): 91-111; James D. G. Dunn, "The New Perspective: Whence, What and Whither?", in *The New Perspective on Paul*, ed. rev. (Grand Rapids: Eerdmans, 2008), p. 1-97; Kent L. Yinger, *The New Perspective on Paul: An Introduction* (Eugene, OR: Cascade, 2011); Magnus Zetterholm, *Approaches to Paul: A Student's Guide to Recent Scholarship* (Mineápolis: Fortress, 2009); N. T. Wright, *Paul and His Recent Interpreters: Some Contemporary Debates* (Mineápolis: Fortress, 2015); Steven E. Enderlein, "Justification in Contemporary Debate", in *Justification: Five Views*, ed. James K. Beilby e Paul Rhodes Eddy (Downers Grove, IL: IVP Academic, 2011), p. 53-82; Murray J. Smith, "Paul in the Twenty-First Century", in *All Things to All Cultures: Paul among Jews, Greeks, and Romans*, ed. Mark Harding e Alanna Nobbs (Grand Rapids: Eerdmans, 2013), p. 1-33; Mark A. Chancey, prefácio de *Paul and Palestinian Judaism: A Comparison of Patterns of Religion*, de E. P. Sanders, edição de 40º aniversário. (Mineápolis: Fortress, 2017), xi-xxvi; Mark M. Mattison, "A Summary of the New Perspective on Paul", *The Paul Page*, 16 de outubro de 2009, http://www.thepaulpage.com/a-summary-of-the-new-perspective-on-paul/; veja também a bibliografia em *The Paul Page*, http://www.thepaulpage.com/new-perspective/bibliography/. Tal website continua oferecendo atualizações com fontes e links relevantes. Para pesquisas anteriores, cf. Donald A. Hagner, "Paul and Judaism: Testing the New Perspective", in Peter Stuhlmacher, *Revisiting Paul's Doctrine of Justification: A Challenge to the*

A PERSPECTIVA DE E. P. SANDERS

Dois trabalhos de Sanders, *Paul and Palestinian Judaism* e *Paulo, a lei e o povo judeu*, apresentam diversos princípios que se tornariam fundamentais no campo bíblico, e não menos importante, seu questionamento acerca da integridade histórica de muitos estudos do Novo Testamento.

Em primeiro lugar, sua análise do judaísmo palestino do Segundo Templo, dos manuscritos do mar Morto e da literatura tanaíta o levou a concluir que o judaísmo dos dias de Paulo não era tipificado pela justificação por obras ou por legalismo. Não buscava conquistar a aprovação divina pelo mérito humano.[7] Ao contrário do que os especialistas luterano-protestantes acreditavam, o antigo judaísmo era uma religião da graça.[8] Os judeus se apegaram ao que Sanders chamou de *nomismo da aliança*: "Em poucas palavras, é o conceito de que o lugar de alguém no plano divino é estabelecido com base no pacto,

---

New Perspective (Downers Grove, IL: InterVarsity, 2001), p. 75-105, esp. n. 64, p. 79; Christian Strecker, "Paulus aus einer 'neuen Perspektive': der Paradigmenwechsel in der jüngeren Paulusforschung", *KI* (1996): 3-18; A. J. Bandstra, "Paul and the Law: Some Recent Developments and an Extraordinary Book", *CTJ* 25 (1990): 249-61; Stephen Westerholm, *Israel's Law and the Church's Faith: Paul and His Recent Interpreters* (Grand Rapids: Eerdmans, 1988); F. F. Bruce, "Paul and the Law in Recent Research", in *Law and Religion: Essays on the Place of the Law in Israel and Early Christianity*, ed. Barnabas Lindars (Cambridge: James Clarke, 1988), p. 115-25; Douglas J. Moo, "Paul and the Law in the Last Ten Years", *SJT* 40 (1987): 287-307; John M. G. Barclay, "Paul and the Law: Observations on Some Recent Debates", *Them* 12 (1986): 5-15. Panoramas (alguns positivos, outros não) podem ser encontrados em James E. Allman, "Gaining Perspective on the New Perspective on Paul", *BSac* 170 (2013): 51-68; Solomon H. F. Wong, "Paul Revisited: New Perspective on Paul", *TL* 32 (2009): 145–80; Douglas C. Bozung, "The New Perspective: A Survey and Critique — Part I", *JMT* 9 (2005): 95-114; Michael B. Thompson, *The New Perspective on Paul* (Cambridge: Grove Books, 2002); James A. Meek, "The New Perspective on Paul: An Introduction for the Uninitiated", *ConcJ* 27 (2001): 208-33. Para uma avaliação teológica sistemática, cf. Michael Scott Horton, *Justification*, 2 vols., NSD (Grand Rapids: Zondervan, 2018), esp. 2:17-55.

[7] Por exemplo, PPJ, p. 233-34; cf. p. 33.

[8] Por exemplo, *PPJ*, p. 543. Sanders também usa as fontes judaico-helenísticas do Segundo Templo em "The Covenant as a Soteriological Category and the Nature of Salvation in Palestinian and Hellenistic Judaism", in *Jews, Greeks, and Christians: Religious Cultures in Late Antiquity; Studies in Honor of William David Davies*, org. Robert Hamerton-Kelly e Robin Scroggs, SJLA 21 (Leiden: Brill, 1976), p. 11-44; Sanders, *Judaism: Practice and Belief, 63 AC–66 DC* (Londres: SCM; Filadélfia: Trinity Press International, 1992), p. 262–78. Antes de *PPJ*, cf. Sanders, "Patterns of Religion in Paul and Rabbinic Judaism: A Holistic Method of Comparison", *HTR* 66 (1973): 455-78.

o qual exige como resposta adequada do homem obediência aos seus mandamentos, ao mesmo tempo que oferece meios de redenção pela transgressão".[9] Um relacionamento pactual com Deus e a adesão à lei mosaica eram essenciais à compreensão das recompensas e dos castigos divinos. Para o povo eleito de Deus, o aspecto de "entrar" em uma relação pactual com ele representa um ato de pura graça. Além disso, as pessoas deviam observar a Torá em obediência a Deus, o que constituía sua "permanência" nesse relacionamento.[10] Portanto, as obras são a condição para permanecer, *mas não garantem a salvação*".[11] Desse modo, para Sanders, a salvação de Israel acontece pela graça, enquanto o julgamento se dá de acordo com as obras.

Em segundo lugar, quando Paulo se tornou um seguidor de Cristo, sua experiência o levou de uma solução para uma situação problemática. Ele começou com a redenção de Deus em Cristo (solução) e, então, tentou explicar por que os humanos precisavam da salvação (situação).[12] Isso torna improvável para Paulo que esteja em jogo na Torá a impossibilidade de obedecer à Lei ou o fato de que ela conduz à autojustificação.[13] A questão que o apóstolo enfrenta é como os gentios poderiam estar em pé de igualdade com os judeus em vez de serem cidadãos de segunda classe.[14] Antes de Sanders, Krister Stendahl chegou a uma conclusão semelhante após argumentar que uma consciência inquieta, exemplificada por Lutero e sentimentos ocidentais, não era um problema para Paulo. Como fariseu, ele podia

---

[9]*PPJ*, p. 75; cf. p. 180. Sanders escreve: "O 'padrão' ou a 'estrutura' do nomismo da aliança é o seguinte: (1) Deus escolheu Israel e (2) entregou a lei. A lei implica (3) a promessa de Deus de manter a eleição e (4) a exigência da obediência. (5) Deus recompensa a obediência e pune a transgressão. (6) A lei prevê os meios de redenção, que resultam na (7) preservação ou no restabelecimento da relação pactual. (8) Todos aqueles que permanecem na aliança por obediência, expiação e misericórdia de Deus pertencem ao grupo que será salvo. Uma interpretação importante do primeiro e do último ponto é que a eleição e — principalmente — a salvação são consideradas fruto da misericórdia de Deus, e não da ação humana" (p. 422).

[10]*PPJ*, p. 420, 543.

[11]*PPJ*, p. 543 (grifo original).

[12]*PPJ*, p. 442-47, 474-76.

[13]*PLJP*, p. 150–51.

[14]*PLJP*, p. 153–54.

afirmar ter confiança em sua condição e se considerava "irrepreensível" no que se refere à justiça na Torá (Filipenses 3:4-6).[15]

Em terceiro lugar, para Sanders, quando transgressões e outras dificuldades surgem entre os adeptos da Torá, ela oferece suas próprias formas de redimir essas violações por meio de sacrifícios de culto (por exemplo, Levítico 4–6; 16). Isso ajudou a manter e a restaurar a relação pactual de Israel com Deus.[16] A redenção de Israel já apresentava uma solução para a culpa e o pecado antes de Cristo.

Em quarto lugar, o negativismo de Paulo em relação à Torá em suas cartas resultou de sua conclusão de que a fé em Cristo era o único caminho para a salvação.[17] Dessa maneira, ele se opôs à lei porque ela tenta outra forma de justiça. Não é que o judaísmo seja legalista, mas, sim, *"isto é o que Paulo considera errado no judaísmo: ele não é o cristianismo".*[18] Deus escolheu outra forma de salvar sem a lei: por meio da fé em Jesus Cristo,[19] e os gentios simplesmente *"não podem viver pela lei".*[20] Essa abordagem de Sanders pode ser vista ao longo dos eixos tanto da ruptura apocalíptica como do cumprimento histórico da salvação.

Em quinto lugar, enquanto, para os judeus, a justificação significa viver segundo a Torá e, assim, manter o envolvimento com a aliança, para Paulo, implica a salvação por meio de Cristo. Sanders prefere interpretar o verbo δικαιόω (*dikaioō*) como "legitimar" a entendê-lo como "justificar". Então, a ênfase não é colocada no aspecto forense

---

[15]Krister Stendahl, "The Apostle Paul and the Introspective Conscience of the West", *HTR* 56 (1963): 199-215, esp. p. 200–206; reimpresso em *Paul among Jews and Gentiles* (Londres: SCM, 1976), p. 76-96. Stendahl apresenta uma versão anterior como um discurso na Associação Americana de Psicologia (setembro de 1961), um resumo do que foi publicado em *JSSR* 1 (1962): 261-63. A introdução afirma que "o professor Stendahl relata que existe uma declaração mais completa em sueco: 'Paulus och Samvetet', *Svensk Exegetisk [Årsbok]*, p. 25 (1960)" (p. 261). Sanders (*PPJ*, p. 436-37) declara que um precursor de Stendahl é Lucien Cerfaux, *Le chrétien dans la théologie paulinienne* (Paris: Cerf, 1962); ET, *The Christian in the Theology of St. Paul*, trad. Lilian Soiron (Nova York: Herder & Herder, 1967), p. 375–76. Cf. também Dunn, *New Perspective*, p. 469–90; N. T. *Wright, Paul and the Faithfulness of God*, COQG 4 (Mineápolis: Fortress, 2013), 2:988-89.

[16]*PPJ*, p. 442.

[17]*PLJP*, p. 47; PPJ, p. 519.

[18]*PPJ*, p. 552 (grifo original).

[19]*PPJ*, p. 550.

[20]*PPJ*, p. 496.

da declaração de absolvição de Deus, mas em uma pessoa sendo "legitimada" pela participação em Cristo. Tal pessoa é transferida para a comunidade do povo de Deus em Cristo.[21]

Em sexto lugar, de acordo com Paulo, para continuar a ser um membro do povo do pacto divino, a vontade de Deus precisa ser cumprida, não por detalhes de observar particularidades como o sábado e as leis alimentares, mas por amar o próximo.[22] Aqui vemos que Sanders defende um padrão de aliança de "entrada" e "permanência" não só para o Judaísmo do Segundo Templo, como também para o apóstolo.

Ainda que criticada em certos aspectos, a perspectiva de Sanders recebeu elogios por ser um marco fundamental nos estudos dos primeiros críticos, como Nils A. Dahl, Philip King, G. B. Caird e Samuel Sandmel.[23] Mais recentemente, *Comparing Judaism and Christianity: Common Judaism, Paul, and the Inner and the Outer in Ancient Religion*, de Sanders,[24] reúne vários de seus textos anteriores e documentos não publicados, e seu volumoso *Paul: The Apostle's Life, Letters, and Thought* traz as cartas indiscutíveis do apóstolo. Nessas obras, entre outras, o autor reafirma e aprofunda sua interpretação de Paulo e do nomismo da aliança. Quanto a *Paul: The Apostle's Life, Letters, and Thought*, ele declara: "Resumi meus pontos de vista após uma carreira como intérprete paulino".[25]

---

[21]Quanto a uma explicação mais profunda do que significa a participação em Cristo, Sanders (*Paul: The Apostle's Life, Letters, and Thought* [Mineápolis: Fortress, 2015], p. 724-25) aponta para Richard B. Hays, "What Is 'Real Participation in Christ'? A Dialogue with E. P. Sanders on Pauline Soteriology" e Stanley K. Stowers, "What Is 'Pauline Participation in Christ'?", ambos na obra *Redefining First-Century Jewish and Christian Identities: Essays in Honor of Ed Parish Sanders*, ed. Fabian E. Udoh et al. (Notre Dame, IN: University of Notre Dame Press, 2008), p. 336-51 e 352-71, respectivamente. E agora veja Michael J. Gorman, *Participating in Christ: Explorations in Paul's Theology and Spirituality* (Grand Rapids: Baker Academic, 2019); Gorman, *Becoming the Gospel: Paul, Participation, and Mission* (Grand Rapids: Eerdmans, 2015); Gorman, *Inhabiting the Cruciform God: Kenosis, Justification, and Theosis in Paul's Narrative Soteriology* (Grand Rapids: Eerdmans, 2009); Gorman, *Cruciformity: Paul's Narrative Spirituality of the Cross* (Grand Rapids: Eerdmans, 2001).
[22]*PLJP*, p. 93-135.
[23]Cf. Chancey, prefácio de *Paul and Palestinian Judaism*, xiv-xv.
[24]Mineápolis: Fortress, 2016.
[25]E. P. Sanders, "Preface to the 40th Anniversary Edition", in *Paul and Palestinian Judaism* (2017), xxvii-xxviii, n. 1. Porém, como afirma um revisor dessa obra, "os leitores podem

Pouco tempo atrás, a Society of Biblical Literature (SBL) também dedicou uma sessão em homenagem a Sanders e ao quadragésimo aniversário de *Paul and Palestinian Judaism*. Os artigos ali apresentados foram revisados e reimpressos no *Journal of the Jesus Movement in Its Jewish Setting*.[26] Na introdução desse periódico, o editor-chefe escreve:

> Em 1977, E. P. Sanders publicou um livro que mudaria a forma como os especialistas em Novo Testamento passariam a abordar o judaísmo e, consequentemente, os próprios textos do Novo Testamento. Como o leitor descobrirá nas páginas que se seguem, essa busca não mostra sinais de enfraquecimento. Pelo contrário, passou a um novo nível de intensidade e força.[27]

A NOVA PERSPECTIVA DE JAMES D. G. DUNN E N. T. WRIGHT

Estudiosos influenciados por Sanders, principalmente James D. G. Dunn e N. T. Wright, usaram o autor como ponto de partida quando interpretaram Paulo. A expressão "Nova Perspectiva sobre Paulo" foi criada a partir do título da palestra Manson Memorial de Dunn em Manchester (4 de novembro de 1982), que foi publicada no ano seguinte, no *Bulletin of the John Rylands Library*.[28] No entanto, Dunn conta que Wright usou o termo anteriormente em seu artigo de 1978, "The Paul of History and the Apostle of Faith", e que, na era pré--Sanders, Stendahl o empregou em seu famoso artigo "Introspective

---

desejar saber como Sanders lidou com o Paulo apocalíptico, com a intertextualidade, a crítica retórica, a crítica do 'império' ou até mesmo com as diversas permutações da 'Nova Perspectiva sobre Paulo', de que o próprio Sanders recebe o crédito. No entanto, nenhum desses fatores é significativo no discurso do livro". Garwood Anderson, resenha de *Paul: The Apostle's Life, Letters, and Thought*, de E. P. Sanders, *Int* 71 (2017): 434–36, aqui 435.

[26] Edição 5 (2018).

[27] Anders Runesson, *"Paul and Palestinian Judaism*: A Milestone in New Testament and Early Jewish Studies", *JJMJS* 5 (2018): 1-3.

[28] "The New Perspective on Paul", *BJRL* 65 (1983): 95–122; reimpresso in Dunn, *Jesus, Paul, and the Law: Studies in Mark and Galatians* (Louisville: Westminster John Knox, 1990), cap. 7; e in Dunn, *New Perspective*, cap. 2.

Conscience".[29] De qualquer forma, Dunn afirma que, na verdade, a Nova Perspectiva sobre Paulo (NPP) não é totalmente nova, já que é a perspectiva do próprio Paulo,[30] destacando os ensinamentos que ele considerava fundamentais para a justificação e que foram bastante ignorados entre as percepções contemporâneas sobre o apóstolo.[31] Além de discordarem em relação ao Paulo de Sanders, Wright e Dunn também não concordam entre si em diversos outros pontos.[32] Então, as discussões e críticas relacionadas à NPP devem levar em consideração as semelhanças e diferenças entre seus autores.

Em seu artigo sobre a NPP, bem como em suas demais publicações subsequentes,[33] Dunn opinou que a conclusão de Sanders quanto ao Judaísmo do Segundo Templo (JST) era correta, embora exagerada. Contudo, ao contrário de Sanders, Dunn afirma que Paulo carregava um senso de continuidade em seu judaísmo. A linguagem paulina da lei e da justificação deve ser compreendida dentro do contexto social de sua missão gentílica. No que diz respeito a essas questões, o ponto central de suas cartas era que o evangelho tem como essência a salvação em Cristo para todos, judeus e gentios, e o segundo grupo não pode deixar de pertencer ao povo de Deus, apesar de sua não

---

[29]N. T. Wright, "The Paul of History and the Apostle of Faith", *TynBul* 29 (1978): 61–88, aqui 64; Stendahl, "Introspective Conscience", p. 214; cf. Dunn, *New Perspective*, 7n24.

[30]Afirmado no estudo recente de Matthew J. Thomas, *Paul's "Works of the Law" in the Perspective of Second Century Reception*, WUNT 2/468 (Tübingen: Mohr Siebeck, 2018).

[31]James D. G. Dunn, "A New Perspective on the New Perspective", *EC* 4 (2013): 157-82, aqui 157.

[32]Veja, por exemplo, James D. G. Dunn, "An Insider's Perspective on Wright's Version of the New Perspective on Paul", in *God and the Faithfulness of Paul: A Critical Examination of the Pauline Theology of N. T. Wright*, org. Christoph Heilig, J. Thomas Hewitt, e Michael F. Bird, WUNT 2/413 (Tübingen: Mohr Siebeck, 2016; Mineápolis: Fortress, 2017), p. 347-58; N. T. Wright, prefácio a *Jesus and Paul: Global Perspectives in Honor of James D. G. Dunn for His 70th Birthday*, ed. B. J. Oropeza, C. K. Robertson e Douglas C. Mohrmann, LNTS 414 (Londres: T&T Clark, 2009), xv-xx. Dunn e Wright se envolvem em "An Evening Conversation on Paul with James D. G. Dunn and N. T. Wright", org. Mark M. Mattison, *The Paul Page*, 16 de outubro de 2009 (atualizado em 25 de março de 2016), http://www.thepaulpage.com/an-evening-conversation-on-paul-with-james-d-g-dunn-and-n-t-wright/. Sobre a ambivalência de Wright quanto à Nova Perspectiva, veja, por exemplo, N. T. Wright, "Communion and *Koinonia*: Pauline Reflection on Tolerance and Boundaries", in *Pauline Perspectives: Essays on Paul, 1978-2013* (Mineápolis: Fortress, 2013), p. 257; Chancey, prefácio a *Paul and Palestinian Judaism*, xxii-xxiii.

[33]Muitos foram reimpressos em Dunn, *New Perspective*.

obediência aos costumes judaicos. Para Dunn, a menção de Paulo às "obras da lei" está associada às delimitações relacionadas ao orgulho e ao exclusivismo judaico, como a circuncisão e as leis alimentares. Esses indicadores se tornaram importantes na era macabeia, durante os ataques helenistas aos judeus, e, como tal, concentraram-se na "distinção de Israel e tornaram visíveis suas reivindicações de ser um povo separado, que eram os pontos mais claros que diferenciavam os judeus das nações. A lei era coextensiva com o judaísmo".[34] Para os oponentes de Paulo, ser eleito como um judeu significava tomar a justiça como garantida, e o apóstolo se levanta contra essa atitude ao proclamar a salvação pela fé somente em Cristo e declarar que seus convertidos gentios não precisam tornar-se prosélitos judeus para que sejam salvos. Mesmo assim, Dunn esclareceu, repetidas vezes, que a expressão "obras da lei" [ou prática da lei] tem um sentido mais amplo do que meros delimitadores. Esse termo refere-se "[a]o que a lei requer, a conduta prevista pela Torá. Tudo o que a lei exige que seja feito pode ser descrito como 'cumpri-la', como sua obra".[35] Esse esclarecimento é importante, uma vez que reiteradas caracterizações de seu ponto de vista reduzem, de forma equivocada, seu significado a "delimitadores". No entanto, no contexto da missão gentílica, quando os gentios são levados a se tornar judeus, as obras da lei se concentram mais especificamente naquilo que os separa uns dos outros e, portanto, os indicadores vêm para o primeiro plano.[36]

Em seu espetacular *The Theology of Paul the Apostle*,[37] Dunn, entre outras coisas, reafirma e reflete sobre a Nova Perspectiva, sugerindo que interpretar Paulo sob essa ótica ajuda a combater a espécie de racismo e nacionalismo que "distorceu e diminuiu o cristianismo no

---

[34]Dunn, "Works of the Law and the Curse of the Law (Galatians 3.10-14)", NTS 31 (1985): 526; esse ensaio foi reimpresso em Dunn, *Jesus, Paul, and the Law*, p. 215-41. Garlington, que chama a atenção para esse ponto, acrescenta que tais marcadores "se tornaram o teste ácido da lealdade de alguém ao judaísmo". Garlington, "The New Perspective on Paul", p. 4 (grifo original).

[35]Dunn, *New Perspective*, p. 23-24; cf. p. 25-28.

[36]Cf. Dunn, "New Perspective on the New Perspective", p. 174-75.

[37]Grand Rapids: Eerdmans, 1998.

passado e no presente".[38] Mais recentemente, ele escreve que a NPP não tem a intenção de substituir a "Antiga Perspectiva", mas tenta que todos os fatores sejam incluídos e cuidadosamente analisados na teologia da justificação de Paulo. Isso engloba quatro pontos importantes. Em primeiro lugar, a "nova perspectiva" do judaísmo vê isso no contexto do nomismo pactual, mas com ênfase no "nomismo". Em segundo lugar, embora destaque a inclusão dos gentios, a missão evangélica de Paulo era para todos os que cressem. Em terceiro lugar, na história da fé cristã, Paulo situou, inicialmente, a justificação em oposição à obediência da lei, como resultado da exigência dos crentes judeus de que os crentes gentios vivessem como eles. E, em quarto lugar, o evangelho *inteiro* precisa ser apresentado em relação à soteriologia paulina, "em todos os sentidos", não apenas partes que não criem tensões ou inconsistências para o intérprete. Esses aspectos incluem (1) a justificação pela fé *em* Cristo (em vez da fé de Cristo), (2) a disposição de Paulo em deixar de lado a "letra" (referência superficial) da lei em prol dos princípios implícitos que determinam a conduta da fé, (3) a atenção à justificação de acordo com as obras, que incentiva as boas ações como um alerta contra o fracasso moral e mantém a salvação máxima em algum sentido dependente da fidelidade e (4) uma união entre o imaginário de justificação forense e a participação em Cristo.[39]

N. T. Wright costuma concordar com a avaliação de Sanders do JST, e argumenta que o problema de Paulo com o judaísmo que ele encontra envolve uma dimensão social. Isso diz respeito à "justiça nacional", uma expressão também usada por Dunn, defendendo que "a descendência judaica carnal garante a inclusão no verdadeiro povo da aliança de Deus".[40] Wright descreve seu "momento Romanos" em 1976: ele

---

[38]Resumo de Dunn, *New Perspective*, p. 16-17.

[39]Dunn, "New Perspective on the New Perspective", p. 157-82. Quanto a esse último aspecto, bem como o destaque no Espírito Santo, cf. Dunn, "The Gospel according to St. Paul", in *The Blackwell Companion to Paul*, org. Stephen Westerholm (Chichester: Wiley-Blackwell, 2014), p. 139-53.

[40]Wright, "The Paul of History", p. 65. Uma coletânea de ensaios de Wright aparece convenientemente em Wright, *Pauline Perspectives*. Cf. também *NTWrightPage*, http://www.ntwrightpage.com.

estava lendo especificamente Romanos 10:3, passagem em que Paulo diz que seus companheiros judeus, sem conhecer a justiça divina, tentam estabelecer sua própria justiça. O autor concluiu que "sua integridade" não era "no sentido de um status *moral* baseado no *desempenho* da Torá e do consequente acúmulo de um tesouro de mérito, mas, sim, de um status étnico baseado na *posse* da Torá como um sinal da adesão automática à aliança".[41] Ele concorda com Dunn, no sentido de que a expressão "obras da lei" identifica o judeu sobre o gentio com rótulos como Sábado, circuncisão e leis alimentares.[42] Ele também aponta que a justificação em Paulo aparece geralmente no contexto de judeus e gentios se unindo e/ou em sua crítica ao judaísmo.[43]

Valorizando o papel que as Escrituras desempenham no pensamento de Paulo, Wright define que Deus estabeleceu uma aliança com Abraão como a maneira correta de lidar com o mal, mas a família de Abraão se envolveu tragicamente com esse mal. Israel deveria ser a luz do mundo e lidar com aquilo que é maligno, mas, em vez de cumprir com essa função em relação às nações, o povo tratou sua vocação como um privilégio exclusivo.[44] Isso se tornou um pecado para o povo, e a Torá atraiu Israel para a justiça nacional.[45] Portanto, a Israel dos dias de Paulo sofre exílio com base em declarações proféticas e, por estar em pecado, permanece sob a maldição do pacto (Deuteronômio 27–30). A ocupação judaica por Roma é um lembrete constante disso.[46] Mas Jesus, o Messias, será o restaurador do povo em quem a bênção da renovação da aliança se concretiza e se estende às nações. Sua morte na cruz desfere o golpe final no pecado e na

---

[41]N. T. Wright, "New Perspectives on Paul", artigo apresentado na 10th Edinburgh Dogmatics Conference, Rutherford House, 25-28 de agosto de 2003, p. 1-17, aqui 2 (grifo original, embora a citação tenha sido colocada como um questionamento).

[42]Wright, "New Perspectives"; cf. N. T. Wright, *The Climax of the Covenant: Christ and the Law in Pauline Theology* (Edimburgo: T&T Clark, 1991; Mineápolis: Fortress, 1992), p. 242-43; Wright, *What Saint Paul Really Said: Was Paul of Tarsus the Real Founder of Christianity?* (Grand Rapids: Eerdmans, 1997), p. 132; Wright, *Paul and the Faithfulness of God*, 2: 1034-35.

[43]Wright, "New Perspectives", p. 3.

[44]N. T. Wright, *Paul: In Fresh Perspective* (Mineápolis: Fortress, 2005), p. 36-37.

[45]Wright, *Climax of the Covenant*, p. 242-43.

[46]Cf., por exemplo, Wright, *Paul and the Faithfulness of God*, 1: 150; 2: 1036, 1165; cf. 1: 139–63; Wright, *Climax of the Covenant*, p. 141.

maldição do povo. Ele é seu representante.[47] Cristo também governará o mundo, causando implicações políticas ao Império Romano e à sua ideologia imperial.

Para Wright, a justiça (δικαιωσύνη, *dikaiosynē*) pode ser interpretada no contexto da adesão à aliança,[48] e ser justificado identifica o crente como um membro do pacto da família de Deus, um único povo entre todas as nações, incluindo Israel. Esse é o veredicto de Deus quanto a quem é genuinamente seu povo.[49] Wright acrescenta que o julgamento final é baseado em ações, as quais precisam ser levadas a sério. Essas obras são indicadores que mostram que alguém está "em Cristo" e que obedece à orientação do Espírito.[50] Assim, a justificação pela fé é a linguagem do tribunal da *"antecipação no presente* da justificação que acontecerá no futuro",[51] firmada na "plenitude da vida que se leva".[52] Wright esclarece:

> A justificação não se refere à forma "como alguém se torna cristão"; é a constatação de Deus sobre a pessoa que acabou de se tornar cristã. E, assim como a declaração máxima consistirá não tanto de palavras quanto de um evento, na ressurreição da pessoa em um corpo glorioso como o do Jesus ressuscitado, a presente declaração consiste não só de palavras, embora elas possam existir, mas de um acontecimento em que alguém morre com o Messias e ressuscita para uma nova vida com ele, antecipando a ressurreição final. Em outras palavras, o batismo.[53]

---

[47]Cf., por exemplo, Wright, *Climax of the Covenant*, p. 141, 154; cf. Wright, *What Saint Paul Really Said*, 51; Wright, *Paul and the Faithfulness of God*, 2: 943-44, 999-1000.

[48]Wright, *Climax of the Covenant*, p. 203. A "justiça de Deus" é entendida por Wright como "a fidelidade da aliança de Deus" ("New Perspectives", p. 5). Veja também Wright, *Justification: God's Plan and Paul's Vision* (Londres: SPCK, 2009), p. 116, 133-34.

[49]Wright, *Justification*, p. 116, 121; Wright, *Paul and the Faithfulness of God*, 2: 960–61. Sobre Romanos 4:3-5 interpretado nesse contexto, veja N. T. Wright, "Paul and the Patriarch: The Role of Abraham in Romans 4", *JSNT* 35 (2013): 207-41.

[50]Na verdade, a justificação se baseia em Cristo; cf. N. T. Wright, "Justification: Yesterday, Today, Forever", *JETS* 54 (2011): 49-63, aqui 62.

[51]Wright, "New Perspectives", p. 9-10 (grifo original); além disso, Wright, *Paul and the Faithfulness of God*, 2: 1030-32.

[52]Dunn e Wright, "An Evening Conversation", p. 4; igualmente, Wright, *Justification*, p. 251; Wright, *Paul: In Fresh Perspective*, p. 57.

[53]Wright, "New Perspectives", p. 14.

Em resposta às suposições de que Wright considera as obras a base (e não a evidência) da salvação e, portanto, torna "somente a fé" questionável,[54] ele insiste que sua visão está em consonância com a teologia reformada protestante tradicional.[55] Esclarece também como a forma pela qual uma pessoa é salva ou justificada não deve ser polarizada com a forma como judeus e gentios podem unir-se sem a necessidade de estes últimos serem circuncidados. Do mesmo modo, há tanto a linguagem jurídica como a linguagem participativa ("em Cristo") em Paulo.[56]

Alguns princípios comuns que costumam ser compartilhados pelos estudiosos da Nova Perspectiva são os seguintes:[57] em primeiro lugar, a sensibilidade em relação ao judaísmo e à forma como ele deve ser percebido pelos cristãos. Em segundo lugar, geralmente o JST não é interpretado em termos de legalismo, mas, sim, de graça, eleição e nomismo pactual. Em terceiro lugar, o Paulo pré-Damasco teve problemas referentes a orgulho e privilégio, e não a lutas internas com culpa e pecado. Em quarto lugar, a dimensão social da missão de Paulo aos gentios é apresentada. Em quinto lugar, enquanto algumas práticas distintas como a circuncisão demarcavam o JST, Paulo rejeitava essas particularidades para suas igrejas gentílicas em favor da justiça, da fé, do amor e da obediência. Em sexto lugar, há interesse em destacar a justiça relacionada à participação em Cristo. E, em sétimo, os eruditos em Nova Perspectiva insistem em que as interpretações baseadas na análise bíblica e histórica têm mais peso

---

[54]Por exemplo, John Piper, *The Future of Justification: A Response to N. T. Wright* (Wheaton: Crossway, 2007); veja também Alan P. Stanley, introdução a *Four Views on the Role of Works Acts the Final Judgment*, de Robert N. Wilkin et al., ed. Alan P. Stanley (Grand Rapids: Zondervan, 2013), p. 9-24, 20; bem como a discussão em Michael F. Bird, "What Is There between Minneapolis and St. Andrews? A Third Way in the Piper-Wright Debate", *JETS* 54 (2011): 299-309.

[55]Wright, *Justification*; Wright, "Justification"; veja também Stanley, introdução a *Four Views on the Role of Works*, p. 20-23.

[56]Dunn e Wright, "An Evening Conversation", p. 7; veja Wright, *Paul and the Faithfulness of God*, 2: 1038-1039.

[57]Listas diferentes e sobrepostas também são apresentadas em Brendan Byrne, "Interpreting Romans Theologically in a Post-'New Perspective' Perspective", *HTR* 94 (2001): 227-41, aqui 228-29; Byrne, "Interpreting Romans: The New Perspective and Beyond", *Int* 58 (2004): 241-51, aqui 245-47.

do que os dogmas teológicos e tradicionais quando se trata de interpretar Paulo. Além disso, vale repetir os seis benefícios relacionados ao estudo da NPP:[58] (1) adquirir maior compreensão das cartas de Paulo; (2) evitar a percepção individualista ocidental; (3) reduzir o antissemitismo e o antijudaísmo; (4) estabelecer maior coesão entre o Antigo Testamento e o Novo Testamento; (5) apresentar maior conexão entre Jesus e Paulo; (6) estabelecer maior ligação entre católicos romanos e protestantes no que diz respeito à justificação.

RESPOSTAS POSITIVAS E NEGATIVAS À NOVA PERSPECTIVA

Uma pesquisa completa entre os apoiadores e as obras simpatizantes da Nova Perspectiva está além do âmbito deste estudo.[59] Mesmo assim, três estudiosos influentes merecem ser citados nessa categoria. Terence L. Donaldson, que concorda com o nomismo pactual de Sanders, incentiva a realização de pesquisas acerca dos gentios e das convicções fundamentais de Paulo que oferecem a estrutura para seu pensamento;[60] Don Garlington destaca a obediência da fé e a importância da perseverança para os seguidores de Cristo, ambas neces-

---

[58]Quanto a esses benefícios, cf. Yinger, *New Perspective*, p. 87-93.

[59]Sobre apoiadores, veja, por exemplo, os estudiosos citados em Westerholm, "The 'New Perspective' Acts Twenty-Five", p. 13-17; em *The Paul Page*, cf. "Bibliografia", http://www.thepaulpage.com/new-perspective/bibliography/; "From the New Perspective," http://www.thepaulpage.com/new-perspective/around-the-web/articles-from-the-new-perspective/. Em estudos éticos, étnicos e de gênero recentes relacionados à NPP, veja, por exemplo, Scot McKnight e Joseph B. Modica, orgs. *The Apostle Paul and the Christian Life: Ethical and Missional Implications of the New Perspective* (Grand Rapids: Baker Academic, 2016); Jens-Christian Maschmeier, "Justification and Ethics: Theological Consequences of a New Perspective on Paul", *TR* 38 (2017): 35-53; Maschmeier, *Rechtfertigung bei Paulus: Eine Kritik alter und neuer Paulusperspektiven*, BWANT 189 (Stuttgart: Kohlhammer, 2010); Kobus Kok, "The New Perspective on Paul and Its Implication for Ethics and Mission", APB 21 (2010): 3-17; Friedrich Wilhelm Horn, "Die Darstellung und Begründung der Ethik des Apostels Paulus in *der new perspective*", in *Jenseits von Indikativ und Imperativ*, ed. Friedrich Wilhelm Horn e Ruben Zimmermann, KNNE 1, WUNT 238 (Tübingen: Mohr Siebeck, 2009), p. 213-31; Tet-Lim N. Yee, *Jews, Gentiles, and Ethnic Reconciliation: Paul's Jewish Identity and Ephesians*, SNTSMS 130 (Cambridge: Cambridge University Press, 2005); Kathy Ehrensperger, *That We May Be Mutually Encouraged: Feminism and the New Perspective in Pauline Studies* (Londres: T&T Clark, 2004).

[60]Terence L. Donaldson, *Paul and the Gentiles: Remapping the Apostle's Convictional World* (Mineápolis: Fortress, 1997). Mais recentemente, veja Donaldson, *Judaism and the Gentiles: Jewish Patterns of Universalism* (até 135 CE) (Waco: Baylor University Press,

sárias durante o "agora e ainda não" temporário da justificação e do julgamento final;[61] Kent Yinger se concentra na importância do juízo final em relação à justificação e aborda as questões do legalismo e do sinergismo judaicos como indicadores no debate entre a Antiga e a Nova Perspectivas.[62] Tais estudos representam um interesse contínuo em pesquisas sobre temas relacionados a Paulo e ao problema dos gentios,[63] o nomismo da aliança e o padrão de "entrar" e "permanecer" à luz das tensões entre as agências divina e humana,[64] a perseverança e a apostasia,[65] a justificação e o juízo final.[66]

2007); Donaldson, "'Gentile Christianity' as a Category in the Study of Christian Origins", *HTR* 106 (2013): 433-58.

[61]Don Garlington, *"The Obedience of Faith": A Pauline Phrase in Historical Context*, WUNT 2/38 (Tübingen: Mohr Siebeck, 1991); Garlington, *Faith, Obedience, and Perseverance: Aspects of Paul's Letter to the Romans*, WUNT 79 (Tübingen: Mohr / Siebeck, 1994); Garlington, *Studies in the New Perspective*.

[62]Kent L. Yinger, *Paul, Judaism, and Judgment according to Deeds*, SNTSMS 105 (Cambridge: Cambridge University Press, 1999); Yinger, "The Continuing Quest for Jewish Legalism", *BBR* 19 (2009): 375-91; Yinger, "Reformation Redivivus: Synergism and the New Perspective", *JTI* 3 (2009): 89-106; Yinger, *New Perspective*.

[63]Cf., por exemplo, nossa discussão sobre Paulo dentro do judaísmo.

[64]Por exemplo, John M. G. Barclay e Simon J. Gathercole, org., *Divine and Human Agency in Paul and His Cultural Environment*, LNTS 335 (Londres: T&T Clark, 2007); Preston M. Sprinkle, *Paul and Judaism Revisited: A Study of Divine and Human Agency in Salvation* (Downers Grove, IL: IVP Academic, 2013); Kyle B. Wells, *Grace and Agency in Paul and Second Temple Judaism: Interpreting the Transformation of the Heart*, NovTSup 157 (Leiden: Brill, 2015); Jason Maston, *Divine and Human Agency in Second Temple Judaism and Paul: A Comparative Study*, WUNT 2/297 (Tübingen: Mohr Siebeck, 2010); Yinger, "Reformation Redivivus"; Paul A. Rainbow, *The Way of Salvation: The Role of Christian Obedience in Justification*, PBM (Milton Keynes: Paternoster, 2005).

[65]Por exemplo, B. J. Oropeza, *Jews, Gentiles, and the Opponents of Paul: The Pauline Letters*, vol. 2 de *Apostasy in the New Testament Communities* (Eugene, OR: Cascade; Wipf & Stock, 2012); Oropeza, *Paul and Apostasy: Eschatology, Perseverance, and Falling Away in the Corinthian Congregation*, WUNT 2/115 (Tübingen: Mohr Siebeck, 2000; Eugene, OR: Wipf & Stock, 2007); Judith M. Gundry Volf, *Paul and Perseverance: Staying In and Falling Away*, WUNT 2/37 (Tübingen: Mohr Siebeck, 1990; Louisville: Westminster John Knox, 1991); Andrew Wilson, *The Warning-Assurance Relationship in 1 Corinthians*, WUNT 2/452 (Tübingen: Mohr Siebeck, 2017).

[66]Chris VanLandingham, *Judgment and Justification in Early Judaism and the Apostle Paul* (Peabody, MA: Hendrickson, 2006); Wilkin *et al.*, *Four Views on the Role of Works*; Oropeza, *Jews, Gentiles, and the Opponents of Paul*; Christian Stettler, *Das Endgericht bei Paulus: Framesemantische und exegetische Studien zur paulinischen Eschatologie und Soterologie*, WUNT 371 (Tübingen: Mohr Siebeck, 2017); Stettler, "Paul, the Law and Judgment by Works", *EvQ* 76 (2004): 195-215; James B. Prothro, *Both Judge and Justifier: Biblical Legal Language and the Act of Justifying in Paul*, WUNT 2/461 (Tübingen: Mohr Siebeck, 2018); Kyoung-Shik Kim, *God Will Judge Each One according to Works: Judgment*

No entanto, com o passar do tempo, a NPP ganhou muitos críticos.[67] Eles costumam vir de um contexto protestante tradicional que enfatiza a justificação pela graça por meio da fé e a incapacidade de

---

according to Works and Psalm 62 in Early Judaism and the New Testament, BZNW 178 (Berlim: de Gruyter, 2010); John M. G. Barclay, "Believers and the 'Last Judgment in Paul: Rethinking Grace and Recompense", in *Eschatologie — Eschatology: The Sixth Durham-Tübingen Research Symposium; Eschatology in Old Testament, Ancient Judaism, and Early Christianity (Tübingen, setembro de 2009)*, org. Hans-Joachim Eckstein, Christof Landmesser e Hermann Lichtenberger, WUNT 272 (Tübingen: Mohr Siebeck, 2011), p. 195–208; Dane C. Ortlund "Justified by Faith, Judged according to Works: Another Look Acts a Pauline Paradox", *JETS* 52 (2009): 323-39.

[67]Para uma amostra (algumas mais polêmicas do que outras), veja Gitte Buch-Hansen, "Beyond the New Perspective: Reclaiming Paul's Anthropology", ST 71 (2017): 4-28; Yongbom Lee, "Getting In and Staying In: Another Look Acts 4QMMT and Galatians", *EvQ* 88 (2016/17): 126-42; Charles Lee Irons, *The Righteousness of God: A Lexical Examination of the Covenant-Faithfulness Interpretation*, WUNT 2/386 (Tübingen: Mohr Siebeck, 2015); Jordan Cooper, *The Righteousness of One: An Evaluation of Early Patristic Soteriology in Light of the New Perspective on Paul* (Eugene, OR: Wipf & Stock, 2013); Michael Morson, "Reformed, Lutheran, and 'New Perspective': A Dialogue between Traditions Regarding the Interpretation of 'Works of the Law' in Galatians", *CanTR* 1 (2012): 61-67; Andrew Hassler, "Ethnocentric Legalism and the Justification of the Individual: Rethinking Some New Perspective Assumptions", JETS 54 (2011): 311-27; Mark Seifrid, "The Near Word of Christ and the Distant Vision of N. T. Wright", JETS 54 (2011): 279-97; Thomas R. Schreiner, "An Old Perspective on the New Perspective", ConcJ 35 (2009): 140–55; Gerhard H. Visscher, *Romans 4 and the New Perspective on Paul: Faith Embraces the Promise*, SBL 122 (Nova York: Peter Lang, 2009); Cornelis P. Venema, *The Gospel of Free Acceptance in Christ: An Assessment of the Reformation and New Perspectives on Paul* (Edimburgo: Banner of Truth Trust, 2006); Peter T. O'Brien, "Was Paul a Covenant Nomist?", in Carson, O'Brien, and Seifrid, *Justification and Variegated Nomism*, 2: 249-96; Donald Macleod, "The New Perspective: Paul, Luther and Judaism", SBET 22 (2004): 4-31; Paul F. M. Zahl, "Mistakes of the New Perspective on Paul", *Them* 27 (2001): 5-11; Friedrich Avemarie, "Die Werke des Gesetzes im Spiegel des Jakobusbriefs: A Very Old Perspective on Paul," ZTK 98 (2001): 282-309; David Abernathy, "A Critique of James D. G. Dunn's View of Justification by Faith as Opposed the 'Works of the Law'", *LTJ* 35 (2001): 139-44; R. Barry Matlock, "Almost Cultural Studies? Reflections on the 'New Perspective' on Paul", in *Biblical Studies/Cultural Studies: The Third Sheffield Colloquium*, org. J. Cheryl Exum e Stephen D. Moore, JSOTSup 266 (Sheffield: Sheffield Academic Press, 1998), 433-59; Timo Eskola, "Paul, Predestination and 'Covenantal Nomism': Re-Assessing Paul and Palestinian Judaism", *JSJ* 28 (1997): 390-412; Michael Bachmann, "Rechtfertigung und Gesetzeswerke bei Paulus", TZ 49 (1993): 1-33; C. E. B. Cranfield, "'The Works of the Law' in the Epistle to the Romans", *JSNT* 43 (1991): 89-101; Moisés Silva, "The Law and Christianity: Dunn's New Synthesis", WTJ 53 (1991): 339-53; Robert H. Gundry, "Grace, Works, and Staying Saved in Paul", *Bib* 66 (1985): 1-38; John M. Espy, "Paul's 'Robust Conscience' Re-Examined", NTS 31 (1985): 161-88. Além disso, temos o total de 139 críticas de *Monergism* (www.monergism.com). Em 2011, Yinger (*New Perspective*, 39) contabilizou 108.

se conquistar aprovação divina por mérito humano ou submissão à lei de Deus.[68] Existem três categorias importantes dessas respostas.

Em primeiro lugar, as críticas relacionadas à interpretação de Sanders acerca do Judaísmo do Segundo Templo.[69] Contrário a essa tendência à eleição nacionalista e à salvação de Israel, Mark Adam

---

[68]Veja, por exemplo, Westerholm, *Perspectives Old and New*, p. 408-45; veja p. 88-97; mais especificamente em relação à justificação, Westerholm, *Justification Reconsidered: Rethinking a Pauline Theme* (Grand Rapids: Eerdmans, 2013). Para respostas recentes de fontes luteranas, veja, por exemplo, Stephen J. Hultgren, "The 'New Perspective on Paul': Exegetical Problems and Historical-Theological Questions, *LTJ* 50 (2016): 70-86; Michael Bachmann, "Lutherische oder Neue Paulusperspektive? Merkwürdigkeiten bei der Wahrnehmung der betreffende exegetischen Diskussionen", BZ 60 (2016): 73-101; Bachmann, org., *Lutherische und neue Paulusperspektive: Beiträge zu einem Schlüsselproblem der gegenwärtigen exegetischen Diskussion*, WUNT 182 (Tübingen: Mohr Siebeck, 2005); Timothy J. Wengert, "The 'New' Perspective on Paul Acts the 2012 Luther Congress in Helsinki", LQ 27 (2013): 89-91; Jens Schröter, "'The New Perspective on Paul' — eine Anfrage an die lutherische Paulusdeutung?, "Lutherjahrbuch 80 (2013): 142-58; Notger Slenczka, "Die neue Paulusperspektive und die Lutherische Theologie", *Lutherjahrbuch 80* (2013): 184-96; David C. Ratke, ed., *The New Perspective on Paul* (Mineápolis: Lutheran University Press, 2012); Erik M. Heen, "A Lutheran Response to the New Perspective on Paul", LQ 24 (2010): 263-91.

Para respostas — sejam construtivas, críticas ou polêmicas — de outras igrejas e denominações, veja, por exemplo: Lekgantshi C. Tleane, "N. T. Wright's New Perspective on Paul: What Implications for Anglican Doctrine?", HTSTS 74 (2018): 1-9; Athanasios Despotis, org., *Participation, Justification, and Conversion: Eastern Orthodox Interpretation of Paul and the Debate between "Old and New Perspectives on Paul"*, WUNT 2/442 (Tübingen: Mohr Siebeck, 2017); Despotis, *Die "New Perspective on Paul" und die griechisch-orthodoxe Paulusinterpretation*, VIOT 11 (St. Ottilien: EOS-Verlag, 2014); Tara Beth Leach, "A Symphonic Melody: Wesleyan-Holiness Theology Meets New-Perspective Paul", in *The Apostle Paul and the Christian Life: Ethical and Missional Implications of the New Perspective*, org. Scot McKnight e Joseph B. Modica (Grand Rapids: Baker Academic, 2016), p. 153-78; Sungkook Jung, "The New Perspective on Paul and Korean Evangelical Responses: Assessment and Suggestions", JAET 19 (2015): 21-41; Thomas D. Stegman, "Paul's Use of *dikaio*- Terminology: Moving beyond N. T. Wright's Forensic Interpretation", TS 72 (2011): 496-524; S. M. Baugh, "The New Perspective, Mediation, and Justification", in *Covenant, Justification, and Pastoral Ministry: Essays by the Faculty of Westminster Seminary California*, org. R. Scott Clark (Phillipsburg, NJ: P&R, 2007), p. 137-63; Guy Prentiss Waters, *Justification and the New Perspectives on Paul: A Review and Response* (Phillipsburg, NJ: P&R, 2004); Theodor Stoychev, "Is There a New Perspective on St. Paul's Theology?", *JEBS* 11 (2001): 31-50.

[69]Cf. também, por exemplo, Friedrich Avemarie, *Tora und Leben: Untersuchungen zur Heilsbedeutung der Tora in der frühen rabbinischen Literatur*, TSAJ 55 (Tübingen: Mohr Siebeck, 1996); A. Andrew Das, *Paul, the Law, and the Covenant* (Peabody, MA: Hendrickson, 2001), 1-69; Das, "Paul and Works of Obedience in Second Temple Judaism: Romans 4:4–5 as a 'New Perspective' Case Study", *CBQ* 71 (2009): 795–812; Sigurd Grindheim, *The Crux of Election: Paul's Critique of the Jewish Confidence in the Election of Israel*, WUNT 2/202 (Tübingen: Mohr Siebeck, 2005); Charles L. Quarles, "The New

Elliott argumenta com base no JST, à exceção da literatura rabínica, que, com frequência, as fontes oferecem evidências apenas para um remanescente de Israel sendo salvo.[70] Simon J. Gathercole discute a falta de foco de Sanders na defesa *conclusiva* quando fontes do JST destacam a importância da obediência como condição e base para a confiança judaica no julgamento final. Romanos 1—5 critica a soteriologia relacionada à exigência de se guardar a lei para ser salvo no fim dos tempos.[71] Chris VanLandingham contesta a conexão estabelecida por Sanders entre graça e eleição para o JST. O que fica claro nessas fontes é que ambas são "a recompensa pela obediência à vontade de Deus, não o dom imerecido de sua graça".[72] Talvez a compilação de dois volumes, organizada por D. A. Carson, Peter T. O'Brien e Mark A. Seifrid, *Justification and Variegated Nomism*,[73] seja a resposta mais ambiciosa desse tipo. Os colaboradores do volume 1 se propuseram a analisar o JST para avaliar se diversos textos ensinam o nomismo da aliança, como propõe Sanders. O primeiro volume examina vários aspectos teológicos relevantes para a NPP. A conclusão dessa obra aponta que o JST é mais diversificado do que o autor havia indicado. Embora muitos especialistas tenham considerado o nomismo pactual uma categoria útil para as fontes que estudaram, a conclusão da monografia afirma que Sanders está "errado quando tenta estabelecer que sua visão é certa em todo lugar".[74] Mais recentemente, John Barclay admite que, com frequência, a graça é encontrada no JST, ainda que se apresente muito mais diversa do que Sanders propôs. Para Barclay, ela está presente em toda parte na literatura, mas não é sempre a mesma.[75]

Em segundo lugar, muitas críticas se concentram na interpretação da Nova Perspectiva acerca das cartas de Paulo. Stephen Westerholm

---

Perspective and Means of Atonement in Jewish Literature of the Second Temple Period", *CTR* 2 (2005): 39-56.

[70]Mark Adam Elliott, *The Survivors of Israel: A Reconsideration of the Theology of Pre-Christian Judaism* (Grand Rapids: Eerdmans, 2000).

[71]Simon J. Gathercole, *Where Is Boasting? Early Jewish Soteriology and Paul's Response in Romans 1-5* (Grand Rapids: Eerdmans, 2002), p. 33, 90, 159, 194, 214-15.

[72]VanLandingham, *Judgment and Justification*, p. 333.

[73]Tübingen: Mohr Siebeck; Grand Rapids: Baker Academic, 2001, 2004.

[74]D. A. Carson, "Conclusion", in *Justification and Variegated Nomism*, 2: 543.

[75]John M. G. Barclay, *Paul and the Gift* (Grand Rapids: Eerdmans, 2015), por exemplo, p. 319.

classifica as críticas acadêmicas em cinco grupos.[76] Um grupo de intérpretes argumenta que o ponto de vista do próprio Paulo é contraditório ou distorce os indícios judaicos.[77] Outro acredita que a visão do apóstolo pode ser compatível com certas tradições judaicas, e tanto ele como essas tradições concluem que outros judeus não cumpriram os requisitos da aliança para a justiça.[78] Outros elucidam que a redenção de Cristo ampliou a realidade da expiação judaica ou a invalidou.[79] Outros enfatizam o pessimismo antropológico: humanos que não são transformados são simplesmente corrompidos demais para se mostrar obedientes e contribuir para a salvação.[80] O último grupo defende que "Paulo julgava importante, *a princípio*, que os indivíduos se apegassem exclusivamente à bondade divina para todas as suas necessidades, considerando que o judaísmo, em sua fidelidade às "obras", se distanciara desse princípio.[81] O próprio Westerholm argumenta que a integridade em Paulo não se refere essencialmente à linguagem do pacto. A justiça pela fé diz respeito ao que falta aos pecadores e ao que não é merecido. O que lemos em Romanos 4:4-6 e 5:7-9, por exemplo, não se refere às atitudes dos homens. O que eles fizeram foi pecar, e a transgressão traz maldição, visto que ninguém

---

[76]Westerholm, "The 'New Perspective' Atos Twenty-Five", p. 17-18.

[77]Heikki Räisänen, *Paul and the Law*, 2. ed., WUNT 29 (Tübingen: Mohr Siebeck, 1986); Kari Kuula, *The Law, the Covenant, and God's Plan*, vol. 2, *Paul's Polemical Treatment of the Law in Galatians*, PFES 85 (Göttingen: Vandenhoeck & Ruprecht, 1999).

[78]Frank Thielman, *From Plight to Solution: A Jewish Framework for Understanding Paul's View of the Law in Galatians and Romans*, NTS 41 (Leiden: Brill, 1989); Timo Eskola, *Theodicy and Predestination in Pauline Soteriology*, WUNT 2/100 (Tübingen: Mohr Siebeck, 1998).

[79]Thomas R. Schreiner, *The Law and Its Fulfillment: A Pauline Theology of Law* (Grand Rapids Baker, 1993); Das, *Paul, the Law, and the Covenant*. Mas, tecnicamente, Das opta por uma perspectiva "mais inovadora" (veja seu ensaio "The Traditional Protestant Perspective on Paul"), o que provavelmente pode colocá-lo entre os defensores da tendência mais recente.

[80]Por exemplo, Seifrid, *Justification by Faith: The Origin and Development of a Central Pauline Theme*, NovTSup 68 (Leiden: Brill, 1992); Seifrid, *Christ, Our Righteousness: Paul's Theology of Justification* (Downers Grove, IL: InterVarsity, 2000); Peter Stuhlmacher, *Revisiting Paul's Doctrine of Justification: A Challenge to the New Perspective* (Downers Grove, IL: InterVarsity, 2001); Timo Laato, *Paul and Judaism: An Anthropological Approach*, trad. T. McElwain, SFSHJ 15 (Atlanta: Scholars Press, 1995).

[81]Westerholm, "The 'New Perspective' Acts Twenty-Five", p. 18 (grifo original). Cf., por exemplo, Seyoon Kim, *Paul and the New Perspective: Second Thoughts on the Origin of Paul's Gospel* (Grand Rapids: Eerdmans, 2002).

pode seguir tudo o que está escrito na lei. O apóstolo insiste que eles "são pecadores que não fazem e não podem fazer o bem que a lei exige das pessoas".[82] Nesse contexto, Paulo "não baseou sua questão na inviabilidade de impor as práticas judaicas aos gentios, nem mesmo em uma acusação de etnocentrismo apresentada contra os judeus que pensavam que os gentios deveriam viver como eles, mas, sim, na incapacidade da lei em lidar com o pecado humano".[83] Os gentios e os judeus "são declarados justos pela fé em Jesus Cristo à parte da lei (cf. Gálatas 2:21; 5:4; Romanos 3:1) e de suas obras (Gálatas 2:16; Romanos 3:20,28)".[84] Ainda assim, com a NPP, Westerholm admite que o antigo judaísmo, em seus próprios termos, não parecia "promover uma busca de autojustificação por obras",[85] afirmando que a NPP deu uma contribuição importante aos estudos paulinos.[86]

Uma terceira modalidade de crítica envolve monografias ou periódicos em que outros estudiosos avaliam tópicos da NPP ou a obra de algum defensor da NPP, que, então, responde.[87] A monografia "God and the Faithfulness of Paul: A Critical Examination of the Pauline Theology of N. T. Wright"[88] avalia o trabalho *Paul and the Faithfulness of God*, de Wright. No último capítulo da crítica, Wright responde aos colaboradores. Da mesma forma, diversos estudiosos analisam a visão de Wright de que Israel continuou exilado em *Exile: A Conversation with N. T. Wright.*[89] Wright contribui

---

[82]Westerholm, *Perspectives Old and New*, p. 444; igualmente, p. 333.

[83]Ibidem, p. 441.

[84]Ibidem, p. 442 (grifo original).

[85]Westerholm, *Perspectives Old and New*, p. 444.

[86]Ibidem, p. 445.

[87]Além do texto principal, outras respostas importantes da NPP aos críticos incluem Dunn, *New Perspective*, esp. p. 1-97; Garlington, *Studies in the New Perspective*; Yinger, *New Perspective*, p. 47-80. Para pontos de vista de diversos outros colaboradores (tanto a favor como contra a NPP), veja James D. G. Dunn, org., *Paul and the Mosaic Law*, WUNT 89 (Tübingen: Mohr Siebeck, 1996); Wilkin *et al.*, *Four Views on the Role of Works*; Beilby e Eddy, *Justification: Five Views*.

[88]Christopher Heilig, J. Thomas Hewitt e Michael F. Bird, org., WUNT 2/413 (Tübingen: Mohr Siebeck, 2016; Mineápolis: Fortress, 2017).

[89]James M. Scott, ed. (Downers Grove, IL: IVP Academic, 2017). Veja também a interação de Wright com vários colaboradores em Nicholas Perrin e Richard B. Hays, org. *Jesus, Paul and the People of God: A Theological Dialogue with N. T. Wright* (Downers Grove, IL: IVP Academic, 2011).

com dois capítulos para esse volume, sendo o segundo uma resposta. Do mesmo modo, vários ensaios em alemão ou inglês examinam a NPP em *Lutherische und Neue Paulusperpektive* (perspectivas luterana e nova paulina).[90] James Dunn responde no capítulo final. No *Journal for the Study of the New Testament*, Barry Matlock e Douglas Campbell formulam críticas a *Theology of the Apostle Paul*, de Dunn, e ele reage.[91] Uma concepção comum e equivocada no que se refere à NPP é que ela tenta destruir a teologia luterana ou reformada. Tanto Wright como Dunn negam isso.[92] Em vez disso, como estudiosos da Bíblia, esforçam-se para aperfeiçoar a teologia paulina por meio do rigor de sua disciplina, em vez de simplesmente adotar dogmas que talvez não sejam adequadamente sustentáveis nas cartas de Paulo.

Em uma reconciliação despercebida, Dunn e Westerholm redigem ensaios sucessivos elogiando os pontos de vista um do outro, intitulados, respectivamente, "What's Right about the Old Perspective on Paul" e "What's Right about the New Perspective on Paul".[93] Para Dunn, a redescoberta de Lutero em relação à justiça salvadora de Deus, sua reafirmação do papel essencial da fé nas relações humano-divinas e sua ênfase na ideia de que os humanos não podem conquistar essa relação com Deus por seus próprios esforços estão entre as características positivas da "Antiga Perspectiva". Para Westerholm, a importância da graça no judaísmo, o destaque no contexto social das relações entre judeus e gentios, bem como a sensibilidade no que se refere às implicações práticas da justificação, como classe, gênero e etnia, estão entre as características positivas da NPP.

---

[90]Michael Bachmann, org., com o subtítulo *Beiträge zu einem Schlüsselproblem der gegenwärtigen exegetischen Diskussion*, WUNT 182 (Tübingen: Mohr Siebeck, 2005).

[91]*JSNT* 21 (1998): 67–90 (Matlock); 91-111 (Campbell); 113-20 (Dunn).

[92]Veja, por exemplo, Wright, *Justification*; Dunn, *New Perspective*, p. 18-23; Dunn e Wright, "An Evening Conversation", 2. Outras perguntas referentes à NPP foram respondidas recentemente por diversos especialistas em "The New Perspective on Paul", *Overthinking Christian*, www.overthinkingchristian.com/?s=new+perspective.

[93]Em *Studies in the Pauline Epistles: Essays in Honor of Douglas J. Moo*, org. Matthew S. Harmon e Jay E. Smith (Grand Rapids: Zondervan, 2014), p. 214-29 (Dunn); p. 230-42 (Westerholm).

PÓS-NOVAS PERSPECTIVAS

Embora perdurem defensores e críticos da NPP, sua influência induz outros especialistas a uma reconceitualização dos textos paulinos relevantes e à criação de seus próprios pontos de partida ou de aproximação. Essa construção mais recente foi identificada como "pós-Nova Perspectiva" ou "além da Nova Perspectiva".[94] Agora vejamos alguns exemplos relevantes.

A "Perspectiva de Paulo dentro do Judaísmo", também chamada de nova perspectiva "radical" sobre Paulo,[95] é promovida por estudiosos como Mark Nanos,[96] Paula Fredriksen,[97] Pamela Eisenbaum,[98]

---

[94]O termo é usado, por exemplo, por Garlington, *Studies in the New Perspective*, 1; Byrne, "Interpreting Romans Theologically in a Post-'New Perspective' Perspective"; Michael F. Bird, "When the Dust Finalmente Settles: Reaching a Post-New Perspective", *CTR* 2 (2005): 57-69, embora os dois últimos tenham alterado sua terminologia em publicações posteriores para "além da nova perspectiva": Byrne, "Interpreting Romans: The New Perspective and Beyond"; Bird, *Saving Righteousness*, cap. 5, "When the Dust Finally Settles: Beyond the New Perspective".

[95]Mark D. Nanos, introdução a Nanos, *Paul within Judaism: Restoring the First-Century Context to the Apostle*, org. Mark D. Nanos e Magnus Zetterholm (Mineápolis: Fortress, 2015), p. 1-29, aqui p. 1; Pamela Eisenbaum, "Paul, Polemics, and the Problem with Essentialism", *IntBib* 13 (2005): 224-38, aqui 232-33. Para mais pesquisas, veja Daniel R. Langton, *The Apostle Paul in the Jewish Imagination: A Study in Modern Jewish-Christian Relations* (Cambridge: Cambridge University Press, 2010); Langton, "The Myth of the 'Traditional View of Paul' and the Role of the Apostle in Modern Jewish-Christian Polemics", *JSNT* 28 (2005): 69-104; Kathy Ehrensperger, "The New Perspective and Beyond", in *Modern Interpretations of Romans: Tracking their Hermenuetical/Theological Trajectory*, org. Daniel Patte e Christina Grenholm, RHCS 10 (Londres: Bloomsbury T&T Clark, 2013), p. 191-219; Philip La Grange Du Toit, "The Radical New Perspective on Paul, Messianic", *HTSTS* 73 (2013): 1-8; Zetterholm, *Approaches to Paul*, 127-64; Michael F. Bird e Preston M. Sprinkle, "Jewish Interpretation of Paul in the Last Thirty Years", *CBR* 6 (2008): 355-76.

[96]Mark Nanos, *The Mystery of Romans: The Jewish Context of Paul's Letter* (Mineápolis: Fortress, 1996); Nanos, *The Irony of Galatians: Paul's Letter in First-Century Context* (Mineápolis: Fortress, 2002); e agora a série intitulada *Collected Essays of Mark Nanos* (Eugene, OR: Cascade, 2017-18).

[97]Paula Fredriksen, Paul: *The Pagans' Apostle* (New Haven: Yale University Press, 2017); Fredriksen, "How Jewish Is God? Divine Ethnicity in Paul's Theology", *JBL* 137 (2018): 193-212.

[98]Pamela Eisenbaum, *Paul Was Not a Christian: The Original Message of a Misunderstood Apostle* (Nova York: HarperCollins, 2009); Eisenbaum, "Jewish Perspectives: A Jewish Apostle to the Gentiles", in *Studying Paul's Letters: Contemporary Perspectives and Methods*, org. Joseph A. Marchal (Mineápolis: Fortress, 2012), p. 135-53.

Matthew Thiessen,[99] Magnus Zetterholm[100] e outros.[101] Embora nem todas as posições defendidas por eles sejam idênticas, todos costumam afirmar que Paulo sempre se considerou um judeu e nunca deixou o judaísmo ou suas práticas depois de encontrar Jesus como o Messias. Paulo iniciou um movimento reformado ou uma seita judaica dentro do judaísmo e não estava livre da lei. Seus ensinamentos são direcionados a seguidores de Cristo não judeus, a quem ele instrui a viver de acordo com o judaísmo, mas ainda respeitando sua identidade como não judeus. Embora essa perspectiva reconheça sua dívida de gratidão com Sanders, Dunn e Stendahl — e rejeite as caricaturas do judaísmo como uma religião de justiça pelas obras —, não se considera "*dentro* do paradigma da Nova Perspectiva ou uma reação *contra* essa corrente", mas se empenha em colocar o apóstolo "dentro de seu contexto mais provável do primeiro século, o judaísmo", antes de levá-lo a dialogar com outros contextos ou interpretações.[102] A perspectiva "Paulo dentro do Judaísmo" discorda da NPP, por exemplo, quando esta afirma que o apóstolo encontrou "algo errado com e no judaísmo em si, algo essencialmente diferente do Paulo da 'cristandade' (independentemente de como seja chamado)". Rejeita também a

---

[99]Matthew Thiessen, *Paul and the Gentile Problem* (Oxford: Oxford University Press, 2016); Thiessen, "Conjuring Paul and Judaism Forty Years after *Paul and Palestinian Judaism*", *JJMJS* 5 (2018): 6-20. Veja também Rafael Rodríguez e Matthew Thiessen, org., *The So-Called Jew in Paul's Letter to the Romans* (Mineápolis: Fortress, 2016).

[100]Magnus Zetterholm, "Paul within Judaism: The State of the Questions", in Nanos and Zetterholm, *Paul within Judaism*, p. 31-51; Magnus Zetterholm, "'Will the Real Gentile-Christian Please Stand Up!' Torah and the Crisis of Identity Formation", in *The Making of Christianity: Conflicts, Contacts, and Constructions; Essays in Honor of Bengt Holmberg*, ed. Magnus Zetterholm e Samuel Byrskog, ConBNT 47 (Winona Lake, IN: Eisenbrauns, 2012), p. 391-411; Zetterholm, "Jews, Christians, and Gentiles: Rethinking the Categorization within the Early Jesus Movement", em *Reading Paul in Context: Explorations in Identity Formation; Essays in Honor of William S. Campbell*, org. Kathy Ehrensperger e J. Brian Tucker, LNTS 428 (Londres: Bloomsbury T&T Clark, 2010), p. 242-54.

[101]Fredriksen (*Paul: The Pagans' Apostle*, 177) adiciona Gabriele Boccaccini e Carlos Segovia, org., *Paul the Jew: Reading the Apostle as a Figure of Second Temple Judaism* (Mineápolis: Fortress, 2016); John G. Gager, *Who Made Early Christianity? The Jewish Lives of the Apostle Paul* (Nova York: Columbia University Press, 2015); Joshua Garroway, *Paul's Gentile-Jews: Neither Jew nor Gentile, but Both* (Londres: Palgrave Macmillan, 2012); J. Albert Harrill, *Paul the Apostle: His Life and Legacy in Their Roman Context* (Cambridge: Cambridge University Press, 2012).

[102]Nanos, introdução a *Paul within Judaism*, p. 2, 6 (grifo original).

noção da NPP de um Paulo que considera o judaísmo equivocado em relação ao etnocentrismo, ao nacionalismo e a termos afins.[103] Uma motivação apocalíptica pode ser encontrada por trás da urgência de Paulo em relação a gentios que se posicionam contra a lei.[104]

Se, dentro do judaísmo, Paulo se afasta ainda mais do protestantismo tradicional do que da NPP, outra tendência avança em direção oposta, mantendo a *via media* entre a Antiga e a Nova Perspectiva sobre Paulo. Bruce Longenecker se baseia nesse ponto de vista ao escrever que os defensores luteranos e a NPP "fazem declarações que sugerem que, se uma abordagem tem mérito, a outra não tem (...). No entanto, existem boas razões para pensar que a situação pode não ser assim tão evidente, e que o 'um ou outro' que marca a polêmica atual nos estudos paulinos deveria ser deixado de lado".[105] Ele concorda com a NPP, no sentido de que a preocupação da Galácia não está centrada no merecimento da salvação por meio de obras, mas, sim, na identidade da comunidade: "Ser excluído era uma forma de etnocentrismo, e não de autojustificação".[106] Ele também concorda com a perspectiva protestante tradicional, por exemplo, quando Paulo diz que a lei não é um modo correto de vida, "uma vez que a incapacidade humana tornou impossível cumpri-la perfeitamente e que a lei é insuficiente para corrigir essa situação".[107] Em *The Saving Righteousness of God*, Michael Bird argumenta que as leituras reformadas e baseadas na NPP de Paulo oferecem um quadro complementar e mais completo da soteriologia do apóstolo. Bird reafirma tanto os aspectos forenses como os pactuais da justificação e, para ele, a justiça "incorporada" capta a justificação em relação à união do crente em Cristo. Mais recentemente, *Paul's New Perspective: Charting a Soteriological Journey*, de Garwood Anderson, estuda as cartas paulinas controvertidas e não controvertidas — e sua teoria depende da datação dessas cartas — para concluir

---

[103]Ibidem, p. 6-7.
[104]Um princípio central, por exemplo, em Eisenbaum, "Jewish Perspectives".
[105]Bruce W. Longenecker, *The Triumph of Abraham's God: The Transformation of Identity in Galatians* (Edimburgo: T&T Clark, 1998), p. 179; veja Longenecker, "Lifelines: Perspectives on Paul and the Law", *Anvil* 16 (1999): 125-30.
[106]Longenecker, *Abraham's God*, p. 180.
[107]Longenecker, *Abraham's God*, p. 180-81.

que tanto a Antiga Perspectiva como a Nova Perspectiva estão corretas, "mas não o tempo todo".[108] A visão de Paulo se desenvolveu a partir de uma ideia compatível com a NPP no que diz respeito às "obras da lei" em suas primeiras cartas (por exemplo, Gálatas) para "obras" como esforço humano em suas cartas posteriores (por exemplo, as Cartas Pastorais). Em *Reading Paul with the Reformers: Reconciling Old and New Perspectives*,[109] Stephen Chester argumenta, *inter alia*, que a maior parte dos reformadores chegou à mesma interpretação exegética de Stendahl: o Paulo pré-Damasco *não* se viu atormentado por uma consciência culpada. Essa visão se desenvolveu posteriormente na tradição. Da mesma forma, para os reformadores, a união com Cristo e o interesse na transformação foram mantidos em conjunto com a justiça alheia de Lutero.[110]

Diferente de ambas as perspectivas, *Paul, Judaism, and the Gentiles: A Sociological Approach*,[111] de Francis Watson, originalmente enaltecia a NPP e se mostrava contrário ao ponto de vista luterano, mas, em uma revisão desse livro — que, recentemente, recebeu o subtítulo "Além da Nova Perspectiva" —, ele também critica o primeiro.[112] Watson argumenta, por exemplo, que a ação divina "desempenha papel mais direto e imediato no 'padrão religioso' paulino do que no judaísmo", ideia contraposta por Paulo, e que as obras da lei não são delimitadoras, mas, sim, um "modo de vida" claro para as comunidades judaicas.[113] As declarações antitéticas de Paulo em Romanos — fé

---

[108]Downer's Grove, IL: IVP Academic, 2016 (citação, p. 5).

[109]Grand Rapids: Eerdmans, 2017.

[110]Chester, *Reading Paul with the Reformers*, p. 136-37, 360-61, 368-77, 421-22. A união com Cristo é outra tendência teológica reconhecida recentemente. Por exemplo, Constantine R. Campbell, *Paul and Union with Christ: An Exegetical and Theological Study* (Grand Rapids: Zondervan, 2012); Grant Macaskill, Union with Christ in the New Testament (Oxford: Oxford University Press, 2013); J. Todd Billings, *Union with Christ: Reframing Theology and Ministry for the Church* (Grand Rapids: Baker Academic, 2011); Robert Letham, *Union with Christ: In Scripture, History, and Theology* (Phillipsburg, NJ: P&R, 2011); Michael S. Horton, *Covenant and Salvation: Union with Christ* (Louisville: Westminster John Knox, 2007). Veja também as obras de Michael Gorman, por exemplo, *Participating in Christ*, e observe que a NPP, principalmente Sanders, reflete tal percepção.

[111]SNTSMS 56; Cambridge: Cambridge University Press, 1986.

[112]Grand Rapids: Eerdmans, 2007.

[113]Watson, *Paul, Judaism, and the Gentiles* (2007), p. 25.

e obras da lei — podem refletir a antítese da separação entre a igreja e a sinagoga, o que ajuda a explicar por que a fé em Cristo é "incompatível com as obras da lei".[114] Watson também declara, contra a visão luterana, que o judaísmo como legalismo ou justificação pelas obras é enganoso, mas, novamente, esse é o conceito da NPP de "judaísmo como uma religião da graça".[115]

O ponto de partida de Douglas Campbell destaca uma leitura apocalíptica e participativa de Paulo, apresentada de forma mais detalhada em *The Deliverance of God*.[116] Entre outros aspectos, ele aponta que Paulo, mais uma vez, foi mal interpretado. Essa leitura equivocada, que Campbell associa à "teoria da justificação", concentra-se na justificação retributiva, uma forma contratual de salvação e fé humana condicional, e não em justificação libertadora, incondicionalidade e fidelidade de Cristo. Para Campbell, Romanos 1:17, citando Habacuque 2:4, não pode ser entendido como "o justo viverá pela fé", mas, sim, como "o Justo [Messias = Jesus] viverá pela fidelidade", sugerindo a ressurreição de Cristo, sua centralidade escatológica na salvação e sua fidelidade como meios para a libertação de Deus. Os seguintes trechos de Romanos 1—4 caracterizam a "teoria da justificação" e, desse modo, refletem especialmente as crenças dos oponentes de Paulo, representantes de um "Mestre" cristão judeu. Na ótica de Cam-

---

[114]Ibidem, p. 98; cf. p. 60.

[115]Ibidem, p. 346.

[116]Com o subtítulo *An Apocalyptic Reading of Justification in Paul* (Grand Rapids: Eerdmans, 2009); veja também Campbell, "Beyond Justification in Paul: The Thesis of the Deliverance of God", *SJT* 65 (2012): 90-104; Campbell, "An Apocalyptic Rereading of Justification in Paul", *ExpTim* 123 (2012): 182-93; Campbell, "Christ and the Church: A 'Post-New Perspective' Account", em *Four Views on the Apostle Paul*, ed. Michael F. Bird (Grand Rapids: Zondervan, 2012); e as respostas de Campbell em Chris Tilling, ed., *Beyond Old and New Perspectives on Paul: Reflections on the Work of Douglas Campbell* (Eugene, OR: Cascade, 2014). Antes de *The Deliverance of God*, veja Campbell, *The Quest for Paul's Gospel: A Suggested Strategy*, JSNTSup 274 (Londres: T&T Clark, 2005). Ler Paulo em um contexto apocalíptico, como incentivado no século passado por estudiosos como Ernst Käsemann, J. Christiaan Beker, J. Louis Martyn e Martinus de Boer, continua sendo um ponto de vista importante no Novo Milênio: por exemplo, Joshua B. Davis e Douglas Harink, org., *Apocalyptic and the Future of Theology: With and beyond J. Louis Martyn* (Eugene, OR: Wipf & Stock, 2012); Beverly Roberts Gaventa, org., *Apocalyptic Paul: Cosmos and Anthropos in Romans 5-8* (Waco: Baylor University Press, 2013); Ben C. Blackwell, John K. Goodrich e Jason Maston, org., *Paul and the Apocalyptic Imagination* (Mineápolis: Fortress, 2016).

pbell, Paulo, aqui, usa o recurso da personificação (prosopopeia) para que, por exemplo, Romanos 1:18-32 mostre as palavras do Mestre, que Paulo contesta a partir de 2:1, e o Mestre, então, responde a ele — e um intercâmbio tem início desse ponto em diante. A visão do próprio apóstolo se destaca em Romanos 5—8, que, *inter alia*, enfatiza um Deus Triúno, conhecido por meio do ato da redenção.

Por fim, chamada recentemente de "Perspectiva do Dom", no presente volume (veja capítulo 5), John Barclay apresenta a própria visão destilada de seu último trabalho, *Paul and the Gift*.[117] Nesse estudo, que já gerou muita discussão,[118] Barclay concorda com a NPP quando se trata do contexto da teologia da justificação de Paulo baseada na missão gentílica e "nas construções de comunidades que cruzaram as fronteiras étnicas, bem como as sociais".[119] Ao mesmo tempo, Barclay se distancia da NPP, situando a raiz da teologia de Paulo na graça incongruente do "dom de Cristo, que molda seus apelos às promessas de Abraão, à experiência do Espírito e à unidade de Deus". No que diz respeito à missão gentílica, "destrói antigos critérios de valor e abre espaço para comunidades inovadoras que dão início a novos padrões de existência social".[120] Barclay conclui que sua leitura não se harmoniza com a tradição agostiniano-luterana nem com a NPP, mas reconfigura ambas.[121]

PERSPECTIVAS SOBRE PAULO

Apresentamos, aqui, *Perspectivas sobre Paulo: cinco pontos de vista*, obra que inclui algumas das perspectivas mais influentes. Cinco especialistas renomados apresentam seus respectivos posicionamentos. Como a Nova Perspectiva respondeu à Antiga — a visão protestante tradicional influenciada por Lutero e outros reformadores —, e Lutero, por sua vez, escolheu o catolicismo romano como ponto de

---

[117]Grand Rapids: Eerdmans, 2015.

[118]Cf., por exemplo, resenhas de artigos de Joel Marcus e Margaret Mitchell, bem como a resposta de Barclay, em *JSNT* 39, n. 3 (2017). Toda a edição do *EvQ* 89, n. 4 (2018), também é dedicada ao ponto de vista de Barclay.

[119]Barclay, *Paul and the Gift*, p. 572.

[120]Barclay, *Paul and the Gift*, p. 572.

[121]Ibidem, p. 573.

partida, é importante incluirmos essas concepções no debate atual. Nosso primeiro colaborador, Brant Pitre, apresenta A Perspectiva Católica Romana sobre Paulo. O segundo, A. Andrew Das, traz a linha protestante. Em seguida, temos James D. G. Dunn, com a Nova Perspectiva. Então, Magnus Zetterholm apresenta A Perspectiva de Paulo dentro do Judaísmo e, finalmente, John Barclay conclui nossos pontos de vista sob a "Perspectiva do Dom". Cada um deles apresenta sua posição e, em seguida, os outros colaboradores oferecem suas críticas a cada uma delas. Depois, cada apresentador conclui respondendo a essas críticas. Por fim, Dennis Edwards encerra nosso estudo analisando as diversas perspectivas em um contexto pastoral.

Esperamos que esses pontos de vista e intercâmbios estimulantes desafiem cada leitor a pensar com mais profundidade, e talvez até de forma diferenciada, sobre Paulo e a salvação.

1

A PERSPECTIVA
CATÓLICA ROMANA
sobre PAULO

Brant Pitre

Introdução

A discussão atual da "Nova Perspectiva" sobre Paulo teve início, provavelmente, em 1977, com o lançamento do livro *Paul and Palestinian Judaism*, de E. P. Sanders.[1] Com o passar do tempo, uma característica fascinante desse debate é que, em alguns momentos, a interpretação de Sanders foi criticada por ser muito "católica". Por exemplo, Kent Yinger aponta que os críticos da Nova Perspectiva sobre Paulo (NPP) afirmam que ela "dificulta a distinção entre a soteriologia católica romana e a protestante".[2] Em particular, o conceito de Sanders de "nomismo da aliança" é apontado como perigosamente próximo de uma perspectiva católica: *"O nomismo da aliança e as versões da NPP da salvação parecem mais semelhantes às visões católicas romanas do que às de Lutero. Eles certamente destacam o papel da obediência mais do que a expressão 'somente pela graça por meio da fé' parece fazer (...). Para muitos, essa união ecumênica soa como um sinal bastante claro de que as conquistas da Reforma estão sendo perdidas".*[3]

O próprio Sanders foi o primeiro a estabelecer uma conexão entre as caricaturas protestantes do judaísmo do século 19 como uma religião legalista de "justificação pelas obras" e alguns conceitos similares do catolicismo: "Precisamos observar, em particular, a projeção para o judaísmo da visão que os protestantes consideram mais questionável no catolicismo romano: a existência de um tesouro de méritos a ser conquistado pelo excesso de obras. Aqui, temos a volta da discussão protestante-católica para a história antiga, com

---

[1]E. P. Sanders, *Paul and Palestinian Judaism: A Comparison of Patterns of Religion* (Mineápolis: Fortress, 1977); edição de 40° aniversário. (Mineápolis: Fortress, 2017).
[2]Kent L. Yinger, *The New Perspective on Paul: An Introduction* (Eugene, OR: Cascade, 2011), p. 80.
[3]Yinger, *New Perspective*, p. 80 (grifo nosso).

o judaísmo assumindo o papel do catolicismo; e o cristianismo, do luteranismo".[4]

Neste ensaio, tentarei mostrar que a interpretação de Sanders no que se refere a Paulo é realmente muito próxima da soteriologia católica em diversos pontos importantes. Como católico, não vejo isso como uma fraqueza na posição do autor. Em vez disso, eu argumentaria que sua leitura de Paulo é coerente com as leituras católicas ao longo dos séculos, pois todas se baseiam em interpretações convincentes daquilo que o próprio Paulo diz. A título de ilustração, meu trabalho terá três objetivos.

Primeiro, meu foco serão as passagens-chave de Paulo que se revelam fundamentais para a exegese católica. O espaço não me permite abordar todos os aspectos da doutrina católica da justificação, razão pela qual me limitarei a quatro questões centrais: (1) a justificação como perdão e participação real "em Cristo"; (2) a justificação inicial pela graça somente por meio da fé; (3) o significado de "obras da lei"; e (4) a justificação final segundo as obras, e não exclusivamente pela fé.[5]

Em segundo lugar, trarei uma breve visão geral de como esses trechos essenciais de Paulo foram interpretados segundo a tradição católica. Por um lado, isso implicará analisar o que alguns críticos afirmaram nos períodos patrístico, medieval e moderno. Por outro, já que recebi a tarefa de resumir a "Perspectiva Católica Romana sobre Paulo" teremos de também prestar atenção ao conceito católico oficial da justificação, que pode ser encontrado em três fontes principais: (1) o *Decreto sobre a Justificação* do Concílio de Trento (1547);[6] (2) o artigo oficial do *Catecismo da Igreja Católica* no que se refere a "Graça e justificação" (1992);[7] e (3) as *General Audiences* do

---

[4]*PPJ*, p. 57.

[5]Devido ao espaço limitado, seguirei Sanders na apresentação das sete cartas paulinas incontestáveis.

[6]Todas as traduções do Concílio de Trento nesse documento são de Heinrich Denzinger, *Compendium of Creeds, Definitions, and Declarations on Matters of Faith and Morals*, org. Peter Hünermann, 43. ed. (São Francisco: Ignatius, 2012), p. 374-88.

[7]*Cathechism of the Catholic Church* [Catecismo da Igreja Católica], 2. ed. (Cidade do Vaticano: Libreria Editrice Vaticana, 1997), n. 1987-2029. Todas as referências nesse documento ao *Catecismo* são feitas pelos números dos parágrafos.

Papa Bento XVI, que dizem respeito a São Paulo.[8] Para os leitores não familiarizados com a perspectiva católica, nunca é demais destacar a importância de ler esses documentos em primeira mão, com atenção específica à forma como eles interpretam Paulo.[9]

Em terceiro lugar, destacarei as principais áreas de sobreposição entre a perspectiva católica do apóstolo e o livro de E. P. Sanders. Recentemente, um importante exegeta luterano descreveu o trabalho de Sanders como um "ataque" ao "Paulo luterano".[10] Como espero demonstrar, um dos motivos pelos quais Sanders foi acusado de enfraquecer a Reforma Protestante é que sua análise paulina chegou, involuntariamente, a várias das mesmas conclusões dos intérpretes católicos patrísticos e medievais de Paulo, bem como do Concílio de Trento. Até onde sei, nunca houve esse tipo de comparação próxima entre Sanders e a perspectiva católica. Minha esperança é que isso enfatize um território comum na tarefa de "reler Paulo juntos".[11]

Justificação como perdão e participação real "em Cristo"

O primeiro aspecto da perspectiva católica sobre Paulo é que a justificação envolve tanto o perdão dos pecados como uma participação real na morte e na ressurreição de Cristo. Por meio da fé e do batismo, o indivíduo é considerado justo e transformado de escravo do pecado "em Adão" em filho de Deus "em Cristo".

---

[8]Papa Bento XVI, *Saint Paul: General Audiences, July 2, 2008-February 4, 2009* (São Francisco: Ignatius, 2009).

[9]Infelizmente, não posso me dirigir à Federação Luterana Mundial e à Igreja Católica, *Declaração Conjunta sobre a Doutrina da Justificação* (Grand Rapids: Eerdmans, 2000). Embora muito significativa, graças à sua complexidade inerente de declaração conjunta, não posso fazer justiça a isso aqui. Os leitores familiarizados com a versão final verão muitos pontos de sobreposição com minhas conclusões. Veja, especialmente, a *Declaração Conjunta*, n. 22, 25, 31, 37-38; Anexo, n. 2A, 2C, 2E.

[10]John Reumann, "Justification by Faith in Pauline Thought: A Lutheran View", in *Rereading Paul Together: Protestant and Catholic Perspectives on Justification*, org. David E. Aune (Grand Rapids: Baker Academic, 2006), p. 111.

[11]Cf. o ensaio importante de meu orientador de doutorado, David E. Aune, "Recent Readings of Paul Relating to Justification by Faith", in Aune, *Rereading Paul Together*, p. 188-245, esp. p. 241.

O apóstolo Paulo: justificação, batismo e estar "em Cristo"

Em apoio a esse ponto de vista, considere as seguintes passagens em que Paulo relaciona a justificação à morte e à ressurreição "em Cristo", principalmente por meio do batismo:[12]

> Assim a Lei se tornou nosso pedagogo até Cristo, para que fôssemos *justificados* pela fé (...) vós todos sois filhos de Deus pela fé em Cristo Jesus, pois todos vós, que *fostes batizados* em Cristo, vos vestistes de Cristo. (Gálatas 3:24-27)

> Eis o que vós fostes, ao menos alguns. Mas vós vos *lavastes*, mas fostes *santificados*, mas fostes *justificados* em nome do Senhor Jesus Cristo e pelo Espírito de nosso Deus. (...) aquele que *se une ao Senhor constitui com ele um só espírito*. (1Coríntios 6:11,17)

> Se alguém está *em Cristo*, é nova criatura (...) Tudo isto vem de Deus, que nos *reconciliou consigo por Cristo* e nos confiou o ministério da reconciliação. (...) Aquele que não conhecera o pecado, Deus o fez pecado por causa de nós, a fim de que, *por ele, nos tornemos justiça de Deus*. (2Coríntios 5:17-18,21)

> Por conseguinte, assim como pela falta de um só resultou a *condenação de todos os homens*, do mesmo modo, *da obra de justiça de um só, resultou para todos os homens justificação que traz vida*. De modo que, como *pela desobediência de um só homem, todos se tornaram pecadores, assim, pela obediência de um só, todos se tornarão justos.* (Romanos 5:18,19)

> Ou não sabeis que todos os que fomos *batizados em Cristo Jesus, é na sua morte que fomos batizados*? Portanto pelo batismo nós fomos sepultados com ele na morte para que, como Cristo foi ressuscitado dentre os mortos pela glória do Pai, assim também nós vivamos vida nova (...) Com efeito, *quem morreu ficou livre do pecado*. (Romanos 6:3-4,7)

---

[12]Priorizando a clareza, seguirei Sanders ao utilizar a RSV para as citações das Escrituras, a menos que seja indicado de outra forma. Todos os grifos são nossos. [Nesses casos, foi usado como base a versão da Bíblia de Jerusalém, com as ênfases de Brand Pitre. Assim, preserva-se os contrapontos levantados pelo autor com outras versões].

Em seguida, voltaremos ao papel específico da fé. Por ora, três observações fazem-se necessárias. Primeiro, Paulo relaciona, repetidas vezes, o substantivo "justiça" (δικαιοσύνη, *dikaiosynē*) e/ ou o verbo "justificar" (δικαιόω, *dikaioō*) a estar "em Cristo" (ἐν Χριστῷ, *en Christō*) ou "unido a" Cristo (Gálatas 3:24,26; 1Coríntios 6:11,17; 2Coríntios 5:17,21; Romanos 6:1-11). Segundo, o apóstolo também conecta "estar em Cristo" com ser "batizado" (βαπτίζω, *baptizō*) (Gálatas 3:27; Romanos 6:3). Nesse caso, ele associa claramente ser "lavado" no batismo a ser "santificado" e "justificado" (1Coríntios 6:11).[13] Em terceiro lugar, a justificação parece trazer tanto o perdão das transgressões individuais como uma mudança real naqueles que são justificados. Por exemplo, da mesma forma que as pessoas que se envolvem em imoralidade sexual, adultério, idolatria, roubo e assim por diante são consideradas "injustas" (ἄδικοι, *adikoi*) (1Coríntios 6:9-10), aqueles que são purificados no batismo são verdadeiramente "justificados" ou "feitos justos" (ἐδικαιώθητε, *edikaiōthēte*) (1Coríntios 6:11). Seguindo conceitos semelhantes, assim como aqueles que estão em Adão são "feitos pecadores" (ἁμαρτωλοὶ κατεστάθησαν, *hamartōloi katestathēsan*), quem está em Cristo é, de fato, "feito justo" (δίκαιοι κατασταθήσονται, *dikaioi katastathēsontai*) (Romanos 5:19).[14] Talvez a declaração mais veemente de todas seja quando Paulo diz que aqueles que foram "reconciliados" com Deus em Cristo "tornam-se a justiça de Deus" (γενώμεθα δικαιοσύνη θεοῦ, *genōmetha dikaiosynē theou*) (2Coríntios 5:21).[15] De forma significativa, as declarações do apóstolo sobre ser "feito justo" (Romanos 5:19) surgem logo após sua discussão relativa aos efeitos da "transgressão de Adão" (Romanos 5:14). Então, no contexto, ser "declarado justo" envolve não só o perdão das transgressões pessoais, mas também uma transferência da condição de estar em Adão para

---

[13]Veja Isaac Morales, "Baptism and Union with Christ", in "In Christ" in *Paul: Explorations in Paul's Theology of Union and Participation*, org. Michael J. Thate, Kevin J. Vanhoozer e Constantine R. Campbell (Grand Rapids: Eerdmans, 2018), p. 151-79, aqui 166-68.

[14]Veja Thomas D. Stegman, "Paul's Use of *dikaio-* Terminology: Moving beyond N. T. Wright's Forensic Interpretation", TS 72 (2011): 496-524.

[15]Veja Edith Humphrey, "Becoming the Righteousness of God: The Potency of the New Creation in the World (2 Cor. 5:16-21)", in Thate, Vanhoozer e Campbell, *"In Christ" in Paul*, p. 125-58.

a condição de estar em Cristo. Como Paulo diz em outra passagem: "pois, assim como todos morrem *em Adão, em Cristo* todos receberão a vida" (1Coríntios 15:22).

Intérpretes patrísticos e medievais: os crentes "se tornam justos" em Cristo

À luz desses trechos, diversos intérpretes católicos medievais e patrísticos influentes de Paulo concluem que a justificação envolve tanto o perdão dos pecados como uma participação real em Cristo. Observe o seguinte:[16]

> O próprio [Cristo] é a justiça pela qual *todos se tornam justos* (...) O que [Paulo] disse: "Deus derramou seu amor em nossos corações" (Romanos 5:5), precisa ser cuidadosamente levado em conta (...) Da plenitude do Espírito, a plenitude do amor *é colocada nos corações* dos santos para receber a *participação* na natureza divina. (Orígenes, *Commentary on the Epistle to the Romans* 3.6.5; 4.10.11-12)[17]

> Do mesmo modo, Deus também ama [o crente], ainda que ele mereça sofrer por seus incontáveis pecados, *não apenas para livrá-lo do castigo, mas também para torná-lo justo.* (Crisóstomo, *Homilies on Romans* 8.2).[18]

> É ao se "revestir de Cristo" por meio da fé que todos são *feitos filhos* — não por natureza (como é o caso do único Filho, que é verdadeiramente a Sabedoria de Deus) (...) Em vez disso, *somos feitos filhos pela participação na Sabedoria.* (Agostinho, *Commentary on Galatians* 3.27).[19]

---

[16]Salvo indicação em contrário, adicionamos grifo em citações em bloco de fontes patrísticas e medievais.

[17]Orígenes, *Commentary on the Epistle to the Romans*, trad. Thomas P. Scheck, 2 vols., PI 103, 104 (Washington, DC: Catholic University of America Press, 2001-2), 1: 205, 292.

[18]João Crisóstomo, *Homilies on the Acts of the Apostles and the Epistle to the Romans*, NPNF1 11: 386 (inglês arcaico totalmente adaptado).

[19]Agostinho, *Augustine's Commentary on Galatians*, trad. Eric Plumer, OECS (Oxford: Oxford University Press, 2003), p. 173.

Para que *nele* nos tornássemos justiça de Deus" [2Coríntios 5:21], ou seja, que *nós, pecadores, fôssemos feitos não só justos*, mas a justiça em si (...). Porém, ele diz "de Deus", excluindo a justiça do homem, pela qual o ser humano confia nos seus próprios méritos (...). "Nele", ou seja, em Cristo. (Tomás de Aquino, *Commentary on 2 Corinthians* 5.5.202.)[20]

Observe que é o pai da igreja *grega*, João Crisóstomo, quem interpreta "justificar" (*dikaioō*) em Romanos em um tom não meramente retórico, mas transformador: "tornar [alguém] justo" (δίκαιον ποιῆσαι, *dikaion poiēsai*).[21] À luz dessas evidências, a declaração comum de que a interpretação transformadora se baseia em uma tradução latina incorreta da palavra grega deve ser deixada para trás.[22] Observe também que Orígenes e Agostinho usam a linguagem da "participação" (em latim, *participatio/nem*) para descrever qual justificação "em Cristo" está em questão. Como estudos recentes mostraram, o conceito de justiça compartilhada desempenha importante papel na interpretação patrística de Paulo.[23]

O Concílio de Trento e os dias de hoje: os batizados são "considerados justos" e "feitos justos"

Quando nos voltamos para o Concílio de Trento do século 16, o documento oficial católico *Decreto sobre a Justificação* descreve a justificação da seguinte maneira:

---

[20]Tomás de Aquino, *Commentary on the Letters of Saint Paul to the Corinthians*, trad. F. R. Larcher, B. Mortensen e D. Keating, org. J. Mortensen e E. Alarcón (Lander, WY: Aquinas Institute for the Study of Sacred Doctrine, 2012), p. 486-87.

[21]João Crisóstomo, *Homilies on Romans* 8.2. Veja também Thomas P. Scheck, *Origen and the History of Justification: The Legacy of Origen's Commentary on Romans* (Notre Dame, IN: University of Notre Dame Press, 2008), p. 13-62, esp. p. 32-38.

[22]Por exemplo, Alister E. McGrath, *Iustitia Dei: A History of the Christian Doctrine of Justification*, 3. ed. (Cambridge: Cambridge University Press, 2005), p. 20. Infelizmente, McGrath ignora completamente tanto Orígenes como Crisóstomo.

[23]Veja Athanasios Despotis, org., *Participation, Justification and Conversion: Eastern Orthodox Interpretation of Paul and the Debate between "Old and New Perspectives on Paul"*, WUNT 2/442 (Tübingen: Mohr Siebeck, 2017); Ben C. Blackwell, *Christosis: Engaging Paul's Soteriology with His Patristic Interpreters* (Grand Rapids: Eerdmans, 2016).

> A justificação do pecador (...) [é] uma transição do estado em que o homem nasce filho do primeiro Adão para o estado de graça e adoção como filhos de Deus (Romanos 8:15) por meio do segundo Adão, Jesus Cristo, nosso Salvador. (Concílio de Trento, *Decreto sobre a Justificação*, cap. 4)[24]

> A justificação (...) *não é somente a remissão dos pecados*, mas a santificação e a renovação do homem interior por meio da recepção voluntária da graça e dos dons, em que o injusto se torna justo (...). Dessa forma, não só somos considerados justos, como somos também verdadeiramente chamados de justos e somos justos (...). Por mérito da mesma santíssima Paixão, "Deus derramou seu amor em nossos corações" (Romanos 5:5), daqueles que são justificados e herdam neles. (Concílio de Trento, *Decreto sobre a Justificação*, cap. 7)[25]

Três pontos precisam ser destacados aqui. O primeiro é que, para o Concílio de Trento, a justificação não é apenas o perdão dos pecados de alguém; é também a "transição" (do latim, *translatio*) da "condição" de estar em Adão para a "condição" de estar em Cristo. O segundo, ao contrário do que muitos pensam, é que, de acordo com Trento, o "dom" da justificação é *primoroso e transformador*: uma pessoa que está em Cristo é tanto "considerada" ou "reputada" (*reputamur*) justa como realmente "se torna justa" (*fit iustus*).[26] Em verdade, aqueles que estão em Cristo "genuinamente (...) são justos" (*vere iusti*).[27] Terceiro, observe bem que, assim como Orígenes, o Concílio de Trento fundamenta a afirmação de uma justiça real inserida na declaração de Paulo no tocante à habitação do "amor" divino no coração humano: "porque Deus derramou seu amor [ἀγάπη, *agapē*] em nossos corações, por meio do Espírito Santo que ele nos concedeu" (Romanos 5:5). Se o Espírito de Deus pode realmente habitar nos crentes, o mesmo pode acontecer com a justiça divina.

---

[24]Denzinger, *Compendium of Creeds*, n. 1524. Salvo indicação em contrário, todos os grifos nas citações de Trento aqui são nossos.
[25]Denzinger, *Compendium of Creeds*, n. 1528, 1530.
[26]Concílio de Trento, *Decreto sobre a Justificação*, cap. 7.
[27]Concílio de Trento, *Decreto sobre a Justificação*, cap. 7.

A PERSPECTIVA CATÓLICA ROMANA SOBRE PAULO

Se avançarmos para os tempos modernos, descobriremos que os exegetas católicos continuam destacando que, para Paulo, a justificação envolve tanto a declaração primorosa de perdão como a participação real em Cristo. Observemos, por exemplo, as palavras de Joseph Fitzmyer e, em seguida, as de Frank Matera:

> "Todos são justificados gratuitamente" [Romanos 3:24] (...) ou seja, "feitos íntegros" por meio da declaração poderosa de absolvição de Deus (...). O ser humano pecador não é só "declarado íntegro", como também é "feito íntegro" (como em Romanos 5:19), pois a condição do pecador mudou.[28]

> Embora a justificação seja uma metáfora elaborada, o efeito da ação de Deus em Cristo inclui uma espécie de transformação, no sentido de que eles se tornam uma nova criação em Cristo e estão sendo transformados à imagem de Cristo.[29]

Em um contexto semelhante, recentemente o Papa Bento XVI enfatizou que estar "em Cristo" envolve uma justiça transformadora por meio da qual o crente realmente se torna justo: "*Ser justo significa simplesmente estar com e em Cristo* (...) Somos íntegros quando estamos unidos a ele e de nenhum outro modo (...) *Transformados por seu amor*, pelo amor de Deus e do próximo, *podemos ser verdadeiramente justos aos olhos do Senhor*".[30] Em poucas palavras, sob a perspectiva católica, a justificação não é somente a declaração primorosa do perdão de pecados, mas também a transição de ser escravo do pecado em Adão para ser filho adotivo de Deus em Cristo. Os intérpretes católicos de Paulo, de Agostinho a Aquino e Bento XVI, concordam que a justificação é uma participação real em Cristo, de modo que os crentes são considerados e feitos justos. Nas palavras do *Catecismo da Igreja Católica*, "a justificação consiste na vitória sobre a morte

---

[28]Joseph A. Fitzmyer, *Romans: A New Translation with Introduction and Commentary*, AB 33 (Nova York: Doubleday, 1993), p. 347; cf. p. 421.
[29]Frank J. Matera, *God's Saving Grace: A Pauline Theology* (Grand Rapids: Eerdmans, 2012), 106n27.
[30]Bento XVI, *Saint Paul*, p. 82-83 (grifo nosso).

Brant Pitre

causada pelo pecado e em um novo envolvimento com a graça (...) Pelo dom da graça (...) a filiação adotiva nos concede uma participação real na vida do único Filho".[31]

E. P. Sanders: justificação como "participação" real, e não como "mera atribuição"

Quando analisamos a obra de E. P. Sanders, somos imediatamente confrontados com dois pontos de sobreposição com a interpretação católica de Paulo.

Primeiro, o autor insiste em que, para o apóstolo, a justificação não é uma declaração contrafactual de justiça atribuída:

> A ideia de justiça ficcional imputada não tinha ocorrido [a Paulo], mas, se isso tivesse acontecido, ele se teria insurgido contra ela.[32]

> *A justiça fictícia ou atribuída* (...) é um baluarte da exegese protestante paulina. Assim, nessa interpretação, apoiada pelo sinônimo inadequado de *justificar, nada acontece à pessoa.* Em vez disso, ele ou ela é simplesmente declarado inocente, sem culpa, ainda que continue praticando atos que o tornem culpado.
> Paulo pensou que os cristãos haviam *mudado* (...).
> Seria mais próximo do significado paulino traduzir a expressão na passiva "ser justificado pela fé" como "a fé em Cristo *torna uma pessoa justa*".[33]

Essas declarações são surpreendentemente semelhantes à perspectiva católica da justificação. Assim como o Concílio de Trento rejeitou a ideia de justificação "somente por atribuição" (do latim, *sola imputatione*),[34] Sanders rejeitou a ideia de "mera atribuição".[35] E, da mesma forma que o Concílio de Trento defendeu que a justificação se referia a um decreto primoroso de justiça "atribuída" e de ser "feito

---

[31]*Catecismo da Igreja Católica*, n. 654 (levemente adaptado).
[32]E. P. Sanders, *Paul: A Very Short Introduction* (1991; Oxford: Oxford University Press, 2001), 81; cf. 85. Veja também PPJ, 492n57.
[33]*PALLT*, p. 506 (grifo original).
[34]Veja Concílio de Trento, *Cânones sobre a justificação*, n. 11.
[35]*PALLT*, p. 457.

justo",[36] Sanders conclui que, para Paulo, a justificação em Cristo tem "caráter forense",[37] mas também "torna uma pessoa justa".[38]

Em segundo lugar, Sanders interpreta a afirmação de Paulo de que "quem morreu foi justificado do pecado" (Romanos 6:7) como prova de que "a 'justiça' é, antes de tudo, um *termo de transferência* em Paulo".[39] Tal transferência é real, não contrafactual:

> Parece-me mais fácil entender Paulo dizendo o que ele quis dizer: os cristãos são realmente corpo e Espírito com Cristo (...) eles estão sendo transformados de um estágio de glória para outro [2Coríntios 3:18] (...) e aqueles que estão em Cristo realmente serão mudados.
> Todavia, o que isso significa? Como devemos entender isso? Parecemos não ter uma categoria de "realidade": a participação real em Cristo.[40]

Vale ressaltar que, assim como o Concílio de Trento descreveu a justificação como "transladada" de estar em Adão para estar em Cristo, Sanders descreve a justiça em Paulo como uma expressão de "transferência".[41] Talvez o mais surpreendente de tudo seja o seguinte: assim como o *Catecismo da Igreja Católica* fala da justificação como uma "participação real" (do latim, *participem realem*) em Cristo,[42] Sanders defende que, para o apóstolo, a justificação envolve uma "participação real em Cristo".[43]

A JUSTIFICAÇÃO INICIAL PELA GRAÇA SOMENTE POR MEIO DA FÉ

O segundo aspecto da Perspectiva Católica Romana sobre Paulo é que ninguém pode fazer nada para merecer a graça inicial da justificação

---

[36]Concílio de Trento, *Decreto sobre a Justificação*, cap. 7.

[37]*PPJ*, p. 536.

[38]*PPJ*, p. 470-71.

[39]*PPJ*, p. 501.

[40]*PPJ*, p. 522 (grifo nosso).

[41]Concílio de Trento, *Decreto sobre a Justificação*, cap. 4.

[42]*Catecismo da Igreja Católica*, n. 654 (tradução minha).

[43]De forma significativa, depois de uma vida inteira de estudos, Sanders cita suas declarações originais em relação à "participação real" (*PPJ*, p. 522) nas últimas páginas de *PALLT*, p. 723-24.

no começo da vida em Cristo. Embora isso possa representar surpresa para alguns leitores, existem, na verdade, intérpretes católicos patrísticos, medievais e modernos — Tomás de Aquino e Bento XVI inclusos — que defendem que a justificação inicial se dá pela graça "somente por meio da fé", o que significa "a fé à parte das obras".

O apóstolo Paulo: a justificação pela "graça" por meio da "fé" à parte das "obras"

Para fundamentar esse ponto de vista, observemos duas passagens fundamentais da Epístola de Paulo aos Romanos:

> Agora, porém, independentemente da Lei, se manifestou a justiça de Deus (...) justiça de Deus *que opera pela fé em Jesus Cristo*, em favor de todos os que creem — pois não há diferença, sendo que todos pecaram e todos estão privados da glória de Deus — e *são justificados gratuitamente, por sua graça*, em virtude da redenção realizada em Cristo Jesus. (Romanos 3:21-24)

> (...) Não teria Deus, porventura, repudiado seu povo? De modo algum! (...) Assim também no tempo atual constituiu-se um resto segundo a eleição da graça. E, se é por graça, *não é pelas obras; do contrário, a graça não é mais graça.* (Romanos 11:1,5-6)

Em breve, retomaremos a questão do que exatamente Paulo quer dizer com "obras". Por enquanto, temos em mente apenas concentrar-nos na insistência do apóstolo de que uma pessoa é "justificada" (δικαιόω, *dikaioō*) pela "graça" (χάρις, *charis*) por meio da "fé" (πίστις, *pistis*) (Romanos 3:24,26,28; Gálatas 2:16 [2x]).[44] No primeiro trecho, o próprio Paulo declara, de forma inequívoca, que, porque "todos pecaram", segue-se que são "justificados" (δικαιούμενοι, *dikaioumenoi*) por sua "graça" (τῇ χάριτι, *tē chariti*) como um

---

[44]Veja Fitzmyer (*Romans*, p. 137-38), que destaca que, para Paulo, "a fé é um dom de Deus" (por exemplo, Romanos 3:24-25; 6:14; 12:3). Além disso, a fé "não é meramente um consentimento intelectual à proposição 'Jesus é Senhor', mas também uma dedicação pessoal e essencial da pessoa como um todo a Deus em Cristo (...) ['Fé' é] uma confiança nas promessas divinas e em sua graça assistencial, e uma confiança sobre a qual a esperança cristã é construída".

"dom" (δωρεάν, *dōrean*) (Romanos 3:24). Em outras palavras, como toda a humanidade pecou, a justiça em Cristo não é merecida; trata-se, antes, de um dom divino. Na verdade, até mesmo os companheiros israelitas de Paulo que pertencem aos "remanescentes" que creem em Jesus foram escolhidos "pela graça" (χάριτι, *chariti*), e não "pelas obras" (ἐξ ἔργων, *ex ergōn*) (Romanos 11:6). Aqui, Paulo talvez apresente sua declaração mais veemente em relação à primazia da graça: se, de alguma forma, a justiça fosse "das obras" (ἐξ ἔργων, *ex ergōn*), então "a graça não é mais graça" (ἡ χάρις οὐκέτι γίνεται χάρις, *hē charis ouketi ginetai charis*) (Romanos 11:6).

Intérpretes patrísticos e medievais: justificados pela "graça" e "somente pela fé"

À luz desses trechos, alguns célebres intérpretes católicos medievais e patrísticos de Paulo defendem que a justificação inicial de um pecador acontece pela graça e "somente por meio da fé", ou seja, independentemente de quaisquer obras.[45] Analise o seguinte:

> [Todos] *são justificados pela graça* e pela redenção que está em Cristo Jesus (...) [Paulo] afirma [em Romanos 3:28] que a justificação *apenas pela fé* é suficiente, para que aquele que só crê seja justificado, mesmo que não tenha realizado *uma obra sequer*. (Orígenes, *Commentary on the Epistle to the Romans* 3.9.2)[46]

> [Paulo] acrescenta também a justiça, não a sua, mas a de Deus (...) Pois *você não a alcança com esforço e trabalho*, mas a recebe como *um dom* do alto, contribuindo com *um item único* de sua própria reserva, "a crença". (João Crisóstomo, *Homilies on Romans* 2)[47]

> Nesta carta, Paulo diz (...) "pois da Lei vem só o conhecimento do pecado" (Romanos 3:20), mas o mesmo não é removido, pois isso

---

[45]Para mais exemplos, cf. Fitzmyer, *Romans*, p. 359-62.
[46]Orígenes, *Commentary on the Epistle to the Romans*, 1: 226.
[47]João Crisóstomo, *Homilies on the Acts of the Apostles and the Epistle to the Romans*, *NPNF1* 11: 349. Cf. também João Crisóstomo, *Homilies on Romans* 9, *NPNF1* 11: 396.

acontece *somente pela graça*. (Agostinho, *Propositions from the Epistle to the Romans* 13–18)[48]

Pode-se dizer verdadeiramente que os mandamentos de Deus pertencem *apenas à fé*, desde que a fé pretendida não seja morta, mas, sim, aquela fé viva que opera por meio do amor. (Agostinho, *On Faith and Works* 22.4)[49]

As obras realmente vêm depois da justificação de alguém, e não antes, mas *um ser humano é feito somente pela fé, sem obras prévias*. (*Glossa Ordinaria*, sobre Romanos 3:28)[50]

O apóstolo [Paulo] parece estar falando dos preceitos morais (...) *[Mas] a esperança da justificação não deve ser colocada neles*, mas *unicamente na fé*: "Porquanto nós sustentamos que o homem é justificado pela fé, sem as obras da Lei" (Romanos 3:28). (Tomás de Aquino, *Commentary on 1 Timothy* 1.3.21)[51]

Três pontos estão em foco aqui. Em primeiro lugar, tanto os comentaristas patrísticos como os paulinos medievais falam da justificação "somente pela graça" (do latim, *sola gratia*) (Agostinho), "somente pela fé" (do latim, *sola fide*), ou seja, à parte das obras (Orígenes, Agostinho, *Glossa Ordinaria*, Aquino). Em segundo lugar, quando lidos em um contexto mais amplo, é claro que todos os comentaristas já citados estão falando especificamente da graça *inicial* da

---

[48]Paula Fredriksen Landes, trad., *Augustine on Romans: Propositions from the Epistle to the Romans, Unfinished Commentary on the Epistle to the Romans*, SBLTT 23 (Chico, CA: Society of Biblical Literature, 1982), p. 5-7.

[49]Agostinho, *On Faith and Works*, trad. Gregory J. Lombardo, ACW 48 (Nova York: Newman, 1988), p. 46.

[50]*The* Glossa Ordinaria *on Romans*, trad. Michael Scott Woodward (Kalamazoo: Medieval Institute Publications, Western Michigan University, 2011), p. 59.

[51]Tomás de Aquino, *Commentary on the Letters of Saint Paul to the Philippians, Colossians, Thessalonians, Timothy, Titus, and Philemon*, trad. F. R. Larcher, ed. J. Mortensen e E. Alarcón (Lander, WY: Aquinas Institute for the Study of Sacred Doctrine, 2012), p. 251. Essa não é a única vez que Tomás de Aquino usa *sola fide*. Observe Aquino, *Commentary on Romans* 4.1.330: "Sua 'fé é reputada' [Rm 4:5], ou seja, somente a fé, sem obras externas [*fides... sola sine operibus*]".

justificação no início da vida em Cristo. Em seguida, discutiremos o que esses mesmos especialistas dizem acerca do papel das ações *após* o batismo. Em terceiro e último lugar — e não é demais enfatizar —, a ideia patrística da justificação inicial pela graça "somente pela fé" *não desaparece durante a Idade Média*. Quando muito, ganha mais destaque ao ser utilizada nos Comentários aos Romanos na muito influente *Glossa Ordinaria* do século 12, o "Comentário Bíblico" católico medieval.[52] A justificativa inicial *sola fide* também aparece nos comentários paulinos do século 13 de Tomás de Aquino, que foram ministrados como palestras na Universidade de Paris.[53]

Em outras palavras, séculos antes de Martinho Lutero e João Calvino, toda uma tradição católica medieval interpretava Paulo com base na justificação inicial pela graça "somente pela fé".[54]

O Concílio de Trento e os dias atuais: "nada" merece a graça inicial da justificação

Quando nos voltamos para o Concílio de Trento do século 16, descobrimos que, embora o *Decreto sobre a Justificação* não empregue a expressão patrística e medieval "somente pela fé" para resumir o conceito paulino, insiste em que *nada* pode merecer a graça inicial da justificação. Além disso, o Trento se apega explicitamente a essa ideia na Epístola de Paulo aos Romanos:

---

[52]Cf. Lesley Smith, The Glossa Ordinaria: *The Making of a Medieval Bible Commentary, Commentaria 3 (Leiden: Brill, 2009)*. A *sola fide* também aparece na obra do século 12 de Bernardo de Claraval, *Sermons on the Song of Songs* 22.8: "Dessa maneira, o homem que, pelo sofrimento do pecado, tem fome e sede de justiça, precisa confiar naquele que transforma o pecador em um homem justo (Romanos 4:5) e que os julga apenas no contexto "somente pela fé", terá paz com Deus (Romanos 5:1)". Cf. Bernardo de Claraval, *On the Song of Songs*, vol. 2, trad. Kilian Walsh, Cistercian Fathers (Kalamazoo, MI: Cistercian Publications, 1976), p. 20.

[53]Cf. Thomas Weinandy, *Aquinas on Scripture: An Introduction to His Biblical Commentaries* (Londres: T&T Clark, 2005).

[54]Infelizmente, muitos estudos ignoram a declaração católica medieval da justificação inicial *sola fide* na *Glossa Ordinaria* sobre Romanos e os comentários de Tomás de Aquino sobre Paulo, como se ambos fossem inexistentes. Veja, por exemplo, Michael Scott Horton, *Justification*, 2 vols., NSD (Grand Rapids: Zondervan, 2018); Stephen J. Chester, *Reading Paul with the Reformers: Reconciling Old and New Perspectives* (Grand Rapids: Eerdmans, 2017); Thomas Schreiner, *Faith Alone: The Doctrine of Justification; What the Reformers Taught... and Why It Still Matters* (Grand Rapids: Zondervan, 2015); McGrath, *Iustitia Dei*.

Quando o apóstolo [Paulo] diz que o homem é justificado "pela fé" e "gratuitamente" (Romanos 3:22,24), essas palavras devem ser entendidas no sentido em que a Igreja Católica as defendeu e declarou de forma unânime e ininterrupta, ou seja, que ouvimos que somos *justificados pela fé* porque "a fé é o princípio da salvação do homem", a base e a raiz de toda justificação (...) *E ouvimos também que somos justificados gratuitamente porque nada que preceda a justificação, seja a fé, sejam as obras, merece sua graça*, pois "e, se é pela graça, já não é mais pelas obras; se fosse (como o mesmo Paulo afirma), a graça já não seria graça (Romanos 11:6). (Concílio de Trento, *Decreto sobre a Justificação*, capítulo 8)[55]

Três características da interpretação que o Concílio de Trento faz de Paulo merecem destaque. Em primeiro lugar, o Concílio de Trento interpreta Romanos 3:24 como um ensinamento da justificação inicial pela "graça" (do latim *gratis*). Na verdade, o *Decreto sobre a Justificação* é incontestável quanto ao aspecto de que "nada" (*nihil*) — "nem fé, nem obras" (*sive fides, sive opera*) — pode conquistar ou merecer a "graça [*gratia*] da justificação" no "começo" (*initium*) da salvação. Em segundo lugar, o Trento interpreta Romanos 3:22 como uma defesa da justificação "pela fé" (*per fidem*), insistindo em que esse é o "fundamento" (*fundamentum*) e a "raiz" (*radix*) de toda justificação. É importante enfatizar que, assim como Agostinho, quando o Trento fala de justificação pela "fé", *não* significa "fé sem esperança e caridade", que, nessas condições, seria morta, mas a fé vivificada pelo amor.[56] Apoiando tal pensamento, o Trento cita as declarações de Paulo, no sentido de que "Deus derramou seu amor [*caritas Dei*] em nossos corações, por meio do Espírito Santo" (Romanos 5:5), e que o que importa não é a "circuncisão", mas "a fé que atua pelo amor" (Gálatas 5:6).[57] Em terceiro e últi-

---

[55]Denzinger, *Compendium of Creeds*, n. 1532.
[56]Concílio de Trento, *Decreto sobre a Justificação*, cap. 7
[57]Concílio de Trento, *Decreto sobre a Justificação*, cap. 7: "pelo mérito da mesma santíssima Paixão, 'Deus derramou seu amor nos corações' (Romanos 5:5) daqueles que estão sendo justificados e é inerente a eles". Cf. Denzinger, *Compendium of Creeds*, n. 1530.

A PERSPECTIVA CATÓLICA ROMANA SOBRE PAULO

mo lugar, o Trento considera Romanos 11:6 uma negação de que as "obras" (*opera*) desempenham *qualquer papel* na justificação no início da vida em Cristo. De fato, o Trento cita Paulo diretamente, dando suporte a esse ponto: "Já não é mais pelas obras [*non ex operibus*]; se fosse, a graça já não seria graça [*non est gratia*]" (Romanos 11:6). Resumindo, embora o Concílio de Trento não use a terminologia patrística e medieval de "somente pela fé", ensina claramente que *a justificação inicial é pela graça por meio da fé, independentemente de quaisquer obras ou méritos.*

Se nos voltarmos para o período moderno, descobriremos que os intérpretes católicos contemporâneos de Paulo são igualmente enfáticos no que diz respeito à justificação inicial pela graça imerecida por meio da fé à parte das obras.[58] Observe, em primeiro lugar, as palavras de Joseph Fitzmyer, SJ, sem dúvida o estudioso católico paulino mais ilustre do século passado, e depois de Bento XVI, o primeiro papa na história a escrever um livro a respeito de Paulo:

> Todos são justificados gratuitamente [Romanos 3:24], ou seja, são "feitos justos" gratuitamente por meio da poderosa declaração de absolvição de Deus (...). Essa condição não é alcançada por algo dentro de seu próprio poder ou medido por seus próprios méritos. Ela chega à humanidade por um oferecimento imerecido do próprio Deus, que tomou essa iniciativa.[59]

> Depois de São Paulo, vimos que o homem não pode "justificar" a si mesmo com as próprias obras, mas só pode tornar-se verdadeiramente "justo" diante de Deus porque ele lhe concede a sua "justiça", unindo-o a Cristo, seu Filho. E o homem alcança essa união pela fé. Nesse sentido, São Paulo nos diz: não são as nossas obras, e sim a "fé" que nos torna íntegros (...) Tal fé é a comunhão com Cristo, que o Senhor nos dá.[60]

---

[58]Cf., por exemplo, Frank J. Matera, *Romans*, Paideia (Grand Rapids: Baker Academic, 2010), p. 263; Jerome Murphy-O'Connor, *Paul: A Critical Life* (Oxford: Oxford University Press, 1996), p. 153.

[59]Fitzmyer, *Romans*, p. 347; veja também p. 605.

[60]Bento XVI, *Saint Paul*, p. 84.

O mais impressionante de tudo é que Fitzmyer e Bento XVI concordam que a expressão "somente pela fé" é um resumo correto da mensagem de Paulo em Romanos 3:

> A qualificação "sem as obras da Lei" [Romanos 3:28] mostra que, nesse contexto, Paulo quer dizer "somente pela fé". Só ela se apropria da afirmação efetiva de Deus sobre a integridade de um ser humano.[61]

> Ser justo significa simplesmente estar com Cristo e em Cristo. E isso basta. Outras observações não são mais necessárias. *Por isso, a expressão de Lutero: "somente a fé" é verdadeira, quando a fé não se opõe à caridade, ao amor.*[62]

Observe bem que nem Fitzmyer nem Bento XVI estão abandonando a doutrina da justificação do Concílio de Trento em favor de uma análise "tipicamente protestante".[63] Em vez disso, estão simplesmente revivendo *uma tradição católica patrística e medieval* de resumir a linha de pensamento do apóstolo no que se refere à justificação inicial em Romanos. Perceba também que, como Bento XVI aponta, quando os católicos falam "somente pela fé", referem-se à fé vivificada pelo dom do "amor de Deus" (ἀγάπη, *agapē*) (Romanos 5:5) ou, como Paulo assinala em outro momento, "a fé que atua pelo amor" (πίστις δι' ἀγάπης ἐνεργουμένη, *pistis di' agapēs energoumenē*) (Gálatas 5:6).[64]

Em poucas palavras, principalmente no âmbito da interpretação de Paulo por Bento XVI, fica claro que há uma perspectiva

---

[61]Fitzmyer, *Romans*, p. 363.

[62]Bento XVI, *Saint Paul*, p. 82 (grifo nosso). Adaptei levemente a última linha da tradução em inglês aqui para refletir com mais precisão o italiano original "*se non si oppone la fede alla carità, all'amore*". Minha gratidão a John Sehorn por isso.

[63]Também Michael Bird, em sua resposta "Progressive Reformed" [Reformada Progressista] em *Justification: Five Views*, ed. James K Beilby e Paul Rhodes Eddy (Downers Grove, IL: IVP Academic, 2011), p, 296. Bird utiliza essa frase para fazer referência específica a Fitzmyer, *Romans*, p. 307.

[64]Aqui Bento XVI segue especificamente a leitura agostiniana de Gálatas 5:6. Cf. Agostinho, *On Faith and Works* 22.4 (citado acima).

católica patrística, medieval e moderna que defende a justificação inicial pela graça por meio unicamente da fé, desde que, por *sola fide*, entenda-se "fé à parte das obras", e não "fé sem o dom *agapē* de Deus".

E. P. Sanders: "entrar" na graça imerecida "somente pela fé"

Como a perspectiva católica da justificação inicial se encaixa na interpretação de E. P. Sanders?

Em primeiro lugar, essa perspectiva é bastante coerente com o conceito de "nomismo da aliança",[65] definido pelo autor da seguinte forma: "É a visão de que o lugar de alguém no plano de Deus é estabelecido com base na aliança (...). *A obediência mantém a posição da pessoa na aliança, mas não conquista a graça divina como tal*".[66] Em outro trecho, Sanders declara de modo mais simples: "entrar" na aliança é algo que se dá pela "graça de Deus na eleição", enquanto "permanecer" é uma condição que depende de "obediência".[67] Analisaremos a obediência a seguir. Por ora, a conclusão é que ninguém pode merecer a graça inicial de "entrar" no povo de Deus. Assim como outros intérpretes católicos antes dele, Sanders defende que a graça da justificação não pode ser conquistada.

Em segundo lugar, embora alguns críticos tenham sugerido que Sanders enfraquece o conceito de Paulo no que se refere à justificação "somente pela fé",[68] um olhar mais atento em seu trabalho mostra o contrário:

> Os gentios que entram no povo de Deus devem fazê-lo unicamente com base na fé e (...) a lei não pode ser uma condição para sua aceitação.[69]

---

[65]Veja E. P. Sanders, "Covenantal Nomism Revisited", in *Comparing Judaism and Christianity: Common Judaism, Paul, and the Inner and Outer in Ancient Religion* (Mineápolis: Fortress, 2016), p. 51-84.

[66]*PPJ*, p. 75, 420 (grifo original).

[67]E. P. Sanders, *Judaism: Practice and Belief, 63 aC — 66 dC* (Londres: SCM; Filadélfia: Trinity Press International, 1992), p. 262.

[68]Veja exemplos dessa crítica à NPP in Yinger, *New Perspective*, p. 73-77.

[69]*PLJP*, p. 29; cf. p. 30, 57n64.

Se alguém perguntar como podemos entrar no corpo de Cristo, Paulo responderá: "somente pela fé, não por observar a lei judaica e se tornar judeu".[70]

Observe aqui que, quando Sanders usa "somente pela fé", sempre o faz em referência à "admissão" ou à "entrada" no corpo de Cristo (ou seja, a justificação inicial). Observe também a dimensão indiscutivelmente coletiva da justificação: não se trata apenas da salvação individual, mas de entrar no "povo de Deus". Por fim, sempre que o autor fala sobre a fé, como Agostinho e Bento XVI, não se refere a uma fé sem caridade. Em vez disso, interpreta a referência de Paulo à "fé que atua pelo amor" (Gálatas 5:6), como se significasse que, para o apóstolo, *somente a fé em Cristo ou estar em Cristo (...), acrescido de amor, é o que realmente importa*".[71]

Em resumo, assim como Sanders insiste que "*sola fide*, 'somente pela fé'", foi "profundamente importante para a visão de Paulo sobre o cristianismo",[72] Agostinho, Tomás de Aquino e Bento XVI também podem falar acerca da justificação inicial pela graça "somente pela fé". E, assim como Sanders defende que, para Paulo, a justificação inicial como "vida" em Cristo "só pode ser recebida como um dom",[73] o *Catecismo da Igreja Católica* também ensina: "Como a iniciativa pertence a Deus pela graça, *ninguém pode merecer a graça inicial do perdão e da justificação no começo da conversão*".[74]

"OBRAS DA LEI" ≠ "BOAS OBRAS"

O terceiro aspecto da perspectiva católica da justificação envolve o que Paulo considera "obras da lei". Em relação a essa questão, não há uma posição católica oficial. Em vez disso, ao longo dos séculos, os intérpretes católicos discutiram se o apóstolo se refere (1) exclusivamente à circuncisão, à obediência do sábado e às leis dietéticas

---

[70]*PALLT*, p. 573.
[71]*PALLT*, p. 704 (grifo nosso); cf. 552.
[72]*PALLT*, p. 722.
[73]*PALLT*, p. 509; cf. p. 517, 447.
[74]*Catecismo da Igreja Católica*, n. 2010 (grifo nosso).

mosaicas ou (2) a qualquer prática da lei de Moisés, incluindo os Dez Mandamentos. Assim, há um firme consenso de que, quando Paulo fala de "obras da lei", não está se referindo a "boas obras" realizadas por aqueles que já estão em Cristo.

O apóstolo Paulo: a justificação não se dá pelas "obras da lei"

Para analisar isso com clareza, precisamos olhar brevemente para as passagens em que ele fala da justificação independentemente das "obras da lei":

> Nós somos judeus de nascimento e não pecadores da gentilidade; sabendo, entretanto, que o homem *não se justifica pelas obras da Lei*, mas pela fé em Jesus Cristo, nós também cremos em Cristo Jesus para sermos justificados pela fé em Cristo e *não pelas obras da Lei*, porque pelas obras da Lei *ninguém será justificado*. (Gálatas 2:15,16)

> (...) porque diante dele *ninguém* será *justificado* pelas *obras da Lei*, pois da Lei vem só o conhecimento do pecado. (...) Onde está, então, o motivo de glória? Fica excluído. Em força de que lei? A das obras? De modo algum, mas em força da lei da fé. Porquanto nós sustentamos que o homem é *justificado* pela fé, *sem as obras da Lei*. (Romanos 3:20,27-28)

Para nossos propósitos aqui, fazem-se necessárias apenas duas observações rápidas. Por um lado, tanto em Gálatas como em Romanos, Paulo usa claramente a expressão "obras da lei" (ἔργα νόμου, *erga nomou*) (Gálatas 2:16 [3x]; Romanos 3:20,28) nos contextos de discussão em relação ao papel específico da "circuncisão".[75] Por outro lado, existem momentos em que, ao usar "obras da lei", o apóstolo parece referir-se a toda a lei mosaica, incluindo os Dez Mandamentos. Por exemplo, quando Paulo diz "porque diante dele ninguém será

---

[75]Veja Gálatas 2:12; 5:6,11; 6:15; Romanos 2:25-29; 3:1,30; 4:9-12.

justificado pelas obras da Lei" [ἐξ ἔργων νόμου, *ex ergōn nomou*], pois da Lei [διὰ νόμου, *dia nomou*] vem só o conhecimento do pecado" (Romanos 3:20), é improvável que ele esteja aludindo à lei da circuncisão. Em vez disso, parece que ele tem em mente o Decálogo, como quando diz posteriormente que "não teria conhecido o pecado" se "a Lei não tivesse dito: 'Não cobiçarás'" (Romanos 7:7 [cf. Êxodo 20:17]). Da mesma forma, quando Paulo rejeita a ideia de que "Abraão foi justificado pelas obras [ἐξ ἔργων, *ex ergōn*]" (Romanos 4:2), parece estar falando de um "trabalho humano" que seria recompensado com um "salário" (μισθός, *misthos*) (Romanos 4:4), e não simplesmente de um rito de entrada como a circuncisão.[76]

Intérpretes patrísticos e medievais: "obras da lei" ≠ "boas obras"

O que Paulo quer dizer com "obras da lei" ou "prática da lei"? Ao longo dos séculos, os intérpretes defenderam pontos de vista diferentes.

Por um lado, alguns exegetas patrísticos e medievais de Paulo argumentam que a expressão se refere à circuncisão, às leis dietéticas mosaicas e à observação do *Shabat*:

> As obras que Paulo repudia e, muitas vezes, critica não são *a prática da justiça ordenada na lei*, mas (...) a *circuncisão* da carne, os rituais de sacrifício, a observância do *Shabat* ou os festivais da lua nova. (Orígenes, *Commentary on the Epistle to the Romans* 8.7.6)[77]

> Eu deveria perguntar sobre o que está em questão [em Gálatas 3:2]: as obras da lei [a prática da lei], a observância do *Shabat*, a superstição da circuncisão e as luas novas (...) Consideremos cuidadosamente o que [Paulo] não diz: "Desejo saber de você" se você "recebe o Espírito" pelas obras, e não "pelas obras da lei". (Jerônimo, *Commentary on Galatians* 1.3.2)[78]

---

[76]Veja Yinger, *New Perspective*, p. 65.
[77]Orígenes, *Commentary on the Epistle to the Romans*, 2: 159.
[78]*St. Jerome's Commentaries on Galatians, Titus, and Philemon*, trad. Thomas P. Scheck (Notre Dame, IN: University of Notre Dame Press, 2010), p. 114.

A PERSPECTIVA CATÓLICA ROMANA SOBRE PAULO

> O foco de Paulo [em Gálatas 2:16] (...) foi direcionado aos discípulos, e não apenas aos gálatas, mas também a outros que viviam sob o mesmo erro, pois, embora poucos sejam *circuncidados* agora, ao *jejuarem e observarem* o sábado com os judeus, excluem-se igualmente da graça. (João Crisóstomo, *Homilies on Galatians*, em Gálatas 2:17)[79]

> As obras da lei [em Romanos 3:20] são aquelas que foram instituídas pela lei e encerradas por serem simbólicas e figurativas (...) Interprete-as *segundo as leis rituais, não as morais*, que certamente justificam e são aperfeiçoadas no Evangelho. (*Glossa Ordinaria*, em Romanos 3:20)[80]

Fundamentalmente, nenhum desses intérpretes de Paulo é uma figura obscura, tampouco está limitado a um local ou a um tempo determinado. A ideia de que a "prática da lei" se refere especificamente à circuncisão, ao *Shabat* e às leis dietéticas é geralmente defendida por intérpretes paulinos orientais e ocidentais, gregos e latinos, patrísticos e medievais.[81]

No entanto, outros comentaristas patrísticos e medievais argumentam que Paulo usa a expressão "obras da lei" para se referir a *todos* os mandamentos da Torá mosaica. Observe, por exemplo, as palavras de Agostinho e, em seguida, as de Tomás de Aquino:

> Portanto, ainda que o apóstolo pareça reprovar e corrigir aqueles que foram persuadidos a ser circuncidados em termos que designam pela palavra "*lei*", a própria circuncisão e outros aspectos legais semelhantes (...) ao mesmo tempo ele deseja esclarecer que *a lei, por meio da qual ele diz que nenhum homem é declarado justo* [Romanos 3:20], *não consiste meramente nas instituições sacramentais que continham figuras promissórias, mas também nas*

---

[79]João Crisóstomo, *Homilies on the Epistles to the Galatians, Ephesians, Philippians, Colossians, Thessalonians, Timothy, Titus, and Philemon*, NPNF1 13:21.

[80]*The* Glossa Ordinaria *on Romans*, p. 54-55.

[81]Veja também Matthew J. Thomas, "Paul's 'Works of the Law' in the Perspective of Second Century Reception", WUNT 2/468 (Tübingen: Mohr Siebeck, 2018).

ações pelas quais quem as realizou vive na santidade, e entre as quais existe a seguinte proibição: "Não cobiçarás" (...) Ela se resume a estes dez mandamentos, que não incluem preceito algum no que diz respeito à circuncisão. (Agostinho, *On the Spirit and the Letter* 23)[82]

Há dois tipos de obra da lei: um é específico da lei mosaica, como a prática de determinados rituais. O outro é uma obra da lei da natureza, pois pertence à lei natural, como "não matarás, não furtarás" etc. Alguns tomam as palavras do apóstolo [Paulo] como uma referência às primeiras ações, ou seja, que os rituais não conferem a graça pela qual os homens são justificados. Porém, essa não parece ser a intenção de Paulo, já que, imediatamente, ele acrescenta: "pois da Lei vem só o conhecimento do pecado" (Romanos 3:20). Mas é claro que os pecados se tornam conhecidos por meio de proibições contidas nos preceitos morais. Consequentemente, o apóstolo pretende dizer que por nenhuma prática da lei, nem mesmo as ordenadas pelos princípios morais, o homem se torna justo no sentido de que sua justiça seja concedida pelos atos, porque, como declara a seguir, "se é por graça, não é pelas obras; do contrário, a graça não é mais graça" (Romanos 11:6). (Tomás de Aquino, *Commentary on Romans* 3.2.297)[83]

Tanto Agostinho como Aquino estão claramente cientes da interpretação mais restritiva de obras da lei, mas a rejeitam, por considerá-la muito limitada. Além disso, ambos apontam que essa interpretação mais ampla inclui os Dez Mandamentos.[84] Finalmente, é significativo o fato de que Aquino discorde da visão restritiva com argumentos *exegéticos*: essa não parece ser "a intenção do apóstolo" (do latim, *intentio Apostoli*).

---

[82]Agostinho, *Anti-Pelagian Writings*, NPNF1 5:93.
[83]Tomás de Aquino, *Commentary on the Letter of Saint Paul to the Romans*, trad. F. R. Larcher, org. J. Mortensen e E. Alarcón (Lander, WY: Aquinas Institute for the Study of Sacred Doctrine Romans, 2012), p. 99.
[84]Veja também Tomás de Aquino, *Commentary on Romans* 3.4.317.

O Concílio de Trento e os dias atuais: "obras da lei" ≠ "boas obras"

Como já citei, o Concílio de Trento não decretou uma interpretação católica oficial da "obediência da lei" em Paulo. Quanto à lei mosaica, o Concílio afirma:

> [Os seres humanos] eram tão completamente escravos do pecado [Romanos 6:20] e viviam tanto sob o poder do diabo e da morte que não só os gentios pelo poder da natureza, como até mesmo os judeus pela letra da lei de Moisés, foram incapazes de se erguer e se libertar daquele estado. (Concílio de Trento, *Decreto sobre a Justificação*, cap. 1 e cap. 4)[85]

Observe aqui que o Trento jamais afirma absolutamente que o judaísmo seja "legalista"; antes, declara simplesmente que guardar "a letra da lei de Moisés" (do latim, *litteram Legis Moysi*) não tem o poder de "libertar" (do latim, *liberari*) do estado de "pecado" e "morte" — estado que aflige todos os seres humanos por causa do "pecado de um só homem" (Romanos 5:12).[86] Resumindo, obedecer à lei moral natural (para os gentios) ou à lei mosaica (para os judeus) não tem o poder de fazer uma pessoa mudar do estar em Adão para o estar em Cristo.[87]

Como resultado, a discussão católica quanto ao significado de "obras da lei" ou "prática da lei" em Paulo permanece. Alguns exegetas católicos contemporâneos defendem que o apóstolo usa a expressão para se referir à circuncisão, à obediência do sábado e às leis alimentares.[88] Outros argumentam que a expressão "obras da lei" se refere a toda a Torá Mosaica, incluindo o Decálogo.[89] No entanto,

---

[85]Denzinger, *Compendium of Creeds*, n. 1521.
[86]Idem.
[87]Denzinger, *Compendium of Creeds*, n. 1523.
[88]Por exemplo, Scott W. Hahn, *Kinship by Covenant: A Canonical Approach to the Fulfillment of God's Saving Promises*, AYBRL (New Haven: Yale University Press, 2009), p. 274-76; Luke Timothy Johnson, *The Letter of James: A New Translation with Introduction and Commentary*, AB 37A (Nova York: Doubleday, 1995), p. 62; Frank J. Matera, *Galatians*, SP 9 (Collegeville, MN: Liturgical Press, 1992), p. 94.
[89]Por exemplo, Ronald D. Witherup, "Galatians", in *The Paulist Biblical Commentary*, org. José Enrique Aguilar Chiu et al. (Mahwah, NJ: Paulist Press, 2018), p. 1389; Jean-Noël

aquilo com que todos parecem concordar é que *Paulo não polemiza contra as "boas obras" feitas em Cristo*. Por exemplo: embora Joseph Fitzmyer tenha uma visão mais ampla, insiste em que, para o apóstolo, as boas obras "não são simplesmente 'boas atitudes, mas, sim, aquelas realizadas em obediência à lei".[90]

À luz desse debate, é significativo o fato de que, no ano de 2008, o Papa Bento XVI tenha refletido sobre o que Paulo tenciona afirmar como "prática da lei". Por um lado, o papa parece seguir Agostinho e Tomás de Aquino, ao não restringir a expressão à circuncisão, ao sábado e às leis dietéticas: "Então, qual é o sentido da lei da qual somos libertos e que não salva? Para São Paulo, bem como para todos os seus contemporâneos, *a palavra "lei" remetia à Torá em sua totalidade*, ou seja, aos cinco livros de Moisés".[91]

Por outro lado, Bento XVI também insiste em que Paulo não argumenta contra as "boas obras" em Cristo:

> Primeiro, precisamos explicar o que é essa "lei" da qual nos libertamos e quais são as "obras da lei" que não tornam ninguém justo. A opinião que tanto se repetiu na História já existia na comunidade de Corinto. Tal ponto de vista consistia em pensar que se tratava de uma questão de *lei moral* e que a liberdade cristã estava, dessa forma, relacionada à libertação da ética. Assim, em Corinto, o termo "Πάντα μοι ἔξεστιν" (posso fazer o que quiser) era comum [1Coríntios 6:12]. É óbvio que essa interpretação está equivocada: a liberdade cristã não é libertinagem e *a libertação analisada por São Paulo não diz respeito às boas obras*.[92]

Aletti, *Justification by Faith in the Letters of Saint Paul: Keys to Interpretation*, trad. Peggy Manning Meyer (Roma: Gregorian and Biblical Press, 2015), p. 68; Joseph Fitzmyer, "Justification by Faith in Pauline Thought: A Catholic View," in Aune, *Rereading Paul Together*, p. 88; Brendan Byrne, *Romans*, SP 6 (Collegeville, MN: Liturgical Press, 1996), p. 121; Fitzmyer, *Romans*, p. 338. Vale ressaltar que, em seu livro mais recente, Frank Matera mudou seu ponto de vista para uma interpretação mais ampla. Veja Matera, *God's Saving Grace*, p. 105. Compare com Scott W. Hahn, *Romans*, CCSS (Grand Rapids: Baker Academic, 2017), p. 49-53, que deixa a questão aberta a interpretações.
[90]Fitzmyer, *Romans*, p. 337.
[91]Bento XVI, *Saint Paul*, p. 80-81 (grifo nosso).
[92]Bento XVI, *Saint Paul*, p. 80 (grifo nosso).

Embora, aqui, as afirmativas de Bento XVI não tenham a intenção de ser declarações definitivas da doutrina católica,[93] constituem uma contribuição papal para a perspectiva católica das "obras da lei" em Paulo.

E. P. Sanders: "obras da lei" ≠ "boas obras"

Retomando a interpretação de E. P. Sanders acerca da "obediência da lei", encontramos mais uma sobreposição com a exegese católica de Paulo.

Por um lado, assim como Orígenes, Jerônimo, Crisóstomo e a *Glossa Ordinaria* sobre Romanos, Sanders traz uma visão mais restritiva de que Paulo se refere principalmente à circuncisão, à obediência do sábado e às leis alimentares. Por outro lado, como Joseph Fitzmyer e o Papa Bento XVI, o autor insiste em que, quando o apóstolo fala acerca da justificação pela fé "independentemente das obras" da lei, *não* está polemizando contra as "boas ações".[94] Observe o seguinte:

> O ponto de vista equivocado de que Paulo se opôs às boas obras e à recompensa é o resultado da identificação das "obras da lei", às quais ele se opôs (especialmente a circuncisão dos gentios) com tais ações. Na verdade, tais "atos" (tornar-se judeu e ser judeu) estão em uma categoria à parte. As boas ações não eram as obras da lei e vice-versa.[95]

> As "obras da lei" não se qualificam como boas obras ou atos de caridade para outras pessoas. Quando usa esse termo, Paulo tem em mente principalmente a circuncisão.[96]

Quer concordemos ou não com a interpretação mais restritiva de Sanders acerca das "obras da lei", ela dificilmente pode ser

---

[93]As audiências gerais são basicamente homilias papais semanais. Embora façam parte do magistério papal comum, não são o local mais adequado para se definir a doutrina, o que costuma ser feito nos decretos de um Concílio Ecumênico, uma encíclica papal ou a Constituição Apostólica.

[94]Cf. *PLJP*, p. 18; *PALLT*, p. 497, 513-14.

[95]*PALLT*, p. 561 (grifo alterado).

[96]*PALLT*, p. 562.

rejeitada como se fosse inovadora, pois perspectivas semelhantes foram apoiadas por Orígenes, Crisóstomo e Jerônimo. Seja como for, assim como Bento XVI insiste em que Paulo não está se referindo a "abrir mão das boas obras",[97] Sanders aponta que ele não se "opõe" às "boas ações".[98] Como veremos a seguir, essa distinção será crucial para entendermos como o apóstolo pode afirmar que uma pessoa "é justificada [δικαιοῦσθαι, *dikaiousthai*] pela fé, sem as obras da Lei" (Romanos 3:28) e que "os que cumprem a Lei é que serão justificados [δικαιωθήσονται, *dikaiōthēsontai*]"(Romanos 2:13).

JULGAMENTO FINAL DE ACORDO COM AS OBRAS, NÃO SOMENTE PELA FÉ

O quarto e último aspecto da perspectiva católica sobre Paulo que merece nossa atenção é este: enquanto a justificação inicial se dá pela graça imerecida por meio da fé à parte da obediência, no dia do julgamento ela será oferecida de acordo com a prática, e *não* unicamente pela fé. Usando a linguagem de Sanders, embora as boas obras não sejam necessárias para alguém "entrar" no corpo de Cristo, *são* exigidas para que se "permaneça" em Cristo e se receba a recompensa da vida eterna.

O apóstolo Paulo: juízo final/justificação segundo as "obras"

Apoiando essa visão do julgamento final pelas obras, consideremos as seguintes passagens:[99]

> (...) e tenho plena certeza de que *aquele que começou em vós a boa obra* há de completá-la até o dia de Cristo Jesus. (Filipenses 1:6)

> *Cada um examine suas próprias obras, e então terá razão para se gloriar por si só (...). O que o homem semear, isso colherá: se ele semear*

---

[97]Bento XVI, *Saint Paul*, p. 80.
[98]*PALLT*, p. 561.
[99]Como muitas traduções em inglês obscurecem ou eliminam os usos positivos da palavra "obra" (ἔργον, *ergon*) nas cartas paulinas, traduzirei as expressões fundamentais tão literalmente quanto possível, seguindo *PALLT*, p. 571-74 (grifo nosso).

na sua carne, da carne *colherá corrupção*; mas, se ele semear no espírito, do espírito *colherá a vida eterna*. E, *se não desanimarmos* na *prática do bem*, no devido tempo colheremos. Portanto, se tivermos a oportunidade, *devemos praticar o bem* em relação a todos os homens. (Gálatas 6:4,7-10)[100]

Eu [Paulo] plantei; Apolo regou; mas era Deus quem fazia crescer (...) mas *cada um receberá seu próprio salário, segundo a medida do seu trabalho*. Nós somos *cooperadores* de Deus, e vós sois a seara de Deus, o edifício de Deus. (...) Se alguém sobre esse fundamento constrói com ouro, prata, pedras preciosas, madeira, feno ou palha, *a obra de cada um* será posta em evidência. O Dia torná-la-á conhecida, pois ele se manifestará pelo fogo e o *fogo provará o que vale a obra de cada um*. Se *a obra* construída sobre o fundamento subsistir, o operário receberá *uma recompensa*. Aquele, porém, cuja *obra* for queimada *perderá a recompensa. Ele mesmo, entretanto, será salvo, mas como que através do fogo*. (1Coríntios 3:6,8-9,12-15)[101]

Por conseguinte, não é surpreendente que os seus ministros [de Satanás] se transfigurem em servidores da justiça. Mas o fim destes *corresponderá às suas obras*. (2Coríntios 11:15)[102]

[Deus] *retribuirá* a cada um *segundo suas obras*: para aqueles que, pela constância nas *boas obras* visam à glória, à honra e à imortalidade, ele dará a *vida eterna*; mas, para aqueles que são egoístas e não obedecem à verdade, mas, sim, à malícia, haverá *ira* e *indignação*. Haverá tribulação e angústia para toda pessoa que *pratica o mal*, para o judeu em primeiro lugar, mas também para o grego; mas glória, honra e paz para todo aquele que *pratica o bem*, para o judeu em primeiro lugar e também para o grego. (Romanos 2:6-10)[103]

---

[100]Quando Paulo fala de se orgulhar das "obras" de alguém (Gálatas 6:4), a NVI muda "obras" para "atos".

[101]Para boa "obra" em 1Coríntios (1Coríntios 3:14), tanto a NRSV como a NVI omitem a palavra "obra".

[102]Para "obras" (2Coríntios 11:15), a NRSV usa a palavra "atos"; a NVI muda "obras" para "ações".

[103]Para "obras" (Romanos 2:6), a NRSV usa o termo "ações" e a NVI (1984) usa "conforme o seu procedimento". Para "fazer o bem" (Romanos 2:7), NRSV, NVI e NEB excluem a palavra "obra".

Porque não são os que ouvem a lei que são justos diante de Deus, mas *aqueles que cumprem a lei é que serão justificados*. Quando, então, os gentios, não tendo a lei, *fazem* naturalmente *as coisas que são da lei*, eles são lei para si mesmos, embora não tenham a lei. Eles mostram que *a obra da lei* está inscrita em seus corações, dando disso testemunho sua consciência e seus pensamentos, que, alternadamente, se acusam ou talvez defendam no dia em que, segundo meu evangelho, Deus, por Cristo Jesus, julgará as coisas ocultas do homem. (Romanos 2:13-16)[104]

Foram escritos livros inteiros abordando o julgamento segundo as obras em Paulo.[105] O espaço nos permite apenas quatro breves observações.

Em primeiro lugar, Paulo usa o verbo "justificar" (δικαιόω, *dikaioō*) (Romanos 2:13; 1Coríntios 4:4) para descrever o que acontecerá no futuro "dia" do juízo (Romanos 2:16; 1Coríntios 3:13; cf. Filipenses 1:6). Em outras palavras, a justificação é uma realidade tanto futura como passada, de modo que a justificação e o julgamento final são duas maneiras de se referir à mesma realidade.

Em segundo lugar, enquanto Paulo insiste em que a justificação inicial acontece independentemente das obras, enfatiza igualmente que a final será "a cada um segundo suas obras" (ἑκάστῳ κατὰ τὰ ἔργα αὐτοῦ, *hekastō kata ta erga autou*) (Romanos 2:6), "segundo a medida do seu trabalho" (κατὰ τὸν ἴδιον κόπον, *kata ton idion kopon*) (1Coríntios 3:8) ou "corresponderá às suas obras" (κατὰ τὰ ἔργα αὐτῶν, *kata ta erga autōn*) (2Coríntios 11:15). Observe aqui que é o próprio apóstolo que destaca a natureza individual (e não apenas coletiva) do juízo final. Ele ainda insiste que "aqueles que cumprem a lei [οἱ ποιηταὶ νόμου, *hoi poiētai nomou*] é que serão justificados" (Romanos 2:13). À luz desses textos, não há como hesitar em afirmar que, para Paulo, o julgamento final acontece realmente segundo as obras.

---

[104]Para a expressão "obra da lei" (Romanos 2:15), a NRSV usa "o que a lei exige" e a NVI (1984), "exigências da lei".
[105]Por exemplo, Kent L. Yinger, *Paul, Judaism, and Judgment of Deeds*, SNTSMS 105 (Cambridge: Cambridge University Press, 1999).

A PERSPECTIVA CATÓLICA ROMANA SOBRE PAULO

Em terceiro lugar, isso significa que os indivíduos que não permanecem em Cristo insistem em praticar *más ações* e serão castigados com ira e destruição. Isso é o que Paulo quer dizer quando afirma que cada crente deve "examinar as próprias obras [ἔργον, *ergon*]" (Gálatas 6:4), advertindo que aquele que se envolve em "obras [ἔργα, *erga*] da carne" (Gálatas 5:19) "não herdará o Reino de Deus" (Gálatas 5:21), mas "colherá corrupção" (Gálatas 6:8). Da mesma forma, todos os que "praticam [κατεργάζομαι, *katergazomai*] o mal" receberão "ira e indignação" (Romanos 2:8-9).[106]

Em quarto lugar, de forma inversa, aqueles que persistem em *fazer o bem em Cristo* merecerão a recompensa ou o salário da vida eterna. É o que Paulo tem em mente quando declara que aqueles que "praticam [ἐργάζομαι, *ergazomai*] o bem" e não "desanimam" "colherão (θερίζω, *therizō*) a vida eterna" (Gálatas 6:8-10). Observe aqui que a imagem agrícola "colher" trazida por Paulo pressupõe a *cooperação humana* com a graça de Deus. (Apenas quem nunca lidou com um jardim ou campo poderia imaginar uma colheita em que nenhum esforço humano se fizesse necessário.) Do mesmo modo, aquele que constrói seu "trabalho" ou sua "obra" (ἔργον, *ergon*) sobre a "base" de Cristo receberá uma "recompensa" ou um "salário" (μισθός, *misthos*) (1Coríntios 3:8,14). Talvez o mais impressionante de tudo seja que aqueles que persistem em "praticar o bem" (ἔργου ἀγαθοῦ, *ergou agathou*) serão "retribuídos" ou "recompensados" (ἀποδίδωμι, *apodidōmi*) com a

---

[106]Observe que Paulo insiste, em outro momento, que os crentes podem ser "separados de Cristo" e "cair da graça" (Gálatas 5:4), e que aqueles que "colherem" o fruto da "vida eterna" o farão *apenas* "se" não "desanimarem" (Gálatas 6:9). Da mesma forma, se os crentes não "permanecerem" na bondade de Deus, eles também "fracassarão" (Romanos 11:22). Ainda que Paulo se considere claramente como estando "em Cristo", admite prontamente que, mesmo não estando "ciente" de nada contra si mesmo, "nem por isso é justificado" (1Coríntios 4:4) e "esmurra" seu corpo para que na corrida pela coroa "que logo perece" ele próprio não seja "reprovado" (1Coríntios 9:25, 27). Compare com *PPJ*, p. 517-18: "Paulo não quis dizer [em Romanos 11:22; 1Coríntios 6:9-11; Gálatas 5:21] que, não pecando das maneiras especificadas, mas se comportando corretamente, receberia a salvação (...), mas, sim, que a desobediência intencional ou hedionda excluiria a pessoa da salvação". Quanto a isso, veja bem como a declaração de Paulo de que nada "será capaz de nos separar do amor de Deus que está em Cristo Jesus" (Romanos 8:39) *não lista pecados.* Ele não diz: "nem adultério, nem idolatria, nem roubo etc.". O que Paulo diz é que nem os *sofrimentos* ("tribulação, angústia, fome") nem os *poderes do mal* ("anjos", "principados", "potestades") podem separar os crentes de Cristo.

própria "vida eterna" (Romanos 2:6-7).[107] Aparentemente, isso é o que Paulo quer dizer quando, em outro momento, menciona o "fruto da justiça" (καρπὸν δικαιοσύνης, *karpon dikaiosynēs*) (Filipenses 1:11) ou "o fruto da justiça" (τὰ γενήματα τῆς δικαιοσύνης, *ta genēmata tēs dikaiosynēs*) (2Coríntios 9:10).

Mas como o apóstolo pode falar de boas obras sendo "recompensadas" ou "retribuídas" com a vida eterna? Porque, para ele, *não há competição* entre a ação de Deus e as boas obras feitas *em Cristo*. Para Paulo, é Deus quem começa a "boa obra" (ἔργον ἀγαθόν, *ergon agathon*) nos crentes e a "completará" no "dia" do julgamento (Filipenses 1:6; cf. Filipenses 2:13), e é o próprio Cristo quem "efetua" ou "realiza" (κατεργάζομαι, *katergazomai*) sua boa obra "por intermédio" deles (Romanos 15:18). Por isso, aqueles que estão em Cristo são verdadeiramente "colaboradores" (συνεργοί, *synergoi*) que "trabalham juntos" (συνεργέω, *synergeō*) com "a graça de Deus" (1Coríntios 3:9-10; 2Coríntios 6:1).

Intérpretes patrísticos e medievais: julgamento de acordo com os atos, não apenas pela "fé"

À luz dessas passagens em Paulo, os mesmos intérpretes patrísticos e medievais que defendiam que a justificação inicial se dava pela graça "somente pela fé" insistem em que a justificação final é realizada segundo as "obras", e não unicamente pela fé. Observe o seguinte:

> Que os fiéis sejam edificados para não manter o pensamento de que, *por acreditarem, isso basta para eles*. Pelo contrário, precisam saber que o julgamento justo de Deus recompensa cada um *de acordo com suas próprias obras*. (Orígenes, *Commentary on the Epistle to the Romans* 2.5.7)[108]

> Se alguém tiver uma vida ruim com uma fé correta, a fé não o protegerá do castigo, e sua obra será queimada (...) [Paulo]

---

[107]Sobre *apodidômi*, cf. BDAG, p. 109-10.
[108]Orígenes, *Commentary on the Epistle to the Romans*, 1:112.

A PERSPECTIVA CATÓLICA ROMANA SOBRE PAULO

afirmou: "(...) contudo, será salvo como alguém que escapa através do fogo" (1Coríntios 3:15). (João Crisóstomo, *Homilies on Corinthians* 9.5)[109]

[Os fiéis] arriscariam a salvação de suas almas se agissem com a falsa certeza de que *somente a fé é suficiente para a salvação* ou de que *não precisam praticar boas ações para serem salvos* (...). Portanto, quando São Paulo indica que o homem é declarado justo pela fé e não pela obediência à lei, *ele não quer dizer que fazer o bem não seja necessário ou que basta receber e professar a fé e nada mais*. O que ele sugere (...) é que o homem pode ser justificado pela fé, mesmo que não tenha realizado anteriormente nenhuma ação da lei, pois *as obras da lei não são meritórias antes, mas depois da justificação*. (Agostinho, *On Faith and Works* 14.21)[110]

"(...) sem as obras da lei" [Romanos 3:28]. Independentemente das obras precedentes, *não subsequente posteriores*, sem o que a fé seria vazia, como diz Tiago: "Fé, por si só, se não for acompanhada de obras, está morta" (Tiago 2:17). (*Glossa Ordinaria*, sobre Romanos 3:28)[111]

"(...) sem as obras da lei" [Romanos 3:28] (...) isso se refere claramente à falta de obras antes de se tornar justo, *mas não depois*, porque, como lemos em Tiago, a "fé sem obras" (Tiago 2:26), ou seja, *as obras subsequentes*, "é morta". (Tomás de Aquino, *Commentary on Romans* 3.4.317)[112]

A ideia de que, por si só, a fé não é suficiente para o juízo final, demandando também as boas ações, está presente nos discursos de comentaristas orientais e ocidentais, gregos e latinos, patrísticos e medievais em relação a Paulo. Vale lembrar que muitos afirmam que o conceito de Paulo acerca do julgamento por atos é coerente com

---

[109]João Crisóstomo, *Homilies on the Epistles of Paul to the Corinthians*, NPNF1 12:51.
[110]Agostinho, *On Faith and Works*, p. 28-29.
[111]*The* Glossa Ordinaria *on Romans*, p. 59.
[112]Tomás de Aquino, *Saint Paul to the Romans*, p. 106.

a declaração de Tiago de que "o homem é justificado pelas obras [ἐξ ἔργων δικαιοῦται, *ex ergōn dikaioutai*], e não simplesmente pela fé [οὐκ ἐκ πίστεως μόνον, *ouk ek pisteōs monon*]" (Tiago 2:24). O motivo é que tanto Paulo como Tiago se referem ao papel das obras *após* a justificação inicial.

O Concílio de Trento e os dias atuais: o julgamento de acordo com as obras, não "somente pela fé"

Com esse cenário patrístico e medieval em mente, agora podemos interpretar a famosa rejeição do Concílio de Trento à ideia de "somente pela fé" (do latim, *sola fide*) em seu contexto adequado:

> Ninguém deve vangloriar-se apenas da fé, pensando que *somente por ela se torna herdeiro e receberá a herança, mesmo que não "participe dos sofrimentos com Cristo*, para que também *seja glorificado com ele*" (Romanos 8:17) (...) É por isso que o próprio apóstolo [Paulo] adverte o justificado, dizendo: "(...) esmurro o meu corpo e faço dele meu escravo, para que, depois de ter pregado aos outros, *eu mesmo não venha a ser reprovado*" (1Coríntios 9:24-27). (Concílio de Trento, *Decreto sobre a Justificação*, cap. 11)[113]

Nessas referências à *sola fide*, o Concílio de Trento *não* está rejeitando a tradição católica patrística e medieval de justificação inicial pela graça imerecida "somente pela fé". Em vez disso, como as passagens de Paulo citadas pelo Trento deixam claro, o Concílio contesta especificamente a ideia de que, quando se trata da justificação *final*, "nada mais é exigido por meio de cooperação"[114] e que um crente pode "receber a herança" da vida eterna sem sofrer voluntariamente com Cristo (Romanos 8:17; 1Coríntios 9:27). Para o Trento, a fé por si só não é o bastante para a justificação final daqueles que já estão "em Cristo".[115]

---

[113]Denzinger, *Compendium of Creeds*, n. 1538.
[114]Concílio de Trento, *Cânones sobre a justificação*, n. 9
[115]Como o Trento declara em outro momento, "a fé, por si só, se não for acompanhada de obras [*fidem sine operibus*], está morta (Tiago 2:17,20)", porque "em Cristo Jesus

A PERSPECTIVA CATÓLICA ROMANA SOBRE PAULO

Uma rápida olhada na interpretação católica contemporânea paulina mostra um destaque contínuo no julgamento final de acordo com as obras. Observe, mais uma vez, as palavras de Joseph Fitzmyer e, em seguida, as do Papa Bento XVI:

> Paulo parece dizer que o indivíduo é justificado pela fé, mas *julgado pelas obras* (...) É só à luz do julgamento divino segundo as ações humanas que a justificação do pecador pela graça por meio da fé é vista corretamente. Portanto, não existe inconsistência real alguma no pensamento de Paulo sobre a justificação pela fé e *o julgamento pelos atos.*[116]

> É importante que São Paulo, na mesma carta aos Gálatas, enfatize radicalmente, por um lado, a natureza livremente concedida da justificação que não depende das nossas ações, mas que, *ao mesmo tempo*, destaque também a relação entre fé e caridade, *entre fé e obras*: "Em Cristo Jesus nem circuncisão nem incircuncisão contam para alguma coisa, mas *somente a fé que atua pelo amor*" (Gálatas 5:6) (...) Justificados pelo dom da fé em Cristo, somos chamados a viver em seu amor ao próximo, pois é *por esse critério que seremos julgados no fim da vida.*[117]

No mesmo contexto, em um ensaio recente que analisa o julgamento pelas ações, Michael Barber esclarece a razão de Paulo acreditar que as boas obras realizadas em Cristo, além de se mostrarem adequadas, serão recompensadas:

> Obras praticadas por eles em união com Cristo carregam um valor meritório. Elas *não* podem deixar de ter valor baseado no mérito. Por quê? Por serem o resultado da obra de Cristo. O crente diz: "Já não sou eu quem vive, mas Cristo é quem vive em mim" (Gálatas 2:20).

[in Christo Iesu] nem circuncisão nem incircuncisão têm efeito algum, mas sim a fé que atua pelo amor" (Gálatas 5:6; cf. 6:15) (Concílio de Trento, *Decreto sobre a Justificação*, cap. 7). Denzinger, *Compendium of Creeds*, n. 1531.

[116]Fitzmyer, *Romans*, p. 306, 307 (grifo nosso).

[117]Bento XVI, *Saint Paul*, p. 85-86 (grifo nosso).

PERSPECTIVA *sobre* PAULO

As boas obras do crente são aquelas realizadas por Cristo nele ou nela. *Insistir que as obras do cristão não têm valor meritório é afirmar que a obra de Cristo também não tem.*[118]

De uma perspectiva católica, não há contradição entre a doutrina paulina da justificação inicial pela graça somente por meio da fé e a justificação final segundo a prática, e não só pela fé. Para Paulo, quando Deus recompensa as boas obras praticadas pelos crentes que estão em Cristo, ele está recompensando a "boa obra" (ἔργον ἀγαθόν, *ergon agathon*) do próprio Cristo (Filipenses 1:6), que "vive" e "opera" (ἐνεργῶν, *energōn*) neles (Gálatas 2:20; Filipenses 2:13).

E. P. Sanders: julgamento de acordo com as obras; "recompensas" por "boas ações" em Cristo

Nesse ponto, o leitor não ficará surpreso ao saber que E. P. Sanders e a perspectiva católica do julgamento pelas ações paulinas são, a toda evidência, muito coerentes.

Em primeiro lugar, Sanders interpreta a declaração de Paulo de que os "praticantes da lei (...) serão justificados" (Romanos 2:16) como evidência de que a justificação final se dará segundo a prática:

> Se existe, nos textos de Paulo, algo atípico, é Romanos 2:12-16, mas não por citar o julgamento com base nas ações. A curiosidade é a menção da *justiça pelas obras*, que o apóstolo insiste que deve ser pela fé, e não por obras. *A solução para essa dificuldade parece estar no tempo futuro do verbo*, será justificado (...) A justiça ou o "ser declarado justo" está relacionado aqui com ser ou não castigado no *dia do julgamento.*[119]

---

[118]Michael P. Barber, "A Catholic Perspective: Our Works are Meritorious at the Final Judgment Because of Our Union with Christ by Grace", in Robert N. Wilkin et al., *Four Views on the Role of Worksat Final Judgment*, ed. Alan P. Stanley (Grand Rapids: Zondervan, 2013), p. 161-84, aqui p. 180 (grifo alterado).

[119]*PPJ*, p. 516 (grifo alterado).

Sanders não vê contradição aqui, já que Paulo se refere, em um exemplo, à justificação inicial (Romanos 3:28) e, no outro, à justificação "escatológica" (Romanos 2:12-16).[120]

Em segundo lugar, Sanders esclarece que, "nas cartas de Paulo, as 'obras' costumam ter um tom positivo".[121] Ele até argumenta que, para o apóstolo, as "boas obras" podem ser realizadas em Cristo na esperança de receber uma "recompensa". Por exemplo, observe suas declarações de que "cada um receberá de Deus o louvor que lhe for devido (ἔπαινος, *epainos*)" (1Coríntios 4:5) e que aquele que faz o bem "colherá a vida eterna" (Gálatas 6:8-9). Sanders escreve:

> A salvação pela graça não é incompatível com a ideia da punição e recompensa pelas ações.[122]

> Devido ao horror protestante ao pensamento de que existe recompensa para *os atos*, citarei Gálatas 6:7-10: "(...) quem semeia no Espírito, do espírito colherá a vida eterna. Não desanimemos na prática do bem (...)". *Portanto, não é verdade que Paulo se opôs à prática do bem na esperança de recompensa.* Como Deus é justo, ele retribui as boas ações e pune o mal.[123]

Em resumo, assim como o *Catecismo da Igreja Católica* pode falar da "retribuição eterna de Deus pelas boas obras realizadas com a graça de Cristo",[124] Sanders pode abordar o apoio de Paulo às "boas obras" realizadas "na esperança de recompensa".[125] Da mesma forma, assim como o *Catecismo* defende "o mérito das boas obras" feitas "em Cristo" por meio da "graça divina",[126] Sanders também atribui ao apóstolo a ideia de "retribuição pelos atos" e até mesmo "o conceito de mérito".[127]

---

[120]*PPJ*, p. 516.
[121]*PALLT*, p. 572.
[122]*PPJ*, p. 517.
[123]*PALLT*, p. 560 (grifo original na primeira frase, grifo nosso na última).
[124]*Catecismo da Igreja Católica*, n. 1821.
[125]*PALLT*, p. 560.
[126]*Catecismo da Igreja Católica*, n. 2008
[127]*PPJ*, 517n3.

Conclusão

Há pouco mais de quarenta anos, E. P. Sanders afirmou que um de seus "objetivos principais" em *Paul and Palestinian Judaism* era "destruir" a imagem do judaísmo como uma religião de "justiça legalista das obras".[128] Já chegou a hora de alguém destruir a caricatura paralela do catolicismo. Neste ensaio, pelo menos tentei corrigir isso de três formas.

Em primeiro lugar, espero ter demonstrado *o papel absolutamente importante de Paulo* — principalmente sua carta aos Romanos — na soteriologia católica. Infelizmente, em alguns momentos é possível ter a impressão de que as próprias Escrituras (para não citar as cartas paulinas) desempenham uma função irrelevante ou nula na perspectiva católica da justificação. Por exemplo, em seu valioso livro *Justification: God's Plan & Paul's Vision*, N. T. Wright declara: "Lutero e Calvino respondem com base nas Escrituras, enquanto o Concílio de Trento responde insistindo na tradição".[129] Realmente não sei explicar como o *Decreto sobre a Justificação* do Concílio de Trento, que cita Paulo mais de cinquenta vezes, e a Bíblia, mais de cem, pode ser descrito desse modo. Deveríamos, sem dúvida, discutir se Trento interpretou Paulo de forma equivocada, mas é historicamente incorreto descrever esse decreto como uma simples insistência na "tradição". Independentemente de alguém concordar ou não, a doutrina católica da justificação está claramente enraizada nas Escrituras, principalmente em Paulo.

Em segundo lugar, também espero ter lançado alguma luz no que se refere ao fato de que, muito antes de Lutero e Calvino, havia uma *tradição católica medieval* de reduzir o conceito de Paulo da justificação inicial como sendo pela graça "somente pela fé". É claro que a *sola fide* é *apenas uma tradição*, já que o próprio Paulo nunca usa

---

[128] *PPJ*, xxxi; cf. p. 33-59.

[129] N. T. Wright, *Justification: God's Plan & Paul's Vision* (Downers Grove, IL: IVP Academic, 2009), p. 23. Compare com McGrath (*Iustitia Dei*, p. 338-44), que aponta que o *Decreto sobre a Justificação* do Trento é "notável por sua nítida preferência em apelar diretamente para as Escrituras" (p. 338), mas não diz absolutamente nada quanto às passagens bíblicas em que ele se baseia, muito menos como o Concílio interpreta Paulo.

essa expressão.[130] Ao mesmo tempo, isso não aconteceu de maneira escanteada. Em vez disso, a *sola fide* foi empregada por dois dos mais importantes comentaristas católicos medievais de Paulo: a *Glossa Ordinaria* sobre Romanos e Tomás de Aquino. À luz de tais evidências, e principalmente no âmbito dos pensamentos de Bento XVI acerca de Paulo, espero que esteja claro que a Igreja Católica defende a justificação *inicial* pela graça por meio "unicamente da fé", ou seja, "a fé à parte das obras".[131] A interpretação católica de Paulo não é pelagiana. Ao mesmo tempo, também não é antinomiana. Portanto, o verdadeiro ponto de discordância parece ser se Paulo declarou que a justificação *final* também era somente pela fé, independentemente das obras. Aqui, o Concílio de Trento, citando Romanos 2:6 e Tiago 2:24, responde com um sonoro "não".[132] Como já notamos, quando se trata do julgamento final, o próprio Paulo afirma que cada indivíduo será "retribuído" de acordo com as "obras" e, assim, "colherá" a recompensa da "vida eterna" (Romanos 2:6-7; Gálatas 6:8-9).

Por fim, tentei mostrar que a Nova Perspectiva sobre Paulo — pelo menos conforme apresentada por E. P. Sanders — é realmente muito semelhante às interpretações patrísticas, medievais e católicas modernas do apóstolo, incluindo a do Concílio de Trento.[133] Como podemos explicar isso, se o próprio autor diz que escreve como "um protestante liberal, moderno e secular"?[134] Para mim, a explicação mais simples é que, em relação aos quatro tópicos que apontamos

---

[130]No Novo Testamento, a expressão "somente pela fé" (ἐκ πίστεως μόνον, *ek pisteōs monon*) aparece somente em Tiago 2:24, sendo rejeitada.

[131]De forma surpreendente, tanto Horton (*Justification*) como Schreiner (*Faith Alone*) ignoram completamente a afirmação da justificação inicial *sola fide* na *Glossa Ordinaria*, em Tomás de Aquino e Papa Bento XVI.

[132]Concílio de Trento, *Decreto sobre a Justificação*, cap. 7, 11, 16. Compare com James Dunn, "New Perspective View", in Beilby and Eddy, *Justification: Five Views*, p. 199, observando corretamente que, "para muitos, uma das características mais perturbadoras da Nova Perspectiva" é sua atenção para "o pensamento de Paulo no que diz respeito ao juízo final".

[133]Isso não significa que Sanders defenda a perspectiva católica em todos os aspectos. Por exemplo, o conceito católico é mais enfático do que Sanders de que não só "entramos" em Cristo pela graça, como também "permanecemos" e praticamos as boas ações pela graça. Cf., por exemplo, *Catecismo da Igreja Católica*, n. 2007-8, 2011.

[134]E. P. Sanders, *Jesus and Judaism* (Filadélfia: Fortress, 1985), p. 334.

aqui, a interpretação de Sanders acerca de Paulo está, em grande parte, *correta*. Isso mostraria pelo menos por que os paulinos, escrevendo em diferentes idiomas e diferentes culturas, ao longo de dois mil anos, continuam chegando às mesmas conclusões que ele. Dito isso, espero que o conceito de Sanders de "novo" nomismo de aliança seja ainda mais desenvolvido:

> Já é possível ver em Paulo como o cristianismo se tornará uma *nova forma de nomismo da aliança*, uma religião pactual em que se entra pelo batismo, a membresia que oferece a salvação, que tem uma série específica de mandamentos, a obediência (ou arrependimento pela transgressão) que mantém alguém no relacionamento da aliança, enquanto o erro repetido ou hediondo remove alguém de seu círculo.[135]

Como argumentei em outro momento, é interessante afirmar que o próprio Paulo era um "judeu da nova aliança" e que o cristianismo primitivo pode ser corretamente descrito como "nomismo da nova aliança".[136] Desse modo, os paralelos entre a perspectiva de Sanders e a perspectiva católica sobre Paulo incentivarão — esperançosamente — o futuro diálogo entre todos os que compartilham o objetivo de entender a vida e as cartas do homem conhecido na tradição católica como "*o* Apóstolo".[137]

---

[135]*PPJ*, p. 513 (grifo nosso).

[136]Veja Brant Pitre, Michael P. Barber e John A. Kincaid, *Paul, A New Covenant Jew: Rethinking Pauline Theology* (Grand Rapids: Eerdmans, 2019). Como destacamos, Sanders afirma que, para o próprio Paulo, as "categorias da aliança" são inadequadas (*PPJ*, p. 513), mas os motivos que ele apresenta não são convincentes, principalmente à luz da centralidade da "nova aliança" na Ceia do Senhor (1Coríntios 11:25; cf. 2Coríntios 3:6-18).

[137]O Concílio de Trento sempre usa a expressão "o Apóstolo" para se referir a Paulo (não a Pedro). Veja Denzinger, *Compendium of Creeds*, por exemplo, n. 1521, 1532, 1538.

A RESPOSTA *da* PERSPECTIVA PROTESTANTE TRADICIONAL *a* PITRE

A. Andrew Das

Os luteranos do século 16 confessaram que a fé genuína produz necessariamente boas obras como evidência do que Deus fez (*Fórmula de Concórdia*, Epítome IV.2,10). Entretanto, a presença fundamental de boas obras adornando o cristão no último dia e clamando por Deus como Juiz justo não pode ser considerada base para a salvação ou para a justificação. Ninguém é salvo ou justificado por obras.

O professor Pitre sustenta seu posicionamento no paralelismo: Paulo vincula a justificação ao batismo e a estar "em Cristo" (Gálatas 3:24-27; 1Coríntios 6:11,17). Pitre escreve: "Então, no contexto, ser 'declarado justo' envolve não só o perdão das transgressões pessoais, mas também uma transferência da condição de estar em Adão para a condição de estar em Cristo" (p. 50-51). Como Charles Lee Irons apontou, *o paralelismo não prova a identidade.*[1] Nenhum intérprete contestaria as *relações* entre integridade, união com Cristo e transformação. É claro que a justificação e a santificação não podem

---

[1]Charles Lee Irons, *The Righteousness of God: A Lexical Examination of the Covenant-Faithfulness Interpretation*, WUNT 2/386 (Tübingen: Mohr Siebeck, 2015), p. 65-68, 142-56, 274.

A. Andrew Das

ser nitidamente separadas na experiência cristã.[2] A questão é se a justificação deve ser *descrita* nesses termos. Ter essa definição correta é essencial para compreender o que houve no último dia. Paulo não trata a justificação como forense *e* transformativa/participativa. A justificação não deve ser confundida com a categoria mais ampla da atividade de Deus para/nos crentes.[3]

O verbo "justificar" é usado de maneira consistente como uma ação realizada e/ou uma declaração feita durante uma *controvérsia*.[4] Quanto ao substantivo "justiça", trata-se de um dom que procede "de Deus", e *não* de Paulo (Filipenses 3:9), uma construção paralela ao dom da justiça em Romanos 10:3-5. A "integridade" é um genitivo de origem, um dom, em Romanos 1:17 e 3:21-22. O fato de a retidão ser um dom em alguns momentos, mas uma transformação em outros, confundiria o leitor e exigiria uma explicação que o apóstolo não oferece. E os crentes "se tornarem justiça de Deus", em 2Coríntios 5:21, implica desfrutar o perdão dos pecados citado em 5:19.

O apóstolo *distingue claramente* entre ser justificado, ou salvo, "por", "de" ou "por meio da" (ἐκ, *ek*; διά, *dia*) fé, e ser julgado "de acordo" (κατά, *kata*) com as obras (Romanos 3:22,25; 5:1; Gálatas 2:16; cf. Efésios 2:8; Colossenses 2:12 *versus* Romanos 2:6; 2Coríntios 11:15; cf. Romanos 2:2; 2Timóteo 4:14). "A justificação *depende* da fé. O juízo é *condizente* com a obediência."[5] Em outras palavras, contrárias a Pitre, o indivíduo é julgado segundo suas obras *e* justificado pela fé, independentemente das obras.

Não só os crentes são declarados justos "pela" ou "por meio" da fé, como a fé é, muitas vezes, contrastada com as obras (Romanos 1:17; 3:22,26; 4:3; 5:9,13; 9:30; 10:4; Gálatas 2:16; 3:6,11; 5:5; Filipenses 3:9).

---

[2]Observe o título de A. Andrew Das, "Oneness in Christ: The *Nexus Indivulsus* between Justification and Sanctification in Paul's Letter to the Galatians", *Concʃ* 21 (1995): 173-86.

[3]James Barr advertiu contra a leitura incorreta de uma palavra, o que é função do contexto, e não da palavra em si, in *The Semantics of Biblical Language* (Oxford: Oxford University Press, 1961), p. 218, 221-22.

[4]Conforme apontado por James B. Prothro, *Both Judge and Justifier: Biblical Legal Language and the Act of Justifying in Paul*, WUNT 2/461 (Tübingen: Mohr Siebeck, 2018), o verbo expressa geralmente a ação de um juiz ao favorecer o culpado (com o perdão) ou induzir a outra parte a retirar a acusação.

[5]Dane C. Ortlund, "Justified by Faith, Judged according to Works: Another Look at a Pauline Paradox", *JETS* 52 (2009): 323-39, aqui 332 (grifo original).

A RESPOSTA DA PERSPECTIVA PROTESTANTE TRADICIONAL A PITRE

Em Romanos 4:4-5, não são os que *praticam as obras*, mas os que *creem* que são justos diante de Deus. Como Paulo acabou de explicar, é impossível ser íntegro perante Deus pelas obras porque *todos* falharam (Romanos 3:23). Portanto, isso deve ser um dom fundamentado na crença, e não no fazer. A fé depende da morte de Cristo para o perdão (Romanos 3:21-26; 4:25). A retidão precisa ser *considerada* (λογίζομαι, *logizomai*) relacionada aos crentes por não ser natural deles (Romanos 3:28; 4:3-6,8-11,22-24; 9:8; Gálatas 3:6). Ela costuma ser ligada ao perdão (por exemplo, Romanos 4:25; 8:32-33). Da mesma forma, o verbo "justificar" (δικαιόω, *dikaioō*) e o perdão são geralmente associados entre si. Observe, em Romanos 4:1-8, como o perdão de Davi é sua justificação diante de Deus. Ele perdoa os *pecadores* e não "lança em conta" o pecado contra aqueles que creem em Cristo (2Coríntios 5:19). Essa justiça é uma *provisão da graça* (Romanos 5:17). Paulo nunca descreve um processo de recebimento da justificação divina, seja inicial ou final.[6]

Ninguém contesta que o julgamento segundo as obras seja um assunto importante para Paulo (Gálatas 5:21; 6:8,10; 1Coríntios 6:9-10; 9:24-27; Efésios 5:5-6; Colossenses 3:5-6). As ações são necessárias para o julgamento, mas, novamente, ninguém é salvo ou justificado *pelas* obras da lei (Gálatas 2:16; 3:2,5,10) ou pelas obras em geral. Paulo jamais afirma isso.[7] Em Romanos 2:6, ele declara: "Deus retribuirá a cada um segundo suas obras", mas em Romanos 2:13 lemos: "Porque não são os que ouvem a Lei que são justos perante Deus, mas os que cumprem a Lei é que serão justificados". Isso não contradiz as afirmações do apóstolo de que ninguém pratica a

---

[6]Pitre insere boas obras no contexto da "nova aliança", que inclui bênçãos por obediência. Sobre o desconforto de Paulo com as mudanças das categorias da aliança, especialmente sua ênfase na obediência, cf. A. Andrew Das, "Rethinking the Covenantal Paul", in *Paul and the Stories of Israel: Grand Thematic Narratives in Galatians* (Mineápolis: Fortress, 2016), p. 65-92.

[7]Para a razão pela qual as "obras da lei" não podem ser reduzidas à circuncisão ou aos diferenciais judaicos, aplicando-se de forma mais ampla, cf. A. Andrew Das, *Paul, the Law, and the Covenant* (Peabody, MA: Hendrickson, 2001), p. 145-267; Das, "Galatians 3:10: A 'Newer Perspective' on an Omitted Premise", in *Unity and Diversity in the Gospels and Paul: Essays in Honor of Frank J. Matera*, org. Christopher W. Skinner e Kelly R. Iverson, SBLECL 7 (Atlanta: Society of Biblical Literature, 2012), p. 203-23.

A. Andrew Das

lei divina (Gálatas 3:10; Romanos 7:7-25 [cf. Romanos 3:23])? Em Romanos 3:20, ele aponta: "porque diante dele ninguém *será* justificado *pelas* [ἐξ] obras da lei, pois da lei vem só o conhecimento do pecado". Em Romanos 3:28, ele assinala: "O homem é justificado pela fé [dativo: πίστει, *pistei*], sem as obras da lei". Está escrito em Gálatas 2:16: "Sabemos que ninguém é justificado pelas obras da lei [ἐξ, *ex*]". Paulo se contradiz? Ele nunca expressa que "os que cumprem a lei" a cumpriram plenamente, muito menos que são justificados "por" seus atos. Pitre jamais considera outra abordagem mais provável que a afirmação de Romanos 2:13, de que aquele que pratica a lei será declarado justo, *não* por merecer a justificação ou ser salvo pelas boas obras. Antes, os justificados com base unicamente na fé em Cristo são, acima de tudo, cumpridores da lei, em virtude do que o Espírito oferece (e do que a ação salvadora de Cristo anulou [Romanos 3:21-26; 5:6-11]). Paulo não identifica os cristãos em Romanos 2:13 (concentrando-se nos judeus e gentios em geral), mas eles não são esquecidos.

Paulo explica no próximo parágrafo que a circuncisão só tem valor se for acompanhada de "obediência" à lei (Romanos 2:25).[8] O critério é a obediência: se alguém transgride a lei, a circuncisão se torna incircuncisão. Se o incircunciso cumprir os "preceitos da lei", será considerado circuncidado (v. 26). No versículo 27, o transgressor circuncidado será julgado pelo incircunciso que guarda (τελοῦσα, *telousa*) a lei. Os versículos 28 e 29 concluem que a circuncisão externa não torna ninguém judeu, mas, sim, a circuncisão interna, que vem pelo Espírito. Existem gentios circuncidados de coração que fazem o que é bom diante do julgamento imparcial de Deus.

A descrição do gentio como verdadeiro judeu se baseia na linguagem que Paulo usa posteriormente para descrever os cristãos. Os preceitos justos da lei (δικαιώματα τοῦ νόμου, *dikaiōmata tou nomou*) em Romanos 2:26 aparecem também em Romanos 8:4, em que aqueles que andam segundo o Espírito cumprem as exigências da lei (cf. desobediência do decreto divino [δικαίωμα, *dikaiōma*] em 1:32).

---

[8]Para uma visão mais detalhada de Romanos 2:25-29, veja Das, *Paul, the Law, and the Covenant*, p. 184-88.

O contraste entre "Espírito" e "lei escrita" em 2:29 surge novamente em Romanos 7:5-6; 8:1-4 (cf. 2Coríntios 3:6-7). Paulo contrapõe a nova situação de quem está em Cristo com o Espírito com aqueles que seguem a letra da lei, mas sem o Espírito. Em Romanos 2:26, os incircuncisos são "considerados" circuncidados, linguagem usada em Romanos 3 e 4 para aqueles apontados como justos com base na fé (3:28; 4:3,4,5,6,8,9,10,11,22,23,24; 9:8; cf. Gálatas 3:6; 2Coríntios 5:19). A circuncisão é um sinal de *fé* em Romanos 4. Aqueles que adoram no Espírito são a "verdadeira circuncisão" (Filipenses 3:3).

Se Paulo tem em mente os *cristãos* gentios em Romanos 2:25-29, por que não os identificar dessa forma? Ele não se concentra na obra de Cristo até 3:21-26. Seu argumento em Romanos 2 é mais limitado: o julgamento de Deus é imparcial. Nem o apóstolo confirma definitivamente a *existência* desses gentios. Na verdade, não identifica ninguém que se enquadre na categoria do bem em 2:25-29 ou em 2:6-10. Ele diz "se" em 2:25 e coloca o assunto no nível da sugestão, embora afirme em 2:27 que tais pessoas "condenarão" o judeu, uma função dos cristãos (1Coríntios 6:2). Por fim, Paulo emprega uma linguagem que antecipa a si mesmo. Em seguida, ficará claro que os gentios considerados justos no juízo final estão *em Cristo*.

Em prosseguimento, Paulo identifica cuidadosamente os que "cumprem a lei" de Romanos 2:13. Ele deixa visivelmente de lado todas as referências à prática da lei. Descreve os cristãos repetidas vezes como *cumpridores* da lei.[9] Depois de lamentar como o "eu" sob a lei não pode simplesmente "fazer" isso (Romanos 7:14-25, com uma variedade de sinônimos para "fazer": πράσσω, *prasso* [7:15,19]; ποιέω, *poieō* [7:15,16,19,20,21]; κατεργάζομαι, *katergazomai* [7:15,17,18,20]), ele se volta para a lei conforme defendida pelo Espírito. As "justas exigências da lei" são "satisfeitas" naqueles que vivem segundo o Espírito (8:4). O Espírito descarta a luta inútil pelo cumprimento das obrigações escravizadoras da lei e capacita o comportamento que cumpre tudo o que a lei exigia originalmente.

---

[9]Nesse caso, confio no que é apresentado em maiores detalhes em A. Andrew Das, *Paul and the Jews*, LPS (Peabody, MA: Hendrickson, 2003), p. 166-86; Stephen Westerholm, "On Fulfilling the Whole Law (Gal. 5:14)", SEÅ 51-52 (1987): 229-37.

A. Andrew Das

Depois de listar vários dos Dez Mandamentos em Romanos 13:9a, Paulo acrescenta, em 13:9b-10, que tais mandamentos, "todos os outros se resumem nesta sentença: Amarás o teu próximo como a ti mesmo. A caridade não pratica o mal contra o próximo. Portanto, a caridade é a plenitude da Lei". Paulo evita qualquer conceito de se preparar para *obedecer* à lei. Na verdade, ele contrasta o cumprimento da lei com a crença anterior em Romanos 10:5-8, citando Levítico 18:5 (no v. 5) e Deuteronômio 9:4; 30:12-14 (nos v. 6-8), e eliminando claramente a ênfase tripla original de Deuteronômio 30:12-14 em "praticar" a lei. Os "cumpridores da lei" em Romanos 13:8-10 não são, de forma irônica, aqueles que se propõem a "efetuá-la", mas, sim, quem, guiado pelo Espírito, *cumpre* a lei. Uma vez mais, o que vem depois de Romanos 2:13 confirma isso, e não o contrário.

A Epístola de Paulo aos Gálatas oferece uma confirmação. Os cristãos da Galácia tentavam completar por si mesmos o que o Espírito havia começado, voltando à carne com as obras da lei (Gálatas 3:2-5). A lei não pode justificar (2:15-16), e Paulo admite que ninguém a "pratica" (3:10). Já Gálatas 3:23-4:7 enfatiza as limitações temporais: a *escravidão* sob a lei e sua maldição são relegadas ao período anterior à vinda de Cristo. A existência cristã é tão radicalmente nova e descontínua que o apóstolo pode descrevê-la como o amanhecer de um novo mundo, uma nova criação (6:15). O cristão não está mais "sob a lei".

Paulo expressa sua interpretação positiva da vida cristã em duas tentativas polêmicas contra a lei (Gálatas 5:2-12; 6:11-16). Deve-se observar *toda* a lei (5:3). Paulo culpa aqueles que obedecem à lei divina apenas em partes (6:12-13). A lei não oferece aos *crentes* da Galácia (!) um caminho viável para a justificação diante de Deus: "Rompestes com Cristo, vós que buscais a justiça na [ἐν, en] Lei, caístes fora da graça" (5:4). Os dois segmentos de advertência (5:2-12; 6:11-16) finalizam a abordagem do próprio apóstolo para a vida cristã (5:13-6:10).[10] O amor (5:13) é exatamente o que a lei promoveu: "Pois toda a Lei está contida [lireralmente, 'se cumpre'] numa só palavra: Amarás a teu próximo como a ti mesmo" (Gálatas 5:14). A prática de Paulo de "toda

---

[10]Frank J. Matera, "The Culmination of Paul's Argument to the Galatians: Gal. 5.1-6.17", *JSNT* 32 (1988): 79-91.

a lei" (ὁ πᾶς νόμος, *ho pas nomos* [5:14]) responde à obrigação de obedecer a ela por inteiro (ὅλος ὁ νόμος, *holos ho nomos* [5:3]). Para um público tão disposto a viver segundo a lei, o apóstolo apresenta uma alternativa: o caminho do amor, ironicamente apontado nas palavras da própria lei: "Ame o seu próximo como a si mesmo" (Levítico 19:18, citado em Gálatas 5:14). Os cristãos *cumprem* toda a lei — determinada por Cristo (Gálatas 6:2) — por seu amor.

Na medida em que o cristão não está mais preso à lei, o caminho do Espírito não é mais contrário ao que ela ordena (Gálatas 5:23b). O fruto do Espírito satisfaz plenamente a lei, que havia imposto tais virtudes (compare o amor como um fruto, em 5:22, com o resumo da lei em Levítico 19:18//Gálatas 5:14). Paulo já interpretou o amor por meio do autossacrifício de Jesus pelo bem dos outros (2:20). Agora, os cristãos precisam levar os fardos pesados uns dos outros (6:2), conforme o exemplo de autossacrifício de Cristo oferecido como padrão. Em outras palavras, ao se preparar para seguir seu Senhor e seu exemplo, o cristão estará, consequentemente, praticando a lei interpretada pelo prisma do amor de Deus, sem nunca ter a intenção de "fazer" isso. As exigências da lei se ocupam de si mesmas como "fruto" do Espírito. O foco está sempre em Cristo, não nas obras (3:1).

Em Filipenses 2:12-13, Paulo declara: "Ponham em ação a salvação de vocês com temor e tremor, pois é Deus quem efetua em vocês tanto o querer quanto o realizar, de acordo com a boa vontade dele". O apóstolo visualiza um fruto criado pelo Espírito. Sem nunca se haver disposto a "praticar" a lei, ao seguir Cristo, o crente cheio do Espírito serve como um contraponto ao judeu que não cumpre o que a lei divina exige. O Espírito Santo entra no coração pela fé em Cristo como um dom gratuito, e os atos consequentes são igualmente milagrosos e graciosos. A salvação não é concedida com base nas obras, mas ninguém será salvo sem essas obras. Em poucas palavras, as obras não são um meio para a salvação, mas servem como evidência do julgamento justo de Deus, como muitos especialistas paulinos reconheceram ao longo dos anos. A obediência do cristão não é perfeita, mas é significativa, sólida e perceptível, e o sangue de Cristo (Romanos 3:21-26; 2Coríntios 5:19-21) lança mão de todos os pecados. A justificação de Deus no dia final não é menos generosa ou graciosa do que a justificação inicial de uma pessoa.

A RESPOSTA *da* NOVA PERSPECTIVA *a* PITRE

James D. G. Dunn

O ensaio de Brant Pitre me impressionou bastante. Sua apresentação do que ele descreve como "os paralelos entre a perspectiva de Sanders e a perspectiva católica sobre Paulo" (p. 85) merece ser lida. Como exemplo de aproximação entre pontos de vista e atitudes que são tradicionalmente opostos, é uma espécie de modelo de diálogo ecumênico. A tentativa de traçar uma "comparação próxima entre Sanders e a perspectiva católica" (p. 48) é bem-acabada e intrigante, e eu tenho pouco a questionar ou a acrescentar ao que ele diz quanto à justificação, ao batismo e ao estar "em Cristo". O apelo para que os protestantes ouçam mais cuidadosamente os porta-vozes (gostaria de enfatizar: tanto do gênero masculino como do gênero feminino) da tradição católica é justificado e bem-feito. No entanto, o ensaio levantou algumas questões importantes, e a principal pode ser resumida como uma preocupação se a extensão da análise ignora a contextualização histórica dos aspectos particulares e dos desacordos que se concentraram nos textos paulinos no cerne da discussão.

Em primeiro lugar, será que é necessário destacar mais uma vez que a questão da fé, e não das obras da lei, surgiu em um contexto histórico específico, que determinou, em grande parte, os termos do assunto debatido? Quando a discussão se expandiu pelas gerações seguintes, é claro que os termos também se desenvolveram, como ilustra Brant. Contudo, se desejarmos conhecer o contexto da questão que confrontou Paulo no primeiro século, precisaremos deixar de lado as evidências de como o debate foi conduzido nos séculos posteriores. E o ponto crucial na exegese dos documentos cristãos do primeiro século foi o surgimento de um cristianismo distinto do judaísmo parental dentro do qual ele nasceu. É esse cenário que determina o que Paulo tinha em mente quando colocou a fé em Cristo em oposição à prática da lei em Gálatas 2. Como, inicialmente, senti-me atraído para o caso no centro do incidente de Antioquia (Gálatas 2:11-16), sempre me preocupou o fato de a segunda parte de Gálatas 2 ter sido tantas vezes separada da primeira metade do capítulo. Todavia, quando lemos Gálatas 2 por inteiro fica claro que o aspecto da fé *versus* o aspecto das obras começou com a insistência de Paulo no sentido de que os gentios convertidos não precisavam ser circuncidados nem seguir as leis dietéticas judaicas. Foi precisamente essa insistência que deixou claro que a fé proclamada pelo apóstolo não podia ser considerada simplesmente uma forma de judaísmo, que os convertidos por sua mensagem não deveriam ser vistos como meros prosélitos judeus. Brant faz referência a isso, mas somente como um debate católico, sem desenvolver mais profundamente. Resumindo, se entendermos equivocadamente o incidente de Antioquia, não compreenderemos bem as raízes totalmente judaicas do cristianismo, ou a razão pela qual o cristianismo teve de se firmar como algo diferente do judaísmo.

Em segundo lugar, é válido destacar as declarações cuidadosas de proeminentes teólogos católicos e dos concílios ao longo dos séculos até os dias atuais. No entanto, será que vale apontar que, se essas afirmações expressassem crenças formais, histórica e consistentemente indicadas em ações adequadas, não existiria, antes de mais nada, motivo para uma Reforma? A Reforma foi uma remodelação da igreja. Ignorar se a Reforma era desejável ou necessária dificilmente significa enfrentar a questão teológica que, evidentemente, foi essencial para Lutero, assim como havia sido para Paulo. Lutero foi injusto ao argumentar que Roma havia realmente distorcido o evangelho por seu costume de vender indulgências, que corresponderia a dizer: "Não! Tanto a fé como as obras, *ambos* são necessários para a salvação"? Se os pontos que causaram a Reforma forem simplesmente ignorados e disfarçados, não correremos o risco de deixar passar os aspectos da história que nos incomodam e as lições

James D. G. Dunn

que aprendemos dessas controvérsias? *Semper reformanda* é um lema para toda a igreja, não é?

Em terceiro lugar, é triste confessar que, em todo esse campo de debate, muitas vezes me pergunto se existe risco de perder de vista todo o contexto. Um *slogan* que costumo usar é "já e ainda não", outra maneira de expressar a diferença entre raiz e fruto. É claro que o ponto é que, como Brant reconhece, as boas obras não podem ser descartadas da discussão. Elas são o fruto que se espera ver em uma vida enraizada na fé. Mas a base de tal vida é a fé ou unicamente a fé? Essa base está fundamentada na percepção de que não podemos fazer nada para conquistar ou garantir a salvação, e que até mesmo pensar que poderíamos ganhá-la ou provar que somos dignos dela implica ignorar ou subestimar o abismo indescritível entre Deus e a humanidade. Porém, ao mesmo tempo, implica enxergar que o maior propósito de um relacionamento renovado com Deus é viver uma vida aprovada por ele, pelos valores expressos por Jesus, principalmente para seu louvor. É aqui que entra o Espírito, parte essencial de toda a história que acredito que não recebe atenção suficiente no ensaio de Brant. Esse é um dos problemas de se concentrar estritamente no aspecto da fé e da justificação. Incluir o dom do Espírito na discussão é reconhecer imediatamente que a conversão/justificação é apenas o começo da vida de fé, e que o dom espiritual é a primeira parcela. É quando colocamos o fruto do Espírito, como em Gálatas 5:22-23, em oposição à prática da lei, que começamos a ver o equilíbrio estabelecido pela teologia da salvação de Paulo: uma vida baseada somente na fé e capacitada pelo Espírito de Deus produzirá necessária e inevitavelmente o fruto do caráter transformado expresso em boas obras.

A RESPOSTA *da* PERSPECTIVA DE PAULO *dentro do* JUDAÍSMO *a* PITRE

Magnus Zetterholm

Vale ressaltar que a contribuição de Brant Pitre difere profundamente dos outros ensaios deste volume. Enquanto James Dunn, John Barclay, Andrew Das e eu apresentamos abordagens *acadêmicas*, Pitre recebeu a tarefa de trazer uma teoria *teológica:* a perspectiva católica sobre Paulo. Portanto, acima de tudo, é a recepção dos estudos paulinos dentro de uma comunidade de fé que está em questão aqui. Embora eu aprecie bastante o texto de Pitre, preciso deixar claro que não é uma mistura completamente natural de pontos de vista e que é como comparar maçãs com laranjas. A ideia de uma "perspectiva católica (ou protestante)" enfatiza a intensa conexão entre a erudição acerca do apóstolo e a teologia normativa, uma ligação que não está isenta de problemas, já que as pesquisas do Novo Testamento foram há muito tempo colonizadas pela teologia normativa cristã, de uma forma que não teria sido aceitável em qualquer outro campo de estudo. Por exemplo: é realmente uma preocupação a ser levada a sério na pesquisa acadêmica de Paulo se a reconstrução de Sanders constitui uma ameaça à soteriologia protestante? E a avaliação de uma investigação histórica depende da extensão em que ela apoia determinada visão teológica? Acredito que não, mas percebo que essa é uma linha de raciocínio minoritária nessa disciplina.

Em minha opinião, a primeira missão dos pesquisadores paulinos é tentar descobrir o que o apóstolo pretendia comunicar no panorama social, religioso e político em que viveu,[1] *independentemente das consequências para a teologia normativa.* Tenho consciência de que a situação atual resulta de um longo avanço histórico, mas creio também que a relevância dos estudos do Novo Testamento está muito além do interesse da igreja cristã. Entender Paulo do modo correto faz parte da compreensão adequada da história e da evolução da sociedade ocidental com implicações também para o desenvolvimento global.

Dito isso, é claro que reconheço que é uma tarefa científica legítima investigar como os estudos paulinos estão relacionados à teologia normativa. Quanto a isso, o ensaio de Pitre é imensamente interessante e tenho poucas objeções à sua análise. Pitre apresenta um argumento convincente a algo de que eu já suspeitava: a soteriologia católica se aproxima do Paulo histórico mais do que a protestante o faz. Às vezes brinco com meus alunos que, se pudesse encontrar um pouco de religiosidade em mim, eu me converteria ao judaísmo ou ao catolicismo.

Pitre destaca a relação importante, embora muitas vezes mal interpretada, entre "fé" e "obras" em Paulo. Como sugiro em minhas respostas a John Barclay e Andrew Das, entendo que o apóstolo argumenta que o dom de Deus (para as nações) é dado realmente pela graça, à parte da Torá (se desconsiderarmos que a promessa às nações está na Torá, de acordo com Paulo), mas espera-se que os não judeus em Cristo (que são a principal preocupação paulina) adotem um estilo de vida judaico. Entre outras coisas, eles precisam afastar-se da "idolatria", das relações sexuais proibidas (πορνεία, *porneia*) e do consumo do "alimento oferecido a ídolos". Talvez até — mas isso é claramente um tipo de conjectura construída com base em

---

[1]Não tenho qualquer pretensão de me envolver na discussão sobre a intenção autoral e a perspectiva de reconstruir o significado objetivado pelo autor a partir de um texto. Concluirei que a maioria dos estudiosos do Novo Testamento parece supor que isso é possível. Em tese, eu concordaria, mas, como muitas circunstâncias relevantes nos são desconhecidas ou difíceis de verificar, nossas reconstruções exibem muitos graus de probabilidade.

Atos 15 — Paulo esperasse que os não judeus comessem apenas o que fosse aceitável aos judeus, evitando "a carne de animais estrangulados e do sangue" (τοῦ πνικτοῦ καὶ τοῦ αἵματος, *tou pniktou kai tou haimatos*) (Atos 15:20). Considere também a possibilidade de desobediência como motivo para ser expulso da *ekklēsia* (1Coríntios 5:1-5). Assim, se definirmos o nomismo pactual como certa obediência em um contexto da aliança, Paulo representaria isso, e concordo com Pitre que tal visão parece ser coerente com Sanders e "a perspectiva católica".[2]

No entanto, de certa maneira, a apresentação de Pitre enfatiza o perdão dos pecados de um indivíduo quando ele se volta para Cristo e se torna "justificado". O autor afirma: "A justificação parece trazer tanto o perdão das transgressões individuais como uma mudança real naqueles que são justificados" (p. 50). Concordo plenamente com o último aspecto — uma transformação real —, mas, a meu ver, a ideia do perdão dos pecados exige alguma modificação para se tornar verdadeiramente paulina. Como Krister Stendahl apontou muito tempo atrás, "perdão é o termo para salvação menos usado nos escritos paulinos".[3] Ao que parece, Paulo tem grande interesse em categorias. Seu problema central é como o segmento das "nações" pode ser salvo da ira que "é revelada [ἀποκαλύπτεται, *apokalyptetai*] do céu contra toda impiedade e injustiça" (Romanos 1:18). O principal problema das "nações" não é o fato de pecarem — assim como os judeus ("todos pecaram e estão destituídos da glória de Deus" [Romanos 3:23]) —, e sim de serem "gentios pecadores" por natureza (Gálatas 2:15). Ao se voltarem para Cristo e por meio do batismo — e aqui Pitre acerta —, os não judeus passam por uma transição da categoria "pecador" para a de "santos e puros": lavados, santificados, justificados "no nome do Senhor Jesus Cristo e no Espírito de nosso Deus" (1Coríntios 6:11). Portanto, como aponto em minha resposta a

---

[2]Veja E. P. Sanders, *Paul and Palestinian Judaism: A Comparison of Patterns of Religion* (Mineápolis: Fortress, 1977), p. 422, e o ensaio de Pitre neste volume, p. 45.

[3]Krister Stendahl, "The Apostle Paul and the Introspective Conscience of the West", *HTR* 56 (1963): 199-215, esp. 202.

John Barclay, embora não se tornem Israel, os não judeus se tornam *como* Israel e as mesmas condições se aplicam a eles: a obediência às regras da aliança os leva a manter sua posição. A individualização tanto dos pecados como da salvação pode ser parte da "perspectiva católica", mas duvido que seja paulina. Entretanto, no geral, parece que os católicos acertaram.

Também considero esclarecedora a discussão de Pitre quanto ao significado de "obras da lei" [ou "prática da lei"] (ἔργων νόμου, *ergōn nomou*) (Gálatas 2:15-16; 3:2,5,10; Romanos 3:20,28). Por motivos óbvios, essas passagens aparecem frequentemente neste volume, já que o significado está longe de ser claro, o que permite interpretações com implicações teológicas bem distintas. A questão central da discussão contemporânea é se Paulo faz referência à Torá em sua totalidade ou somente em alguns aspectos, como argumentado por adeptos do ponto de vista da tão discutida Nova Perspectiva sobre Paulo. No entanto, não há nada de novo sob o sol. Em sua excelente monografia *Paul and the Gentile Problem*, Matthew Thiessen conclui que a "visão radical acerca de Paulo", também conhecida como "Paulo dentro da perspectiva do judaísmo", não é nova nem radical. Lucas já havia retratado o apóstolo como um judeu obediente à Torá, e Atos foi certamente incorporado ao cânone da igreja cristã.[4] Algo semelhante parece ser verdadeiro no que diz respeito à ideia de que "prática da lei" se refere apenas a certos símbolos da identidade judaica, como a circuncisão (visão de Sanders). Preciso admitir que não tinha consciência do fato de que esse pensamento se originou no período patrístico, e é preciso concordar com Pitre que dificilmente esse raciocínio pode ser descartado como novo.

No entanto, quanto ao Paulo histórico, suponho que o apóstolo se refere à Torá em geral. Como Pitre observa, em Romanos 3:20, parece que ele tem em mente algo mais abrangente do que os marcadores de identidade judaica. Como sugiro em minha resposta a Andrew Das, a explicação mais simples é que Paulo encontrou não judeus que acreditavam equivocadamente que a obediência à Torá em termos judaicos

---

[4]Matthew Thiessen, *Paul and the Gentile Problem* (Oxford: Oxford University Press, 2016), p. 169.

A RESPOSTA DA PERSPECTIVA DE PAULO DENTRO DO JUDAÍSMO A PITRE

os tornaria justos diante do deus de Israel. Contudo, os judeus como um todo sabiam que os justos entre eles também precisavam da graça de Deus, uma vez que "ninguém é justificado pela prática da lei, mas mediante a fé em Jesus Cristo" (Gálatas 2:16). Cristo, o τέλος (*telos*, cumprimento) da Torá (Romanos 10:4), é consequentemente a personificação da graça de Deus, para "todo o que crê" (Romanos 10:4).[5]

O que sinto falta na apresentação de Pitre da "Perspectiva Católica" é o que costuma faltar: uma discussão sobre a relação entre Israel e as nações na nova economia da salvação trazida pelo evento Cristo. Mesmo na *Nostra aetate*, a tentativa mais radical de definir a relação da igreja com o povo judeu até aquele momento, há uma tendência triunfalista, para não dizer supersessionista. Todas as religiões, incluindo o judaísmo, tendem a se tornar supersessionistas — o novo é melhor do que o antigo —, e eu não costumo ter problemas com isso: todas as religiões, até mesmo o cristianismo, deveriam ter o direito de desenvolver a própria teologia.

No entanto, se alguém afirma estar "claramente enraizado nas Escrituras, e principalmente em Paulo" (p. 83), como faz Pitre (reconhecidamente no que se refere à doutrina católica da justificação), vale lembrar que o apóstolo sempre reconheceu a primazia de Israel, que certamente não se envergonha do evangelho: "É o poder de Deus para a salvação de todo aquele que crê: primeiro do judeu, depois do grego" (Romanos 1:16). Assim, uma perspectiva católica (ou protestante) no que se refere ao Paulo histórico precisaria compreender que a igreja foi inserida no judaísmo do apóstolo de fato pela graça, mas, sem dúvida, pelo deus de *Israel*.

A maioria dos especialistas de "Paulo dentro do Judaísmo" provavelmente concordaria com Sanders quanto ao panorama apresentado aqui por Pitre da "Perspectiva Católica" da soteriologia. Todavia, em outras áreas — por exemplo: a identidade judaica de Paulo e sua relação com a Torá —, os estudos paulinos avançaram durante as últimas décadas de formas que vão muito além da leitura de Sanders do

---

[5]Magnus Zetterholm, "Paul and the Missing Messiah", in *The Messiah: In Early Judaism and Christianity*, org. Magnus Zetterholm (Mineápolis: Fortress, 2007), p. 33-55.

apóstolo. Minha impressão é que existe muito para os teólogos católicos explorarem na perspectiva de Paulo dentro do judaísmo.

Concluindo, posso argumentar que Pitre mostrou, de forma convincente, que existe uma conexão sólida entre o Paulo histórico e "a perspectiva católica do apóstolo", pelo menos no que diz respeito à soteriologia. É claro que isso é muito irônico: Paulo, o grande herói do protestantismo, no final das contas, foi o primeiro católico de verdade.

A RESPOSTA *da* PERSPECTIVA DO DOM *a* PITRE

John M. G. Barclay

Felizmente, Brant Pitre nos lembra de que a Igreja Católica sempre se envolveu em estudos sérios sobre Paulo e de que suas declarações doutrinárias estão cheias de referências aos textos paulinos. Ele dissipa diversos equívocos protestantes da teologia católica, encontrando até mesmo alguma repercussão verbal na teologia protestante ("somente a fé"). Como ele mesmo diz, sua responsabilidade era complexa, uma vez que a perspectiva católica romana é destilada a partir de uma infinidade de fontes: uma série de diferentes autores patrísticos (Orígenes, Crisóstomo, Jerônimo, Agostinho) se mistura aqui com a *Glossa Ordinaria* medieval e com o Trento, o Catecismo Católico e o Papa Bento XVI. Mas são traçadas linhas claras e suficientemente contínuas para se criar uma imagem coerente.

Quanto a cada segmento da história da recepção de Paulo, o que importa não é apenas quais textos paulinos são citados, mas também em que cenário teológico (ou ideológico), em um sentido mais amplo, são colocados. O mesmo texto pode soar diferente quando situado em um panorama alternativo de escritos menores e suposições referentes a Deus, à humanidade, à salvação e à graça. Como minha colega católica Karen Kilby apontou recentemente, católicos e protestantes tendem a colocar a graça em diferentes pares teológicos: o emparelhamento católico de graça e natureza cria um padrão temático diferente (portanto, leituras diversas de Paulo) do

John M. G. Barclay

emparelhamento protestante de graça e pecado.[1] Se a graça aperfeiçoa a natureza humana, que é manchada pelo pecado, mas capaz de virtude, uma vez infundida pela graça, isso lhe traz uma nuance diferente em relação àquela encontrada no contraste absoluto entre ela e o pecador, o que é característico do protestantismo. O que tentamos dizer com "graça", "fé", "justificação" e "participação em Cristo" reflete não só nossa leitura de um ou outro texto paulino, como também toda a matriz teológica na qual esses temas são fundamentados.

Um dos elementos intrigantes do ensaio de Pitre é sua análise de como a leitura que E. P. Sanders faz de Paulo é coerente com a tradição católica. Já que o primeiro considera o segundo um bom leitor do apóstolo (e do Judaísmo do Segundo Templo), para ele, a leitura confirma a precisão da interpretação católica. Para outros, que questionam a visão de Sanders no que diz respeito a Paulo, uma conclusão oposta será apresentada. Isso é especialmente significativo na sobreposição entre a distinção proposta por Sanders entre "entrar" (por graça imerecida) e "permanecer" (por obediência) , por um lado, e a diferenciação católica que Pitre estabelece entre "justificação inicial" pela fé e "justificação final" pelas obras, por outro. Na verdade, o conceito de Sanders de "entrar" e "permanecer" recebe algumas críticas. Quanto ao Judaísmo do Segundo Templo, esse modelo sequencial, fundamental para o "nomismo da aliança" desse autor, parece ao mesmo tempo limitado e totalmente rigoroso.[2] E, em relação a Paulo, considero o modelo de "entrar"/"permanecer" de Sanders e a distinção de Pitre entre "justificação inicial" e "justificação final" profundamente problemáticos.[3]

Pitre enfatiza, na tradição católica, a justificação "inicial" pela fé, com a graça imerecida por obras precedentes (sublinhando o que eu

---

[1]As observações de Kilby sobre esse assunto podem ser encontradas em um ensaio-resposta ao meu livro *Paul and the Gift* (Grand Rapids: Eerdmans, 2015), a ser publicado em breve no *International Journal of Systematic Theology*.

[2]Para críticas, veja, por exemplo, Simon J. Gathercole, *Where Is Boasting? Early Jewish Soteriology e Paul's Response in Romans 1-5* (Grand Rapids: Eerdmans, 2002); Barclay, *Paul and the Gift*, p. 151-58.

[3]Nesse ponto, o próprio Pitre reconhece uma falha em Sanders ("o conceito católico é mais enfático do que Sanders, no sentido de que não apenas 'entramos' em Cristo pela graça, como também 'permanecemos' e praticamos boas obras pela graça", 54n133), mas ainda utiliza essa analogia entre tal autor e a tradição católica.

chamaria de "incoerência" da graça).[4] Mas depende muito do que queremos dizer com a palavra "fé". Se a fé é uma "contribuição" humana (veja Crisóstomo, citado por Pitre, p. 58), ou uma confirmação das proposições sobre Deus ou Cristo, o foco está equivocadamente no crente humano. Para Paulo, fé na era cristã significa *fé em Cristo* (ou melhor, *confiança em Cristo*), representando uma declaração de falência por parte do ser humano, uma crença total e absoluta na morte e na ressurreição de Cristo.[5] Nesse sentido, a fé constitui não só o começo, mas também toda a vida cristã. Como afirma Paulo: "Fui crucificado com Cristo. Assim, já não sou eu quem vive, mas Cristo vive em mim. A vida que agora vivo no corpo, vivo-a pela fé no Filho de Deus, que me amou e se entregou por mim" (Gálatas 2:19-20). Isso sugere que toda a vida cristã, do começo ao fim, está suspensa do ato e da presença salvadora de Cristo. É *tudo* uma vida de fé, no sentido de dependência total de uma graça resultante de outro lugar.[6]

Como Pitre insiste — com razão —, para Paulo, a salvação envolve, de maneira central, a "participação em Cristo", um ponto enfatizado tanto na tradição protestante como na católica.[7] Porém, a questão permanece: o que isso significa? Os atributos de Cristo (santidade, justiça, entre outros) são "transferidos" aos crentes para que se tornem, de alguma forma, "seus"? Ou os crentes vivem sempre uma existência "excêntrica", permanentemente dependentes da vida ressurreta de Cristo e da presença viva do Espírito, na qual se inspiram em cada sopro e em cada ato, mas que nunca pode ser considerada "inerente" neles? Esse é o grande ponto por trás da tradução contestada de

---

[4]Cf. Barclay, *Paul and the Gift*.

[5]Para os reformadores protestantes, a *sola fide* era inseparável da *sola gratia* e do *solus Christus*. Veja Stephen J. Chester, *Reading Paul with the Reformers: Reconciling the Old and New Perspectives* (Grand Rapids: Eerdmans, 2017).

[6]Essa confiança absoluta em Cristo é ativa no amor, mas o πίστις δι' ἀγάπης ἐνεργουμένη (*pistis di 'agapes energoumenē*) de Paulo em Gálatas 5:6 dificilmente pode ser traduzido, como Pitre faz, como "a fé que atua pelo amor".

[7]Chester, *Reading Paul with the Reformers*, destaca esse ponto. Como ele defende, é um absurdo para Sanders (ou outros) representar a justificativa "primorosa" de Lutero como "ficcional". Para os reformadores, não existe nada de fictício na justificação que os crentes têm "em Cristo", mas é a justiça de Cristo, e não a deles ("para que *nele* [Cristo] nos tornássemos justiça de Deus" [2Coríntios 5:21]).

John M. G. Barclay

δικαιόω (*dikaioō*), que o autor entende como "fazer justo". Apesar de Crisóstomo (citado por Pitre, p. 51), a maioria dos intérpretes modernos do apóstolo, tanto católicos como protestantes, consideraria essa uma tradução questionável do verbo em Paulo e em outros lugares, uma vez que transforma um ato relacional ("considerar alguém justo") em um ato de alteração moral ("tornar alguém justo").[8]

Paulo espera uma transformação moral no cristão, mesmo que ele não expresse isso pelo verbo δικαιόω. Como Pitre defende, e como enfatizei em meu livro *Paul and the Gift*, o dom impróprio da graça é planejado para efetuar alterações necessárias na vida e na comunidade dos crentes, criando um tipo de ajuste ou coerência entre os crentes e a vontade de Deus (Romanos 12:1-2). A graça inadequada de Deus provoca uma resposta obediente, na medida em que o Espírito recebido por meio da adoção dá seus frutos. Essa coerência não é um aperfeiçoamento da fé, uma sequência de uma condição realizável em outros termos, mas, sim, a expressão da fé em Cristo, a representação de uma vida nele que, de outro modo, não pode exigir estar viva. Entretanto, por isso, ela é inseparável de Deus e da graça. O andar no Espírito é, em cada momento e em cada faceta, fundamentado na misericórdia milagrosa e imprópria que cria a vida que o crente vive agora. Explicando melhor, podemos perguntar: Quem é o "eu" que realiza as obras de amor que resultam da fé? É o antigo "eu" enriquecido ou complementado pela graça, agora "cooperando" com a graça com uma ação colocada ao lado da de Deus? Ou é um novo "eu", uma nova criação em Cristo (2Coríntios 5:17) — "já não sou eu quem vive, mas Cristo é quem vive em mim" (Gálatas 2:20) —, surgida na ressurreição (Romanos 6:1-11) e dependente, a cada instante, da vida oferecida pelo Espírito (Gálatas 5:25)? Uma vez que é a fonte e a energia da vida dos crentes, a vida do Cristo interior (Gálatas 4:19) permanece até o fim uma incoerência contínua entre a existência "natural" dos crentes e sua existência "em Cristo". Embora eu acredite que Romanos 7:7-25 não possa ser lido de forma convincente

---

[8]É claro que a literatura sobre esse tema é imensa. Para uma contribuição recente importante, veja James B. Prothro, *Both Judge and Justifier: Biblical Legal Language and the Act of Justifying in Paul*, WUNT 2/461 (Tübingen: Mohr Siebeck, 2018).

como uma descrição da vida cristã (e, portanto, como uma descrição da vida *simul justus et peccator*, ao mesmo tempo justificado e pecador), Paulo é sempre claro ao mostrar que a nova vida que dá frutos para Deus é criada "em novidade de espírito" (Romanos 7:6), de maneira que toda obra do crente é totalmente constituída por uma graça imprópria.

Não estou convencido de que "sinergismo", "ajuda" ou "cooperação" sejam termos úteis aqui, pois sugerem que o crente age, de alguma forma, separável de Deus, que pode ser adicionada à ação divina, com o propósito de cooperar com ele.[9] A razão pela qual, como afirma Pitre, "*não há competição* entre a ação de Deus e as boas obras feitas *em Cristo*" (p. 77) não é o fato de haver uma boa colaboração entre ambos, mas, sim, o fato de as atitudes do crente se situarem dentro da ação de Cristo, que "começou boa obra" e "a completará" (Filipenses 1:6).[10] Sugeri que "energismo" é uma designação mais útil do que "sinergismo" ou "monergismo", já que Paulo certamente espera que o crente se mova, mas esse trabalho é baseado e energizado na graça persistente de Deus, com quem "estamos em paz" (Romanos 5:1).[11] E não penso que o apóstolo imagine a graça como algo "derramado" no crente (mesmo que uma metáfora líquida possa ser usada como referência ao amor de Cristo [Romanos 5:5]), visto que não se trata de uma substância, mas de uma relação. Não é um objeto transferível de Deus para os crentes, como se fosse "inerente" a eles, mas um panorama no qual são defendidos.[12] Aqui, estruturas implícitas de pensamento referentes à relação entre natureza e graça influenciam a leitura católica de Paulo, com a natureza aperfeiçoada por um complemento sobrenatural. O apóstolo tem um senso de graça mais

---

[9]Os textos paulinos que Pitre cita para embasar esse conceito (1Coríntios 3:9-10; 2Coríntios 6:1) não me parecem os mais adequados, pois falam de agentes humanos operando juntos. Já 1Coríntios 15:10 pode ser mais relevante, mas, mesmo aqui, Paulo complica as concepções de ação a ponto de questionar o uso da palavra "sinergismo".

[10]Para a linguagem da "colaboração", veja *Catecismo da Igreja Católica*, n. 2001, 2003, 2008, 2025; veja também "cooperação" (n. 1993, 2001), "apoio" (n. 2008) e "ajuda" (n. 1996, 2021).

[11]Cf. Barclay, *Paul and the Gift*, p. 441-42.

[12]Para "infusão", veja o *Catecismo*, n. 2023: "A graça santificadora é o dom gratuito da sua vida que Deus nos oferece e é infundida pelo Espírito Santo na alma para curá-la do pecado e santificá-la".

John M. G. Barclay

dinâmico, segundo o qual os crentes não são apenas recriados pela graça, como também seguem sempre dependentes da vida de Cristo, que, em um sentido mais profundo, nunca é deles.[13]

Esse é o contexto para a compreensão do julgamento pelas obras. Assim como Pitre o faz, penso que as declarações paulinas quanto a esse assunto precisam ser levadas a sério, mas acredito que Paulo não quer dizer que as obras do crente mereçam um segundo e último dom (uma justificação escatológica distinguível de uma justificação inicial), e sim que o julgamento final testa a integridade do dom e sua atualização necessária, trazendo o único dom incoerente da nova criação à sua conclusão correta.[14] A vida eterna não é um prêmio a ser ganho: é o dom (χάρισμα, *charisma*) de Deus (Romanos 6:23) do começo ao fim. Haverá realmente alguma harmonia entre a concretização de tal dom e o comportamento daqueles que, "persistindo em fazer o bem, buscam glória, honra e imortalidade" (Romanos 2:7), mas eles são capazes de "obedecer" somente porque as exigências da lei estão gravadas em seus corações (Romanos 2:15), a circuncisão oculta do coração efetuada pelo Espírito (Romanos 2:29). Em outras palavras, as próprias boas ações são o produto do dom de Deus, realizado em Cristo.[15] Na medida em que resultam da vida de Cristo, não podem ser atribuídas *separadamente* ao crente, nem ser a base para um *segundo* ato da justificação salvadora, distinguível da graça em que foram executadas. Tal justificação de duas fases, em que "permanecer" opera em uma base diferente de "entrar", é contrária a tudo que Paulo defende em relação à graça, ao Espírito e à participação em Cristo, mesmo quando esses se referem ao passado, ao presente e a

---

[13]Observe a distinção no *Catecismo* entre "graças reais" (como a graça "no começo da conversão") e "graça habitual", que é "uma tendência estável e sobrenatural que aperfeiçoa a alma para capacitá-la a viver com Deus e agir pelo seu amor" (n. 2000; cf. n. 2024).

[14]Veja minha leitura de Romanos 2 em *Paul and the Gift*, p. 463-71, que evita tanto descartar esse texto como tratá-lo como um contexto hipotético.

[15]Esse aspecto é repetidamente destacado no *Catecismo*, mas o princípio do "mérito" é necessário para preservar a justiça e a igualdade (n. 2006). A distinção de Pitre está resumida no n. 2027: "Ninguém merece a graça inicial que está na origem da conversão. Tocados pelo Espírito Santo, podemos merecer para nós e para os outros todas as graças necessárias para conquistar a vida eterna, assim como os bens temporais dos quais precisamos".

um tempo futuro. Na verdade, o crente pode cair da graça e ser separado de Cristo (Gálatas 5:4), ou ser cortado da raiz da misericórdia em que vive (Romanos 11:17-24). Contudo, como a justificação permanece na graça (Romanos 5:1) e pertence a Cristo (2Coríntios 13:5), construindo sobre o alicerce que é Cristo (1Coríntios 3:11), o julgamento não determinará se ela fez o suficiente para merecer a vida eterna; simplesmente (mas ainda de forma significativa) testará e revelará as obras que fluíram do dom do Espírito que constitui a vida cristã. A "recompensa" aqui não é um ato distinto de graça, definitivo para a salvação final, mas, sim, a coroação correta dos efeitos de um dom imerecido que criou e definiu a vida do crente desde o início.

Os troianos aprenderam a temer os gregos, mesmo quando traziam presentes. Qualquer que seja o apoio que Sanders oferece a certos caminhos católicos de ler Paulo, acredito que sua distinção esquemática entre "entrar" e "permanecer" seja uma de suas contribuições menos úteis para os estudos paulinos. Em *Paul and the Gift*, ofereci uma análise profunda da "graça", permitindo uma leitura integrada do apóstolo, incorporando os pontos fortes de Pitre relativos à transformação, à participação em Cristo e ao julgamento pelas ações, sem utilizar uma distinção não paulina entre a justificação inicial pela fé e a justificação final pelos atos. A fé, como confiança abnegada em Cristo, é tão definitiva no "dia final" quanto no dia do batismo. Sem ela, as atitudes não têm significado nem valor. E, como os crentes são sustentados pela (e, assim, permanecem na) graça de Deus, podem completar com confiança o trajeto que está diante deles, sabendo que aquele que começou boa obra neles vai completá-la (Filipenses 1:6; 3:12-14).

RÉPLICA *da* PERSPECTIVA CATÓLICA ROMANA

Brant Pitre

Começarei dizendo que foi um privilégio contribuir para este volume. Aprendi muito com os ensaios de Andrew Das, James Dunn, Magnus Zetterholm e John Barclay. Em um diálogo de gratidão, gostaria de comentar brevemente cada uma de suas respostas ao meu ensaio.

A. Andrew Das – **Perspectiva Protestante Tradicional**

Admito que Das me deixou intrigado: o que ele, de fato, pensa de meus argumentos? Sua resposta não está tão relacionada ao meu ensaio. Isso é lamentável, pois eu estava ansioso para ver seus pensamentos relativos à sobreposição entre E. P. Sanders e a interpretação católica de Paulo. Desse modo, vejam-se dois pontos:

1. *Afirmações* versus *negações*. No geral, tenho a impressão de que Das tende a estar certo no que afirma e errado no que nega. Por exemplo: ele declara corretamente que, para Paulo, "o foco está sempre em Cristo", mas insiste, de forma equivocada, que a atenção de Paulo não está "nas obras" (p. 92). Repetidamente, o apóstolo enfatiza as obras:

> [Deus] "retribuirá a cada um segundo suas obras" [κατὰ τὰ ἔργα αὐτοῦ, *kata ta erga autou*]. (Romanos 2:6)

PERSPECTIVA *sobre* PAULO 109

Os que cumprem a lei [οἱ ποιηταὶ νόμου, *hoi poiētai nomou*], estes é que serão justificados. (Romanos 2:13)

Porquanto todos nós teremos de comparecer manifestamente perante o tribunal de Cristo, a fim de que cada um receba a retribuição do que tiver feito durante a sua vida no corpo [ἃ ἔπραξεν, *ha epraxen*]. (2Coríntios 5:10)

Cada um examine suas próprias obras [ἔργον, *ergon*]. (Gálatas 6:4)

E, *se não desanimarmos na prática do bem* [καλὸν ποιοῦντες, *kalon poiountes*], no devido tempo colheremos. (Gálatas 6:9)

Do mesmo modo, Das afirma precisamente que "essa justiça é uma *provisão da graça* (Romanos 5:17)" (p. 88). No entanto, aponta incorretamente que Paulo "nunca" usa o termo "conquistar" referindo-se à justificação "final" (p. 88). Todavia, ele usa de fato palavras como "salário" e "recompensa" a respeito do julgamento final:

Deus "retribuirá [ἀποδώσει, *apodōsei*] a cada um segundo suas obras". (Romanos 2:6)

(...) mas cada um receberá seu próprio salário [μισθόν, *misthon*] segundo a medida do seu trabalho. (1Coríntios 3:8)

Se a obra construída sobre o fundamento subsistir, o operário receberá uma recompensa [μισθόν, *misthon*]. (1Coríntios 3:14)

Destaquei essas passagens em meu ensaio. Infelizmente, Das nunca discute a linguagem de Paulo no que se refere a recompensas finais e salários.

2. *"Fé" em Paulo: mais do que "crença"*. De maneira semelhante, quando Das afirma que a justificação "deve ser um dom fundamentado na crença, e não no fazer" (p. 88), passa a impressão de que, para o apóstolo, πίστις (*pistis*) é mera "crença". No entanto, pode-se argumentar que, "ainda que Paulo use *pistis* para expressar convicção em premissas particulares, bem como confiança, ele também

emprega o termo para indicar verdadeira lealdade ou fidelidade".[1] Por exemplo:

> Prevendo que Deus justificaria os gentios pela fé, a Escritura preanunciou a Abraão esta boa-nova: Em ti serão abençoadas todas as nações. De modo que os que são pela fé [οἱ ἐκ πίστεως, *hoi ek pisteōs*] são abençoados juntamente com Abraão [τῷ πιστῷ Ἀβραάμ, *tō pistō Abraam*], que teve fé. (Gálatas 3:8-9)

Aqui Paulo fala sobre a "fé" (πίστις, *pistis*) vinculada à "fidelidade" (πιστός, *pistos*).[2] *"Então, a 'fé' paulina é uma virtude radical e abrangente."*[3] Na verdade, estudiosos de perspectivas muito diferentes concordam que "a palavra tem esse sentido mais amplo para Paulo".[4] Talvez esse seja o motivo pelo qual ele descreve sua missão como "a obediência que vem pela fé" (ὑπακοὴν πίστεως, *hypakoēn pisteōs*) (Romanos 1:5; 16:26).

Um ponto forte da perspectiva católica é que ela é capaz de afirmar o que o apóstolo defende no que se refere à "fé" sem minimizar ou explicar o que ele diz acerca de "ações", "obras", "obediência" e "fidelidade".

James D. G. Dunn — Nova Perspectiva

Para mim, estes foram os três aspectos da resposta firme de James Dunn que se destacaram:

---

[1] Brant Pitre, Michael P. Barber e John A. Kincaid, Paul, *A New Covenant Jew: Rethinking Pauline Theology* (Grand Rapids: Eerdmans, 2019), p. 185, citando 1Tessalonicenses 1:3,8-10; 3:2-10; 5:8; Gálatas 5:6; Romanos 1:5; 3:31; 16:26. Veja também Teresa Morgan, *Roman Faith e Christian Faith:* Pistis *and* Fides *in the Early Roman Empire and Early Churches* (Oxford: Oxford University Press, 2015), p. 36-175.
[2] Pitre, Barber e Kincaid, *Paul, A New Covenant Jew*, p. 191-92.
[3] Ibidem, p. 185, seguindo-se Joseph A. Fitzmyer, *Paul and His Theology: A Brief Sketch* (Englewood Cliffs, NJ: Prentice Hall, 1987), p. 84-85 (grifo original).
[4] Pitre, Barber e Kincaid, *Paul, A New Covenant Jew*, p. 185, citando Thomas R. Schreiner, *Paul, Apostle of God's Glory in Christ: A Pauline Theology* (Downers Grove, IL: IVP Academic, 2001), p. 211; Matthew Bates, *Salvation by Allegiance Alone: Rethinking Faith, Works, and the Gospel of Jesus the King* (Grand Rapids: Baker Academic, 2017), p. 20-22, 98-99; Douglas Campbell, *The Quest for Paul's Gospel: A Suggested Strategy* (Londres: T&T Clark, 2005), p. 186.

1. *A história da interpretação paulina.* Concordo plenamente com Dunn no sentido de que os exegetas precisam entender "o contexto da questão que confrontou Paulo no primeiro século" (p. 93). Eu mesmo escrevi, em outro momento, que a primeira tarefa é "interpretar Paulo em seu próprio contexto".[5] No entanto, discordo de que "precisaremos deixar de lado as evidências" de "séculos posteriores" (p. 93). Pelo contrário, se a exegese paulina contemporânea deseja progredir, deve tornar-se *mais familiar* — não menos — à história *inteira* da interpretação paulina. É especialmente marcante quando comentaristas de diversas eras (patrística, medieval, moderna), de diferentes idiomas (grego, latim, alemão, inglês) e de vários continentes (África, Ásia Menor, Europa, América do Norte) interpretam o apóstolo de formas semelhantes. Uma das razões pelas quais escolhi comparar os intérpretes católicos patrísticos, medievais e modernos com o trabalho de E. P. Sanders é justamente o fato de que esse autor, até onde sei, não tem conhecimento profundo da tradição católica. Porém, com base em uma exegese de Paulo, ele chega a conclusões bem *parecidas.* Isso exige uma reflexão. Uma explicação possível, à qual estou inclinado, é que todos eles fazem uma boa leitura de Paulo.

2. *O significado de "obras da lei".* Dunn lembra corretamente que evitei abordar "o debate católico" sobre "obras da lei" [ou prática da lei] (p. 94), então farei isso agora. Como afirmei em outro lugar, em meu ponto de vista, para Paulo, a expressão "obras da lei" se refere *essencialmente, mas não exclusivamente,* à circuncisão, às leis dietéticas e à obediência do sábado.[6] Parece claro que, em seu primeiro uso de "obras da lei", Paulo se refere principalmente à circuncisão e a outros símbolos (Gálatas 2:15-16).[7] Por outro lado, outras passagens sugerem uma variedade maior de significados. Por exemplo: logo depois de declarar que "o homem é justificado pela fé, sem as obras da lei [ἔργων νόμου, *ergōn nomou*]" (Romanos 3:28), o apóstolo cita o exemplo de Davi:

---

[5]Pitre, Barber e Kincaid, *Paul, A New Covenant Jew,* p. 7 (grifo original).
[6]Veja Pitre, Barber e Kincaid, *Paul, A New Covenant Jew,* p. 53-54.
[7]Veja James D. G. Dunn, *The New Perspective on Paul,* ed. rev. (Grand Rapids: Eerdmans, 2008), p. 1-120.

(...) também Davi proclama a bem-aventurança do homem a quem Deus credita a justiça, independentemente das obra: "Bem-aventurados aqueles cujas ofensas foram perdoadas e cujos pecados foram cobertos. Bem-aventurado o homem a quem o Senhor não leva em conta o pecado". (Romanos 4:6-8)

Como as escrituras judaicas esclarecem, a falha de Davi não diz respeito às leis da circuncisão e de alimentação, mas, sim, ao adultério e ao assassinato que ele cometera (2Samuel 11:1-25; cf. Êxodo 20:13-14). Portanto, no contexto, quando Paulo usa Davi como um exemplo de como Deus "credita justiça" (δικαιόω, *dikaioō*) aos "ímpios" "independentemente de obras" (μὴ ἐργαζομένῳ, *mē ergazomenō*) (Romanos 4:6), tais obras parecem envolver a obediência aos Dez Mandamentos.[8]

3. *A afirmação de Lutero foi justificada?* Finalmente, Dunn pergunta se Lutero estava bem fundamentado ao afirmar "que Roma havia realmente distorcido o evangelho por seu costume de vender indulgências" (p. 94). Nesse ponto, creio que sim. Por isso o Concílio de Trento decretou que "todo lucro básico obtido com a venda de indulgências, que tem sido a fonte de *muita exploração* entre o povo cristão, deve ser *totalmente descartado*".[9] Ao mesmo tempo, Lutero também deu início a uma divisão que perdura até os dias atuais. Assim como não devemos ignorar os abusos no cristianismo medieval, também precisamos levar em conta a solução de Lutero contra o que Paulo diz sobre o cisma: "Eu vos exorto, irmãos, em nome de nosso Senhor Jesus Cristo: guardai a concórdia uns com os outros, de sorte que não haja divisões [σχίσματα, *schismata*] entre vós" (1Coríntios 1:10).

Portanto, quando Dunn indaga: "*Semper reformanda* é um lema para toda a igreja, não?" (p. 95), eu diria que sim.[10] No entanto, existe

---

[8]Cf. Pitre, Barber e Kincaid, *Paul, A New Covenant Jew*, p. 53.
[9]Concílio de Trento, *Decreto sobre as indulgências* (4 de dezembro de 1563) (grifo nosso). Cf. *Decrees of the Ecumenical Councils*, org. Norman P. Tanner, 2 vols. (Washington, DC: Georgetown University Press, 1990), 2: 797.
[10]Para uma perspectiva católica, veja Yves Congar, *True and False Reform in the Church*, trad. Paul Philibert (Collegeville, MN: Liturgical Press, 2011).

uma diferença entre sempre reformar e sempre separar. Minha esperança é que livros como este ajudem a curar as feridas que ainda impedem a visão de Paulo acerca de uma igreja unida.

Magnus Zetterholm — **Paulo dentro do Judaísmo**

Deixou-me contente ver diversos pontos em comum com Magnus Zetterholm. Apresento aqui duas de suas críticas.

1. *O perdão dos pecados.* Zetterholm sugere que "a ideia do perdão dos pecados exige alguma modificação para se tornar verdadeiramente paulina" (p. 98), pois, como Krister Stendahl apontou, "perdão é o termo para salvação menos usado nos escritos paulinos" (p. 98). No entanto, devido à natureza ocasional das cartas paulinas, a frequência é apenas um indicador da importância de uma palavra. Outro é onde Paulo a insere, já que ele enfatiza a expiação pelo pecado em um trecho importante:

> todos pecaram e todos estão privados da glória de Deus — e são justificados gratuitamente, por sua graça, *em virtude da redenção realizada em Cristo Jesus: Deus o expôs como instrumento de propiciação, por seu próprio sangue, mediante a fé.* (Romanos 3:23-25)

Pode-se argumentar que, quando Paulo fala de "redenção" (ἀπολύτρωσις, *apolytrōsis*) (Romanos 3:24), refere-se à redenção "do pecado".[11] Do mesmo modo, quando ele menciona "sacrifício para propiciação" (ἱλαστήριον, *hilastērion*) (Romanos 3:25), está fazendo alusão à festa judaica de Yom Kippur, quando o sangue expiatório era derramado no "propiciatório" (*hilastērion*) (Levítico 16:13-15, Septuaginta).[12] Se o perdão dos pecados não é verdadeiramente "paulino", por que o apóstolo usa imagens do Dia da Expiação para descrever o que acontece quando alguém é "justificado" (Romanos 3:24)?

---

[11]Mark D. Nanos, "The Letter of Paul to the Romans", in *The Jewish Annotated New Testament: New Revised Standard Version Bible Translation*, org. Amy-Jill Levine e Marc Zvi Brettler, 2. ed. (Oxford: Oxford University Press, 2017), p. 293.

[12]Veja Daniel Stökl Ben Ezra, *The Impact of Yom Kippur on Early Christianity: The Day of Atonement from Second Temple Judaism to the Fifth Century*, WUNT 2/163 (Tübingen: Mohr Siebeck, 2003), p. 197-205.

2. *A salvação do indivíduo.* Zetterholm também sugere: "A individualização tanto dos pecados como da salvação pode ser parte da 'perspectiva católica', mas duvido que seja paulina" (p. 99). Mais uma vez, discordo dele, tendo em vista que o próprio Paulo fala em termos surpreendentemente individuais:

> Davi proclama a bem-aventurança do homem a quem Deus credita a justiça, independentemente das obras: *"Bem-aventurados aqueles cujas ofensas foram perdoadas e cujos pecados foram cobertos. Bem-aventurado o homem a quem o Senhor não leva em conta o pecado".* (Romanos 4:6-8)

> De fato, pela Lei eu morri para a Lei, a fim de viver para Deus. Fui crucificado junto com Cristo. Já não sou eu que vivo, mas é Cristo que vive em *mim.* Minha vida presente na carne, eu a vivo pela fé no Filho de Deus, que me amou e se entregou a si mesmo por *mim.* (Gálatas 2:19-20)

Observe aqui que Paulo descreve a justificação no contexto das "ofensas" (ἀνομίαι, *anomiai*) e dos "pecados" (ἁμαρτίαι, *hamartiai*) *individuais* de Davi sendo "perdoados" (ἀφίημι, *aphiēmi*) e "apagados" (ἐπικαλύπτω, *epikalyptō*) (Romanos 4:7-8). Quanto a Gálatas 2, eu convidaria Zetterholm a encontrar uma descrição mais específica do pecado e da salvação em toda a literatura judaica do Segundo Templo. Eu, pelo menos, sou incapaz de pensar em uma.

Assim, mantenho minha descrição da justificação em Paulo. Afinal, ele era judeu e, no judaísmo do primeiro século, o perdão dos pecados envolvia tanto sacrifícios coletivos, a exemplo do Yom Kippur (Levítico 16:13-15), como individuais, a exemplo das incontáveis "ofertas pelo pecado" e "ofertas pela culpa" de cada judeu no templo (Levítico 4:1–7:10). Como diz a Torá: "O sacerdote fará assim o rito de expiação pelo chefe, para livrá-lo do seu *pecado,* e ser-lhe-á *perdoado*" (Levítico 4:26).

Esse é outro exemplo de como uma abordagem católica "tanto como" é útil na leitura de Paulo. Para ele, um judeu, o perdão dos pecados é tanto coletivo como individual.[13]

---

[13]Cf. Pitre, Barber e Kincaid, *Paul, A New Covenant Jew,* p. 211-50.

John M. G. Barclay — **A Perspectiva do Dom**

A resposta enriquecedora de John Barclay torna difícil a possibilidade de uma réplica adequada. Felizmente, tenho publicações relacionadas a diversas questões que ele levanta. Sugiro que o leitor consulte o capítulo "New Covenant Justification through Divine Sonship", que escrevi em coautoria com Michael Barber e John Kincaid.[14]

1. *Graça e o "entrelaçamento de ações"*. Acredito que Barclay possa ter interpretado equivocadamente meu ponto de vista ao sugerir que inseri um "antigo 'eu' (...) agora 'cooperando' com a graça com uma ação colocada ao lado da de Deus", em vez de "um novo 'eu', uma nova criação em Cristo (2Coríntios 5:17)" (p. 105). É claro que há um "novo 'eu'", mas isso não impede o próprio Paulo de *diferenciar* — não separar — sua própria "obra" da "graça" da ação divina sobre ele: "Mas, *pela graça de Deus*, sou o que sou, e sua graça a mim dispensada não foi estéril. Ao contrário, *trabalhei mais do que todos eles; não eu, mas a graça de Deus que está comigo*" (1Coríntios 15:10).

Na verdade, mesmo depois do batismo, o apóstolo continua a falar tanto do "Cristo" que vive nele como de si mesmo na condição de "vivo": "*Já não sou eu que vivo*, mas é Cristo que vive em mim. *Minha vida presente* na carne, eu a vivo *pela fé* no Filho de Deus" (Gálatas 2:20).

Certamente, o próprio Paulo "não é a fonte dessa nova vida". Ao mesmo tempo, "isso não significa que Paulo não seja mais um sujeito ativo. Cristo não cancelou a função do crente (...). O próprio apóstolo está agindo e sua ação é eficaz, mas *apenas* porque Cristo está operando dentro dele".[15] Eu diria que foi isso que Barclay descreveu de maneira correta como "o entrelaçamento de ações".[16] Para Paulo, a ação humana é transformada e fortalecida — mas não eliminada — por meio da graça.[17]

---

[14]Ibidem, p. 162-210.

[15]Pitre, Barber e Kincaid, *Paul, A New Covenant Jew*, p. 169 (grifo original).

[16]John Barclay, "Grace and the Transformation of Agency in Christ", in *Redefining First-Century Jewish and Christian Identities: Essays in Honor of Ed Parish Sanders*, org. Fabian E. Udoh et al. (Notre Dame, IN: University of Notre Dame Press, 2008), p. 372-89, aqui p. 383-84.

[17]Pitre, Barber e Kincaid, *Paul, A New Covenant Jew*, p. 169.

2. A *"graça" como um "poder" que habita*. Barclay também se opõe à ideia da graça como "algo 'infundido' no crente", e insiste, em relação à graça, que "não se trata de uma substância, mas de uma relação" (p. 106). Concordo que Paulo nunca descreve a graça como uma "substância" ou um "objeto", mas eu também não faço isso. No entanto, Paulo descreve a graça como um "poder" que habita no crente: "'Minha *graça* é suficiente para você, pois o meu *poder* se aperfeiçoa na fraqueza'. "Pois é na fraqueza que a força manifesta todo *o seu poder* [de Cristo]" (2Coríntios 12:9).

Observe aqui o paralelismo entre a "graça" (χάρις, *charis*) e o "poder" que habita (δύναμις, *dynamis*) de Cristo. Então, para Paulo, *charis* é um relacionamento em que os crentes são enxertados e também "o poder de Cristo" (ἡ δύναμις τοῦ Χριστοῦ, *hē dynamis tou Christou*) habita neles. Em poucas palavras, "Paulo interpreta a graça no contexto da capacitação divina".[18]

3. *"Justificação": tanto um "ato relacional" como um "ato de alteração moral"*. Barclay contesta qualquer sugestão de que, para o apóstolo, o verbo "justificar" (δικαιόω, *dikaioō*) possa significar "fazer justo". Para ele, isso "transforma um ato relacional ('considerar alguém justo') em um ato de alteração moral ('tornar alguém justo')" (p. 105). Acredito que essa seja uma dicotomia desnecessária. Embora eu concorde que *dikaioō* em Paulo seja retórico, sugiro que essa declaração é moralmente realista e não exclusivamente contrafactual.[19] O próprio Barclay expressa bem esse realismo quando escreve: "Se a ideia de 'considerar justo' *não for mera pretensão de que os pecadores são justos*, representa uma declaração performativa (*tornar as pessoas 'justas' quando as anuncia*) ou a afirmação de uma *nova realidade*".[20]

Barclay está certo ao sugerir isso, visto que Paulo usa o verbo "justificar" (*dikaioō*) para significar ser "conformado" a Cristo: "Porque

---

[18]Pitre, Barber e Kincaid, *Paul, A New Covenant Jew*, p. 168.

[19]Ibidem, p. 163, 186n66, p. 205; baseamo-nos também na excelente obra de James B. Prothro, *Both Judge and Justifier: Biblical Legal Language and the Act of Justifying in Paul*, WUNT 2/461 (Tübingen: Mohr Siebeck, 2018).

[20]John M. G. Barclay, *Paul and the Gift* (Grand Rapids: Eerdmans, 2015), p. 476 (grifo nosso). Citamos essa página em Pitre, Barber e Kincaid, *Paul, A New Covenant Jew*, 209n128.

os que de antemão ele conheceu, esses também predestinou a serem *conformes* à imagem do seu Filho (...). E os que predestinou, também os chamou, e os que chamou, também os *justificou*, e os que *justificou*, também os glorificou" (Romanos 8:29-30). Se Paulo não pensa que a justificação envolve "alteração moral", por que descreve aqueles que foram "justificados" (δικαιόω, *dikaioō*) (Romanos 8:30) como "conformes" (σύμμορφος, *symmorphos*) à "imagem de seu Filho" (Romanos 8:29)? Creio que, para o apóstolo, "o decreto de justificação poderia ser visto como retórico *e* transformador de caráter moral".[21]

Na teologia paulina do que pode ser chamado de "justiça cardíaca", uma pessoa "crê com o coração e, assim, é justificada" (καρδίᾳ γὰρ πιστεύεται εἰς δικαιοσύνην, *kardia gar pisteuetai eis dikaiosynēn*) (Romanos 10:10), ou seja, através da habitação do "Espírito" (cf. Romanos 5:5; Gálatas 4:6), o "coração" (καρδία, kardia) é verdadeiramente transformado e a pessoa é verdadeiramente justificada, ou seja, *torna-se* justa.[22]

---

[21]Pitre, Barber e Kincaid, *Paul, A New Covenant Jew*, p. 209 (grifo original).
[22]Para mais informações sobre "justiça cardíaca", veja Pitre, Barber e Kincaid, *Paul, A New Covenant Jew*, p. 172-88, 208-9.

2

A PERSPECTIVA
PROTESTANTE
TRADICIONAL
sobre PAULO

A. Andrew Das

As leituras protestantes tradicionais são diversas, mas costumam incluir três pontos inter-relacionados: (1) os judeus do Segundo Templo aderiram a uma religião de prática de justiça e legalismo; (2) em resposta, Paulo enfatizou a graça gratuita de Deus contra as obras humanas; (3) a ênfase na pura graça exclusiva das ações é característica da atividade salvadora e justificadora de Deus. Ferdinand Weber, por exemplo, um estudioso luterano alemão do século 19, apontou o judaísmo como uma religião de justiça pelos atos, uma religião da lei, contra a qual Paulo postulou a graça divina no evangelho de Jesus Cristo. Depois do Shoá, os intérpretes modernos passaram a entender que as tendências teológicas dos intérpretes haviam influenciado sua interpretação e que o apóstolo, em seu próprio contexto e meio religioso, deveria ser compreendido de uma forma diferente. Terence Donaldson descreve uma mudança de paradigma nos conceitos modernos em relação à Reforma e às suas raízes luteranas, bem como à oposição tradicional de graça/justificação e ações humanas/culpa.[1] Dificilmente um pequeno ensaio reafirmando a posição tradicional será adequado para essa tarefa. Embora, com frequência, desdenhosa, a crítica tem suas razões.

Na década de 1980, quando eu frequentava um seminário luterano conservador, meu curso sobre Romanos deveria terminar após o capítulo 8, pois o trecho de Romanos 9—11, bem como o restante da carta, fora deixado para uma disciplina eletiva raramente oferecida. O professor dedicou boa parte do tempo às grandes doutrinas da fé: cristologia, justificação e santificação. Esforcei-me para entender como certas características da carta que havíamos negligenciado estavam em meio a essas ênfases doutrinárias. Paulo diz, repetidas vezes, que seu evangelho é *primeiro* para os judeus e também para

---

[1] Terence L. Donaldson, *Paul and the Gentiles: Remapping the Apostle's Convictional World* (Mineápolis: Fortress, 1998), p. 4-6; cf. ix.

A. Andrew Das

os gregos. Ele volta ao tema dos circuncidados e incircuncisos em Romanos 4. Então, olhando para a frente, para os capítulos do seminário facultativo, não fiquei surpreso ao ver que Romanos 9—11 continua com a inclusão dos gentios na ação salvadora de Deus em nome de Israel.

Mais tarde, em um seminário de pós-graduação sobre Gálatas com J. Louis Martyn, apresentei um ensaio de James D. G. Dunn inspirado em Gálatas 3:10-14.[2] Dunn havia trazido a questão dos judeus e gentios de volta à tona. Na verdade, ele argumentava que esse era o ponto central da carta. Grande parte do que ele escreveu fazia sentido e foi útil. Ao mesmo tempo, a inclusão dos gentios no povo de Deus me pareceu tão importante para o pensamento de Dunn que a justificação pela fé se tornou um tanto secundária. Tal autor não interpretou as obras de Paulo com base na dialética entre lei e evangelho, tão familiar para mim na qualidade de luterano. E. P. Sanders convenceu Dunn de que o Judaísmo do Segundo Templo era uma religião de graça e expiação. Portanto, qual era a polêmica do apóstolo contra as "obras", além de uma resposta à justiça pelas obras? Com a expressão "obras da lei", o Paulo de Dunn tinha em mente toda a lei, mas principalmente os aspectos que servem como delimitadores étnicos. O contraste indicado por Paulo entre os atos da lei e a fé em Cristo era um componente de seu argumento para a *inclusão dos gentios* no povo de Deus: uma Nova Perspectiva sobre Paulo.

Embora apresente neste volume a visão tradicional de Paulo, fui profundamente convencido pelo livro *Paul and Palestinian Judaism*, de Sanders.[3] John M. G. Barclay destacou ainda mais os diversos elementos da graça no Judaísmo do Segundo Templo.[4] Tomei como ponto de partida a descrição de Sanders acerca do nomismo da aliança, ainda que eu dê preferência ao rótulo "nomismo *eletivo*", uma vez que esse autor aponta para a centralidade da eleição de Israel no JST, e

---

[2]James D. G. Dunn, "Works of the Law and the Curse of the Law (Gálatas 3:10-14)", in *Jesus, Paul, and the Law: Studies in Mark and Galatians* (Louisville: Westminster John Knox, 1990), p. 215-41; publicado originalmente em NTS 31 (1985): 523-42.
[3]E. P. Sanders, *Paul and Palestinian Judaism: A Comparison of Patterns of Religion* (Filadélfia: Fortress, 1977).
[4]John M. G. Barclay, *Paul and the Gift* (Grand Rapids: Eerdmans, 2015).

não para uma concepção qualquer do pacto.[5] Sanders demonstrou, por exemplo, que em Jubileus, documento judeu do Segundo Templo, exigia-se obediência plena, até mesmo perfeita, à lei divina, mas tal exigência está inserida em uma estrutura graciosa, incluindo a eleição divina de um povo e a provisão para o pecado e o fracasso por meio do sacrifício expiatório.[6] Propus uma perspectiva "mais nova" — que Paulo analisa cristologicamente — em paralelo, em alguns aspectos, com a proposta de "solução para uma situação problemática" de Sanders. Se a salvação de Deus se dá por meio da fé em/de Cristo, não é por meio da obediência à lei. Com base nisso, argumentei que a defesa de Paulo em relação à inclusão dos gentios decorre de suas convicções cristológicas. Se Deus salva por intermédio de Cristo, e não através da lei de Moisés, por que impor essa lei aos gentios em nome de sua salvação? Notei que a ênfase de Dunn colocava a carroça na frente dos bois. Minha "perspectiva mais nova" trouxe as percepções básicas de Sanders em relação ao Judaísmo do Segundo Templo, mas era apresentada em uma trajetória diferente e "mais atual", que não nega nem deixa de levar em conta os elementos da "Nova Perspectiva" nos textos paulinos. Não é simplesmente algo como "um ou outro". Mais uma vez, se Deus salva com base na fé em/de Jesus Cristo, então a salvação não tem como alicerce a lei ou sua prática. Nesse caso, não há motivo para excluir os não judeus crentes em Cristo da salvação. O elemento étnico no argumento de Paulo flui da afirmação soteriológica de que Deus salva de acordo com a fé em/de Cristo.

Apesar de minha defesa de uma "perspectiva mais nova" sobre Paulo — e o ensaio de Magnus Zetterholm oferecer uma visão ainda "mais recente" —, defendo, neste volume, a concepção tradicional, e

---

[5]Veja o capítulo "Rethinking the Covenantal Paul" in A. Andrew Das, *Paul and the Stories of Israel: Grand Thematic Narratives* (Mineápolis: Fortress, 2016), p. 65-92: por exemplo: um pacto como testamento em Gálatas 3:16, duas alianças abraâmicas lado a lado em Gálatas 4:21-31, uma antiga aliança e uma nova em 2Coríntios 3, possíveis respostas sobre como o pacto e a lei foram combinados no Judaísmo do Segundo Templo.

[6]*PPJ*, p. 381: "A obediência perfeita é determinada", mas, como Sanders explica, tal obediência à lei é definitivamente reduzida dentro da estrutura graciosa do Jubileu. Para uma apropriação e uma correção de Sanders, veja A. Andrew Das, *Paul, the Law, and the Covenant* (Peabody, MA: Hendrickson, 2001), cap. 1-2: por exemplo, o resultado prático de um sistema que inclui eleição, aliança e sacrifício expiatório pelo fracasso.

A. Andrew Das

isso inclui a ideia de que Paulo respondia a uma abordagem legalista ou baseada em ações por parte de seus companheiros judeus. Os tradicionalistas insistiriam em que a doutrina paulina da salvação pela fé em Cristo se opõe a uma defesa das obras por parte dos judeus *em algum nível*.[7] Nem todos os judeus do Segundo Templo adotaram uma abordagem legalista ou baseada em ações, mas pelo menos alguns o fizeram, e Paulo responde a essa afirmação. Embora eu tenha negado que ele reaja ao legalismo, é inegável que Gálatas inclui uma seção fundamental na qual ele se volta para Abraão no contexto de uma discussão cristã intrajudaica e confirma a fé de Abraão, ao mesmo tempo que exclui as obras.

ABRAÃO COMO UM MODELO DE OBEDIÊNCIA NO JUDAÍSMO DO SEGUNDO TEMPLO E A ABORDAGEM DE PAULO EM GÁLATAS

Abraão participa de maneira marcante do discurso judaico do Segundo Templo como um modelo para a conversão do paganismo. Na condição de caldeu, ele percebeu a verdade do monoteísmo e o erro da idolatria de sua família (Fílon, *Virt.* 39.212-19; Jubileus 11:3-5,7-8,16-17; 12:1-8,12-13.1; Josefo, *Ant.* 1.154-57; Apoc. Ab. 1—8; Judite 5:6-9; Fílon, *Migr.* 176-86; *Abr.* 60-88; *QG* 3.1; *Somn.* 1.41-60; *Her.* 96—99; LAB 6.3-4,16-17; 23.5). A conversão dos gentios ao judaísmo reviveria a jornada de Abraão. Enquanto os professores cristãos judeus tentavam influenciar os gentios da Galácia a adotarem as práticas judaicas, Abraão seria a evidência A.

Abraão seria também a evidência A em outro aspecto. Igualmente divulgado, se não ainda mais onipresente, foi o elogio à sua obediência. Não era uma mera hagiografia. Ele serviu de *modelo*. Josefo reconhece a submissão de Abraão à vontade de Deus "em tudo" (ἄπαντα, *hapanta*) (Josefo, *Ant.* 1.225). Para o autor dos Jubileus, o patriarca se mostrou "fiel" em todas as seis ocasiões em que foi testado (Jubileus 17:15 [2x],17,18 [2x]; 18:16), seja com a fome, a falta de

---

[7]Por exemplo, D. A. Carson, Peter T. O'Brien e Mark A. Seifrid, org. *Justification and Variegated Nomism*, vol. 1, *The Complexities of Second Temple Judaism*, WUNT 2/140 (Tübingen: Mohr Siebeck; Grand Rapids: Baker Academic, 2001).

A PERSPECTIVA PROTESTANTE TRADICIONAL SOBRE PAULO

terra, a dor da circuncisão, a tentação diante da riqueza real ou a perda de entes queridos, mas principalmente com sua obediência imediata em resposta à ordem divina de oferecer seu filho em sacrifício (17:18; 18:3,9). Deus disse a ele em 15:3: "Aprove-se diante de mim e se torne perfeito". Abraão, então, é elogiado em 23:10 como "perfeito em todas as suas obras com o Senhor, e agradável na justiça todos os dias de sua vida".[8] Em 24:11, "E em tua descendência serão abençoadas todas as nações da terra, porque teu pai [Abraão] obedeceu à minha voz, e guardou minha carga e meus mandamentos, e minhas leis, e minhas ordenanças, e minha aliança". Sua obediência exemplar ou mesmo perfeita era um tema recorrente no Judaísmo do Segundo Templo. Na Oração de Manassés 8: "Assim, Senhor, Deus dos justos, não apontaste penitência para os justos, para Abraão (...) que não pecou contra ti".

Fílon (Abr. 3-6) elogia, como um modelo de piedade para as gerações seguintes, a obediência do patriarca, com tranquilidade, à lei implícita — tanto as leis divinas correspondentes ao Sinai como a expressão pré-Sinaítica da lei de Moisés. Portanto, aqueles que praticam a Torá escrita se comportarão como Abraão. Fílon o apresenta como a personificação da lei que ainda não foi escrita (Abr. 275-76). Segundo Baruque 57.1-3 refere-se à lei não postulada e aos mandamentos cumpridos por Abraão. No Documento de Damasco (CD), coluna 3, linhas 2-3, "ele (...) foi considerado um amigo por defender os princípios de Deus e não seguir o desejo de sua alma".[9] Na posterior Mishná Qiddushin 4.14, "e descobrimos que Abraão, nosso pai, cumpriu toda a Lei antes de ela ser dada (...) *porque ele me obedeceu e guardou meus preceitos, meus mandamentos, meus decretos e minhas leis*".[10]

O aparente erro de Abraão em Gênesis 12, de entregar Sara ao Faraó, como se ela fosse sua irmã, não foi percebido como tal na interpretação do Segundo Templo. No Apócrifo de Gênesis (1QapGen XIX.14-16; XX.2-15), por exemplo, Sara é tão bonita aos

---

[8]As traduções do *Old Testament Pseudepigrapha* são do *OTP*.
[9]As traduções dos *Manuscritos do mar Morto* são do *DSSSE*.
[10]Tradução de Herbert Danby, *The Mishnah: Translated from the Hebrew with Introduction and Brief Explanatory Notes* (Oxford: Clarendon, 1933) (grifo original).

olhos dos egípcios que eles não resistem em descrevê-la ao Faraó. Ele teria matado Abraão se o governante suspeitasse que Sara era sua esposa. O patriarca não teve escolha a não ser enganá-lo e permaneceu como um homem de fé suprema, pois sua ansiedade e seu medo foram colocados sob uma ótica diferente e racionalizados.

Um autor judeu parece estar *reagindo* à tradição difundida da obediência exemplar do patriarca. O Testamento de Abraão começa com a descrição de seu padrão de justiça, piedade, hospitalidade e bondade em relação aos estranhos e necessitados (T. Ab. [A] 1.1-2,5). O anjo Miguel intercede junto a Deus em nome de Abraão, por ele ser um homem como nenhum outro na face da terra, no sentido de se abster do mal, bem como por sua piedade, veracidade, justiça e hospitalidade (T. Ab. [A] 4.6). Uma voz do céu concorda que, até aquele ponto, "Abraão *não pecou*" (T. Ab. [A] 10.13 [grifo nosso]). De forma surpreendente, o leitor vê que ele teme a morte e, dessa forma, Deus permite que ele passeie pelos reinos do outro mundo. Quando a Morte finalmente exige sua alma, o patriarca continua resistindoe a Morte acaba recorrendo a truques. O Testamento de Abraão questiona as estimativas populares e "a elevação desse homem à condição de modelo ideal, perfeito além da possibilidade de imitação".[11]

Sirácida 44:20 narra: "Quando foi testado, ele provou ser fiel". A linguagem de *provação* de Abraão (נסה, *nsâ*) resulta de Gênesis 22:1. No entanto, o aspecto da *fidelidade* não é de Gênesis 22, podendo ser localizado em Neemias 9:8: "Viste que o coração dele era *fiel* [אמן, *'mn*]". Neemias 9:7-9 relata a escolha de Deus por Abraão, a partida do patriarca de Ur, sua mudança de nome, a aliança para lhe dar a terra, mas nada a respeito do sacrifício de Isaque. O termo "fiel" em Neemias 9:8 vem de Gênesis 15:6. Em ambos os contextos, a referência à sua fidelidade é seguida pela promessa do pacto da terra. Desse modo, Sirácida 44:20 combina a fé (plenitude) de Abraão em Gênesis 15 com sua provação de Gênesis 22, que é o exemplo máximo de lealdade. "Já em Sirácida, as futuras bênçãos de Israel dependem

---

[11]Annette Yoshiko Reed, "The Construction and Subversion of Patriarchal Perfection: Abraham and Exemplarity in Philo, Josephus, and *the Testament of Abraham*", *JSJ* 40 (2009): 185-212, aqui 208-9.

da obediência de Abraão, especialmente no que se refere ao seu maior teste em Gênesis 22".[12] Como autor de literatura sobre a sabedoria, Ben-Siraque aconselha seus leitores a terem a mesma obediência plena como base para receberem outra bênção de Deus.

Da mesma forma, o documento 4QMMT 117 (4Q398 frag. 2, col. 2; 4Q399 frag. 1, col. 2) dos manuscritos do mar Morto ecoa a linguagem de Gênesis 15:6 e a interpreta não no contexto da confiança de Abraão, mas, sim, de suas boas ações: "Será considerado por vocês justiça quando fizerem o que é justo e bom diante dele, para o seu bem e o de Israel". Em 1Macabeus 2:52, Matatias lembra a seus filhos: "Acaso Abraão não foi fiel [εὑρέθη πιστός, *heurethē pistos*] na prova [ao se prontificar a sacrificar Isaque, Gênesis 22] e, por isso, considerado [ἐλογίσθη, *elogisthē*] justo [εἰς δικαιοσύνην, *eis dikaiosynēn*]?". O texto de 1Macabeus evidencia a tradição de interpretar o reconhecimento da "fé" de Abraão em Gênesis 15:6, não em termos de sua crença nas promessas de Deus, mas de sua "fidelidade" no quase sacrifício de Isaque. Paulo interpretará Gênesis 15:6 de forma distinta.

Como muitos observaram, o apóstolo parece usar a expressão "filhos de Abraão" em Gálatas 3:7 de forma inesperada, como se *respondesse* ao uso da expressão no argumento de outra pessoa, um discurso adequado aos mestres rivais que incentivavam os gálatas a se tornar filhos de Abraão.[13] Em contraste total e talvez até mesmo proposital com a tradição comum no Judaísmo do Segundo Templo, Paulo destaca, em Gálatas 3:6-9, a confiança de Abraão. Ele apresenta o patriarca de Gênesis 15:6 como alguém que creu em Deus e foi considerado justo e, de forma visível, não se refere nesses versículos à sua obediência. O debate entre Paulo e os mestres rivais na Galácia pode ser interpretado à luz das reflexões contemporâneas sobre a fidelidade de Abraão.

Pelo menos em Gálatas 3:6-9, Paulo define πίστις (*pistis*) estritamente com base na fé ou na confiança no Senhor, sem fazer

---

[12]Bradley C. Gregory, "Abraham as the Jewish Ideal: Exegetical Traditions in Sirach 44: 19-21", *CBQ* 70 (2008): 66-81, aqui 76-77; cf. também 73-75, 79-80.

[13]Por exemplo: J. Louis Martyn, *Galatians: A New Translation with Introduction and Commentary*, AB 33A (Nova York: Doubleday, 1997), p. 299.

referência à sua fidelidade. Gálatas 3:6 cita Gênesis 15:6: Abraão "acreditou" (ἐπίστευσεν, *episteusen*) em Deus. Gálatas 3:6 revela o contraste no versículo 5 entre praticar a lei e ouvir a [palavra/mensagem da] fé (ἀκοῆς πίστεως, *akoēs pisteōs*). Imediatamente após o verbo no versículo 6, referente à confiança profunda de Abraão, "os que são da fé" (οἱ ἐκ πίστεως, *hoi ek pisteōs*) no versículo 7 devem ser considerados aqueles que creem ou depositam sua confiança em Deus, como fizera o patriarca no versículo 6. Assim, o ἄρα do versículo 7 (*ara*, "então") representa uma conclusão ou dedução genuína do versículo anterior. Πίστις é definido pela confiança total do patriarca no versículo 6, e não como referência à sua fidelidade. Os "que são da fé" acreditam ou confiam em Deus, assim como Abraão o fez. Então, o versículo 7 serve como uma premissa para um silogismo, nos versículos 7-9, que está ancorado na fé/confiança dos gálatas. A fidelidade, seja à lei, às suas obras ou à tradição abraâmica de obediência, está excluída.

Embora Paulo não faça uma introdução previsível em Gálatas 3:8, sua citação teria ficado evidente para os antigos por sua menção às Escrituras (ἡ γραφή, *hē graphē*) e pela mudança pronominal para a segunda pessoa na citação em si. O problema é que Gênesis usa essa linguagem, ou as respectivas variações, em *diversas* passagens, incluindo Gênesis 12:3, e novamente na *Aqedah*, o quase sacrifício de Isaque em Gênesis 22. Então, a questão é se Paulo está se referindo à linguagem de Gênesis 12:3 em *conjunto* com Gênesis 22 e à fidelidade obediente de Abraão, ou se ele evita referir-se a Gênesis 22 e à obediência do patriarca.

Ainda que o apóstolo cite principalmente Gênesis 12:3, ele substitui os "povos da terra" de 12:3 (αἱ φυλαὶ τῆς γῆς, *hai phylai tēs gēs*) pela palavra "nações" (τὰ ἔθνη, *ta ethnē*). Paulo costuma usar "gentios" (τὰ ἔθνη) em oposição ao povo judeu (por exemplo: Gálatas 1:16; 2:2,8,9,12,14,15). Aqui, ele sublinha a inclusão dos não judeus nessas bênçãos. Portanto, ignora "todas as famílias ou povos da terra" em favor das "nações" (τὰ ἔθνη). Os comentaristas discordam quanto ao termo "nações": se vem de Gênesis 18:18 ou de Gênesis 22:18 (cf. Tabela 1).

Tabela 1. A linguagem do Gênesis em Gálatas 3:8

Gálatas 3:8	ἐνευλογηθήσονται *eneulogēthēsontai* serão abençoadas	ἐν σοὶ *en soi* por meio de você	πάντα τὰ ἔθνη *panta ta ethnē* todas as nações
Gênesis 12:3	ἐνευλογηθήσονται *eneulogēthēsontai* serão abençoados	ἐν σοὶ *en soi* por meio de você	πᾶσαι αἱ φυλαὶ τῆς γῆς *pasai hai phylai tēs gēs* todos os povos da terra
Gênesis 18:18	ἐνευλογηθήσονται *eneulogēthēsontai* serão abençoadas	ἐν αὐτῷ *en autō* por meio dele (Abraão)	πάντα τὰ ἔθνη τῆς γῆς *panta ta ethnē tēs gēs* todas as nações da terra
Gênesis 22:18	ἐνευλογηθήσονται *eneulogēthēsontai* serão abençoados	ἐν τῷ σπέρματί σου *en tō spermati sou* por meio da sua descendência	πάντα τὰ ἔθνη τῆς γῆς *panta ta ethnē tēs gēs* todos os povos da terra
Gênesis 26:4	ἐνευλογηθήσονται *eneulogēthēsontai* serão abençoados	ἐν τῷ σπέρματί σου *en tō spermati sou* por meio da sua descendência	πάντα τὰ ἔθνη τῆς γῆς *panta ta ethnē tēs gēs* todos os povos da terra
Gênesis 28:14	ἐνευλογηθήσονται *eneulogēthēsontai* serão abençoados	ἐν σοὶ *en soi* por meio de você [Jacó]	πᾶσαι αἱ φυλαὶ τῆς γῆς καὶ ἐν τῷ σπέρματί σου *pasai hai phylai tēs gēs kai en tō spermati sou* todos os povos da terra e da sua descendência

Favorecendo a visão de que Paulo associou Gênesis 12:3 a 22:18 (e a *Aqedah*), alguns intérpretes desqualificam qualquer uso de Gênesis 18:18, visto que a promessa ali não foi feita *a* Abraão, como é o caso em Gálatas 3:6, Gênesis 12:3 e Gênesis 22:18. Essa controvérsia continua aberta. Os comentaristas de Gênesis reconheceram há muito que o trecho de 18:18 remete a 12:3 e deve ser interpretado no contexto de 12:3. Como uma recapitulação da narrativa, a referência em terceira pessoa a Abraão é *esperada*. Desse modo, a expressão "por meio dele [Abraão]" em Gênesis 18:18 refere-se a "por meio de você" em Gênesis 12:3. Esse monólogo interno em Gênesis 18:18 mostra que a

A. Andrew Das

revelação divina anterior ao patriarca em 12:1-3 é "*autêntica*, absoluta e verdadeira".[14]

Após o quase sacrifício de Isaque, Deus prometeu a Abraão a bênção dos povos da terra em conexão com sua *descendência* (Gênesis 22:18). Não há menção a tais descendentes em Gálatas 3:8, deixando a alusão a Gênesis 22:18 improvável. Paulo poderia facilmente haver incluído a palavra "semente", e isso teria servido como uma introdução e uma antecipação de sua discussão sobre ela no parágrafo seguinte. Ele *evitou* a linguagem de Gênesis 22. Portanto, a maioria dos comentaristas concluiu que o apóstolo adaptou Gênesis 12:3 à linguagem de Gênesis 18:18. Com razão, James D. G. Dunn diz: "Pode ser interessante que Paulo cite as duas primeiras expressões da promessa, com o detalhe de que apresentava um aspecto universal desde o começo".[15] Os exemplos posteriores do compromisso em Gênesis 22:18 e 26:4-5 estão ligados à fidelidade obediente de Abraão, e não à sua fé na promessa: o tema desses versículos de Gálatas. Paulo não se refere aqui à *Aqedah* ou à lealdade posterior do patriarca. Para ele, existem apenas a confiança total de Abraão e a promessa fundamental de que os gentios seriam incluídos. Deus salva pela fé, e não por atos ou obediência.

Essa ênfase na confiança plena de Abraão postula uma discussão com base em Isaque, na descendência prometida e em Gênesis 22. Paulo volta para os filhos do patriarca em Gálatas 3:16 e lembra que as promessas eram para Abraão, mas também para sua descendência. É chocante constatar que o apóstolo ignora e evita Isaque (Gênesis 22) em favor de Jesus Cristo como único herdeiro. No final do capítulo, no trecho de 3:27-29, aqueles que depositam sua fé em Cristo se tornam um com ele e, portanto, desfrutam as promessas que eram feitas a Abraão e seu único descendente: Cristo.

Segundo a linha paulina de pensamento, as ações obedientes não desempenham qualquer papel. De acordo com o que aponta

---

[14]Roger Lapointe, "Divine Monologue as a Channel of Revelation", CBQ 32 (1970): 161-81, aqui 179 (grifo original); veja, por exemplo, Claus Westermann, *Genesis 12-36*, CC (Mineápolis: Augsburg, 1995), p. 288.

[15]James D. G. Dunn, *The Epistle to the Galatians*, BNTC (Peabody, MA: Hendrickson, 1993), p. 164.

A PERSPECTIVA PROTESTANTE TRADICIONAL SOBRE PAULO

Gálatas 3:10-14, isso acontece pela fé, e não por obras da lei [prática da lei]. Em Gálatas 3:12, encontramos o esclarecimento de que a lei se baseia no *fazer*, não na fé. Aqui, a fé diz respeito a tudo, menos à fidelidade ou à obediência. Está relacionada à confiança completa. Considerando que, muitas vezes, os judeus interpretaram a lealdade nos termos da Torá mosaica, Paulo pretende destacar, a partir desses textos, a fé abraâmica nas promessas bem antes do quase sacrifício de Isaque. Elas não são cumpridas por meio das obras da lei, mas, sim, da fé (em Cristo). Isso não descarta uma referência à fidelidade de Cristo ou do próprio Deus em outros escritos paulinos, porém em Gálatas 3:6-9 o foco é exclusivamente na confiança total como base para o recebimento da bênção com Abraão.

OBEDIÊNCIA PERFEITA?

Intérpretes tradicionais afirmam que, do ponto de vista de Paulo, a lei exige obediência plena e perfeita. Dessa maneira, o apóstolo justapõe a fé em Cristo contra uma tentativa fútil de obediência à lei. E. P. Sanders oferece incentivo para uma interpretação diferente. Ele enxerga tal obediência dentro da estrutura graciosa da eleição de Deus para o povo judeu, sua aliança e os sacrifícios expiatórios pelo perdão. O resultado prático é que a observância individual da lei não precisa ser perfeita ou rigorosa, uma vez que Deus já prevê a falha. Seguindo a linha de Sanders, Dunn comenta sobre Gálatas 3:10: "A justiça incluía o culto sacrificial e o benefício do Dia da Expiação".[16] Portanto, Paulo poderia descrever sua obediência como "irrepreensível" (Filipenses 3:6). Dunn recorreu ao contexto gracioso do "nomismo da aliança" para reduzir sua necessidade implícita: "O erro, mais uma vez, foi ler no argumento a ideia de que, dessa vez, a lei seria satisfeita com nada menos do que a perfeição, a observância imaculada".[17] Norman Young afirma o mesmo: "O judaísmo não fez

---

[16]Dunn, *Galatians*, p. 171. Da mesma forma, por exemplo, N. T. Wright, *The Climax of the Covenant: Christ and the Law in Pauline Theology* (Mineápolis: Fortress, 1991), p. 146: "A Torá não prevê que todos os judeus serão perfeitos o tempo todo e, portanto, descarta o pecado por meio do arrependimento e do sacrifício, para que a expiação seja completa".
[17]Dunn, *Galatians*, p. 171.

tal exigência de 'obedecer a toda a lei sem falhas'".[18] Richard Hays chama qualquer suposta crítica à dificuldade em observar a lei divina de forma perfeita de "caricatura ridícula do judaísmo", já que "os missionários rivais poderiam facilmente haver contestado [Paulo], mostrando que a lei oferece amplamente o perdão das transgressões por meio do arrependimento, do sistema sacrificial e da celebração anual solene do Dia da Expiação".[19] "Os erros foram tratados de acordo a lei."[20] Gálatas 3:10 continua a ser uma pedra de tropeço para a Nova Perspectiva.

Nessa passagem, Paulo usa um trecho de Deuteronômio que pronuncia uma maldição a quem não observa a lei. Em uma reviravolta surpreendente, o apóstolo conclui que aqueles que seguem o caminho da lei sofrerão, eles próprios, sua maldição:

> Premissa: Maldito seja todo aquele que não cumprir tudo que está escrito neste livro da lei.
>
> Conclusão: Aqueles que seguem (ἐκ, ek) as obras da lei estão sob uma maldição.[21]

As premissas omitidas são uma característica regular da escrita paulina.[22] O pressuposto implícito, reconstruído a partir da premissa e da conclusão declarada, seria literalmente: "Aqueles que praticam a lei não seguem tudo o que está escrito neste livro da lei".

Sem a premissa implícita, Paulo diria que os indivíduos que obedecem à lei estão sob uma maldição, já que a lei amaldiçoa todos os que a ela não obedecem, um *non sequitur*. Os antigos retóricos consideravam uma questão de estilo a omissão de pressupostos em entimemas que seriam claros ou óbvios (Aristóteles, *Rhet.* 1.2.13 [1357a];

---

[18]Norman H. Young, "Who's Cursed — And Why? (Galatian 3:10-14)", *JBL* 117 (1988): 79-92, aqui 83.

[19]Richard B. Hays, "The Letter to the Galatians", *NIB* 11: 181-348, aqui 257.

[20]Hays, "The Letter to the Galatians", p. 257; veja também p. 312.

[21]No que diz respeito à tradução de ἐκ, veja a retificação de Jan Lambrecht, "Critical Reflections on Paul's 'Partisan ἐκ' as Recently Presented by Don Garlington", *ETL* 85 (2009): 135-41.

[22]Por exemplo: John D. Moores, *Wrestling with Rationality in Paul: Romans 1-8 in a New Perspective*, SNTSMS 82 (Cambridge: Cambridge University Press, 1995).

A PERSPECTIVA PROTESTANTE TRADICIONAL SOBRE PAULO

2.22.3 [1395b]; 3.18.2, 4 [1419a]; Epiteto, *Diatr.* 1.8.1-4; Quintiliano, *Inst.* 5.14.24; 5.10.3; Élio Téon, *Prog.* 3.99-100). Em Gálatas 3:10, Paulo deduz que os seguidores da lei simplesmente não fazem tudo o que nela está escrito. Seus adeptos não alcançaram, pelo menos com base na experiência do apóstolo, a obediência ampla e perfeita que ela exige. Comentaristas tradicionais costumam concluir, a partir de Gálatas 3:10, que Paulo lembrou aos gálatas o padrão impecável da lei de Moisés. Em 1977, *Paul and Palestinian Judaism*, de E. P. Sanders, criou um novo paradigma. O Judaísmo do Segundo Templo e das eras tanaítas, como explica Sanders, nunca foi um padrão de religião desprovido da graça de Deus sem a misericordiosa provisão para o caso de fracasso. Dificilmente o apóstolo poderia ter deduzido uma premissa controversa da qual seus rivais teriam discordado. Os estudiosos tiveram de procurar outros meios de entender Gálatas 3:10.

Esse ceticismo generalizado relativo à suposição de que as pessoas são incapazes de obedecer perfeitamente à lei de Deus é injustificado. Deuteronômio, incluindo o(s) versículo(s) citados por Paulo, lamenta muitas vezes o fracasso de Israel em observá-la. O pressuposto implícito de Gálatas 3:10 apoia a perspectiva apocalíptica do apóstolo de que a lei só traz uma maldição escravizadora por causa da transgressão. A ação salvadora de Deus está profundamente associada às promessas abraâmicas, e não ao monte Sinai. As promessas são realizadas somente em Jesus Cristo.[23]

O que está realmente em questão é o *meio* pelo qual quem peca pode ser justo diante de Deus, segundo Paulo. Ele, por sua vez, nunca menciona o sacrifício de animais como um recurso eficaz para conquistar a misericórdia ou o perdão de Deus em suas cartas. Em vez disso, fala da eficácia da morte de *Cristo*. O castigo da aliança que a lei impõe sobre aqueles que falham em cumprir seus mandamentos (3:10) é resolvido apenas por aquele que se tornou uma "maldição" em favor da humanidade (3:13). Jesus Cristo "se entregou a si mesmo

---

[23]Veja A. Andrew Das, "Galatians 3:10: A 'Newer Perspective' on an Omitted Premise", in *Unity and Diversity in the Gospels and Paul: Essays in Honor of Frank J. Matera*, org. Christopher W. Skinner e Kelly R. Iverson; SBLECL 7 (Atlanta: Society of Biblical Literature, 2012), p. 203-23. No que se refere às diversas tentativas problemáticas de explicar o entimema de Gálatas 3:10, veja Das, *Paul, the Law, and the Covenant*, p. 145-70.

por nossos pecados" (1:4). Se esse versículo traz material pré-paulino, como muitos suspeitam, então Paulo poderia concluir que seus rivais concordariam que o único modo eficaz de lidar com o pecado era por meio de Jesus Cristo. A lei pode "prender" e "encerrar" (3:23), mas não oferece ajuda com a transgressão (2:21; 3:21). É o Espírito de Cristo, e não a lei, que neutraliza a carne em Gálatas 5—6.

Segundo o paradigma de Sanders, o sacrifício expiatório funcionava como parte da estrutura da eleição graciosa de Deus e da relação de aliança com o povo de Israel. E o que dizer a respeito de Paulo? Em Gálatas 6:16, ele invoca o "Israel de Deus". A maioria dos intérpretes identificou o "Israel de Deus" como sendo os judeus e os gentios que seguem a ordem paulina de que a circuncisão e a incircuncisão não têm o menor valor à luz da cruz de Cristo. Portanto, o "Israel de Deus" consistiria naqueles que estão em Cristo, e não debaixo da lei. Foram poucos os intérpretes que apontaram para a hipótese de que Paulo se refere a dois grupos *distintos*: os indivíduos que seguem sua liderança e "o Israel de Deus". O apóstolo finaliza a carta em 6:10-16 da mesma forma que a abriu em 1:6-9, com uma observação profundamente polêmica. Ele pode ter criado a expressão "Israel de Deus" em oposição ao falso "Israel" no meio dos gálatas que estavam promovendo a circuncisão gentílica.[24] Em qualquer abordagem interpretativa, ele reconheceria a irrelevância para a salvação da identidade étnica judaica. O povo eleito de Deus é definido por sua unidade e sua fé em Cristo, seja judeu, seja *gentio* (3:27-29). Assim, Paulo vê o valor da "aliança" de Abraão apenas por meio de uma "descendência", Jesus Cristo (3:15-17,29), uma nova aliança (por exemplo: 2Coríntios 3:6). Os elementos graciosos do Judaísmo do Segundo Templo — a eleição de um povo, o pacto, a solução do fracasso — são todos compreendidos por Paulo no contexto de Cristo. Se a única solução do pecado está em Jesus (cf. Gálatas 2:21; 3:21), a lei não oferece um caminho viável para a transgressão. Sem um mecanismo útil para receber a misericórdia e o perdão divino, a violação da lei seria, do ponto de vista paulino, um problema sério para aqueles que vivem debaixo da

---

[24]Veja a discussão em A. Andrew Das, *Galatians*, ConcC (St. Louis: Concordia, 2014), p. 644-52.

A PERSPECTIVA PROTESTANTE TRADICIONAL SOBRE PAULO

lei. Dessa forma, Paulo reconheceu que sua obediência "irrepreensível" como judeu não era tão valiosa perto do que Deus havia feito em Cristo (Filipenses 3:3-11).[25] Os mandamentos da lei foram dissociados — por Paulo — de seu contexto gracioso e misericordioso dentro do Judaísmo do Segundo Templo.

O que tem sido bastante ignorado são as consequências dessa reconceitualização quanto à Nova Perspectiva. Seu intérprete não pode apelar ao sacrifício de animais, à eleição de Israel ou a qualquer outro mecanismo de arrependimento ou expiação além da fé em Cristo. Nessa perspectiva "mais recente", o destaque de Paulo na obediência perfeita à lei não é necessariamente um comentário referente ao Judaísmo do Segundo Templo de seus dias, mas, sim, uma consequência de suas ênfases cristológicas.

AS "OBRAS DA LEI" FOCADAS ESPECIALMENTE NO NACIONALISMO E NOS DELIMITADORES?

A passagem em Gálatas 3:10 destaca a obediência a *tudo* na lei. Um intérprete da Nova Perspectiva responderia que a expressão "obras da lei" deveria ser compreendida como um atalho para a lei como um todo, mas principalmente como os aspectos que separam o povo de Deus dos outros povos.[26] A ênfase em toda a lei não visaria à perfeição, e sim ao seu cumprimento, seja a obediência rigorosa ou não. Dunn e outros autores ressaltam a expressão "obras da lei" como a lei do ponto de vista de seus delimitadores.

No entanto, Paulo continua em Gálatas 2:21: "Pois, se a justiça vem pela lei, Cristo morreu inutilmente". A declaração do apóstolo aqui é paralela à sua afirmação, em alguns versículos anteriores, de que ninguém é justificado pelas "obras da lei". Do mesmo modo, lemos em 2:19: "Pois, por meio da lei eu morri para a lei, a fim de viver para

---

[25]"Irrepreensível", tendo em vista as próprias disposições da lei, ou seja, imperfeito; veja a incapacidade e o fracasso daqueles que estão sob a obediência da lei em Romanos 7:14-25.
[26]Os intérpretes da Nova Perspectiva nos moldes de James D. G. Dunn ou de N. T. Wright oferecem uma alternativa ao esboçar a crítica do apóstolo em Gálatas 3:10 quanto à "prática da lei", ou seja, às características de delimitação étnica da lei que constituem, no ponto de vista de Paulo, um nacionalismo errado. Cf. Dunn, "Works of the Law"; Wright, *Climax of the Covenant*, p. 3, 150.

Deus". A concepção de Paulo nos versículos seguintes parece estar mais relacionada à lei como um todo do que ao foco em apenas uma parte.[27] O argumento de Paulo é que a lei *como tal* não pode justificar. Uma abordagem melhor não começaria com suas características de delimitação, mas, sim, com sua totalidade: a obediência requer o cumprimento de *tudo* o que ela ordena, o que certamente incluiria os aspectos que distinguem os judeus dos gentios. Outra vez, uma crítica à adoção dos costumes judaicos pelos gentios segue as convicções soteriológicas *de* Paulo.

Paulo não culpa os adversários da Galácia por promoverem meramente os aspectos sectários da lei, mas, sim, por exigirem uma lei própria dos gentios (4:21). As leis rituais não podem ser separadas do restante (5:3,14). A lei cumpriu a função de tutora na era antiga até que a plenitude dos tempos viesse com Cristo (3:24-25; 4:4-5). As "obras da lei" "mais naturalmente" significam "feitos ou atos exigidos pela lei".[28] Moisés ensinará aos israelitas "decretos e leis, mostrando-lhes como devem viver e o que devem fazer" (Êxodo 18:20).[29] Assim, algumas vezes, Paulo refere-se às "obras da lei", mas, em outros momentos, à lei em geral (por exemplo, em 2:21; 3:11; 5:3-4). Ele usa os termos "lei" e "atos da lei" como sinônimos (por exemplo, em 2:16 e 2:21; 3:10 e 3:11).

O 4QMMT, um dos manuscritos do mar Morto, oferece um paralelo à "prática da lei" do apóstolo (ἔργα νόμου, *erga nomou*). Tal documento lista diversas regras legais sectárias que servem para distinguir a comunidade de Qumran. Dunn identificou o 4QMMT C27

---

[27]Heikki Räisänen escreve: "O problema dos 'delimitadores de identidade' pode muito bem ter sido o ponto de partida para a teologização de Paulo no que se refere à lei, mas ele chegou finalmente a declarações muito negativas sobre a lei *em partes* e *como um todo*". Räisänen, "Galatians 2.16 and Paul's Break with Judaism", in *Jesus, Paul and Torah: Collected Essays*, trad. David E. Orton, JSNTSup 43 (Sheffield: JSOT Press, 1992), p. 122.

[28]Dunn, *Galatians*, p. 135.

[29]Com Robert L. Brawley, "Meta-Ethics and the Role of Works of Law in Galatians", in *Lutherische und neue Paulusperspektive: Beiträge zu einem Schlüsselproblem der gegenwärtigen exegetischen Diskussion*, org. Michael Bachmann e Johannes Woyke, WUNT 182 (Tübingen: Mohr Siebeck, 2005), p. 135-59, aqui p. 147: "É difícil defender que ἔργα seja estritamente limitado a 'regulamentos' em um nível metaético quando a expressão ἔργα νόμου surge em conexão com o nível ético do comportamento de Cefas, Barnabé e os outros judeus".

A PERSPECTIVA PROTESTANTE TRADICIONAL SOBRE PAULO

com a expressão completa "obras da lei" (מעשי תורה, *m'śê tôrâ*), em apoio à sua opinião de que a expressão ou a abreviação de "ações" sempre dizem respeito aos aspectos da lei que distinguiam a comunidade sectária. No entanto, dentro do mesmo parágrafo, o 4QMMT C23 usa "obras" (מעשיהם, *m'śêhm*) em referência aos atos dos reis de Israel, incluindo Davi como "um homem de bons feitos" (אישם חסדים, *'iš ḥsdim*). Quando o 4QMMT C26 cita o perdão de Davi, seu caso de adultério teria imediatamente vindo à tona para os judeus do Segundo Templo (por exemplo, em CD col. 5, ll. 5b-6a; 2Sm 12:13; 1Rs 15:5; observe também a proximidade com C27 de C23-26). Essas menções, no contexto imediato, ao comportamento geral ou às "ações" dos reis, devem ser levadas em consideração na interpretação da expressão completa "prática da lei" (מעשי תורה) em C27.[30] Se considerarmos "ações da lei" no sentido mais amplo da totalidade da lei, além de uma percepção *necessária* de separação, evitaremos claramente os problemas que o 4QMMT C23 traz, uma vez que a expressão "prática da lei" se reveza com "atos" quanto aos aspectos sem delimitação da lei. Joseph Fitzmyer escreveu o seguinte sobre 4QMMT:

> No entanto, sob a luz desse texto de Qumran, vemos agora que a "prática da lei" não pode ser tão limitada [aos fatores legais que servem como delimitadores de identidade étnica]. O texto do 4QMMT destaca cerca de vinte *halakhot*, mas não se reduz à circuncisão e às leis alimentares, sendo associado também, pelo líder judeu que escreveu essa carta, à condição de "justo" diante de Deus. Existem realmente regras alimentares entre os preceitos enfatizados, porém eles incluem muitos outros como, por exemplo: regulamentos sobre

---

[30]Veja James D. G. Dunn, "4QMMT and Galatians", in *The New Perspective on Paul: Collected Essays*, WUNT 185 (Tübingen: Mohr Siebeck, 2005), p. 333-39, esp. 336-37. Dunn pensa que o uso de C27 da frase "algumas obras da Torá" deve ser interpretado ao lado de B2, mas essa conexão não se torna explícita por 4QMMT. Boa parte do contexto original de B2 foi perdida para garantir o raciocínio de Dunn. Ele, além de outros autores, concluiu que, em B2, a palavra "atos" é um substantivo e pode muito bem ser um Qal, particípio plural masculino ativo. B2 poderia ser reelaborado de forma paralela ao "contemplar suas ações" de C23: "Analisar as ações que realizamos" [התבנן ב[מעשים שא א][נ[ח[נו עשינו] (*[htbnn b] m'śîm š' ' [n] ḥ [nû 'śînû]*) (cf. Gênesis 20:9; 1Samuel 8:8; 2Reis 23:19; Jeremias 7:13; Eclesiastes 1:14); cf. Jacqueline C. R. de Roo, "*Works of the Law*" *at Qumran and in Paul*, NTM 13 (Sheffield: Sheffield Phoenix, 2007), p. 91.

sacrifícios, impureza dos membros, taxas a serem pagas etc. Na verdade, ele cita explicitamente "o Livro de Moisés e as palavras dos profetas e de Davi". Por ter uma perspectiva tão ampla, é difícil ver como a limitação do termo usado por Paulo pode ser entendida no contexto de Dunn.[31]

Então, Fitzmyer acrescenta que a expressão, que soava como um lema, tinha uma conotação legalista, uma vez que, aos olhos de Deus, a justiça dependia da obediência a esses preceitos (cf. principalmente o epílogo do documento, 4QMMT[f] [4Q399]). Ao longo de seu artigo, Fitzmyer chama a atenção, repetidas vezes, para a ideia de que "as obras da lei" em Qumran devem ser consideradas aquelas que a lei exige de maneira geral.[32] Vemos essa mesma alternância em Paulo, como se lê em Romanos 3:27–4:5. Uma leitura "tanto como" é mais provável do que uma abordagem que continua focada principalmente nas demandas étnicas ou sectárias da lei.

ROMANOS 4:4-5 COMO SUPORTE PARA
A LEITURA TRADICIONAL

A passagem em Romanos 3:27-29 é fundamental para a leitura da Nova Perspectiva sobre Paulo e da lei. No versículo 28, o apóstolo nega, de forma categórica, qualquer justificação pela "prática da lei", questionando logo em seguida: "Deus é Deus apenas dos judeus?" (v. 29). Nesse caso, os "atos da lei" distinguem o judeu do gentio. A preocupação com o etnocentrismo judeu continua no próximo capítulo, quando o apóstolo enfatiza o testemunho da própria lei judaica à primazia da fé para toda a humanidade, independentemente da etnia. O patriarca, *antes* de sua circuncisão, foi justificado pela fé da mesma forma que os gentios dos dias de Paulo (4:10-11). Como o "antepassado" dos judeus (4:1) foi justificado mesmo sem a circuncisão, ninguém pode opor-se à inclusão de

---

[31]Joseph A. Fitzmyer, "Paul's Jewish Background and the Deeds of the Law", in *According to Paul: Studies in the Theology of the Apostle* (Mahwah, NJ: Paulist Press, 1993), p. 18-35, aqui p. 23.

[32]Fitzmyer, "Paul's Jewish Background", p. 19-24.

A PERSPECTIVA PROTESTANTE TRADICIONAL SOBRE PAULO

gentios incircuncisos no povo de Deus. Abraão é o pai tanto do circuncidado como do incircunciso (4:10-18), tanto dos crentes em Cristo que obedecem à lei como dos que não a observam (4:14: οἱ ἐκ νόμου, *hoi ek nomou*; cf. v. 16).

O quarto capítulo de Romanos explica os conceitos essenciais do final do terceiro: "justificação" (δικαιοσύνη, *dikaiosynē*) (3:20,21-22,24-26,28,30; 4:2-3,5-6); "graça" (χάρις, *charis*) (3:24; 4:4,16); fé/fidelidade (πίστις/πιστεύω, *pistis/pisteuō*) (3:22,26-27; 4:3,5,11-13,16-17); circuncisão/incircuncisão (3:20; 4:9-12); cristologia (3:25-26; 4:25); vanglória (3:27; 4:2); abolição da lei/anulação da promessa inútil (3:31; 4:14). Em Romanos 4, Paulo também se apoia na tensão interna da lei — entre suas exigências e seu testemunho de fé — que ele introduziu em 3:27,31, ao apresentar Abraão como um exemplo do próprio testemunho da lei sobre a supremacia da fé.

Nesse cenário, Romanos 4:4-5 provou ser complexo para os intérpretes da Nova Perspectiva, pois, nesses versículos, Paulo define "obras" (ἔργα, *erga*) não em termos de identidade étnica judaica ou nacionalismo, mas no contexto mais amplo da ação humana: o "trabalho" merece a recompensa do salário. Por outro lado, o reconhecimento divino é como um "dom" gracioso (cf. 3:24: δωρεάν, *dōrean*), e não como uma "dívida" (4:4). Assim, 4:4-5 faz uma avaliação de acordo com "obras" (ἐξ ἔργων, *ex ergōn*), "trabalhando" (ἐργάζομαι, *ergazomai*) ou "segundo a dívida" (κατὰ ὀφείλημα, *kata opheilēma*), em oposição a "segundo a graça/o dom" (κατὰ χάριν, *kata charin*) pela "fé" (ἡ πίστις, *hē pistis*). O contraste entre "ações" e "graça"/"fé" é recorrente em todo esse trecho de Romanos (por exemplo, 3:20-22,27; 4:4-5) e parece ser fundamental para o desenvolvimento do argumento.[33] A antítese do dom (χάρις) e da obrigação (ὀφείλημα) era um *topos* antigo (por exemplo, Tucídides, *Hist.* 2.20.4; Aristóteles, *Eth. nic.* 1165a3). Do mesmo modo, a imagem "[d]aquele que trabalha" (τῷ ἐργαζομένῳ, *tō ergazomenō*) é contraposta "[à]quele que

---

[33]Contra Michael Cranford, "Abraham in Romans 4: The Father of All Who Believe", *NTS* 41 (1995): 71-88, aqui 80, que afirma que é "acidental", e N. T. Wright, "Paul and the Patriarch: The Role of Abraham in Romans 4", *JSNT* 35 (2013): 207-41, aqui 234, que, de forma surpreendente, vê um contraste com o empenho humano.

não trabalha" (τῷ μὴ ἐργαζομένῳ, *tō mē ergazomenō*). A discussão de Paulo acerca de "salários" (ὁ μισθός, *ho misthos*) no versículo 4 se baseia nesse contexto e deve ser entendida dessa maneira.[34] Seguindo a trilha de 3:27-29, o apóstolo explica que os "atos da lei" devem ser compreendidos sob o ponto de vista das ações em geral. Como Stephen Westerholm afirma: "A partir do momento em que a questão ('obras da lei' *versus* 'fé em Jesus Cristo') permite uma reafirmação no que se refere à distinção entre 'atos' e 'fé', o ponto de ataque não pode ser limitado aos estatutos na lei que serviam como 'delimitadores de identidade' dos judeus".[35] A crítica de Paulo é ampliada ao abordar a prática em oposição à graça de Deus em Cristo.

Posteriormente, na carta, Paulo confirma que as "obras" de Romanos 4:4-5 precisam ser interpretadas de forma mais genérica. A passagem de Romanos 6:23 contrasta o "salário" do pecado com o "dom gratuito" de Deus. Em seu comentário de Romanos, Dunn supôs que o apóstolo pode estar ecoando 4:4: "Se a questão é algo conquistado, então só a morte é a única opção em vista".[36] Paulo usa novamente a mesma linguagem em 9:11-12: "Todavia, antes que os gêmeos [Esaú e Jacó] nascessem ou fizessem qualquer coisa boa ou má, a fim de que o propósito de Deus conforme a eleição permanecesse, não por obras (...)". Aqui, as "ações" são definidas no sentido de praticar o bem o mal. Da mesma maneira, em 9:16: "Portanto, isso não depende do desejo ou do esforço humano, mas da misericórdia de Deus". Uma vez mais, a linguagem continua a ser expressa essencialmente no cenário do empenho. Lemos em 11:6: "E, se é pela graça, já não é mais pelas obras; se fosse, a graça já não seria graça". O contraste repetido de Paulo entre o esforço humano ou obras com o dom misericordioso de Deus é confirmado em 4:4-5.[37]

---

[34]Contra Wright, "Paul and the Patriarch", p. 233, que sobrecarrega μισθός, um exemplo do erro linguístico de transferência ilegítima da totalidade de um instrumento da aliança (cf. μισθός em Gênesis 15:1, dentro de um capítulo em que Deus entra mais tardiamente em um pacto com Abraão).

[35]Stephen Westerholm, *Israel's Law and the Church's Faith: Paul and His Recent Interpreters* (Grand Rapids: Eerdmans, 1988), p. 119 (grifo original).

[36]James D. G. Dunn, *Romans 1-8*, WBC 38A (Dallas: Word, 1988), p. 357.

[37]Veja a discussão de Romanos 9:11,16; 11:6 em Das, *Paul, the Law, and the Covenant*, p. 237-41.

A PERSPECTIVA PROTESTANTE TRADICIONAL SOBRE PAULO

Os intérpretes da Nova Perspectiva responderam. Michael Cranford argumenta que o etnocentrismo permanece como um fator central em Romanos 4:4-9: αἱ ἀνομίαι (*hai anomiai,* as "transgressões") e αἱ ἁμαρτίαι (*hai hamartiai,* os "pecados") no versículo 7 são termos "tipicamente associados aos gentios".[38] Ἀνομία (*anomia,* "transgressão") e ἁμαρτωλός (*hamartōlos,* "pecador") indicam atos "fora da aliança".[39] Da mesma forma, com τὸν ἀσεβῆ (*ton asebē,* o "ímpio"), em 4:5, ele se refere aos "excluídos do pacto", os "gentios".[40] Por outro lado, os termos ἀνομία (*anomia*) e ἁμαρτωλός (*harmartōlos*) eram usados para se referir à "pecaminosidade" em geral e poderiam caracterizar um judeu (por exemplo, ἁμαρτωλός: Sir. 11:32; 15:12; 27:30; 32:17; 1Macabeus 2:44,48,62 [analise "gentios" como uma categoria separada]; ἀνομία: Fílon, *Sobr.* 48 [em relação a Êxodo 20:5]; *Mut.* 150 [o oposto de virtude]; *Spec.* 1.188; 1.279). O salmo 32 utiliza exatamente essa terminologia *para o próprio autor.* Do mesmo modo, a condenação paulina da ἀσέβεια (*asebeia,* "impiedade"), em Romanos 1:18-32, não se limita aos gentios, mas inclui os judeus. Romanos 1:23 cita uma passagem que censura a idolatria de *Israel.* Paulo inclui em 1:16–2:10 um aspecto que destaca as relações imparciais de Deus com *toda* a humanidade. A lista de pecados no final de Romanos 1 inclui diversos de natureza *moral* que abrangeriam judeus e gentios. O trecho de 11:26 cita o profeta que declarou que Deus eliminaria "a impiedade de Jacó" (ἀσέβειας ἀπὸ Ἰακώβ, *asebeias apo Iakōb*). Em Romanos 5:6, Paulo usa o termo ἀσεβής (*asebēs*) para os que se beneficiaram da morte de Cristo. Portanto, o emprego de ἀσεβής ("ímpio") deve ser visto como uma acusação *geral* de pecado que poderia aplicar-se tanto a gentios como a judeus. Nada em Romanos 4:4-5 indica que ἀσεβής

---

[38]Cranford, "Abraham in Romans 4", p. 82.

[39]Cranford cita corretamente Dunn (*Romans 1-8,* p. 206) nesse ponto, seguido por Wright, "Paul and the Patriarch", 218n33.

[40]Cranford, "Abraham in Romans 4", p. 82, novamente seguindo Dunn, *Romans 1-8,* p. 204–5. Na verdade, a lógica de Wright ("Paul and the Patriarch", p. 218) em Romanos 4 *depende* de ἀσεβής referindo-se aos gentios, uma afirmação que não funciona em outras passagens em Romanos.

possa ser interpretado em um sentido mais estrito de idolatria ou de uma violação específica da Torá.[41]

John M. G. Barclay minimizou o contraste de Romanos 4:4-5 entre obras e graça como "comentários generalizados e subsidiários sobre a 'fé como tal' e 'ações como tais'", que mostram a "ausência ou insuficiência de atos destacando a inadequação humana".[42] Paul Achtemeier, outro intérprete favorável à Nova Perspectiva, foi mais sincero com o problema apresentado nesses versículos: "Acredito que uma das ironias de se interpretar Romanos é que a passagem que aponta mais claramente para a prática da lei como um marco delimitador judaico é justaposta à passagem (4:4-5) que parece indicar mais evidentemente as obras como realizações humanas das quais podemos vangloriar-nos".[43] Uma interpretação melhor incorporaria a contribuição de Romanos 4:4-5 ao argumento de Paulo que está sendo desenvolvido. Paulo apresenta "ações" como a antítese de "fé" em 4:4-5, imediatamente após contrapor o "princípio da fé" e a "obediência à lei" em 3:27. Portanto, o entendimento do apóstolo em relação a "obras" em 4:4-5 influenciará a interpretação da "obediência à lei" em 3:27. Então, tal expressão não pode ser limitada aos aspectos da lei que servem como marcos para o povo judeu.

A ampla tradição do Segundo Templo, no sentido de considerar Abraão um modelo de conduta fiel (πιστός, *pistos*) e obediente,[44] exigia que Paulo negasse o significado salvador da fidelidade de Abraão. O apóstolo interpreta "fé" (πίστις, *pistis*) no contexto de crença (ou confiança) à parte da atividade humana (ἔργων, ἐργάζομαι, *ergōn, ergazomai*). Depois de defender, repetidas vezes, a justificação como algo independente das obras em Romanos 3:21-31 e novamente em 4:2, Paulo diz em 4:4: "Ora, o salário do homem que trabalha não é considerado como favor, mas como dívida". Ele descreve o Deus

---

[41]Com Robert Jewett, *Romans: A Commentary*, Hermeneia (Mineápolis: Fortress, 2007), p. 314.

[42]John M. G. Barclay, *Obeying the Truth: Paul's Ethics in Galatians* (Mineápolis: Fortress, 1988), p. 246-47.

[43]Paul J. Achtemeier, "Unsearchable Judgments and Inescrutable Ways: Reflections on the Discussion of Romans", in *1995 SBL Seminar Papers*, org. Eugene H. Lovering Jr., SBLSP 34 (Atlanta: Scholars Press, 1995), p. 521-34, esp. 533n44.

[44]Um não fator visível na análise de Wright ("Paul and the Patriarch").

A PERSPECTIVA PROTESTANTE TRADICIONAL SOBRE PAULO

de Abraão em 4:5 como aquele que "justifica o ímpio [τὸν ἀσεβῆ, *ton asebē*]". A descrição mostra que, quando o patriarca recebeu a promessa e creu, era "ímpio".[45] A citação de Paulo no salmo davídico em 4:7-8 fala do pecador cujos pecados são perdoados e não mais contados. Paulo relaciona a linguagem do salmista àqueles "a quem Deus credita justiça independente de obras" (v. 6). Nos versículos 9-10, Paulo usa os termos do salmo com *Abraão*, que é aquele cujos pecados foram perdoados e descartados.[46] A citação do salmo, abordando os pecados de natureza *moral* (cf. sua ligação com Davi e 2Samuel 11–12), lembra que Abraão pode ter sido culpado por essas transgressões.[47] Mesmo o "fiel Abraão" não foi leal o bastante. Deus justifica independentemente de atividade ou fidelidade humana. Portanto, o patriarca, o "pecador justificado", pode servir de modelo para a conversão de gentios.

N. T. Wright redigiu um ensaio útil explicando como Paulo se baseia em Gênesis 15 para provar que os gentios estão incluídos nas promessas abraâmicas e na família com base na fé em Romanos 3:27-31 e 4:9-25 (a inclusão do gentios não aparece em 4:1-8).[48] Pode-se considerar boa parte da argumentação de Wright algo não exclusivo da leitura tradicional. A questão nos versículos 4-5 é como alguém se torna filho de Abraão: pelo dom da graça de Deus à parte das ações humanas. Assim, Paulo volta diversas vezes ao contraste entre "obras" e "graça" na carta. A interpretação adequada de Romanos 4:4-5 não

---

[45]Anthony Tyrrell Hanson, "Abraham the Justified Sinner", em *Studies in Paul's Technique and Theology* (Londres: SPCK, 1974), p. 52-66, aqui p. 53.

[46]Hanson, "Abraham", p. 53.

[47]C. E. B. Cranfield, "'The Works of the Law' in the Epistle to the Romans", *JSNT* 43 (1991): 89-101, esp. 97. Hanson ("Abraão", p. 55-56) desenvolveu os paralelos entre Romanos 4 e Salmos 32 como mais uma evidência de que Abraão deve ser entendido no contexto desse salmo. Lemos, no versículo 5, o termo Ἀσεβής (*asebēs*), raro em Paulo, podendo aparecer também em Salmos 32:5 na Septuaginta (31:5). Em Salmos 32:3 lemos "meu corpo definhava"; cf. Romanos 4:19. Em Salmos 32:10 "mas a bondade do Senhor protege quem nele confia"; cf. Romanos 4:18. Compare Sl 32:7 e Gênesis 15:1 e Salmos 32:8 e Gênesis 15:7.

[48]Wright, "Paul and the Patriarch", junta-se a Cranford e outros para argumentar contra a posição tradicional, mas negligenciou a articulação tradicional mais recente em A. Andrew Das, "Paul and Works of Obedience in Second Temple Judaism: Romans 4:4-5" como "New Perspective' Case Study", *CBQ* 71 (2009): 795-812, que respondeu às observações anteriores de Cranford e de outros em que Wright se baseou.

é uma questão do tipo "um ou outro": ou o problema de Paulo com a lei é que ela exige que os gentios se tornem judeus, como é o caso em 3:28-29 e 4:9-15, ou seu problema é que a lei leva as pessoas a confiarem em realizações ou práticas humanas vazias (4:4-5). Romanos 4:4-5 oferece um argumento de *apoio* para a inclusão dos gentios na salvação de Deus, fator que era necessário, tendo em vista a ênfase do Segundo Templo na obediência do patriarca, beirando a ideia de mérito. A discussão acerca das obras em geral cria uma base para as conclusões de Paulo em 4:9 (οὖν, *oun*), quanto à circuncisão, ou seja, quanto às implicações para o etnocentrismo. A lei mosaica, que anteriormente separara a humanidade, é fundamentalmente uma iniciativa humana sem importância salvadora. Paulo cita Abraão, que foi justificado como pecador fora dos atos da fé, como prova de que Deus certamente pode justificar o pecador gentio incircunciso com a mesma fé.

Jouette Bassler destacou Gálatas 3:10 e Romanos 4:4-5 como passagens que não se encaixam na abordagem da Nova Perspectiva.[49] Essas passagens "cedem mais naturalmente à perspectiva antiga".[50] No entanto, Bassler culpa os críticos recentes da Nova Perspectiva por cair em uma visão legalista do Judaísmo do Segundo Templo: "Todas essas explicações (...) não esclarecem o papel central da misericórdia divina, do perdão e da expiação no judaísmo do primeiro século".[51] Aparentemente, desconhecendo qualquer outra alternativa no debate, Bassler conclui: "Então, ficamos em um aparente impasse. Interpretações legalistas, suaves ou duras da crítica de Paulo à "prática da lei" são incapazes de fazer justiça às realidades do Judaísmo do Segundo Templo ou ao impulso do argumento paulino em diversas passagens fundamentais. Por outro lado, a Nova Perspectiva exige a análise de algumas outras passagens essenciais [Romanos 4:1-5; Gálatas 3:10-14]".[52]

---

[49]Jouette M. Bassler, *Navigating Paul: An Introduction to Key Theological Concepts* (Louisville: Westminster John Knox, 2007), p. 15-16.
[50]Bassler, *Navigating Paul*, p. 15.
[51]Ibidem, p. 16.
[52]Ibidem, p. 17.

A PERSPECTIVA PROTESTANTE TRADICIONAL SOBRE PAULO

Uma solução para esse impasse estava prontamente disponível quando o ensaio de Bassler foi publicado.[53] Os estudiosos erram mais uma vez ao deduzir que Paulo via "a misericórdia divina, o perdão e a expiação no judaísmo do primeiro século" como meios eficazes para a salvação de um indivíduo. O apóstolo jamais afirma que um sacrifício animal, conforme prescrito pela lei, pode oferecer o perdão que vem unicamente pela morte de Cristo (Gálatas 1:4; 3:13).[54] A reconciliação com Deus aconteceu em Cristo. Paulo jamais concede a Israel uma eleição que leve à salvação independentemente de Cristo (por exemplo, em Gálatas 3:27-29: "judeu nem grego"; Gálatas 6:14-16: "Israel de Deus"; Romanos 10:9-13: "todos"). Se a lei pudesse salvar com seus recursos frágeis, a morte de Cristo teria sido desnecessária (Gálatas 2:21; 3:21).

Dessa maneira, Paulo pode descrever a condição "miserável" do "eu" sob a lei que não consegue obedecer aos seus mandamentos (Romanos 7:7-25). Isso recebe destaque pela variação dos termos: κατεργάζομαι, ποιέω, πράσσω (*katergazomai, poieō, prassō*). Enquanto o "eu" deseja "fazer" o que é bom, o pecado e a carne o impedem. As limitações étnicas não aparecem em lugar algum nessa batalha inútil. O apóstolo diferenciou a obediência completa da eleição e misericórdia de Deus do Israel étnico. Procura-se em vão, em Romanos 7:7-25, por um mecanismo de expiação que favoreça o pecado à parte de Cristo (v. 24-25).[55] Seguir a lei é envolver-se em ações meramente humanas, um exercício de esforço vazio ou de "prática". Essa "perspectiva mais recente" resolve o impasse de

---

[53]Das, *Paul, the Law, and the Covenant.*
[54]Na verdade, muitos textos do Segundo Templo sugerem um afastamento do sacrifício como forma de expiação. Cf. Tob. 12:9; Sir. 3:3, 30; 45:23; 4Mac. 17:22; Sl. Sol. 3:8. A comunidade de Qumran também via suas boas ações como um meio substituto de expiação no lugar do templo (por exemplo, 1QS 3:6-12; 8:3,6,10; 9:4-7); veja Mark A. Seifrid, *Justification by Faith: The Origin and Development of a Central Pauline Theme*, NovTSup 68 (Leiden: Brill, 1992), p. 93-108. No que se refere à falta de sacrifício expiatório em Paulo, veja Das, *Paul, the Law, and the Covenant*, cap. 5.
[55]Veja a discussão desse texto em Das, *Paul, the Law, and the Covenant*, p. 222-28. Para uma crítica detalhada da abordagem das duas alianças ou abordagem *Sonderweg*, com seu direcionamento especial a Deus, pelos judeus afastados de Cristo, veja Das, *Paul and the Jewish*, LPS (Peabody, MA: Hendrickson, 2003), p. 96-106.

forma organizada. Uma análise mais positiva do Judaísmo do Segundo Templo e um reconhecimento da preocupação profunda de Paulo com a inclusão dos gentios na salvação de Deus se encaixam perfeitamente com uma leitura de Gálatas 3:10 e de Romanos 4:4-5, do modo que Bassler e outros enxergaram como o mais natural possível.

O DOM DA JUSTIFICAÇÃO

Os estudos paulinos modernos estão cheios de controvérsias quanto à justificação, mas um posicionamento é inevitável, já que o apóstolo tem-na na tessitura de seu pensamento. Ele vincula a justificação à morte salvadora de Cristo (Romanos 5:9; Gálatas 2:21) e ao batismo (Romanos 6:7; 1Coríntios 6:11). Além disso, conecta-a à graça e à justiça divina (Romanos 3:21-26; 5:16-21), contando até mesmo os gentios com os judeus nas promessas de Deus (Romanos 3:28-30). Paulo discute a justificação enquanto espera o julgamento final (Romanos 2:13-16; 1Coríntios 4:4-5) e a vida eterna (Romanos 5:18). Conforme uma compreensão mais tradicional do apóstolo e da lei, um contraste entre a ação humana e a divina é característico de sua abordagem à justificação/justiça, ainda que, como os outros autores deste volume observarão, isso deixe a maioria das questões não tratadas (o que é inevitável em um ensaio curto).[56]

Em Filipenses 3:9, Paulo contrasta a justiça de Deus (ἡ ἐκ θεοῦ δικαιοσύνη, *hē ek theou dikaiosynē*), a justiça da fé (ἡ [δικαιοσύνη] διὰ πίστεως Χριστοῦ... ἐπὶ τῇ πίστει, *hē [dikaiosynē] dia pisteōs Christou... epi tē pistei*), com sua própria justiça da lei (ἐμὴ δικαιοσύνη ἡ ἐκ νόμου, *emē dikaiosynē hē ek nomou*).[57] Portanto, a justiça é um dom divino, ao contrário da justiça humana, que se baseia na lei

---

[56]Veja, por exemplo, *Justification: Five Views*, org. James K. Beilby e Paul Rhodes Eddy (Downers Grove, IL: IVP Academic, 2011).

[57]Em diversos momentos, Paulo compara o que é "de Deus" com o que é "dos seres humanos", por exemplo: 2Coríntios 4:7: o poder de Deus em relação à salvação (cf. 4:1-6). Em 2Coríntios 3:5, o homem não é suficiente por si só (ἀφ' ἑαυτῶν, *aph' heautōn*) para avaliar qualquer coisa como sendo sua (ἐξ ἑαυτῶν, *ex heautōn*). Antes, a suficiência vem de Deus (ἐκ τοῦ θεοῦ, *ek tou theou*). Observe a doutrina dos saduceus de acordo com Josefo (Ant. 13.172-73), em que todas as coisas estão ao nosso alcance (ἅπαντα δὲ ἐφ' ἡμῖν αὐτοῖς κεῖσθαι, *hapanta de eph' hēmin autois keisthai*).

mosaica. Filipenses 3:9 é importante para a compreensão de Romanos, especialmente de Romanos 10:3 em seu contexto imediato: a justiça de Deus (ἡ τοῦ θεοῦ δικαιοσύνη... ἡ δικαιοσύνη τοῦ θεοῦ, *hē tou theou dikaiosynē... hē dikaiosynē tou theou* [10:3]), que é a justiça da fé (ἡ δικαιοσύνη ἡ ἐκ πίστεως, *hē dikaiosynē hē ek pisteōs*; ἡ ἐκ πίστεως δικαιοσύνη, *hē ek pisteōs dikaiosynē* [9:30; 10:6]), colocando-se contra a lei de Israel (ἡ ἰδία δικαιοσύνη, *hē idia dikaiosynē* [10:3]), em relação à lei (νόμος δικαιοσύνης, *nomos dikaiosynēs*; ἡ δικαιοσύνη ἡ ἐκ νόμου, *hē dikaiosynē hē ek nomou* [9:31; 10:5]). Tanto em Filipenses 3:9 como em Romanos 10:5, lemos que a justiça procede de Deus. Em ambos os textos, o sentido oposto seria que as pessoas a buscassem por conta própria, por meio da lei mosaica. Encontramos contraste semelhante provavelmente em Romanos 3:21, quando Paulo descreve a retidão divina pela fé em/de Cristo como algo à parte da lei (χωρὶς νόμου, *chōris nomou*) (veja Romanos 1:17).[58]

O caráter do dom do substantivo "justiça" (δικαιοσύνη, *dikaiosynē*) nessas passagens é compreensível no cenário de como o verbo cognato (δικαιόω, *dikaioō*) funciona. Enquanto na literatura secular grega o verbo indicava castigo ou condenação (Dião Cássio, *Hist. Romanos* 40.54.1; Eliano, *Var. hist.* 5.18), para os judeus — como fica claro na Scptuaginta c na literatura judaica do Segundo Templo — o verbo se refere unicamente a um ato judicial *em favor* de alguém.[59] Às vezes, Paulo usa o verbo ao citar ou fazer alusão às Escrituras (Salmos 143:2 [142:2, Septuaginta] em Romanos 3:20 e Gálatas 2:16 e Isaías 50:8 em Romanos 8:33-34), e o padrão judaico deixa claro seu pensamento. A literatura judaica usa δικαιόω em argumentação bilateral ou trilateral, um modelo que o apóstolo segue: δικαιόω serve como um antônimo de verbos de condenação (Romanos 5:16-19), em que algumas acusações (Romanos 2:15; 8:33-34) estão sendo apresentadas, testemunhas chamadas, defesas

---

[58]Thomas R. Schreiner, *New Testament Theology: Magnifying God in Christ* (Grand Rapids: Baker Academic, 2008), p. 357-58; seguido por Charles Lee Irons, *The Righteousness of God: A Lexical Examination of the Covenant-Faithfulness Interpretation*, WUNT 2/386 (Tübingen: Mohr Siebeck, 2015), p. 334-36.

[59]James B. Prothro, *Both Judge and Justifier: Biblical Legal Language and the Act of Justifying in Paul*, WUNT 2/461 (Tübingen: Mohr Siebeck, 2018), p. 3-5.

realizadas (Romanos 1:20; 2:1; cf. 2:15) e julgamentos proferidos (1Coríntios 4:2-5).

Quando dois lados debatem um erro percebido, sejam indivíduos ou grupos, um confronta o outro com acusações, apelando para testemunhas, com o objetivo de se reconciliar. A parte acusada pode contra-acusar (por exemplo: Gênesis 38:25-26) ou assumir a culpa e reconhecer a vitória da outra parte por meio de uma confissão (por exemplo, Gênesis 44:16), de um gesto ou de silêncio. O acusado, então, oferece presentes reconciliadores ou tenta fazer um acordo. As partes não reconciliadas podem formalizar a reclamação a um terceiro elemento, com vistas a um debate trilateral. O terceiro ou soberano restaura a comunidade promovendo a justiça, condenando os culpados e "justificando" os justos (por exemplo, em 2Samuel 15:2,4). Essa terceira parte "justifica" ao escolher ativamente o lado de um em detrimento do outro (1Reis 8:32). Esse apoio consiste não só em limpar o nome de um dos lados, como também em oferecer ajuda (2Samuel 14:4-11). Quando Deus é a outra parte em uma discussão bilateral ou age como um terceiro com o fim de resolver uma questão, ninguém pode ser devidamente justificado (Salmos 143:2 [142:2, Septuaginta]; Sir. 7:5; 18:2; 1Coríntios 4:4 [em face do julgamento divino]; Gálatas 2:16), mas, ainda assim, ele pode optar por perdoar e justificar a parte arrependida e culpada (por exemplo, Salmos 51:3-4 [50:5-6, Septuaginta]; 130:3-4 [129:3-4, Septuaginta]; Isaías 43:22-28). Em um caso trilateral, Deus pode justificar um lado e condenar o outro (por exemplo, Israel e os povos em *Add. Esth.* 10:8-12 [10:3e-i, Septuaginta]; Isaías 50:7-9). O Senhor "justifica" os justos e carrega seus pecados (Isaías 53:10-12). Seus atos de Deus em nome do pecador "justificado" têm o caráter de dom (1Coríntios 6:11), ao contrário da justiça, que é devida (Romanos 2:13).[60] Então, não é de se espantar que Paulo use δικαιοσύνη θεοῦ (*dikaoisynē theou*, "justiça de Deus") para se referir ao dom do Senhor que justifica.

---

[60]A obra de Prothro, *Both Judge and Justifier*, aplica a Paulo o padrão de uso de δικαιόω em contextos de abordagem bilateral e trilateral, conforme desenvolvido especialmente por Pietro Bovati, *Re-Establishing Justice: Legal Terms, Concepts and Procedures in the Hebrew Bible*, trad. Michael J. Smith, JSOTSup 105 (Sheffield: JSOT Press, 1994).

A PERSPECTIVA PROTESTANTE TRADICIONAL SOBRE PAULO

Com frequência, Paulo descreve o caráter gracioso de dom da justificação com substantivos como δωρεά, δώρημα, χάρισμα (*dōrea, dōrēma, charisma*).

> "(...) sendo justificados gratuitamente por sua graça [δωρεάν, *dōrean*]." (Romanos 3.24)

> "Entretanto, não há comparação entre a dádiva [τὸ δώρημα, *to dōrēma*] e a transgressão (...) muito mais a graça de Deus [ἡ χάρις τοῦ θεοῦ, *hē charis tou theou*], isto é, a dádiva [ἡ δωρεά, *hē dōrea*] pela graça de um só homem, Jesus Cristo, transbordou para muitos!" (Romanos 5:15)

> "Não se pode comparar a dádiva [τὸ χάρισμα, *to charisma*] de Deus com a consequência do pecado de um só homem (...) mas a dádiva [τὸ χάρισμα, *to charisma*] decorreu de muitas transgressões e trouxe justificação." (Romanos 5:16)

> "Muito mais aqueles que recebem de Deus a imensa provisão da graça e a dádiva da justiça [οἱ τὴν περισσείαν τῆς χάριτος καὶ τῆς δωρεᾶς τῆς δικαιοσύνης λαμβάνοντες, *hoi tēn perisseian tēs charitos kai tēs dōreas tēs dikaiosynēs lambanontes*] reinarão em vida por meio de um único homem, Jesus Cristo". (Romanos 5:17)

> "Mas o dom gratuito de Deus [τὸ χάρισμα τοῦ θεοῦ, *to charisma tou theou*] é a vida eterna em Cristo Jesus, nosso Senhor". (Romanos 6:23)

A justiça é o dom gratuito de Deus que lemos em 5:17 e, com ele, a vida eterna (6:23).[61]

---

[61]Irons, *The Righteousness of God*, p. 316. O estudo de Irons oferece uma crítica bastante útil da abordagem relacional de Hermann Cremer da justiça, principalmente em termos de fidelidade à aliança, ou seja, não de acordo com um padrão divino de certo e errado. Cremer usou o que hoje é conhecido como erro linguístico: transferência ilegítima da totalidade, contrário, por exemplo, a Wright, em "Paul and the Patriarch". Cremer lê contextos de aliança, nos poucos casos em que estão presentes na Bíblia Hebraica, *no* substantivo δικαιοσύνη. Irons identifica as ocorrências da Septuaginta e descobre que a terminologia é usada de modo forense ou ético. Para uma crítica recente das abordagens

A dádiva graciosa da justiça é concedida por fé/fidelidade. Voltando a Filipenses 3:9, Paulo contrapõe "minha" justiça, que vem da lei, com a justiça de Deus, que vem pela fé, o mesmo contraste de Romanos 10:3-4. Dessa maneira, a retidão divina será revelada como fruto da fé (Romanos 1:17). Essa justiça de Deus é para todos os que creem (Romanos 3:22). Em Cristo, o homem *se torna* a justiça de Deus (2Coríntios 5:21). A justiça como dom é contraposta à justiça distributiva de Deus como juiz em Romanos 3:5,25-26. Recorrendo novamente ao verbo, quando a outra parte desiste da queixa contra uma parte verdadeiramente culpada em uma discussão bilateral, ou quando uma terceira parte defende a posição daquele que é realmente culpado em uma situação trilateral, o infrator desfruta uma condição abençoada de retidão, que não é merecida pela parte culpada, mas, sim, "imputada" a ele (Romanos 4:3-9,22), pois Deus não "lança em conta" os pecados (2Coríntios 5:19).

CONCLUSÃO

A obediência à lei é um problema genuíno para aquele que a pratica, visto que, para Paulo, o perdão e a salvação estão centrados exclusivamente em Cristo. As tentativas de conquistar um *status* justo com Deus por meio da lei e de sua prática são esforços humanos falhos. Conforme o entendimento do apóstolo da lei de Israel, a dádiva da justiça é diferente da atividade ou das tentativas do homem — e, nesse caso, Deus pode incluir gentios. Paulo reconfigurou a graça divina com base em Cristo.

---

pactuais do apóstolo Paulo, veja o capítulo "Rethinking the Covenantal Paul", in Das, *Paul and the Stories of Israel*, p. 65-92.

A RESPOSTA *da* PERSPECTIVA CATÓLICA ROMANA *a* DAS

Brant Pitre

Graças ao debate que durou séculos entre católicos e luteranos em relação à forma de interpretar Paulo no âmbito da justificação, alguns leitores podem surpreender-se ao descobrir que concordo com muitos pontos do ensaio consistente e instigante de Andrew Das.

E. P. SANDERS: SUBESTIMANDO O PAPEL DAS "AÇÕES" NO JUDAÍSMO PRIMITIVO

Por um lado, Das deixa claro que, embora escreva de um ponto de vista luterano, ele não é "anti-Sanders" (p. 120-121). Neste ensaio e em seu trabalho anterior, o autor dedica atenção às conquistas reais de Sanders.[1] No entanto, Das também aponta corretamente para o ato de que, na tentativa de Sanders destruir a imagem protestante dos séculos 19 e 20 do judaísmo como uma religião legalista de "justiça das obras", este acabou *subestimando* o papel das boas obras no começo do judaísmo. Em minha opinião, Das também está certo quando insiste: "Paulo respondia a uma abordagem legalista ou baseada em ações por parte de seus companheiros judeus", "*em algum nível*" (p. 123). Caso contrário, seria difícil explicar determinadas passagens do apóstolo que falam de "justiça" com base em "obras", como as

---

[1] Cf. A. Andrew Das, *Paul, the Law, and the Covenant* (Peabody, MA: Hendrickson, 2001).

PERSPECTIVA *sobre* PAULO

Brant Pitre

seguintes: "Que diremos, então? Que os gentios, sem procurar a justiça, alcançaram a justiça, isto é, a justiça da fé, *ao passo que Israel, procurando uma lei de justiça,* não conseguiu esta Lei. E por quê? Porque não a procurou pela fé, mas como se a conseguisse pelas obras." (Romanos 9:30-32).

É muito revelador que o próprio Sanders se empenhe tanto a fim de oferecer uma análise convincente desse trecho. Além de admitir que a passagem traz uma "dificuldade", no final ele é forçado à decepcionante conclusão de que "a intenção de Paulo [em Romanos 9:30-32] não é clara o suficiente para alguém se apegar profundamente à passagem".[2] Esse é apenas um exemplo da tendência do autor de enfatizar excessivamente a função da graça e subestimar a necessidade das obras ao pintar o retrato do Judaísmo do Segundo Templo. Outros exemplos poderiam ser apresentados.[3] Em poucas palavras, Das está correto ao argumentar que Sanders balançou o pêndulo muito longe na outra direção em seu panorama do JST: em vez de destacar demais as obras excluindo a graça, Sanders prioriza a graça e minimiza o papel meritório das boas ações.[4]

"Obras da lei" = Os "delimitadores" e toda a Torá

Concordo também com a opinião de Das de que, embora o ponto de partida de Paulo para a elaboração da justificação pela fé fosse provavelmente a controvérsia referente à circuncisão e às leis dietéticas (Gálatas 2:11-13; cf. Gênesis 17:1-14; Levítico 11:1-47), o apóstolo finalmente chega à conclusão de que "a lei *como tal* não pode justificar" (p. 135). Ainda que, como mostrei em meu ensaio, exista um debate de séculos na tradição católica no que diz respeito a como interpretar "obras da lei", estou pessoalmente inclinado a acreditar

---

[2] *PALLT*, p. 677–79.

[3] Cf., por exemplo, Das, *Paul, the Law, and the Covenant*, p. 234-67.

[4] Para ser justo com Sanders, vale observar que, analisando isoladamente, a expressão "nomismo da aliança" mantém um equilíbrio saudável entre a graça e as obras: o homem "entra" pela graça (aliança), e "permanece" por atos de obediência à lei (nomismo). A graça do pacto pode ter prioridade, mas a fórmula de Sanders deixa claro que as "ações" ainda são necessárias para continuar na "justiça". Desse modo, mesmo nos próprios termos de Sanders, é muito adequado descrever o Judaísmo do Segundo Templo como uma religião de "graça" *e* "atos".

que Paulo usa a expressão *tanto* como uma referência específica à circuncisão e às leis dietéticas *quanto* como sinônimo da Torá como um todo. Nesse sentido, o trabalho do exegeta jesuíta Joseph Fitzmyer é extremamente útil. Como ele apontou, o único manuscrito do mar Morto que possuímos e que usa o equivalente hebraico à expressão paulina "obras da Torá" (*m'śê tôrâ*) não limita seu significado: "Agora vemos à luz desse texto do Qumran que os 'atos da lei' não podem ser tão reduzidos. O texto de 4QMMT aponta cerca de vinte *halakhot*, porém *eles não se limitam à circuncisão e às leis alimentares* (...). Incluem muitos outros atos, como, por exemplo, regras referentes a sacrifícios, impureza dos membros, taxas a serem pagas etc.".[5]

Embora eu reforce o caso de Fitzmyer ao destacar as "práticas da Torá" que são "qualificadas" como "justiça", concordo que o manuscrito do mar Morto menciona especificamente (1) não ser "um caluniador e blasfemador" (4QMMTc col. 3.l.10), (2) não se envolver em "fornicações" (4QMMTc col. 4, ll.4,11) e (3) os "pecados" pelos quais "Davi" foi "perdoado" (4QMMTe frags. 14—17, col. 2, ll.1-2). Nem é preciso dizer que a circuncisão e as leis alimentares não eram as "obras da lei" às quais Davi deixou de obedecer (cf. 2Samuel 11; Salmos 51). Seguindo o trabalho de Fitzmyer, Das conclui que, no contexto judaico do primeiro século em que Paulo vivia, "uma leitura 'tanto como' é mais provável do que uma abordagem que continua focada principalmente nas demandas étnicas ou sectárias da lei" (p. 137).

"Obras" e "salários" em Romanos: mais que meros "delimitadores"

Em terceiro lugar, também concordo com o argumento de Das de que, em diversas passagens centrais em Romanos, "Paulo define 'obras' (ἔργα, *erga*) não em termos de identidade étnica judaica ou nacionalismo, mas no contexto mais amplo da ação humana: o 'trabalho' merece a recompensa do salário" (p. 138). Observe os trechos seguintes:

---

[5]Joseph A. Fitzmyer, *According to Paul: Studies in the Theology of the Apostle* (Mahwah, NJ: Paulist Press, 1993), p. 23 (grifo nosso).

Brant Pitre

Ora, a quem *faz um trabalho*, o *salário* não é considerado como gratificação, mas como um débito; a quem, ao invés, *não trabalha*, mas crê naquele que justifica o ímpio, é sua *fé* que é levada em conta de justiça, como, aliás, também Davi proclama a bem-aventurança do homem a quem Deus credita a justiça, independentemente das obras (4:4-6)

Quando ainda não haviam nascido [Jacó e Esaú] *e nada tinham feito de bem ou de mal* — a fim de que ficasse firme a liberdade da escolha de Deus, dependendo não das obras, mas daquele que chama — foi-lhe [a Rebeca] dito: O maior servirá ao menor. (9:11,12)

Assim também no tempo atual constituiu-se um resto segundo a eleição da graça. E se é pela graça, *não é pelas obras*; do contrário, a graça não é mais graça. (11:5,6)

Em tais passagens, frases como "justiça, independentemente das obras" (δικαιοσύνην χωρὶς ἔργων, *dikaiosynēn chōris ergōn*) (Romanos 4:6), "não das obras" (οὐκ ἐξ ἔργων, *ouk ex ergōn*) (Romanos 9:12) e "não é pelas obras" (οὐκέτι ἐξ ἔργων, *ouketi ex ergōn*) (Romanos 11:6) parecem referir-se a "atos" de obediência à Torá de formas que não podem ser reduzidas aos "delimitadores". Com base nesses textos, Das conclui que "o contraste repetido de Paulo entre o esforço humano ou obras com o dom misericordioso de Deus é confirmado em [Romanos] 4:4-5 (p. 139). Não só concordo, como também considero importante enfatizar que, com tal afirmação, Das está de acordo com a interpretação do Concílio de Trento de Romanos: "E nos chamam de justificados gratuitamente porque *nada que preceda a justificação*, nem a fé, nem as obras, *merece a graça da mesma*; pois 'e, se é pela graça, já não é mais pelas obras; se fosse [como o apóstolo defende], a graça já não seria graça' (Romanos 11:6)" (Concílio de Trento, *Decreto sobre a Justificação*, cap. 8).[6] Observe aqui que Romanos 11:6 estabelece a base para a doutrina católica de que nenhum ser

---

[6]Heinrich Denzinger, *Compendium of Creeds, Definitions, and Declarations on Matters of Faith and Morals*, ed. Peter Hünermann, 43. ed. (São Francisco: Ignatius, 2012), n. 1532.

humano pode fazer nada para merecer a graça inicial da justificação. Da perspectiva católica, não são só a circuncisão ou a obediência às leis alimentares que não merecem a graça inicial da justificação, mas também nenhuma atividade humana.

Com esses pontos de concordância em mente, tenho muitos questionamentos quanto ao ensaio de Das.

"JUSTIFICAÇÃO" E "JULGAMENTO" FINAIS SEGUNDO A "PRÁTICA"

Em primeiro lugar, Das parece seguir a visão protestante tradicional de que a soteriologia paulina é uma "pura graça exclusiva das ações" (p. 120). No entanto, em diversas ocasiões, Paulo insiste em que as "obras" (ἔργον, *ergon*) do indivíduo desempenharão papel fundamental no julgamento final:

> Cada um examine suas *próprias obras*, e então terá razão para se gloriar por si só (...) E, se não desanimarmos na prática do bem, no devido tempo colheremos. Portanto, se tivermos a oportunidade, devemos praticar o bem em relação a todos os homens. (Gálatas 6:4,9-10)[7]

> Porquanto *todos nós* teremos de comparecer manifestamente perante o tribunal de Cristo, a fim de que cada um receba a retribuição do que *tiver feito durante a sua vida no corpo*, seja para o bem, seja para o mal. (2Coríntios 5:10)

> [Deus] *retribuirá* a cada um *segundo suas obras*: para aqueles que, pela constância nas *boas obras* visam à glória, à honra e à imortalidade, ele dará a *vida eterna*; mas, para aqueles que são egoístas e não obedecem à verdade, mas, sim, à malícia, haverá *ira* e *indignação*. Haverá tribulação e angústia para toda pessoa que *pratica o mal*, para o judeu em primeiro lugar, mas também para o grego; mas glória, honra e paz para todo aquele que *pratica o bem*, para o judeu em primeiro lugar e também para o grego. (...) Porque não são os que

---

[7]Adaptei a NRSV nas citações de Gálatas e Romanos a fim de traduzir as expressões-chave o mais literalmente possível. [Novamente, em português, a BJ foi usada como base para as alterações de Brand Pitre].

ouvem a Lei que são justos perante Deus; mas *aqueles que cumprem a lei é que serão justificados*. Quando, então, os gentios, não tendo a lei, *fazem* naturalmente *as coisas que são da lei*, eles são lei para si mesmos, embora não tenham a lei. Eles mostram que *a obra da lei* está inscrita em seus corações, dando disso testemunho sua consciência e seus pensamentos, que, alternadamente, se acusam ou talvez defendam no dia em que, segundo meu evangelho, Deus, por Cristo Jesus, julgará as coisas ocultas do homem. (Romanos 2:6-10,13-16)

Observe aqui que Paulo declara muitas vezes, de um modo claro, que as pessoas serão julgadas conforme "sua própria obra [τὸ ἔργον ἑαυτοῦ]" (Gálatas 6:4), por "praticar o bem" (καλὸν ποιοῦντες, *kalon poiountes*) (Gálatas 6:9), pelo que tiver feito durante a sua vida no corpo [ἃ ἔπραξεν, *ha epraxen*], seja para bem, seja para o mal" (2Coríntios 5:10), "segundo suas obras" (κατὰ τὰ ἔργα αὐτοῦ, *kata ta erga autou*) (Romanos 2:6). Ele até diz que Deus "retribuirá" (ἀποδώσει, *apodōsei*) a cada indivíduo que "fizer o bem" (ἔργου ἀγαθοῦ, *ergou agathou*) com o dom da "vida eterna" (ζωὴν αἰώνιον, *zōēn aiōnion*) (Romanos 2:6-7). Talvez o mais surpreendente de tudo seja que o apóstolo afirma que são "os que ouvem a Lei" (οἱ ποιηταὶ νόμου, *hoi poiētai nomou*) — aqueles que "cumprem a lei" (τὸ ἔργον τοῦ νόμου, *to ergon tou nomou*) gravadas em seus corações — que serão "declarados justos" (δικαιωθήσονται, *dikaiōthēsontai*) no dia do julgamento (Romanos 2:13,15).

Em seu ensaio, Das lembra que "as ações obedientes não desempenham qualquer papel" na linha de pensamento de Paulo sobre a justificação pela fé em Gálatas 3 (p. 129). Então, na medida em que ele discute a justificação *inicial* pela fé independentemente das obras, concordo plenamente.[8] Ainda me pergunto: como esse autor explicaria a relação entre a justificação inicial à parte das obras e a final segundo as obras? Ele concordaria que, para Paulo, a primeira é pela

---

[8]Para maiores informações sobre a justificação inicial e o julgamento final, veja Brant Pitre, Michael P. Barber e John A. Kincaid, *Paul, a New Covenant Jew: Rethinking Pauline Theology* (Grand Rapids: Eerdmans, 2019), p. 201-10. Para uma distinção semelhante entre "justificação (inicial) e julgamento final", veja James D. G. Dunn, *The New Perspective on Paul*, rev. ed. (Grand Rapids: Eerdmans, 2008), p. 75-76.

A RESPOSTA DA PERSPECTIVA CATÓLICA ROMANA A DAS

graça por meio da fé sem a necessidade de quaisquer obras, porém a segunda se baseia nas obras (e não somente pela fé)?

PAULO E O "SALÁRIO" DAS BOAS "OBRAS"

Finalmente, como antes mencionei, Das está correto em sublinhar que, ao usar a palavra "salário" (μισθός, *misthos*) em Romanos 4, Paulo parece contrapor a justificação pela fé com o "contexto mais amplo da ação humana: o 'trabalho' merece a recompensa do salário" (p. 138). Embora esteja de acordo, questiono-me se Das diria a mesma coisa em relação ao uso de Paulo dos termos "obra" ou "trabalho" (ἔργον, *ergon*) e "salário" (μισθός, *misthos*) em 1Coríntios, em que ele fala dos justos sendo recompensados pelas boas ações que praticaram em Cristo:

> (...) mas cada um *receberá seu próprio salário*, segundo a medida do seu trabalho. Nós somos cooperadores de Deus, e vós sois a seara de Deus, o edifício de Deus. *Segundo a graça que Deus me deu*, como bom arquiteto, lancei o fundamento; outro constrói por cima. Mas cada um veja como constrói. Quanto ao fundamento, ninguém pode colocar outro diverso do que foi posto: Jesus Cristo. Se alguém sobre esse fundamento constrói com ouro, prata, pedras preciosas, madeira, feno ou palha, a obra de cada um será posta em evidência. O Dia torná-la-á conhecida, pois ele se manifestará pelo fogo, e o fogo provará *o que vale a obra de cada um*. Se a obra construída sobre o fundamento subsistir, o operário receberá uma recompensa. Aquele, porém, cuja obra for queimada perderá a recompensa. Ele mesmo, entretanto, será salvo, mas como que através do fogo. (3:8b-15)[9]

Perceba que Paulo não apenas aborda o julgamento final de acordo com "o que vale a obra de cada um" (ἕκαστου τὸ ἔργον ὁποῖόν, *hekastou to ergon hopoion*) (3:13); ele chega a afirmar que "cada um receberá [μισθόν, *misthon*] segundo a medida de seu trabalho [κατὰ τὸν ἴδιον κόπον, *kata ton idion kopon*]" (3:8). O mais impressionante é que ele fala de uma "recompensa" (*misthos*) recebida pelo

---

[9]Nesse caso, a NRSV é problemática, pois, em alguns momentos, obscurece a presença das palavras "trabalho" (*ergon*) e "salário" (*misthos*).

"trabalho" (*kopos*) ou pela boa "obra" (*ergon*) não apenas uma, mas duas vezes (3:8,14). Embora, para Paulo, a justificação inicial seja pela fé à parte de qualquer boa obra, o julgamento final é tão claramente de acordo com as obras que Paulo pode até mesmo descrever a recompensa escatológica como um "salário" (*misthos*) conquistado pela "obra" (*ergon*) realizado em Cristo.[10]

Resumindo, apesar dos muitos pontos fortes de seu ensaio, tenho a impressão de que Das comete o mesmo erro, no que se refere a Paulo, que Sanders cometeu em relação ao Judaísmo do Segundo Templo. Assim como Sanders destacou excessivamente a importância da graça e subestimou a função das boas ações no judaísmo inicial, o foco exclusivo de Das no papel da graça parece levá-lo a negligenciar a linguagem paulina de termos como "salários", optando por boas "obras" feitas em Cristo.

Agora, para ser justo, Das pode muito bem concordar comigo no que se refere à importância das obras praticadas feitas em Cristo na justificação final. No entanto, não posso afirmar isso com base em seu ensaio, já que ele nunca discute (nem mesmo menciona) as várias passagens em que Paulo aborda o julgamento de acordo com as obras.[11] Dessa maneira, meus questionamentos a Das são os seguintes: se "graça pura exclusiva das ações" é uma descrição precisa da soteriologia paulina (p. 120), por que o próprio Paulo destaca tantas vezes que aqueles ("nós") que estão em Cristo "receberão" de acordo "com as obras praticadas por meio do corpo" (2Coríntios 5:10)? Além disso, como tal autor interpretaria a linguagem econômica do apóstolo, no sentido de ser "recompensado", "pago" ou "retribuído" pelo bom "trabalho" realizado por quem está "em Cristo" (1Coríntios 3:8-15)? Talvez, esclarecendo esses dois pontos, encontremos um cenário ainda mais comum entre as leituras luterana e católica de Paulo.

---

[10]Observe Raymond F. Collins, *1 Corinthians*, SP 7 (Collegeville, MN: Liturgical Press, 1999), p. 159: "Paulo usa a palavra 'salário' (*misthos*) como uma metáfora para recompensa escatológica. Em outros momentos, indica pagamento por um serviço bem-feito (Romanos 4:4; cf. 1Coríntios 9:17-18)".

[11]Pelo que sei, as declarações de Paulo sobre o julgamento final pelas "obras" também não provocam nenhuma discussão importante em Das, *Paul, the Law e the Covenant*. Ali, Das menciona "julgamento dos segredos dos homens" em Romanos 2:16 em uma nota de rodapé (180n27), mas não explica o que significa ou como reconciliá-lo com a justificação "somente pela fé".

A RESPOSTA *da*
NOVA PERSPECTIVA
a DAS

James D. G. Dunn

Gostei do ensaio de Andrew Das, de sua abrangência e, principalmente, da última parte, intitulada "O dom da justificação". No entanto, fiquei um tanto surpreso com a conclusão de que, "para Paulo, o perdão e a salvação estão centrados exclusivamente em Cristo" (p. 149), uma vez que grande parte de seu debate se concentra no fato de que Abraão foi justificado pela fé e depende disso. Tal justificativa já era conhecida e aprovada sem a prática da lei ou, especificamente, da circuncisão.

Isso remete à minha pergunta inicial: Andrew dá atenção suficiente ao panorama original que levou Paulo, pela primeira vez, segundo nosso registro escrito, a insistir na fé, e não nas obras? Das ter expressado seu objetivo "reafirmando a posição tradicional" (p. 120) sobre fé/graça e obras parece um pouco estranho, quando a questão é justamente se a interpretação tradicional foi mais influenciada pelo contexto do século 16 ou do primeiro século. Preciso insistir novamente na importância de ler, em seu cenário histórico original, o que parece ser a primeira declaração escrita de Paulo de como o evangelho que ele proclamou se concretizou. Ler e explicar Gálatas 2:16 sem fazer referência ao seu contexto neste capítulo da carta é perder de vista a situação que culminou nas palavras do apóstolo, colocando-as em um contexto posterior e diferente da exegese e da aplicação da Reforma. É a esse fracasso ou indisposição (qual seria a palavra certa?) em contextualizar corretamente Gálatas 2:16 que me oponho.

James D. G. Dunn

Como podemos ignorar o fato de que 2:16 mostra a reação e a resposta de Paulo à tentativa feita por seus companheiros cristãos judeus em Antioquia de defender que os crentes gentios deveriam obedecer às leis dietéticas, regras que eram especificamente judaicas e que, na prática, tinham a função de manter os judeus e gentios separados? Definir a questão em termos do "legalismo" pode ser justificável no sentido do debate que, mais tarde, teve origem nesse versículo, mas é basicamente uma expressão injusta quanto às questões que Paulo abordou em Gálatas 2. Para o apóstolo, a questão era simples: somente aqueles que observam as leis judaicas devem ser considerados justificados? O fator de fé/obras foi uma expressão mais aprofundada dessa discussão — quão gratuitamente o evangelho deve ser oferecido aos não judeus? — e, se esquecermos isso, perderemos de vista o ponto central defendido por Paulo em Gálatas 2.

Em segundo lugar, não creio que Romanos 4 seja simplesmente uma repetição de Gálatas 2 e que não deva ser imposto à interpretação desse capítulo. A Epístola de Paulo aos Gálatas chega a nós como a primeira concepção do que se tornou ou já se havia tornado uma expressão essencial de seu evangelho. O que lemos em Romanos 4 é tanto uma reafirmação dessa visão como uma ampliação de suas consequências. Claro, a justificação pela fé, por si só, tem diversos corolários que o apóstolo continua apresentando, mas isso não afeta seu ponto principal como sendo a justificação de uma missão gentílica livre da lei. E, de qualquer forma, Romanos 4 sublinha a insistência de Paulo na prioridade da fé de Abraão? Ele foi justificado pela fé antes e independentemente da circuncisão.

Algo que me chamou a atenção foi a insistência de Andrew de que Gálatas 3:10 "continua sendo uma pedra de tropeço para a Nova Perspectiva" (p. 131). Confesso que, quando essa passagem é lida no contexto, não enxergo obstáculo algum, talvez porque, sem querer, eu tenha tropeçado nela. Estou igualmente intrigado com sua declaração de que Paulo "nunca menciona o sacrifício de animais como recurso eficaz para conquistar a misericórdia ou o perdão de Deus" (p. 132). Andrew avalia suficientemente o fato de que o apóstolo não hesitou em usar o sacrifício da expiação como imagem fundamental no esforço de entender a eficácia da morte de Jesus? Também me vejo confuso com sua afirmação de que "os mandamentos da lei foram dissociados — por Paulo — de seu contexto gracioso e misericordioso dentro do Judaísmo do Segundo Templo" (p. 134). Acredito que o próprio Paulo teria ficado profundamente indignado com essa acusação. Tudo isso volta a ocorrer em razão de o contexto original de sua fala inicial ter sido ignorado ou descartado para conferir aos contextos teológicos posteriores maior destaque na interpretação, o contexto fundamental de um protesto contra a suposição de que os gentios precisavam realmente tornar-se judeus a fim de serem justificados? Aprofundar a discussão para "a lei por inteiro" ou para "a totalidade da lei" (p. 136) é, uma vez mais, ignorar o cenário específico da questão (a fé, e não as obras) de como ela inicialmente surgiu na visão do apóstolo, conforme lemos em Gálatas 2. As reflexões paulinas seguintes relacionadas à lei como um todo foram mais longe, porém, se perdermos de vista o fato de que sua abordagem em Gálatas 2 foi essencialmente sobre a abertura do evangelho aos gentios como tais, tanto a gentios como a judeus, deixaremos de lado as raízes paulinas desse princípio cristão tão importante. Eu precisaria repetir a citação que Das faz de Joseph Fitzmyer nessa crítica: fortalecer a discussão das "obras da lei" em 4QMMT é válido quando esse é o contexto principal para o entendimento da frase, mas, na tentativa de compreender seu uso por Paulo em Gálatas 2, o contexto desse capítulo deve ser o principal.

A RESPOSTA *da* PERSPECTIVA DE PAULO *dentro* *do* JUDAÍSMO

a DAS

Magnus Zetterholm

A erudição deveria ser sempre avaliada em pelo menos dois níveis básicos: o primeiro passo consiste em determinar até que ponto uma análise específica é coerente com as premissas fundamentais adotadas. O segundo passo consiste em investigar os pressupostos em si. No que diz respeito ao primeiro aspecto, a conclusão é que a apresentação de Andrew Das da Perspectiva Protestante Tradicional sobre Paulo faz sentido. Se a ideia de que ele considera a obediência à Torá um problema, já que o perdão e a salvação se concentram apenas em Cristo, estiver correta, a análise de Das parece coerente e até mesmo convincente.

Isso se aplica à maioria dos estudos escritos com base em uma perspectiva tradicional: na minha opinião, o motivo pelo qual os especialistas chegam a uma visão menos provável do Paulo histórico não é sua exegese em si, mas o fato de suas premissas estarem erradas. Acredito que esse seja também o caso da chamada Nova Perspectiva sobre Paulo e, nesse aspecto, Das e eu parecemos concordar. Desse modo, aprecio sua extensa crítica da ideia de que o apóstolo reagiu principalmente contra os elementos da Torá que funcionavam como delimitadores de identidade, e concordo com Das, no sentido de que a discussão de Paulo quanto ao seu papel parece envolvê-la em sua totalidade (independentemente do que isso signifique), e não somente em certos fatores.

Também considero a interpretação de Das sobre como Paulo usa Abraão como um modelo bastante convincente. Parece óbvio que o apóstolo minimiza a "obediência" de Abraão ao mesmo tempo que enfatiza a "confiança fiel" do patriarca. E Das está certo ao apontar que Paulo cria uma dicotomia entre "obras" e "fé", como em Gálatas 3:10-14. A questão é a motivação — e por isso as "suposições" se tornam decisivas, o que pode ser facilmente visto ao se analisar um texto que Das cita em seu ensaio, referente a Gálatas 6:16: ὅσοι τῷ κανόνι τούτῳ στοιχήσουσιν, εἰρήνη ἐπ' αὐτοὺς καὶ ἔλεος καὶ ἐπὶ τὸν Ἰσραὴλ τοῦ θεοῦ (hosoi tō kanoni toutō stoichēsousin, eirēnē ep' autous kai eleos kai epi ton Israēl tou theou). O enigma aqui é a tradução do segundo καί na última parte do versículo: Paulo deseja paz e misericórdia a um ou dois grupos? No caso da primeira alternativa, καί deve ser interpretado com o sentido de "isto é", e "aqueles que seguirão essa regra" são identificados com "o Israel de Deus", o que poderia significar que Paulo iguala a igreja a "Israel". De acordo com a segunda alternativa, καί quer dizer simplesmente "e", e o apóstolo se dirige a dois grupos: "aqueles que seguirão essa regra" e "o Israel de Deus".[1] A filologia não é muito útil para se decidir qual mensagem Paulo pretende comunicar aqui. Na verdade, o que realmente decide qual rumo a interpretação tomará é o entendimento geral do estudioso no que se refere ao apóstolo, à sua relação com Israel e à sua visão quanto à ligação entre judeus e membros das nações dentro do movimento de Jesus.

Das deduz que a ideia de Paulo de excluir a obediência à Torá como um pré-requisito para a salvação resulta de suas convicções cristológicas, uma ideia — como o autor admite — que se aproxima do conceito de Sanders de "solução a uma situação problemática", ou seja, tendo em vista que Deus escolheu salvar o mundo por meio de

---

[1]Para dois pontos de vista opostos, veja Ben Witherington III, *Conflict and Community in Corinth: A Socio-Rhetorical Commentary on 1 and 2 Corinthians* (Grand Rapids: Eerdmans, 1995), p. 451-53; Peter Richardson, *Israel in the Apostolic Church*, SNTSMS 10 (Cambridge: Cambridge University Press, 1969), p. 74-84.

Magnus Zetterholm

Cristo, observar a Torá seria algo improdutivo.[2] O argumento de Das é semelhante: "Se a salvação de Deus se dá pela fé em/de Cristo, não é por meio da observação da lei". Isso tem consequências importantes na inclusão de não judeus, segundo Das: "Se Deus salva por intermédio de Cristo, e não através da lei de Moisés, por que impor essa lei aos gentios em nome de sua salvação?" (p. 122).

Esse argumento se fundamenta no pressuposto de que os oponentes do apóstolo realmente acreditavam em uma conexão simples entre a observância da Torá e a salvação, e Das reconhece sua crença de que "Paulo respondia a uma abordagem legalista ou baseada em ações por parte de seus companheiros judeus" (p. 123). Essa é uma hipótese passível de questionamento. É claro que seria possível que os adversários de Paulo acreditassem que a obediência "perfeita" à Torá levava à salvação e que ele reagiu contra isso defendendo que, daquele momento em diante, a salvação só poderia acontecer por meio de Cristo. A questão é se isso é plausível.

O problema é que há poucos indícios capazes de sustentar a existência de grupos defendendo a observância rigorosa da Torá como um pré-requisito da salvação. A avaliação de Sanders das fontes o levou à conclusão de que os diversos textos de diferentes períodos e grupos revelam um tema em comum: a salvação não pode ser conquistada. "O tema da misericórdia divina como sendo a confiança máxima até mesmo dos justos aparece em toda a literatura pesquisada, à exceção de 4Esdras."[3] Em primeiro lugar, o quarto livro de Esdras é geralmente considerado uma reação a um incidente bastante específico — a destruição do templo — e, em segundo lugar, é comprovadamente posterior às cartas paulinas. Sem dúvida, é provável que ideias semelhantes fossem conhecidas por Paulo e seus oponentes, mas o fato é: mesmo que venhamos a admitir corretamente aos críticos de Sanders que ele pode ter simplificado mais do que deveria a relação entre ações e graça,[4] e que sua análise talvez precise de

---

[2]E. P. Sanders, *Paul and Palestinian Judaism: A Comparison of Patterns of Religion* (Mineápolis: Fortress, 1977), p. 442-43.

[3]*PPJ*, p. 422.

[4]Veja os ensaios em D. A. Carson, Peter T. O'Brien e Mark A. Seifrid, orgs., *Justification and Variegated Nomism*, vol. 1, *The Complexities of Second Temple Judaism*, WUNT 2/140 (Tübingen: Mohr Siebeck; Grand Rapids: Baker Academic, 2001).

A RESPOSTA DA PERSPECTIVA DE PAULO DENTRO DO JUDAÍSMO A DAS

todos os tipos de detalhes, ainda é difícil afirmar que a ideia de uma relação individual entre a observância "perfeita" da Torá e a salvação era um tema dominante no Judaísmo do Segundo Templo, como Das parece mostrar ao se referir a Abraão como um modelo de obediência impecável. A meu ver, esse parece ser um terreno muito arriscado a ser usado como uma chave hermenêutica para a compreensão de Paulo.

Um Paulo dentro da perspectiva do judaísmo muda completamente o jogo. Como sugiro em minha apresentação, acredito que a prática da Torá constituiu um problema para o apóstolo, mas só em relação aos membros dos povos. Como já mencionado, Das acredita que as "convicções cristológicas" de Paulo estão vinculadas à "inclusão dos gentios" (p. 122), porém isso parece levá-lo à conclusão de que ele quis dizer que a Torá havia perdido totalmente a relevância — até mesmo para os judeus — e que "as ações obedientes não desempenham qualquer papel" (p. 129). Como aponto em minha resposta a John Barclay neste livro, Paulo não faz nada nesse sentido: pelo contrário, ele espera que os não judeus em Cristo se conformem a certo padrão moral judaico conforme definido pela Torá. Devem, por exemplo, "fugir da idolatria" (φεύγετε ἀπὸ τῆς εἰδωλολατρίας, *pheugete apo tēs eidōlolatrias*) (1Coríntios 10:14), e "não devem associar-se a pessoas imorais" (μὴ συναναμίγνυσθαι πόρνοις, *mē synanamignysthai pornois*) (1Coríntios 5:9). O comportamento impróprio pode levar até mesmo a alguma forma de correção, punição ou expulsão da ἐκκλησία (*ekklēsia*), como é o caso em 1Coríntios 5:1-5, embora não esteja totalmente claro o que Paulo tem em mente.[5] No entanto, é difícil defender a ideia de que o apóstolo não atribuiu significado às "ações".

Preciso repetir o argumento principal de minha apresentação: com a intenção de me aproximar do Paulo histórico, creio que seja importante levarmos a sério sua autodefinição como apóstolo dos gentios. Nesse sentido, suas cartas devem ser compreendidas como ferramentas para lidar com o problema de como oferecer aos povos um relacionamento de aliança com o deus de Israel. Novamente, a

---

[5]Veja Anthony C. Thiselton, *The First Epistle to the Corinthians: A Commentary on the Greek Text*, NIGTC (Grand Rapids: Eerdmans, 2000), p. 392-400.

Magnus Zetterholm

questão de Paulo não é a salvação dos judeus, mas das nações cuja situação é descrita em Romanos 1:18-32. Portanto, não concordo com Das no sentido de que esse trecho também inclui os judeus.[6] Entretanto, obviamente, Das está correto ao pressupor que os judeus dentro do movimento de Jesus parecem haver concordado que sua morte tornou possível a salvação dos povos. As discussões entre os diversos representantes desse movimento se preocuparam com a forma *como* isso seria realizado e *como* essa nova situação influenciaria as relações entre os judeus e os membros das nações.

Em geral, eu diria que a visão paulina da Torá é muito mais elaborada do que é considerada pelos representantes da "Perspectiva Protestante Tradicional", e é tentador buscar dar uma solução simples a esse problema. A dicotomia entre "atos" e "fé", e a conclusão decorrente de que Paulo repudiou a Torá, representam uma simplificação. Como já afirmado, o apóstolo se dedica a atrair pagãos — ou seja, adoradores de deuses pagãos — para o judaísmo (o cristianismo não era uma alternativa, uma vez que ainda não existia) *e* a evitar que obedeçam à Torá da maneira que os judeus costumavam fazer. A explicação mais simples, que descrevo, em detalhes, em meu ensaio, é que Paulo encontrou *não judeus* que chegaram equivocadamente à conclusão de que a observância da Torá os tornaria justos diante do deus de Israel. Entretanto, por diferentes motivos, Paulo acreditava que o modo judaico de obediência à Torá não era uma opção para os não judeus. Segundo o apóstolo, a observância adequada da Torá era limitada unicamente aos judeus, o que não contradiz o fato de que a *halakah* de Paulo (usando um termo anacrônico) para não judeus é realmente um ensino da Torá.

Essa perspectiva explica por que, aparentemente, Paulo subestima a obediência de Abraão em Gálatas e por que ele cria uma dicotomia entre "fé" e "ações", o que nos traz de volta à dúvida sobre se os oponentes do apóstolo abraçaram ou não "uma abordagem legalista

---

[6]Veja a discussão em Magnus Zetterholm, "The Non-Jewish Interlocutor in Romans 2:17 and the Salvation of the Nations: Contextualizing Romans 1:18–32", in *The So-Called Jew in Paul's Letter to the Romans*, org. Rafael Rodríguez e Matthew Thiessen (Mineápolis: Fortress, 2016), p. 39-58.

ou baseada em ações" (p. 123). Creio que é mais provável que seu público não judeu tenha entendido equivocadamente o contexto da aliança da obediência da Torá do que seus oponentes judeus tenham defendido o legalismo. Devido à natureza ritualística da religiosidade greco-romana,[7] é totalmente possível que os seguidores não judeus de Paulo fossem os verdadeiros legalistas.

Em Gálatas 2:15-16a, Paulo parece referir-se a uma opinião representativa dos judeus em geral: "*Nós, judeus de nascimento* e não 'gentios pecadores', *sabemos que ninguém é justificado pela prática da Lei,* mas mediante a fé em Jesus Cristo". Ao que parece, todos os judeus dentro do movimento de Jesus sabiam que a Torá, sem a confiança na misericórdia de Deus, não levava à "justificação". O verdadeiro ponto é este: os povos também sabiam disso?

---

[7]Como um exemplo e, principalmente, no que diz respeito à religião romana, veja Robert Turcan, *The Gods of Ancient Rome: Religion in Everyday Life from Archaic to Imperial Times*, trad. Antonia Nevill (Nova York: Routledge, 2000), p. 1-13.

A RESPOSTA *da* PERSPECTIVA *do* DOM *a* DAS

John M. G. Barclay

Andrew Das faz uma apresentação exegética de diversas características de uma interpretação "protestante" de Paulo. Os reformadores protestantes não são citados aqui, mas seus pontos de vista foram bem resumidos e analisados em outro momento.[1] Os elementos-chave das leituras dessa perspectiva estão presentes: a centralidade da graça, a cristologia, a fé, a definição ampla de "ações" e a profundidade da condição humana. Como Das indica, seu ensaio também inclui aspectos da "Nova Perspectiva", dando destaque à inclusão de gentios. Entretanto, ele insiste, com razão, em que não é preciso explicar que Paulo foi um apóstolo para os gentios, mas, sim, o que constituiu o fundamento teológico dessa missão.

Os leitores perceberão a importância da graça no ensaio de Das: em Paulo, há "pura graça exclusiva das ações" e "graça gratuita" (p. 120) em Romanos 4:1-8, enquanto o judaísmo é "uma religião da graça" (p. 120) com uma "estrutura graciosa" (p. 122, 130) e uma "eleição graciosa" (p. 122, 133). Nessa discussão, é necessário haver

---

[1]Veja Stephen J. Chester, *Reading Paul with the Reformers: Reconciling Old and New Perspectives* (Grand Rapids: Eerdmans, 2018). Resumi alguns elementos das teologias de Lutero e Calvino em *Paul and the Gift* (Grand Rapids: Eerdmans, 2015), p. 97-130. Veja também Stephen Westerholm, *Perspectives Old and New on Paul: The "Lutheran" Paul and His Critics* (Grand Rapids: Eerdmans, 2004).

A RESPOSTA DA PERSPECTIVA DO DOM A DAS

uma definição clara de "graça", o que significa quando a chamamos de "pura" ou "gratuita" e como, segundo Das, "Paulo reconfigurou a graça divina com base em Cristo" (p. 149). Abordei esse tópico em *Paul and the Gift* (resumido, em linhas gerais, em meu ensaio neste volume) e ali ofereci uma interpretação que propõe soluções a muitos enigmas também debatidos por esse autor. Argumentei que não é correto definir o judaísmo como "uma religião da graça" a menos que esclareçamos as diferentes formas como foi entendida e aperfeiçoada: um dos lemas desse livro é "a graça está em todo lugar, porém não é a mesma em toda parte". Em particular, havia diversidade e discussão entre os judeus do Segundo Templo na dúvida sobre se a graça de Deus deveria ser considerada uma dádiva para os que eram (de um modo ou de outro) dignos dela ou se seria completamente não condicionada pelo valor. Meu ponto de vista é que Paulo a "aperfeiçoou" como um *dom incoerente*, concedido independentemente do valor, e "reconfigurou a graça divina" (Das, p. 149) ao identificar sua expressão definitiva e final no dom de Cristo como um dom incondicional. Como veremos, isso fundamenta a afirmação de Das, no sentido de que a cristologia de Paulo molda sua teologia de fé, graça, lei e ações, mas também oferece uma explicação mais completa à antítese do apóstolo entre "fé" e "prática (da lei)".

Concordo com Das, no sentido de que Abraão costuma aparecer nas fontes judaicas como obediente e fiel a Deus e que Paulo é cuidadoso em relação a apresentá-lo de outra maneira em Gálatas e em Romanos.[2] Contudo, considero inútil e desnecessário reintroduzir a linguagem do "legalismo" (p. 123) ou das obras "de mérito" (p. 143). A questão não é se Abraão *conquistou* sua posição perante Deus ou se ele se justificou por meio de seus atos, mas, sim, se ele foi (ou não) um receptor adequado do favor ou da graça divina. Os exegetas judeus da história de Abraão respondem à seguinte pergunta: por que Deus escolheu graciosamente o patriarca no início da aliança? Se Abraão não fosse correto ou digno, a escolha do Senhor pareceria arbitrária e toda a história do pacto, injusta. Havia diversas razões

---

[2] Assim, tendo como base o verbo πιστεύω (*pisteuō*) em Gálatas 3:6, eu interpretaria o adjetivo πιστός (*pistos*) em 3:9 não com o significado de "fiel", mas de "crente" ou "confiável".

John M. G. Barclay

pelas quais Abraão poderia ser considerado digno da graça divina: seu abandono da idolatria, sua personificação da lei, sua oferta de Isaque, entre outras. Destacar esses aspectos de sua história não foi uma forma de "legalismo", mas apenas a identificação da base para a eleição graciosa de Deus.[3]

Por outro lado, de acordo com Paulo, tudo o que importa no que diz respeito a Abraão é que ele creu na promessa de Deus. E aqui vale deixar claro o que "fé" significa para o apóstolo, um assunto que ele destaca em Gálatas por causa de sua ligação com Cristo (Gálatas 1:23; 2:16,20; 3:23-26). Em seu discurso, πίστις (*pistis*) é o vínculo da promessa e do dom divino: a primeira corresponde à confiança humana (de que Deus fará o que prometeu), e o segundo, ao recebimento do homem. Seja qual for o caso, a fé tem uma forma *côncava*, sendo definida por aquilo que recebe ou em que confia. Seu foco não está no crente humano, mas no Deus que promete e concede.[4] Se a justificação se dá pela fé tanto para os judeus como para os gentios, não é por ser mais simples do que as obras ou por ser algo etnicamente não específico, mas por não priorizar qualquer capacidade ou valor humano, depositando sua esperança inteiramente no Deus que promete e confirma sua promessa na morte e na ressurreição de Cristo. A fé não é um princípio abstrato da soteriologia: é definida inteiramente por seu objeto (Deus/Cristo), que também é a essência do dom ou da promessa que revolucionou a condição humana.

Em sua leitura de Gálatas 3:10-14, Das argumenta corretamente que existe uma premissa implícita em 3:10: aqueles cujo valor depende da "prática da lei" não podem evitar sua maldição, por causa da tendência humana generalizada ao pecado. Isso é explicado de forma muito mais completa em Romanos. No entanto, já fica claro em Gálatas, com a afirmação de que a época presente é "perversa" (1:4) e que "a Escritura encerrou tudo debaixo do pecado" (3:22). Paulo não está de modo algum sozinho nesse ponto de vista pessimista da condição humana: os hinos do Qumran trazem uma descrição ainda

---

[3] Apresentei esse argumento detalhadamente em *Paul and the Gift*, parte 2.
[4] Veja o trabalho recente de Jeanette Hagen Pifer, *Faith as Participation: An Exegetical Study of Some Key Pauline Texts*, WUNT 2/486 (Tübingen: Mohr Siebeck, 2019).

mais ilustrativa desse problema, e 4Esdras lamenta que o "coração mau" tenha estragado a humanidade, incluindo a judaica, desde os tempos de Adão. O peso dessa "praga" não pode aumentar a não ser por essa intervenção divina drástica e, como Das observa, na visão do apóstolo, tal intervenção foi feita, definitivamente, por Cristo, que "se entregou a si mesmo por nossos pecados, a fim de nos resgatar desta presente era perversa" (Gálatas 1:4), e assumiu a maldição na intenção de que a humanidade pudesse receber a bênção de Deus (3:13-14). A salvação acontece por meio de Cristo, e não da lei, não por causa de um pressuposto (um ou outro), mas, sim, porque ele constitui o dom divino da salvação (2:21), que resolve a crise humana como a lei não faria. Como diz Paulo: "Se tivesse sido dada uma lei que pudesse *conceder vida*, certamente a justiça viria da lei" (3:21). *Conceder vida:* isso é o que é necessário, a criação de uma nova vida (cf. 6:15: "nova criação"). Precisamos não só da "atividade divina" no lugar do "esforço humano", mas também de um poder que remodele a humanidade e recrie a ação do homem. O apóstolo declara que isso é possível unicamente em Cristo e pelo Espírito, porém é possível.

Além disso, como na história de Abraão, a possibilidade se torna realidade por intermédio de uma dádiva não condicionada. Concordo com Das, no sentido de que Romanos 4 é um texto essencial e que a "Nova Perspectiva" sempre lutou com o início desse capítulo. Por exemplo, N. T. Wright chama Romanos 4:4 de "floreio" que "não tem peso algum nessa passagem como um todo".[5] Assim como Das, penso que todos os elementos desse capítulo podem encaixar-se e ofereci uma nova leitura (espero que melhor que aquela que Das cita) em *Paul and the Gift*.[6] Lá, argumentei que o chamado dos judeus e gentios à família abraâmica é fundamental para o argumento de Paulo (4:9-15), e não só uma ilustração de uma doutrina geral da justificação pela fé. Entretanto, o *modo* de relação de Abraão com Deus (fé) e os *meios* pelos quais sua semente veio a existir (pela criação *ex nihilo*) também são objetos de muita atenção (4:1-8,16-22). O que

---

[5]N. T. Wright, "Paul and the Patriarch", in *Pauline Perspectives: Essays on Paul*, 1978–2013 (Londres: SPCK, 2013), p. 554-92, aqui p. 563.
[6]Barclay, *Paul and the Gift*, p. 477-90.

John M. G. Barclay

faz parte dessas preocupações é o fato de a família do patriarca ser marcada por uma característica peculiar: desde o começo, foi criada pela graça e pelo chamado de Deus, que nunca deu atenção ao valor étnico ou ao desempenho de seus receptores. Essa incoerência é o tema unificador do argumento de Paulo: uma vez que nem a ancestralidade nem a conquista têm tanto significado aos olhos de Deus, a família de Abraão é constituída sem obras, antes da circuncisão, tanto de gentios como de judeus. Em outras palavras, o fundamento teológico da inclusão dos gentios é a graça incondicional de Deus.

Concordo com Das, no sentido de que Romanos 4:1-8 é valioso na tarefa de esclarecer esse assunto e que as "obras" — aqui e em alguns outros trechos de Romanos (por exemplo, 9:11-12; 11:5-6) — têm uma referência mais ampla do que a "prática da lei" (independentemente de serem definidas de forma limitada ou ampla). É possível interpretar a narrativa de Abraão como uma história de "recompensa" ou até mesmo de "pagamento" (μισθός [misthos] pode significar qualquer um). Contudo, Paulo radicaliza a tão conhecida distinção entre "pagamento" e "dádiva", e insiste em que a relação entre Deus e o patriarca era uma questão de dádiva sem obras, da graça como um dom imerecido e improvável. Paulo encontra na história abraâmica a "justificação dos ímpios" (4:5) como uma representação programática do evento de Cristo, que, "no devido tempo, morreu pelos ímpios" (5:6). Portanto, a fé do patriarca aponta não para o ajuste, mas para o *desajuste* entre ele e a justiça que lhe foi creditada por Deus (4:3, citando Gênesis 15:6), e essa é a característica familiar que marcará toda a história do relacionamento de Deus com a humanidade. Aprofundando-se na história de Abraão, Paulo repensa a narrativa fundamental da tradição judaica de uma forma que relativiza (embora não elimine) a diferença entre judeus e não judeus. A base dessa leitura está na descoberta gerada por Cristo de que, desde o começo, a bênção abraâmica era cega a todos os sinais de valor humano diferenciado.

Desse modo, assim como Das, acredito que podemos ir além do impasse de Bassler: a "Nova Perspectiva" destacou corretamente a importância — para Paulo — da missão gentílica, mas deixa alguns textos sobre graça e obras, a maioria inexplicada (e mais à vontade na perspectiva protestante). Visto que percebemos o que o apóstolo quer dizer com graça, como um dom incoerente, sem merecimento e sem considerar o valor, e uma vez que nós vemos isso como o núcleo teológico de sua interpretação do "evento Cristo", enxergamos a "inclusão dos gentios" não como uma questão sociológica ou meramente eclesial, mas, sim, como a expressão necessária de um dom que não leva em consideração o valor ancestral ou étnico ("nem judeu nem grego" [Gálatas 3:28]).

Paulo insiste: "Não anulo a graça de Deus" (Gálatas 2:21) e não há nada arbitrário ou *a posteriori* em sua insistência de que, "se a justiça vem pela lei, Cristo morreu inutilmente". A dádiva incondicional de Deus em Cristo não se baseia em nenhum sistema de valor humano e não se encaixa em distinções étnicas diferenciadas. Ela se estende a toda a humanidade sem distinção, levando os que estão presos "debaixo do pecado" a um momento de graça por meio do qual são reconstituídos como filhos de Deus, dotados do Espírito de seu Filho (Gálatas 4:4-7). Em comparação a isso, exigir que os gentios se "judaizassem", aderindo às práticas da lei judaica ("ações da lei"), não é somente inadequado e desnecessário; é menosprezar o dom dado pelo Senhor, a nova criação que, por si só, é capaz de conceder perdão, liberdade, vida e uma justiça considerável diante dele.

RÉPLICA *da* PERSPECTIVA PROTESTANTE TRADICIONAL

A. Andrew Das

Segundo E. P. Sanders, os judeus do Segundo Templo entenderam a exigência rigorosa de obediência da lei como incluída em uma estrutura graciosa de eleição, aliança e sacrifício.[1] Os elementos dessa estrutura variam de acordo com o documento específico do Segundo Templo que se tem em vista, como John M. G. Barclay corretamente destaca. No entanto, deve-se ter em mente a possibilidade da existência de tantos pensamentos legalistas no Judaísmo do Segundo Templo e que Paulo, em alguns momentos, pode ter seguido essa linha de raciocínio. Um exemplo é a exaltação do Segundo Templo de Abraão.

Barclay questiona se Paulo se opõe a uma concepção legalista de Abraão, mas as tradições da observância total à lei são muito insistentes. Os judeus do Segundo Templo realmente elogiavam a obediência meritória e, em muitos casos, *perfeita* de Abraão à lei de Moisés. Essa foi uma das bases para a escolha divina do patriarca. O reconhecimento de linhas genuinamente legalistas no Judaísmo do Segundo Templo complementa os outros pontos pendentes na resposta de

---

[1] E. P. Sanders, *Paul and Palestinian Judaism: A Comparison of Patterns of Belief* (Mineápolis: Fortress, 1977). Quanto à exigência de obediência rigorosa à lei no Judaísmo do Segundo Templo, veja A. Andrew Das, *Paul, the Law, and the Covenant* (Peabody, MA: Hendrickson, 2001), p. 1-44.

Barclay. O dom de Deus em Cristo elimina qualquer necessidade de desfrutar esse favor por meio de esforços (falhos) de obedecer à lei.

Em resposta, James D. G. Dunn atribui a posição protestante a uma (má) leitura de Paulo no século 16.[2] O autor pede que o apóstolo seja colocado em seu contexto social do primeiro século.[3] As "obras da lei" [ou a "prática da lei"] que lemos em Gálatas 3:10 se refere a, como Dunn descreve, "obrigações prescritas pela lei (...) [que] destacam (...) um membro do povo da lei e da aliança, da nação judaica".[4] Isso acontece porque a "prática da lei" em Gálatas 3:10 deve ser entendida à luz de Gálatas 2:16, passagem em que a expressão "se refere mais obviamente às questões no centro das controvérsias anteriores [cf. o incidente de Antioquia em Gálatas 2:11-14]: a circuncisão e as leis dietéticas. Era isso que estava em discussão: se ser justificado pela fé em Cristo também requer a realização dessas 'ações'".[5] Lamentavelmente, o contexto social do primeiro século proposto por Dunn é improvável: não há indício de que leis alimentares ou circuncisão estivessem em debate em Antioquia.[6] Se Gálatas 2:11-14 (ou 2:16) não aborda esses fatores, então como alguém pode referir-se a esse "contexto" para entender a "prática da lei" de Gálatas 3:10? Segundo Dunn, eventual oposição ao legalismo seria uma *consequência* da reafirmação de Paulo da prioridade da fé em Cristo, e não uma dificuldade em Antioquia.

Dunn enfatiza o sacrifício animal. Dessa maneira, o apóstolo usa imagens sacrificiais ao descrever a morte salvadora de Jesus (por

---

[2]Ironicamente, a "Nova Perspectiva" de Dunn já foi defendida por Erasmo e outros. Lutero responde conscientemente à redução da crítica de Paulo à lei aos seus aspectos cerimoniais (por exemplo, a circuncisão). Veja A. Andrew Das, "Luther on the Scriptures in Galatians — and its Readers", in *Semper Reformanda: The Enduring Value of Martin Luther's Insights for Biblical and Theological Studies*, org. Channing Crisler e Robert Plummer (Bellingham, WA: Lexham Press, a ser publicado).
[3]James D. G. Dunn, "Works of the Law and the Curse of the Law (Gálatas 3.10–14)"; reimpresso com respostas aos críticos em Dunn, *Jesus, Paul, and the Law: Studies in Mark and Galatians* (Louisville: Westminster John Knox, 1990), p. 215-41 — um ensaio provocativo que me levou aos estudos paulinos.
[4]Dunn, "Works of the Law", p. 219-20.
[5]Ibidem, p. 220.
[6]Veja, em mais detalhes, minha resposta a Dunn em A. Andrew Das, *Galatians*, ConcC (St. Louis: Concordia, 2014), p. 216-32.

exemplo, em Romanos 3:25). Este é exatamente o ponto: o sacrifício da propiciação de *Cristo* é suficiente, não o dos animais. A estrutura graciosa que Sanders descreve foi reconceitualizada nos termos de Cristo. Então, Paulo afirma em Romanos 4 que a fé de Abraão sempre apontava para o cumprimento das promessas em Jesus, ou seja, não se tratava apenas de circuncisão, mas também da descendência prometida.[7] O esvaziamento do sacrifício de animais de qualquer relevância contínua cria um problema para o nomismo. A lei se torna uma lista vazia de "tarefas a cumprir", além dessa estrutura graciosa e da inclinação ao fracasso.[8]

Paulo pode reduzir as "obras da lei", simplesmente, à lei por si só em Gálatas 3:11-12, e a lógica desses versículos continua dependendo de 3:10. Traduzindo o versículo 11: "É evidente que diante de Deus ninguém é justificado pela lei [com base em 3:10], pois 'o justo viverá pela fé'". Dunn pensa que a leitura tradicional é "contrária" aos versículos 11-12.[9] Todavia, a melhor tradução do versículo 11 reafirma a visão tradicional.[10] A premissa que faltava em 3:10 (uma característica *esperada* em entimemas antigos) seria óbvia para os leitores de Paulo e se provaria crucial à sua lógica. A questão fundamental é se a negação de qualquer valor salvador da identidade étnica judaica está no cerne da crítica paulina ou se é uma *consequência* dela. Se a salvação se dá em Cristo, e não na lei (ou na lei mal interpretada pelos companheiros do apóstolo), por que forçar os gentios a se tornarem judeus? O raciocínio da "Nova Perspectiva" de Dunn continua colocando o carro na frente dos bois.

Brant Pitre se apoia sabiamente em sua resposta de que a "prática da lei" se refere a *toda* a Torá, e não apenas aos delimitadores. Com Pitre, as "obras" em questão no 4QMMT eram, muitas vezes, de

---

[7]Quanto aos argumentos de Abraão em Romanos 4 para a inclusão dos gentios, Dunn continua interpretando mal minhas conclusões, como se eu sugerisse uma abordagem "tanto como", quando o ponto de Paulo sobre as obras e a graça apoia a inclusão dos gentios, como defendeu meu ensaio original.

[8]Veja Das, *Paul, the Law, and the Covenant*, p. 113-44, e a leitura da "perspectiva mais recente" de Gálatas 2:11-14 em Das, *Galatians*, p. 196–232.

[9]Dunn, "Works of the Law", p. 226.

[10]Das, *Galatians*, p. 316-17.

natureza moral, e não os aspectos identificadores da tradição legal dessa comunidade, como, por exemplo, difamação, blasfêmia e fornicação. Existem implicações para a abordagem desse autor: como as "as obras da lei" a abrangem em sua totalidade, ele não pode limitar a crítica de Paulo à circuncisão e aos delimitadores. Pitre defende uma justificação pelas obras, mas não as obras da lei (delimitadores). No entanto, segundo Paulo, uma pessoa, definitivamente, não é justificada por suas obras.

Portanto, Pitre apela às discussões *positivas* de Paulo sobre a prática: "Embora, para Paulo, a justificação inicial seja pela fé à parte de qualquer boa obra, o julgamento final é tão claramente de acordo com elas que Paulo pode até mesmo descrever a recompensa escatológica como um 'salário' (*misthos*) conquistado pelo 'trabalho' (*ergon*) realizado em Cristo" (p. 157). Infelizmente, Pitre não tinha a resposta para seu ensaio em mãos quando culpou minha negligência com a linguagem de Paulo ao usar a palavra "salários" pelas boas obras feitas em Cristo. O autor se limitou à crítica da lei em *Paul, the Law, and the Covenant* e ignorou a interpretação *positiva* da lei no posterior *Paul and the Jews*.[11] Ele apela a Gálatas 6:4-9 para argumentar a favor da centralidade das obras em Paulo, mas não se envolve na exegese desses versículos.[12] Dessa forma, a resposta ao ensaio de Pitre esboça uma réplica ainda mais abrangente disponível em outros lugares.

A possibilidade de a justificação final ser "*conforme* as obras" não é de modo algum inconsistente com o fato de ser "*pela* fé" (à parte das obras). A recompensa não é menos graciosa e abençoada, já que depende da atividade de Cristo e de seu Espírito. Cristo está criando na vida de seus santos os atos que apoiam um Deus justo (e gracioso). A explicação comum do apóstolo da justificação como uma dádiva em oposição a algo conquistado, sem uma clara diferenciação entre a justificação inicial e final, continua a representar um obstáculo à perspectiva de Pitre.

Na visão de Magnus Zetterholm, existem suposições ocultas que colocam a perspectiva protestante em discussão. Ninguém contestaria

---

[11]A. Andrew Das, *Paul and the Jews*, LPS (Peabody, MA: Hendrickson, 2003), p. 166-86.
[12]Das, *Galatians*, p. 612-23.

A. Andrew Das

sua alegação primária de que Paulo permite que os judeus continuem obedecendo à Torá. A questão é se o apóstolo atribui algum valor *salvífico* a essa observância. De acordo com Zetterholm, Paulo escreve sobre como os *gentios* são salvos, não os judeus. No ponto máximo e conclusivo de sua resposta, o autor menciona Gálatas 2:15-16: os judeus de nascença já concordam que uma pessoa não é justificada pela prática da lei, mas, sim, pela fé em Jesus Cristo. Infelizmente, ele ignora a ambiguidade deliberada do grego. Em 2:16, o "mas" (ἐὰν μή, *ean mē*) receberia realmente melhor tradução como "exceto": um indivíduo não é declarado justo pelas obras da lei, *exceto* pela fé em Cristo, e então por aquelas. A ambiguidade da "base compartilhada" judaica permite que os adversários de Paulo destaquem a observância da lei como necessária à salvação.[13] Os rivais judeus cristãos poderiam, assim, sublinhar a necessidade da obediência rigorosa da lei de Deus em Gálatas 3:10 via Deuteronômio 27:26, um versículo da Torá voltado principalmente ao próprio povo de Deus de Israel. O texto em Levítico 18:5 (Gálatas 3:12), outra evidência dos adversários, exigia o cumprimento da lei para que alguém vivesse — uma exortação com o propósito de que os gálatas adotassem tal observância conforme necessário, porém por meio de uma passagem da Torá originalmente relacionada aos judeus.[14] A hipótese de Zetterholm de que essas passagens se aplicam unicamente aos gentios, e não aos judeus, não resiste a uma investigação crítica. Como Paulo escreve primeiro sobre o judeu e depois sobre o grego, em Romanos 1:16-17, não é de se espantar que, em Romanos 1:23, o apóstolo se baseie na crítica de Jeremias (2:11) à idolatria *judaica*, agora *estendida* aos gentios.[15] Não se deve assumir uma interpretação do apóstolo, mas demonstrar sua plausibilidade, um problema no ensaio original de Zetterholm.

Zetterholm sublinha diversas traduções de Gálatas 6:16. Se o "Israel de Deus" é uma reformulação de "aqueles que seguirão essa

---

[13]Discutido, em detalhes, em A. Andrew Das, "Another Look Acts ἐὰν μή in Galatians 2:16", *JBL* 119 (2000): 529-39; confirmado em Das, "The Ambiguous Common Ground of Galatians 2:16 Revisited", *PB* 58 (2013): 49-61.

[14]A. Andrew Das, *Paul and the Stories of Israel: Grand Thematic Narratives in Galatians* (Mineápolis: Fortress, 2016), p. 23-26.

[15]Veja o caso em Das, Paul, the Law, and the Covenant, p. 171-77.

regra" (p. 162), então Paulo se refere às implicações de seu evangelho para seu *próprio* povo incluído na igreja.[16] O "Israel *de Deus*" adere à "regra" do evangelho paulino. Mesmo que ele esteja separado dos que "andam conforme essa regra", o apóstolo ainda contrasta uma Jerusalém acima da atual, e a distinção gira em torno da observância da lei. Em Gálatas 4:25, o "monte Sinai, na Arábia" corresponde à "Jerusalém atual" e "ela [a Jerusalém judaica] está escravizada *com* seus filhos [gentios?]". A simples menção a duas opções de tradução não é suficiente quando ambas parecem hostis à conclusão do autor.

Zetterholm questiona se a obsessão do Segundo Templo com a obediência de Abraão é significativa.[17] É claro que 4Esdras transmite confiança nas obras, mas a obediência perfeita é um assunto discutido em *toda* a literatura do Segundo Templo. Repetindo o que foi argumentado em outro momento, considere os Jubileus do segundo século AEC.[18] Jubileus confirma Israel como o povo eleito de Deus (1:17-18,25,28; 16:17-18; 19:18; 22:11-12) e louva a oferta graciosa divina de arrependimento (1:22-23; 23:26; 41:23-27) e o sistema sacrificial (6:14; 50:10-11; 34:18-19). Os eleitos de Deus podem ser "justos" mesmo quando não são perfeitamente obedientes, porém a lei mosaica exige uma observância rigorosa, até mesmo perfeita. A conduta impecável continua a ser a ideal. Abraão não é apenas exaltado como perfeito em sua índole (15:3; 23:10). É preciso obedecer, cuidadosamente, a "todos os seus [Deus] mandamentos e suas ordenanças e a todas as suas leis", "sem desviar nem para direita nem para a esquerda" (23:16).[19] Em 5:19, "nenhuma pessoa foi aceita salva [por Deus] mas somente Noé (...) porque seu coração era justo e todos os seus caminhos apontavam em favor dele, e ele não havia desviado de nada que lhe havia sido ordenado". Embora recebedor da misericórdia de Deus (10:3), Noé fez tudo "que lhe havia sido ordenado" e andou "no caminho da retidão". "Ele não transgrediu." Jacó era também "um homem perfeito" (27:17). Lia era "perfeita e reta em todos

---

[16]Veja Das, *Galatians*, p. 644-52.
[17]Veja Das, *Paul and the Stories*, p. 93-124.
[18]Das, *Paul, the Law, and the Covenant*, p. 13-17; Das, "Beyond Covenantal Nomism: Paul, Judaism, and Perfect Obedience", *ConcJ* 27 (2001): 235-36.
[19]Traduções de *OTP* 2:52-142.

A. Andrew Das

os seus caminhos", e José "andava em retidão" (36:23; 40:8). Embora Deus tenha concedido misericórdia aos eleitos, a exigência de conduta correta "em tudo" (21:23) ainda é mantida e alertada por meio desses modelos exemplares. Ainda é preciso obedecer à lei (1:23-24; 20:7). O autor ansiava pelo dia em que Israel seria *perfeitamente* obediente (1:22-24; 5:12; 50:5). Sanders admitiu honestamente que, com base nessas passagens, "a obediência perfeita é identificada".[20] Ele acrescenta: "Como agora podemos esperar, a ênfase na misericórdia divina está associada a uma exigência profunda de ser obediente".[21] Enquanto Deus ofereceu solução para o pecado e o erro, o ideal era a observância estrita e inabalável da lei.

O mesmo prova ser verdade em Fílon.[22] Em *De praemiis et poenis* 79-83, não é suficiente ouvir ou professar os preceitos da lei de Deus; deve-se realmente praticá-los. As pessoas serão pesadas na balança (por exemplo, *Congr.* 164; *Her.* 46). Em *Quod Deus sit immutabilis* 162, não se deve desviar para a direita ou para a esquerda do caminho que Deus preparou para a humanidade na lei (*Abr.* 269; *Post.* 101-2; cf. *Leg.* 3.165; *Migr.* 146). Assim como Abraão (*Abr.* 192, 275-76; *Migr.* 127-30; *Her.* 6-9), Noé era "perfeito" em virtude (*Deus* 117,122,140; *Abr.* 34,47). Curiosamente, Fílon qualifica, de imediato, o atributo de perfeição a Noé (*Abr.* 36-39), que alcançou a perfeição apenas em relação à sua geração, e não era "absolutamente bom". Assim, Fílon compara a "perfeição" de Noé a outros sábios que tinham uma virtude "incontestada" e "não distorcida". Noé, portanto, conquistou o "segundo lugar". Fílon elogia claramente o "primeiro lugar" de uma virtude absoluta a seus leitores. Moisés, por exemplo, atingiu o nível mais elevado como modelo de perfeição (*Mos.* 1:158-59,162; 2:1,8-11; *Leg.* 3:134,140; *Ebr.* 94; *Sacr.* 8). A obediência completa e imaculada continua a ser a ideal.

Ao mesmo tempo, Deus "sempre prefere o perdão ao castigo" (*Praem.* 166), daí o sacrifício expiatório (*Leg.* 1:235-41; 1:188-90;

---

[20] *PPJ*, p. 381.
[21] *PPJ*, p. 383.
[22] Das, *Paul, the Law, and the Covenant*, p. 23-31; Das, "Beyond Covenantal Nomism", p. 239-40.

1:235-39). Deus permite o arrependimento em vista da tendência humana para o pecado (*Fug.* 99,105; também *Abr.* 19; *Leg.* 1:187-88; *QG* 1.84; *Mut.* 124; *Somn.* 1.91). Porém, aqueles que se arrependeram ainda carregam as cicatrizes de suas transgressões (*Leg.* 1.103). Embora Fílon defenda a condição especial de Israel como receptora da misericórdia divina e o arrependimento como um meio de compensar a situação causada pelo pecado, ele elogia quem tem a conduta perfeita. Os impecáveis e imaculados são superiores aos que se arrependem e são curados de suas doenças (*Abr.* 26; *Virt.* 176).

A questão é quando os elementos graciosos do Judaísmo do Segundo Templo são reinterpretados no contexto de Cristo, o ponto exato que Zetterholm ignora em sua resposta. O sacrifício, o arrependimento e a expiação são todos expressos em termos *estritamente cristocêntricos*. A demanda da lei pela observância rigorosa, até mesmo perfeita, está efetivamente afastada da graça de Deus no pensamento paulino. Cumprir seus mandamentos se torna uma questão de ações vazias e de mérito humano. A análise do autor não inclui as observações do raciocínio centrado em Cristo de Paulo para a prática da lei, seja dos gentios, seja dos *judeus*. A perspectiva protestante sobre o apóstolo continua a ser a compreensão mais satisfatória. O contraste entre obras e graça, entendido como lei e evangelho, não é uma interpretação equivocada do século 16, expressando a própria justaposição de Paulo.

3

A NOVA
PERSPECTIVA
sobre PAULO

James D. G. Dunn

Preciso começar confessando que o convite para contribuir com este volume me deixou um tanto perplexo. Eu já não disse tudo o que poderia dizer sobre o assunto, primeiro no artigo original de 1983 de minha palestra,[1] depois na coletânea de meus diversos ensaios referentes ao mesmo assunto,[2] incluindo — muitas vezes — os mesmos elementos no título e, finalmente, em minha colaboração e debate com outros autores em *Justification*?[3] Talvez eu deva citar também meu *Jesus, Paul and the Law: Studies in Mark and Galatians*,[4] meu comentário de Gálatas[5] e minha análise da teologia de Gálatas.[6] A Epístola de Paulo aos Gálatas tem sido um dos focos centrais de meu interesse e fascínio pelo ministério e a teologia do apóstolo. Então, havia mais coisas que eu precisasse dizer? Há mais coisas que tenho de voltar a dizer? Veremos.

GÁLATAS 2:16 MAIS UMA VEZ

Talvez seja melhor começar por uma reformulação da tese de meu texto da "Nova Perspectiva". A principal inquietação expressa no

---

[1]"The New Perspective on Paul", a palestra Manson Memorial, 4 de novembro de 1982; versão do artigo, James D. G. Dunn, "Paul and the New Perspective", *BJRL* 65 (1983): 95-112; reimpresso em *The New Perspective on Paul*, p. 99-120 (veja a próxima nota).

[2]James D. G. Dunn, *The New Perspective on Paul: Collected Essays*, WUNT 185 (Tübingen: Mohr Siebeck, 2005); ed. rev. publicado em 2008 (Grand Rapids: Eerdmans), com cap. 1 como um panorama, "The New Perspective on Paul: Whence, What and Whither?", p. 1-97, e diversos outros com "Nova Perspectiva" no título. Dei atenção específica a "The Incident at Antioch (Gálatas 2:11–18)" in *JSNT* 18 (1983): 3-57; reimpresso em Mark D. Nanos, org., *The Galatians Debate: Contemporary Issues in Rhetorical and Historical Interpretation* (Peabody, MA: Hendrickson, 2002), p. 199-234.

[3]James K. Beilby e Paul Rhodes Eddy, org., *Justification: Five Views* (Downers Grove, IL: IVP Academic, 2011).

[4]James D. G. Dunn, *Jesus, Paul and the Law: Studies in Mark and Galatians* (Londres: SPCK, 1990).

[5]James D. G. Dunn, *A Commentary on the Epistle to the Galatians*, BNTC (Londres: A&C Black, 1993).

[6]James D. G. Dunn, *The Theology of Paul's Letter to the Galatians*, NTT (Cambridge: Cambridge University Press, 1993).

ensaio/palestra de 1982 é que o contexto original do argumento de Paulo em Gálatas 2 havia sido perdido de vista. Na preparação da Reforma no século 16, foi bastante natural ler a referência paulina às "obras da lei" como as "boas obras" subestimadas pelos reformadores como base da aceitação por Deus. Não é necessário ler o comentário de Lutero sobre Gálatas por muito tempo até perceber que ele leu Gálatas 2:16 falando diretamente de sua própria situação: "Toma a prática da lei em geral para aquilo que é contrário à graça. Tudo o que não for graça é a lei, seja judicial, cerimonial ou os Dez Mandamentos (...). Então, a prática da lei segundo Paulo diz respeito à ação de toda a lei, seja judicial, cerimonial ou moral".[7] Em outras palavras, Gálatas 2:16 tocou Lutero tão diretamente porque parecia abordar a situação que ele estava enfrentando. A garantia de que aquele que ouviu uma missa ou deu esmolas merecia a graça ou de que os pecados poderiam ser remidos por meio da compra de uma indulgência parecia o equivalente do século 16 à promessa de vida eterna a quem praticava boas obras. Dessa maneira, era natural ler as "obras da lei" ou a "prática da lei" de Paulo como uma referência aos tais "bons atos", abordando, assim, a situação de Lutero de forma objetiva e quase explícita. E alguém pode reclamar de Lutero haver trazido à luz a força da passagem para a Europa do século 16 com tanta eficiência?

O ignorado, contudo, e com muita frequência desde então, foi que a situação e as preocupações da Reforma do século 16 não eram as mesmas de Paulo no primeiro século. Uma observação fundamental é que Paulo escrevia como apóstolo dos gentios. Lutero estava bem ciente disso, porém estava ávido por generalizar a questão à sua própria condição. O fato de que aqui Paulo dá a primeira declaração clara de como concebeu sua missão — e a missão do novo movimento que seria conhecido como cristianismo — é essencial para uma apreciação adequada dessa passagem. Além disso, ele escrevia na tentativa de resistir àqueles que viam esse novo movimento como uma extensão do judaísmo: o judaísmo messiânico de Jesus Cristo, escatológico, digamos assim, focado no Messias, mas, em todo caso,

---

[7]Martinho Lutero, *A Commentary on St. Paul's Epistle to the Galatians* (Londres: James Clarke, 1953), p. 128.

A NOVA PERSPECTIVA SOBRE PAULO

judaísmo. Dessa forma, naturalmente, para a maioria dos primeiros cristãos — todos cristãos judeus —, os prosélitos e os gentios convertidos deveriam tornar-se judeus e viver dessa forma.

Essa foi exatamente a situação que Paulo enfrentou.

No entanto, antes de entrarmos em mais detalhes sobre a passagem em si, precisamos lembrar quão incomuns e excepcionais foram a conversão do apóstolo e suas consequências. Ele mesmo deixa claro, e na mesma carta, quão surpreendente foi essa reviravolta.

> Vocês ouviram qual foi o meu procedimento no judaísmo, como perseguia com violência a igreja de Deus, procurando destruí-la. No judaísmo, eu superava a maioria dos judeus da minha idade, e era extremamente zeloso das tradições dos meus antepassados. Mas Deus (...) Quando lhe agradou revelar o seu Filho em mim para que eu o anunciasse entre os gentios (...). (Gálatas 1:13-16)

Essa convocação para levar a notícia do Messias judeu aos *gentios* foi a característica mais surpreendente e espantosa de sua conversão, como o próprio Paulo percebeu muito bem. Lucas destacou o mesmo ponto à sua própria maneira, relatando a história da conversão de Paulo em três ocasiões (Atos 9:1-19; 22:3-21; 26:4-23), revelando cada vez mais claramente o efeito transformador de sua missão: levar a mensagem de Jesus Messias não só aos judeus, mas também aos gentios, a quem o Senhor o enviou explicitamente "para abrir-lhes os olhos e convertê-los das trevas para a luz, e do poder de Satanás para Deus, a fim de que recebam o perdão dos pecados e herança entre os que são santificados pela fé em mim" (Atos 26:18).

Não é surpresa, mas seu significado é tão facilmente esquecido que Paulo é lembrado precisamente como "o apóstolo dos gentios" — não que ele tenha pregado sozinho e abertamente aos gentios, mas que, sem a sua missão, é questionável se o cristianismo teria surgido como uma religião predominantemente gentia. Por isso a Epístola aos Gálatas é tão importante, pois é nela (e em nenhum outro lugar tão nítida e claramente) que ele explica e defende sua ampliação da missão do Messias Jesus: abri-la completa e imediatamente aos gentios, sem exigir que se tornem judeus durante o processo.

PERSPECTIVA *sobre* PAULO

James D. G. Dunn

É essa transformação de uma seita messiânica judaica em algo muito maior e mais universal que é expressa e defendida em Gálatas. A reafirmação de Lutero do evangelho pregado por Paulo em face da negligência e da corrupção do papa traz muitos ecos das preocupações e ênfases paulinas. No entanto, nem mesmo o surgimento de uma igreja reformada tem o mesmo significado histórico que o nascimento do cristianismo a partir do judaísmo do primeiro século. E a consequente crise não é esboçada com tanta clareza em nenhum outro lugar como em sua Epístola aos Gálatas.

O que, mais uma vez, é facilmente esquecido é que o versículo 16 é o clímax da história que Paulo relata em Gálatas 2. Em 2:16, temos o resumo do que foi claramente uma sequência crucial de acontecimentos para ele. Quando Paulo afirma que "ninguém é justificado pelas obras da lei", sintetiza o significado e a conclusão dos eventos em Jerusalém e Antioquia citados e descritos em 2:1-15. Em ambos os casos, a questão principal era se os gentios que vieram à fé em Cristo deveriam ser considerados prosélitos — na verdade, prosélitos ao judaísmo —, precisando, portanto, agir de acordo com isso. Desse modo, a discussão naturalmente se concentrou em saber se os gentios convertidos deveriam ser circuncidados e observar as leis dietéticas judaicas. Em um mundo no qual proliferavam religiões que se diferenciavam pelos rituais praticados, os dois ritos citados eram exatamente os que distinguiam o judaísmo.[8] Portanto, não causa espanto que o ápice de Gálatas 2:16 seja Paulo relembrando a forma como foram resolvidos os debates sobre se os gentios convertidos deveriam ou não ser circuncidados e se deveriam obedecer às leis alimentares distintivas dos judeus.

Então, em Gálatas 2:1-10, o apóstolo começa relembrando ou lembrando aos gálatas como a questão da circuncisão — se os gentios convertidos deveriam praticá-la — foi concluída. Quatorze anos após sua primeira viagem pós-conversão a Jerusalém, Paulo e Barnabé haviam subido a essa cidade "por causa de uma revelação" (2:2). Paulo não diz qual foi a "revelação" ou por que foi dada, embora Atos 15:1-2

---

[8] A outra característica distintiva do judaísmo era a obediência do *Shabat*, que não está no centro do argumento de Paulo, mas é citada em Gálatas 4:10.

PERSPECTIVA *sobre* PAULO

indique que relatos do que estava acontecendo em Antioquia causaram mal-estar em Jerusalém. Em consequência, alguns vieram dali, insistindo que, "se vocês [gentios convertidos] não forem circuncidados conforme o costume ensinado por Moisés, não poderão ser salvos" (15:1).

No intuito de resolver a consequente discórdia ("grande contenda"), os dois homens foram até Jerusalém relatar o sucesso de sua missão e "discutir" a questão "com os apóstolos e com os presbíteros", ou seja, se os gentios crentes no Messias Jesus deveriam ser circuncidados (15:2). Talvez de forma intencional, Paulo e Barnabé foram acompanhados pelo gentio incircunciso Tito. Inevitavelmente, como devem ter previsto, alguns insistiram em que Tito fosse circuncidado. O apóstolo até usa a palavra "obrigado" ao explicar a situação (Gálatas 2:3), indicando a determinação de quem fez a exigência. É provável que Paulo chame de "falsos irmãos" — dificilmente uma atitude ecumênica positiva — os crentes judeus que consideravam o movimento de Jesus uma forma de judaísmo escatológico. Sua descrição posterior deles como pessoas que "infiltraram-se em nosso meio para espionar a liberdade que temos em Cristo Jesus e nos reduzir à escravidão" (Gálatas 2:4) mostra a profundidade da tensão dentro da comunidade de Jerusalém.

No entanto, o foco de Paulo é que a tentativa de insistir em que Tito fosse circuncidado e que, como consequência, todos os gentios crentes fossem considerados e tratados como prosélitos do judaísmo, foi rejeitada. Paulo e Barnabé "não se submeteram a eles nem por um instante", em defesa do que ele chamou de "a verdade do evangelho" (2:5). O mais importante, na verdade, crucial, é que a postura dos dois foi apoiada pela liderança do novo movimento: Tiago, Cefas (Pedro) e João, ainda que as palavras um tanto desdenhosas em 2:6 ("Quanto aos que pareciam influentes — o que eram então não faz diferença para mim") acrescentem um tom um tanto azedo. Entretanto, o resultado feliz (?) de Paulo e Barnabé foi que os líderes de Jerusalém reconheceram a graça que lhes foi concedida, sendo, então, nomeados missionários dos gentios. O bom resultado foi uma missão dupla amigável (?): a liderança de Jerusalém para os circuncidados, por um lado, e Paulo e Barnabé, por outro, para os incircuncisos

James D. G. Dunn

(2:7-9). Segundo o apóstolo, os homens influentes dessa cidade pediram apenas uma coisa: "que nos lembrássemos dos pobres", o que ele estava ansioso por fazer (2:10), compromisso que, ironicamente, resultou em sua última prisão em Jerusalém e, por fim, em sua morte (Atos 21–28).

No entanto, o que havia sido um resultado positivo logo abriu espaço para mais tensão. Não podemos dizer quão rápido, mas o fato de um confronto cada vez mais sério haver acontecido — dessa vez não em Jerusalém, a sede conservadora do novo movimento, mas em Antioquia, onde a porta fora totalmente aberta, em primeiro lugar, aos gentios — deve ter sido muito irritante para Paulo. Cefas (Pedro)[9] havia chegado a Antioquia e ficou feliz ao se reunir com os cristãos judeus locais em sua comunhão à mesa com os crentes gentios locais. Todavia, "antes de chegarem alguns da parte de Tiago (...) [Cefas] separou-se dos gentios, temendo os que eram da circuncisão" (Gálatas 2:12). Paulo continua com as lembranças que lhe são particularmente dolorosas: "Os demais judeus também se uniram a ele nessa hipocrisia, de modo que até Barnabé se deixou levar" (2:13) (o leitor quase pode ouvir o soluço em sua voz quando ele tem essa triste lembrança). É claro que Paulo ficou chocado com isso, pois acreditava que a atitude de Pedro, Barnabé e outros era totalmente inconsistente com "a verdade do evangelho" (2:14). Tiago abriu mão do acordo tão arduamente conquistado em Jerusalém.

Vemos claramente que o evangelho estava aberto aos gentios como gentios, sem exigir que se tornassem prosélitos, e que essa era, para Paulo, a essência da mensagem do evangelho. De forma um tanto surpreendente, essa foi a revelação que ele teve no caminho para Damasco e que lhe foi confirmada pelo sucesso de sua pregação e de seu ministério entre os gentios. E era isso que ele pensava ter sido combinado em Jerusalém. Como Pedro, Barnabé e os demais poderiam deixar de perceber que, ao se recusarem a comer com os crentes gentios, voltariam atrás no acordo feito em Jerusalém? "A verdade do evangelho", ou seja, o próprio evangelho, estava em jogo.

---

[9]Paulo se referiu a Pedro como "Cefas" em Gálatas 2:9,11-14 como um meio de indicar sua visão tradicionalista?

A indignação e a raiva de Paulo são claramente percebidas na forma como ele respondeu. Ele confrontou Pedro, não silenciosamente em uma reunião particular, mas de forma pública, "diante de todos", e protestou vigorosamente: antes da chegada do "povo de Tiago", Pedro estava disposto a manter plena comunhão com os crentes gentios comendo com eles e deixando de lado as regras judaicas distintas que orientavam a comunhão à mesa. Naquela ocasião, como Pedro poderia descartar essa comunhão e aceitar a prática dos gentios dessas regras alimentares como condição para a comunhão à mesa com os crentes judeus e gentios? Após o acordo em Jerusalém, o pacto que distingue a missão dos judeus e a dos gentios como duas coisas distintas (2:7-9), como Pedro poderia insistir — Paulo usa uma palavra mais enérgica: "obrigar" —, mesmo em Antioquia (o centro da missão entre os gentios), que os crentes gentios deveriam estar em conformidade com as normas da missão aos judeus (2:14)?

Então, vem a declaração forte e fundamental, segundo a qual Paulo afirma "a verdade do evangelho", que não insistia nem pressupunha que os gentios que nele acreditavam estariam se tornando prosélitos do judaísmo. "Nós, judeus de nascimento e não 'gentios pecadores', sabemos que ninguém é justificado pela prática da lei, mas mediante a fé em Jesus Cristo" (2:15-16a). E, com o propósito de deixar seu argumento claro e indiscutível, ele o repete mais duas vezes: "Assim, nós também cremos em Cristo Jesus para sermos justificados pela fé em Cristo, e não pelas obras da lei, porque pelas obras da lei ninguém será justificado" (2:16bc).[10]

O que Paulo quis dizer com "obras da lei" é óbvio no contexto. Ele se referia à dupla tentativa dos crentes judeus tradicionalistas de exigir que os gentios que criam em Jesus e com ele se comprometiam através do batismo fossem circuncidados (2:1-10) e obedecessem às leis alimentares judaicas (2:11-13). Aqueles com quem o

---

[10]Uma tradução alternativa bastante popular da expressão-chave "pela fé em Cristo" como "pela fé de Cristo" (NRSV – notas marginais), com efeito, distorce o argumento de Paulo, em que a questão principal é se apenas a fé, o compromisso em Cristo e para Cristo, é suficiente aos gentios convertidos, como o apóstolo insiste, ou se eles também precisam realizar "as obras da lei" antes de serem reconhecidos como cristãos, como crentes no Messias Jesus.

James D. G. Dunn

apóstolo discute ou argumenta entendem claramente o novo movimento iniciado por Jesus como uma forma de judaísmo messiânico, um judaísmo que atrai os gentios — como alguns profetas haviam predito — para o que ainda era o judaísmo tradicional. A visão de Paulo e sua missão vitoriosa desafiaram essa suposição. O motivo pelo qual ele foi tão inflexível a esse respeito não está totalmente claro. Supostamente, a lembrança de seu compromisso em garantir sua própria justiça debaixo da lei e de sua perseguição implacável dos crentes em Jesus (Filipenses 3:6) enfatizou para ele a importância de defender que o evangelho de Cristo buscava apenas a resposta para a fé — e somente para a fé. Esse aspecto era tão importante para ele que qualquer requisito além da fé era, na verdade, uma tentativa de construir sua própria justiça e nela confiar. Como ele disse ao continuar seu argumento: "Se reconstruo o que destruí, provo que sou transgressor. Pois, por meio da lei eu morri para a lei, a fim de viver para Deus" (Gálatas 2:18-19).

Portanto, a questão confrontada por Paulo era se os crentes gentios precisariam tornar-se prosélitos do judaísmo se desejassem ser salvos — e jamais podemos esquecer ou deixar de lado esse fato. Contudo, a formulação de seu argumento principal teve obviamente relevância muito maior, pois, se a circuncisão e as leis alimentares judaicas não fossem um requisito necessário para a fé, muitos outros fatores e práticas religiosas tradicionais também não deveriam ser, incluindo tantos que cresceram na história do cristianismo. Lutero compreendeu o ponto de vista de Paulo e tornou essa perspectiva central para sua própria reafirmação da fé cristã. Mas a questão dos judeus e gentios, bem como a dúvida de o cristianismo ser nada além de uma forma de judaísmo, a discussão que o apóstolo trouxe à luz pela primeira vez e que é fundamental para a autodefinição do cristianismo, nunca deve ser esquecida, visto que resultou na concepção mais distinta de Paulo da justificação pela fé e somente pela fé.

LUCAS COMPLICA A HISTÓRIA

Boa parte da responsabilidade pela perda de clareza do cristianismo e pelo fracasso em defender esse ponto tão importante está nas mãos de Lucas, uma vez que ele confunde a distinção e o impacto revolucionário de Paulo exatamente nesse aspecto. Possivelmente, a razão é que Lucas estava bem ciente de que uma reafirmação determinada da posição de Paulo em Antioquia (Gálatas 2:11-16) poderia ser perturbadora ou representar um elemento divisor para o novo movimento — e, se assim fosse, inevitavelmente surgiria a questão de sua apresentação dos primórdios do cristianismo ser ou não suficiente para manter a "verdade do evangelho", que Paulo via como algo essencial à sua mensagem e à sua missão.

Vale a pena observar três aspectos específicos.

1. O primeiro deles é que Lucas parece defender a declaração orgulhosa de Paulo de ser o apóstolo dos gentios — na verdade, o apóstolo pioneiro dos gentios. De outra forma, por que ele teria inserido a história do encontro de Pedro com o centurião romano Cornélio (Atos 10–11) antes de seu relato da primeira viagem missionária de Paulo (Atos 13)? Não só isso; ele repete a história da conversão de Cornélio três vezes (Atos 10:1-48; 11:1-18; 15:7-11), assim como reconta o caso da conversão de Paulo também três vezes (Atos 9:1-19; 22:3-21; 26:4-23). A forma como ele conta isso destaca em que medida ele viu a disposição de Pedro em aceitar Cornélio como a verdadeira descoberta do evangelho para os gentios. Segundo Atos, foi necessário um sonho (ou uma visão reveladora) para haver uma mudança de mentalidade em Pedro.

> Viu o céu aberto e algo semelhante a um grande lençol que descia à terra, preso pelas quatro pontas, contendo toda espécie de quadrúpedes, bem como de répteis da terra e aves do céu. Então uma voz lhe disse: "Levante-se, Pedro; mate e coma". Mas Pedro respondeu: "De modo nenhum, Senhor! Jamais comi algo impuro ou imundo!". A voz lhe falou segunda vez: "Não chame impuro ao que Deus purificou". Isso aconteceu três vezes, e em seguida o lençol foi recolhido ao céu. (Atos 10:11-16)

Isso é completamente surpreendente: Pedro "nunca havia comido nada impuro ou imundo"! Pedro não estava com Jesus quando ele deu uma lição clara sobre o assunto? Nos Evangelhos de Mateus e de Marcos, lemos o ensinamento explícito de Cristo, de que "nada que entre no homem pode torná-lo 'impuro'. Porque não entra em seu coração, mas em seu estômago, sendo depois eliminado" (Marcos 7:18-19a). Marcos acrescenta o que, para ele, era o corolário óbvio: "Ao dizer isto, Jesus declarou 'puros' todos os alimentos" (7:19b). Ou seja, Marcos compreendeu claramente o ensinamento de Cristo de que as leis ou tradições de alimentos puros e impuros não se aplicavam mais aos seus seguidores. Não é o que entra em uma pessoa, mas, sim, o que sai, que contamina: maus pensamentos, cobiça e assim por diante (7:20-23).

É interessante observar que Mateus retém o ponto principal, que aquilo que sai de um indivíduo é o que contamina, e não o que ele come (Mateus 15:16-20). Porém, ele omite o acréscimo de Marcos, deixando de apontar sua conclusão de que Jesus declarou todos os alimentos limpos. Essa leve discordância, se for a melhor forma de descrevê-la, seria facilmente explicada se Marcos estivesse escrevendo seu Evangelho com a missão dos gentios em vista, enquanto Mateus o fazia tendo em vista a continuidade da missão entre seus companheiros judeus.

Entretanto, isso nos deixa completamente despreparados para o fato de que Lucas não tem paralelo com a passagem relatada em Marcos 7/Mateus 15, talvez porque ele quisesse atribuir a Pedro a descoberta do evangelho pelos gentios. Para Lucas, a implicação e a questão eram bem claras: as leis de pureza e impureza eram uma grande pedra de tropeço para a missão aos gentios. Portanto, em vez de lembrar a seus leitores que o ponto fundamental já havia sido resolvido durante a missão de Jesus, e muito antes de a possibilidade da missão dos gentios colocar o assunto sob forte escrutínio, ele naturalmente decidiu ignorar a tradição de Marcos 7 e deixar de lado o tema até que fosse abordado (mais uma vez?) por Pedro no episódio de Cornélio.

Ler Lucas contar a história em Atos 10–11 é um avanço maravilhoso. Pedro é convencido pela visão celestial — é interessante constatar que a voz que o persuadiu não é identificada como a voz de Jesus (10:13) — e responde imediatamente ao apelo de Cornélio. Suas palavras iniciais a Cornélio mostram que ele ouviu claramente a mensagem celestial: "Vocês sabem muito bem que é contra a nossa

A NOVA PERSPECTIVA SOBRE PAULO

lei um judeu associar-se a um gentio ou mesmo visitá-lo. Mas Deus me mostrou que eu não deveria chamar impuro ou imundo a homem nenhum" (10:28). Lucas pode ter omitido a tradição de Marcos 7, porém não para dar a Paulo todo o crédito pelo desenvolvimento de uma missão entre os gentios. Segundo Lucas, o mérito é de Pedro. A questão em seu novo relato da história é que, embora a visão de Pedro tenha surgido após a conversão de Paulo, Pedro foi o primeiro a esclarecer o fato de que a missão dos gentios envolvia uma ruptura decisiva com a tradição de pureza/impureza judaica.

2. O segundo aspecto digno de observação são as diferenças entre a lembrança de Paulo da reunião crítica em Jerusalém (Gálatas 2:1-10) e o relato de Lucas de tal reunião (Atos 15). Se Lucas está narrando exatamente "o mesmo encontro", isso deixa muitos comentaristas intrigados, pois são relatos bem diferentes. Todavia, é quase certo que as divergências não são simplesmente lembranças distintas do mesmo encontro, mas, sim, o resultado da mesma preocupação de Lucas em evitar qualquer impressão de um desacordo fundamental entre as principais figuras do movimento de Jesus.

De acordo com Paulo, ele foi a Jerusalém "por causa de uma revelação" (Gálatas 2:2). Esse relato pode ser rapidamente correlacionado com a versão de Lucas em Atos 15:1-2. Do mesmo modo, a referência de Paulo àqueles que insistiam em que os crentes gentios deveriam ser circuncidados como "falsos irmãos" (Gálatas 2:4) pode ser prontamente vinculada a quem Lucas se refere como "alguns do partido religioso dos fariseus que haviam crido" (Atos 15:5). Contudo, a partir de então, as diferenças tornam-se bem impactantes.

Como já observado, em Gálatas 2, Paulo lembra-se de haver precisado assumir uma posição firme contra quem desejava "nos escravizar", insistindo em que os crentes gentios deveriam ser circuncidados. A eles, Paulo declara firmemente: "Não nos submetemos a eles nem por um instante" (2:5). E continua relatando o apoio que recebeu "daqueles que deveriam ser líderes conhecidos", com certo tom de desconfiança e desrespeito, precisamos admitir. No entanto, como já vimos, o resultado foi um compromisso combinado: de um lado, Tiago, Cefas/Pedro e João para a missão entre os circuncisos; do outro, Paulo e Barnabé com os gentios.

O relato de Atos 15 do último estágio do que provavelmente foi a mesma reunião é visivelmente diferente. Não há indicação de tensão, muito menos do modo como é lembrado por Paulo em Gálatas 2. Em vez disso, a contribuição decisiva para a discussão é atribuída a Pedro, lembrando a conversão relativa ao centurião romano Cornélio (Atos 15:7-11). Então, em uma única frase, Lucas observa que Barnabé e Paulo (observe novamente a ordem) contaram do sucesso de sua missão com os gentios (15:12). Finalmente, e mais uma vez de forma notável, é Tiago — que, aparentemente, presidia a reunião — quem resume os resultados do encontro, concluindo que era a vontade de Deus que as boas-novas de Jesus fossem abertas aos gentios, citando particularmente Amós 9:11-12 como fonte de apoio. A carta que ele decide enviar aos crentes gentios os isenta das leis alimentares problemáticas (15:19-21). Assim, Lucas — mais uma vez — coloca uma espécie de véu sobre o que, pelo menos inicialmente, havia sido uma reunião tensa e desorganizada. Evidentemente, seu objetivo é deixar claro aos leitores que a missão pioneira com os gentios, da forma como defendida por Paulo, não dividiu a liderança do novo movimento, mas foi apoiada por todos com grande entusiasmo.

3. Então, vem a divergência mais profunda entre a lembrança de Paulo dos primeiros dias e o relato de Lucas. A surpresa é que o segundo não oferece absolutamente nenhum indício do confronto — após aquele da Antioquia — entre Paulo e Pedro, lembrado como uma memória conturbada pelo apóstolo em Gálatas 2:11-14. Possivelmente, a razão é que o incidente de Antioquia mostrou muito claramente que o acordo em Jerusalém não havia sido, afinal de contas, definitivo. Foram "alguns da parte de Tiago" (2:12) que causaram a crise nessa reunião de crentes, insistindo, outra vez, em que judeus e gentios não deveriam comer juntos, ainda que todos fossem crentes em Jesus. Contudo, na narrativa de Lucas, isso poderia/não deveria ter acontecido. O avanço de Pedro com Cornélio e o feliz encontro em Jerusalém resolveram o problema. Portanto, não há mais nada a ser dito. Ao que parece, aqui o apologista substituiu o historiador.

Todavia, se tudo isso é verdade, não podemos culpar Lucas com muito rigor. Ele provavelmente apresenta uma imagem mais equilibrada do que vemos na correspondência de Paulo, que é um protagonista; Lucas, por sua vez, é um historiador. Mas ele deixa em aberto uma questão um tanto problemática: ao diminuir o grau de confronto que a missão paulina e sua respectiva defesa parecem ter causado, ele perde de vista o ponto principal de Paulo no que se refere ao evangelho? Por outro lado, o apóstolo foi um pouco radical demais nesse ponto? Lucas percebeu claramente que havia um sério risco de que a missão entre os gentios pudesse levar a um cisma, um movimento de divisão em duas partes mais ou menos desde o começo. Sua história desses primeiros dias e de como esse perigo foi contornado mostra que uma separação foi evitada, e que Pedro e Paulo são lembrados como missionários companheiros na mesma missão. A tensão ressurgiu algum tempo depois, quando o cristianismo judaico se afastou do crescimento do cristianismo predominantemente entre os gentios. Porém, o sucesso de Lucas é percebido pela formação de um Novo Testamento, em que as cartas paulinas são notáveis, bem como os Evangelhos de Mateus e de Marcos e uma carta de Tiago, vinculados por Lucas e Atos.

Paulo e/ou Lucas?

Essa discordância e a tensão entre a lembrança de Paulo do incidente de Antioquia e o relato de Lucas sobre o início do cristianismo trazem alguns questionamentos importantes.

A questão principal é se Paulo estava correto em insistir na justificação somente pela fé ao custo de divergência e confronto com o restante da liderança cristã do primeiro século. Seria justo afirmar que a representação de Lucas de um desenvolvimento do cristianismo liderado por Pedro, sua tentativa de evitar um confronto entre Paulo e Pedro no tocante à verdade do evangelho, sua suposição de que os homens influentes de Jerusalém haviam lidado bem com as tensões e sua descrição do contentamento do apóstolo com o resultado da conferência de Jerusalém levaram diretamente à forma de cristianismo dominada por um sucessor papal de Pedro em Roma, com Paulo sendo realmente banido, ou melhor, marginalizado, para os arredores da mesma cidade? E a redescoberta de Gálatas 2:16 por Lutero foi, de

James D. G. Dunn

fato, produto desse confronto e uma reação ao curso estabelecido por Lucas em sua história no início do cristianismo?

Outra questão complexa é se um desejo cristão natural pelo ecumenismo pode ceder prontamente aos desejos de flexibilizar as arestas mais duras do evangelho, a fim de evitar reformulações da "verdade do evangelho" pelo fato de o confronto dos Pedros e dos Paulos modernos ser muito desafiador. A discordância entre Paulo e Lucas, em seus diversos painéis de divergências fundamentais dentro da liderança cristã primitiva, traz à tona uma questão que não deve e não pode ser ignorada: o que vem primeiro: a aceitação ecumênica mútua ou "a verdade do evangelho"? Uma questão corolária inevitável, levando em consideração que foram os avanços eclesiais e teológicos que Lutero percebeu que obscureceram essa verdade, é se, desde então, os desenvolvimentos, mais uma vez, ofuscaram essa mesma verdade.

Outra linha de questionamento vem do fato de que o Novo Testamento combina muito bem Lucas/Atos e Paulo no mesmo cânon. Seu sucesso nesse sentido se deve, ao menos em parte, à correlação entre suas representações do Espírito Santo e o papel crucial deste na definição do cristianismo. O destaque lucano na definição do Espírito combina bem com o de Paulo. Observe, por exemplo, a introdução de Lucas ao seu relato do cristianismo primitivo, com foco no batismo prometido (Atos 1:5), em sua ênfase na experiência do Pentecostes como o início revigorante do cristianismo e sua expansão inicial (1:8; 2:1-47), na resolução de Pedro quanto à conversão parcial dos samaritanos por Filipe (8:4-17) e em seu papel central na conversão do centurião Cornélio (10:1-11:18) e na resolução de Paulo da condição ambígua de "alguns discípulos" convertidos por Apolo (18:24–19:7). Além disso, compare isso com o foco equivalente de Paulo, especialmente a definição de um cristão não no contexto da fé ou do batismo, mas de ter o Espírito de Cristo (Romanos 8:9-14), a compreensão da Igreja como corpo de Cristo empoderado pelo Espírito, a adoração como capacitada e guiada pelo Espírito (1Coríntios 12; 14), a vida concedida e energizada por ele, transformando os crentes à imagem de Cristo (2Coríntios 3), e seu desafio aos convertidos da Galácia de lembrar que eles haviam começado recebendo o Espírito, não praticando a lei, então por que deveriam pensar que crescer na vida cristã seria diferente (Gálatas 3:1-5)?[11]

O vínculo entre a justificação pela fé e o dom do Espírito foi fundamental na pregação e na teologia paulina, como é visivelmente ilustrado, em especial na sequência de Romanos 5–8 e de Gálatas 2:16-21, seguido imediatamente por 3:1-14, tendo sido tristemente suavizado por Lucas em sua história do início do cristianismo. Em contraste, Lucas, embora sublinhe a importância do Espírito, não faz um esforço real para apontar a centralidade da justificação pela fé na pregação do apóstolo. O ponto é claramente ilustrado em Atos 13:38-39, os únicos dois versículos em que Lucas se refere ao discurso de Paulo sobre a justificação em seus registros de pregação. O problema — se essa for a palavra correta — é que seu relato dificilmente combina com o que o próprio Paulo diz quanto à justificação em suas cartas.[12] Será que, ao tentar diminuir a distinção do ministério de Paulo e ajustá-lo mais confortavelmente a uma missão universal conduzida a partir de Jerusalém, Lucas realmente perdeu de vista a identidade do evangelho da forma como pregada pelo apóstolo?

É essa a questão que Lucas aborda acerca da pregação do evangelho por Paulo, tanto nos dias de hoje como no primeiro século e no século 16? Existe uma tensão entre a motivação ecumênica compreensível na descrição de Lucas dos primórdios do cristianismo e o desafio e as demandas do evangelho pregado por Paulo? Precisamos escolher entre o nítido desafio do evangelho de Paulo e a descrição de Lucas de uma igreja unida e liderada por Pedro e seus sucessores? O próprio Novo Testamento responde que não. Eles pertencem um ao outro, um evangelho, uma igreja. A primazia de Pedro é bem fundamentada no Novo Testamento, mas pouco refletida em comparação à

---

[11]Talvez eu deva citar aqui também meu ensaio "Galatians", in Trevor J. Burke e Keith Warrington, orgs., *A Biblical Theology of the Holy Spirit* (Londres: SPCK, 2014), p. 175-86.
[12]Por exemplo, C. K. Barrett observa com tristeza: "Não podemos atribuir esses versículos a Paulo. Sobre uma questão fundamental de fé, Lucas mostra sua devoção a ele, mas menos do que um entendimento completo de sua teologia". *A Critical and Exegetical Commentary on the Acts of the Apostles*, 2 vols., ICC (Edimburgo: T&T Clark, 1994), 1:651. As traduções modernas tendem intencionalmente a evitar o uso da palavra "justificar" em suas versões.

James D. G. Dunn

condição principal dispensada às cartas paulinas. No entanto, a diminuição de Paulo em comparação a Pedro nos primeiros séculos e a redescoberta do apóstolo por Lutero no século 16 dificilmente podem ser ignoradas.

Conclusão

Portanto, não me desculpo por me concentrar em Gálatas 2:11-16 na dimensão que o fiz. Existe o risco de permitirmos que o caráter ecumênico do retrato de Lucas dos primórdios do cristianismo ofusque o que era mais importante para Paulo. O desafio de um evangelho eficaz apenas por meio da fé — e da fé somente — foi facilmente perdido de vista na história de Lucas e na seguinte que ele realmente encorajou. Como essa narrativa documenta muito bem, é fácil para a simplicidade fundamental do evangelho — como expresso em Gálatas 2:16 — ser esquecida e realmente escondida sob o peso e a solenidade das declarações do credo, da ordem da igreja, da hierarquia eclesiástica, entre outros. Foi isso que Lutero percebeu e foi por essa razão que a Reforma tanto protestou. Se a verdade do evangelho exigia que Paulo confrontasse Pedro, exigia também que Lutero confrontasse o papa. E essa verdade não deveria ser reafirmada hoje, mesmo quando nos desafia a questionar se há muito — na verdade, um excesso — nas igrejas dos dias atuais que obscureça ou ignore o evangelho pregado e proclamado por Paulo?

A RESPOSTA *da* PERSPECTIVA CATÓLICA ROMANA *a* DUNN

Brant Pitre

James Dunn começa dizendo que ficou "um tanto perplexo" ao receber o convite para colaborar com mais um ensaio relacionado à Nova Perspectiva sobre Paulo (p. 182). Fiquei muito animado. Mais de vinte anos atrás, quando eu era um estudante de graduação pobre, a obra *The Theology of Paul the Apostle*, de Dunn, foi a primeira relacionada a Paulo que eu comprei e valeu cada centavo.[1] Considero um privilégio responder a seu ensaio e dou o primeiro passo destacando alguns pontos principais de concordância.

A NECESSIDADE DE CONTEXTUALIZAR PAULO, O "APÓSTOLO DOS GENTIOS"

Em primeiro lugar, concordo plenamente com Dunn no sentido de que as cartas de Paulo devem sempre ser interpretadas à luz do fato histórico de que "Paulo escrevia como apóstolo dos gentios" (p. 183) (cf. Gálatas 1:16; 2:8-9; Romanos 11:13). Quando se trata de Gálatas em particular, Dunn insiste com razão: "A questão principal era se os gentios que vieram à fé em Cristo deveriam ser considerados prosélitos — na verdade, prosélitos ao judaísmo —, precisando, portanto, agir de acordo" (p. 185). Em outras palavras, antes de tudo, as declarações

---

[1] James D. G. Dunn, *The Theology of Paul the Apostle* (Grand Rapids: Eerdmans, 1998).

Brant Pitre

extremamente consequentes de Paulo no tocante à "justificação" por meio da "fé" à parte "das obras da lei" (Gálatas 2:15-21) devem ser interpretadas em seu contexto histórico e literário. Creio que essa ainda seja uma das contribuições duradouras da Nova Perspectiva sobre Paulo: *a primeira tarefa do exegeta é interpretar Paulo em seus termos e em seu próprio contexto*, independentemente das consequências teológicas. Por sua insistência em priorizar o cenário histórico das declarações do apóstolo, penso que a NPP fez muito no sentido de ajudar a esclarecer a análise paulina de debates centenários pós-Reforma que, em alguns momentos, exerceram influência indevida nos círculos católicos e protestantes. Se o tsunami de publicações relacionadas a Paulo e a justificativa da NPP servirem como indicação, ao menos estimularam novas indagações relacionadas ao texto. Estamos todos em dívida com Dunn por seu pioneirismo ao colocar a soteriologia paulina no centro de um debate contínuo.

O PERIGO DE MODERNIZAR PAULO: "OBRAS DA LEI" ≠ "BOAS OBRAS" PRATICADAS APÓS O BATISMO

Seguindo linhas semelhantes, desde a primeira vez que li a agora famosa palestra de Dunn em 1982, "A Nova Perspectiva sobre Paulo", fui convencido por seu argumento básico, reafirmado aqui em seu ensaio, de que seria anacrônico identificar as "obras da lei" [ou a "prática da lei"] a que o apóstolo se refere em Gálatas 2 como "as 'boas obras' desacreditadas pelos reformadores como base para a aceitação de Deus", coisas como ouvir uma missa, dar esmolas ou comprar uma indulgência.[2] Dunn insiste em que "a situação e as preocupações da Reforma do século 16 não eram as mesmas de Paulo no primeiro século" (p. 183). Também concordo que, pelo menos quando o assunto é Gálatas 2, "o que Paulo quis dizer com 'obras da lei' é óbvio no contexto. Ele se referia à dupla tentativa dos crentes judeus tradicionalistas de exigir que os gentios (...) fossem circuncidados (2:1-10) e obedecessem às leis alimentares judaicas (2:11-13)" (p. 188). Independentemente de qualquer outra coisa que essa expressão possa

---

[2]Para uma reimpressão recente deste artigo, veja James D. G. Dunn, *The New Perspective on Paul*, ed. rev. (Grand Rapids: Eerdmans, 2008), p. 99-120.

significar em outras partes das cartas paulinas, parece-me incontestável que, no contexto, essas duas questões realmente pareçam estar em destaque na mente de Paulo enquanto ele elabora os trechos iniciais de sua carta furiosa aos gálatas, mesmo que não pretenda excluir outras obras da lei.[3]

A "ESSÊNCIA DA MENSAGEM DO EVANGELHO" EM GÁLATAS = A JUSTIFICAÇÃO "SOMENTE PELA FÉ"

Como essa distinção entre "obras da lei" (por exemplo: circuncisão, leis alimentares) e "boas obras" praticadas após o batismo (como participar da Ceia do Senhor, dar esmolas aos pobres) é clara, sou capaz até mesmo de concordar com a descrição de Dunn da "essência" do "evangelho" em Gálatas como "justificação" "somente pela fé", quando esta é corretamente entendida.[4] Como Dunn afirma: "Vemos claramente que o evangelho estava aberto aos gentios como gentios, sem exigir que se tornassem prosélitos, e essa era, para Paulo, a essência da mensagem do evangelho" (p. 187). No contexto de Gálatas, isso parece correto, principalmente quando olhamos a forma como o apóstolo usa a expressão "o evangelho" no começo da carta:

> Admiro-me que tão depressa abandoneis aquele que vos chamou pela graça de Cristo, e passeis a *outro evangelho*. Não que haja outro, mas há alguns que vos estão perturbando e querendo corromper o *evangelho de Cristo*. Entretanto, se alguém — ainda que nós mesmos ou um anjo do céu — vos anunciar um evangelho diferente do que vos anunciamos, seja anátema. (Gálatas 1:6-8).

No contexto de Gálatas, "o evangelho" (τὸ εὐαγγέλιον, *to euangelion*) (Gálatas 1:7; cf. 2:14) parece ser um atalho para o fato de que

---

[3]Ao longo dos anos, Dunn esclareceu repetidamente que sua ênfase na circuncisão e nas leis alimentares não exclui outras práticas da lei ou da Torá como um todo. Observe, por exemplo: Dunn, *The New Perspective on Paul*, p. 23: "Não tenho dúvidas de que 'obras da lei' se referem ao que a lei exigia, a conduta prescrita pela Torá" e novamente: "Não quero reduzir as 'obras da lei' a questões de limites", p. 28.
[4]Veja meu ensaio sobre a tradição católica patrística, medieval e moderna da justificação inicial *sola fide*.

Brant Pitre

"o homem não se justifica pelas obras da lei" (Gálatas 2:16). Dessa maneira, a despeito do debate contemporâneo referente à dúvida se a justificação pela fé é o "centro da teologia paulina", quando se trata de Gálatas, Dunn está certo em apontar esse fator como a "essência" do que Paulo quer dizer quando contrasta seu "evangelho" com o "evangelho diferente" de seus oponentes (Gálatas 1:6-7). Como o autor lembra posteriormente em seu ensaio, foi "a questão judeu/gentio" que "resultou na concepção mais distinta de Paulo da justificação pela fé e somente pela fé" (p. 189). Se, com isso, Dunn pretende mostrar que, quando entrou no corpo de Cristo — ou seja, o ato inicial de justificação pelo qual um indivíduo se torna um membro de Cristo —, "o evangelho de Cristo buscava apenas a resposta para a fé — e somente para a fé" (p. 189), concordo.

Dito isso, tenho três questionamentos referentes ao texto de Dunn.

Quão "nova" é a "Nova Perspectiva"?

Antes de mais nada, sempre me perguntei: quando Dunn cunhou a expressão "a Nova Perspectiva sobre Paulo", ele estava ciente de que alguns elementos fundamentais de sua visão — como a ênfase na circuncisão e nas leis alimentares — faziam parte da tradição exegética católica havia muitos séculos? Após pesquisar indícios em seus tantos textos, identifico pouca ou nenhuma interação com intérpretes paulinos patrísticos e medievais, como João Crisóstomo e Tomás de Aquino, que escreveram comentários de todas as cartas paulinas.[5] Existe um motivo para que Dunn não se tenha envolvido com esses gigantes da exegese do apóstolo? Como apontei em meu ensaio, o ponto de vista a que Paulo se referia *não* eram as boas ações realizadas depois do batismo (a posição que tal autor atribui aos reformadores

---

[5]Veja, por exemplo, Tomás de Aquino, *Commentary on the Letter of Saint Paul to the Romans*, trad. F. R. Larcher, ed. J. Mortensen e E. Alarcón (Lander, WY: Aquinas Institute for the Study of Sacred Doctrine, 2012), p. 99, onde Aquino resume a discussão secular entre alguns que interpretam a expressão de Paulo "obras da lei" como referência à "lei mosaica, como a observância de preceitos cerimoniais", como a circuncisão e as leis alimentares, e outros que pensam que "o apóstolo pretende dizer que por nenhuma prática da lei, mesmo aquelas ordenadas pelos princípios morais, o homem é justificado" (3.2.297; cf. 3.4.317).

protestantes), mas principalmente a "prática da lei" judaica, que é, na verdade, bastante antiga. Essa linha foi defendida pelos dois ilustres especialistas paulinos dos primeiros quatro séculos: Orígenes de Alexandria (m. 253 d.C.) e Jerônimo de Stridon (m. 420 d.C.):

> As ações que Paulo repudia e costuma criticar não são os *atos de justiça* ordenados pela lei, e sim (...) a *circuncisão* da carne, os rituais de sacrifício, a observância dos sábados ou festivais da lua nova. (Orígenes, *Commentary on the Epistle to the Romans* 8.7.6)[6]

> Deveria perguntar o que está em debate [em Gálatas 3:2]: *a prática da lei*, a obediência do *sábado*, a superstição da *circuncisão* e as luas novas (...) Observemos cuidadosamente o que [Paulo] *não* diz: "Gostaria de saber apenas uma coisa": se foi pelas obras "que vocês receberam o Espírito", mas, na verdade, "foi pela prática da lei". (Jerônimo, *Commentary on Galatians*, 1.3.2)[7]

Esses não são, de forma alguma, os únicos exemplos patrísticos dessa exegese paulina.[8] À luz de tais leituras, Dunn concordaria que talvez devêssemos explicar o "novo" na "Nova Perspectiva"?[9]

JUSTIFICAÇÃO "SOMENTE PELA FÉ" ≠ "FÉ SEM AMOR"

Minha segunda questão é mais exegética. Ainda que eu fosse grato pelo fato de Dunn ter dedicado seu tempo a explicar como entende a "justificação pela fé" independentemente da "prática da lei" nos primeiros capítulos de Gálatas, esperava que ele esclarecesse algo quanto às declarações posteriores de Paulo em tal carta no tocante à relação entre justificação, "fé" e "amor":

---

[6]Orígenes, *Commentary on the Epistle to the Romans*, trad. Thomas P. Scheck, 2 vols., PI 103, 104 (Washington, DC: Catholic University of America Press, 2001-2), 2:159 (grifo nosso).
[7]*St. Jerome's Commentaries on Galatians, Titus, and Philemon*, trad. Thomas P. Scheck (Notre Dame, IN: University of Notre Dame Press, 2010), p. 114 (grifo nosso).
[8]Veja mais em Matthew J. Thomas, *Paul's "Works of the Law" in the Perspective of Second Century Reception*, WUNT 2/468 (Tübingen: Mohr Siebeck, 2018).
[9]Veja também Thomas P. Scheck, *Origen and the History of Justification: The Legacy of Origen's Commentary on Romans* (Notre Dame, IN: University of Notre Dame Press, 2008).

Brant Pitre

> Rompestes com Cristo, vós que buscais a justiça na Lei; caístes fora
> da graça. Nós, com efeito, aguardamos, no Espírito, a esperança
> da justiça que vem da fé. Pois, em Cristo Jesus, nem a circunci-
> são tem valor, nem a incircuncisão, mas *a fé agindo pela caridade*.
> (Gálatas 5:4-6)

Como menciono em meu ensaio, sob uma perspectiva católica, a
tradição de resumir o ensino de Paulo como justificação inicial pela
"fé somente" (no latim, *sola fide*) é inquestionável, desde que não se
queira dizer justificação pela "fé" (no grego, πίστις, *pistis*; no latim,
fides) à parte do "amor" (no grego, ἀγάπη, *agapē*; no latim, *caritas*).
Um fundamento dessa insistência em manter a fé e a caridade juntas é
a declaração de Paulo de que, quando o assunto é "justiça", tudo o que
importa é "a fé que atua pelo amor" (πίστις δι' ἀγάπης ἐνεργουμένη,
pistis di' agapēs energoumenē) (Gálatas 5:6). Historicamente falando,
como esse era um fator de divisão entre alguns dos reformadores protestantes e a leitura católica, eu esperava que Dunn houvesse mencionado algo referente a isso em seu ensaio. Felizmente, ele aborda o
tema em seu comentário de 1993 sobre Gálatas. Lá, ele escreve:

> Esse versículo (Gálatas 5:6) oferece uma base para a resposta a
> qualquer crítica da perspectiva paulina da justificação pela fé, que
> incentivou um quietismo passivo, um inativismo ou mesmo um anti-
> nomianismo (Romanos 3:8; 6:1). Pelo contrário, Paulo entendia "em
> Cristo" como um relacionamento novo, vivo e ativo em praticar o
> bem (cf. também 6:15) e entendia a justificação como um relaciona-
> mento sustentado com Deus por meio de Cristo (fé), que produziu a
> justiça desejada e reconhecida pelo Senhor (amor). *A expressão é qua-*
> *se um conceito único, a fé por meio do amor, energizada pelo amor. Essa*
> *é a fé da qual ele falava, e não aquela em seu estágio inicial que tinha*
> *o amor como resultado, como se os dois fossem separados* (...), a fé que
> se expressa em e por meio do amor. Tal concepção não pode ser vista
> como uma ameaça à *sola fide*, pois é exatamente essa confiança com-
> pleta na abertura à graça de Deus que vem à tona no amor, mas não o
> amor como uma exigência da fé, e sim como sua expressão natural (...)
> Precisamos conceder a Paulo a justiça de levá-lo a sério quando ele
> afirma que unicamente por meio dessa relação dinâmica a lei poderia

ser cumprida como Deus queria que fosse; "o princípio *sola fide* é de fato exclusivo, mas não restrito" (Mussner 353). Aqui, o apóstolo chega o mais perto possível de Tiago (Tiago 2:18).[10]

É evidente como os elementos da exegese de Dunn são coerentes com a tradição católica patrística, medieval e moderna da *sola fide*. Como aponto em meu ensaio, na tradição católica, a justificação *sola fide* se refere à justificação inicial pela graça por meio da "fé à parte das obras", não por meio da "fé à parte do amor". Em particular, a interpretação de Dunn das palavras de Paulo como uma "fé energizada pelo amor" que não ameaça a justificação *sola fide* é bem próxima da perspectiva católica ensinada pelo Concílio de Trento: "A fé sem esperança e caridade não une perfeitamente um homem a Cristo, nem o torna um membro vivo de seu corpo. Portanto, é correta a ideia de que a fé, por si só, sem prática, está morta e é inútil (cf. Tiago 2:17,20) e que 'em Cristo Jesus nem circuncisão nem incircuncisão têm efeito algum, mas sim a fé que atua pelo amor' (Gálatas 5:6)" (Concílio de Trento, *Decreto sobre a Justificação*, cap. 7).[11]

À luz desse ponto de convergência impressionante, pergunto-me: Dunn concordaria com o resumo do Concílio de Trento acerca da concepção paulina da justificação como algo que se dá pela "graça", por meio da "fé sem obras", e não da "fé sem caridade"? A tradição católica patrística, medieval e moderna de justificação inicial *sola fide* que esbocei em meu texto constitui um ponto comum sobre o qual podemos concordar?

QUANDO A DOUTRINA PAULINA DA JUSTIFICAÇÃO "SOMENTE PELA FÉ" FOI PERDIDA?

Meu último questionamento tem caráter mais ecumênico. Dunn conclui seu ensaio do seguinte modo:

---

[10]James D. G. Dunn, *The Epistle to the Galatians*, BNTC (1993; reimpressão, Grand Rapids: Baker Academic, 2011), p. 272 (grifo nosso). Dunn cita F. Mussner, *Der Galaterbrief*, HTKNT, 3. ed. (Friburgo: Herder, 1977).

[11]Heinrich Denzinger, *Compendium of Creeds, Definitions, and Declarations on Matters of Faith and Morals*, ed. Peter Hünermann, 43. ed. (São Francisco: Ignatius, 2012), n. 1531.

Brant Pitre

> O desafio de um evangelho eficaz unicamente por meio da fé e somente por ela foi facilmente perdido de vista na história de Lucas e na narrativa seguinte que ele encorajou. Como essa narrativa documenta muito bem, é fácil para a simplicidade fundamental do evangelho — como expresso em Gálatas 2:16 — ser esquecida e realmente escondida sob o peso e solenidade das declarações do credo, da ordem da igreja, da hierarquia eclesiástica, entre outros. Foi isso que Lutero percebeu e foi por essa razão que a Reforma tanto protestou. Se a verdade do evangelho exigia que Paulo confrontasse Pedro, exigia também que Lutero confrontasse o papa. (p. 197)

À luz do meu ensaio, no presente volume, no que diz respeito à Perspectiva Católica Romana sobre Paulo, pergunto-me se Dunn consideraria analisar uma afirmação tão abrangente quanto ao catolicismo. Para ser mais específico: se a justificação inicial "unicamente pela fé" (*sola fide*) foi ensinada por escritores católicos patrísticos, medievais e modernos, incluindo bispos como Agostinho, padres como Aquino e papas como Bento XVI, vale afirmar que o evangelho estava "perdido" ou "oculto"?

Resumindo, assim como os especialistas paulinos precisam continuar se empenhando para serem mais precisos em sua descrição do judaísmo do primeiro século, sugiro humildemente que os estudiosos protestantes tentem fazer o mesmo em relação ao catolicismo. Assim como alguns judeus dessa época não praticavam boas ações com a intenção de "entrar" na antiga aliança, mas para nela "permanecer", os católicos medievais não frequentavam a missa, nem davam esmolas ou realizavam indulgências (exemplos que Dunn usa em seu ensaio) na tentativa de "entrar" no novo pacto (tal "entrada" acontecia por meio do batismo infantil). Em vez disso, praticavam boas obras pela graça com a intenção de se conformar a Cristo e "continuar" na nova aliança. Deixando bem clara essa distinção, ainda não tenho certeza de como a insistência de Lutero na justificação *sola fide* se aplica da maneira como Dunn a usa, já que não conheço nenhum católico medieval que tenha rejeitado a justificação inicial *sola fide*. No mínimo, não creio que nada seria perdido para o movimento ecumênico contemporâneo ao adicionar mais pormenores à forma como a doutrina da justificação é discutida em relação à prática e à crença católica. Na verdade, quando se trata de exegese paulina, o foco pode ser mais nítido nos aspectos em que católicos e protestantes realmente concordam.

A RESPOSTA *da* PERSPECTIVA PROTESTANTE TRADICIONAL *a* DUNN

Andrew Das

O ensaio do professor Dunn aborda duas afirmações com o intuito de complementar seu imenso *corpus* de estudos. A primeira afirmação, o conflito em Antioquia, referido em Gálatas 2:11-14, é relacionada a distinções étnicas judaicas: as leis alimentares e a circuncisão. A segunda, em Atos, em que Lucas tenta diminuir o conflito entre Pedro e Paulo, apontando o primeiro como a figura-chave que inaugura a missão gentílica. Ao defender o papel central de Pedro, esse autor relaciona Atos 15 a Gálatas 2:1-10.[1] Ele explica as discordâncias entre os dois relatos como resultado dos interesses divergentes de Lucas, porém as diferenças são bastante graves, a ponto de comprometer a identificação de Dunn. Um ponto de vista mais defensável considera o encontro de Gálatas 2:1-10 um evento que se deu durante a visita de alívio à fome em Atos 11:27-30; 12:25.[2] No entanto, mais significativa ainda é a afirmação de Dunn de que o conflito da Antioquia girava em torno de leis alimentares e circuncisão.

A maneira de entender a expressão "obras da lei" ou "prática da lei" em Gálatas 2:16 tem representado uma diferença fundamental

---

[1] Veja também James D. G. Dunn, *The Epistle to the Galatians*, BNTC (Peabody, MA: Hendrickson, 1993), p. 3-19.

[2] A. Andrew Das, *Galatians*, ConcC (St. Louis: Concordia, 2014), p. 36-43.

A RESPOSTA DA PERSPECTIVA PROTESTANTE TRADICIONAL A DUNN

entre a visão tradicional e a "Nova Perspectiva" de Dunn. Gálatas 2:16 recebe melhor interpretação em seu contexto imediato, principalmente o confronto que ocorreu em Antioquia (2:11-14), daí a importância de compreendermos esse conflito do modo correto. De acordo com Dunn, as "obras da lei" [prática da lei] se referem a tudo o que ela exige, tendo em vista *especialmente* os aspectos que servem como distintivos étnicos. Assim, para ele, a "prática da lei" em 2:16 aparece imediatamente após o embate sobre "se os gentios convertidos (...) deveriam obedecer às leis alimentares distintivas dos judeus" (p. 185) e ser circuncidados. "O que Paulo quis dizer com "prática da lei" é óbvio no contexto. Ele se referia à dupla tentativa dos crentes judeus tradicionalistas de exigir que os gentios que criam em Jesus (...) fossem circuncidados (2:1-10) e obedecessem às leis alimentares judaicas (2:11-13)" (p. 188). Ao se retirar, Pedro torna "a aceitação e a prática dos gentios dessas regras alimentares a condição da comunhão à mesa dos crentes judeus e gentios" (p. 188). Por outro lado, a visão tradicional reconhece que "prática da lei" se refere à lei como um todo, mas *não necessariamente* com os delimitadores em vista. Dependendo do contexto, a frase pode referir-se simplesmente a ações/requisitos da lei.

Pedro, Tiago e João concordaram em se concentrar nos circuncidados, enquanto Paulo e Barnabé teriam como foco os incircuncisos (Gálatas 2:7-9). Então, Paulo narra a refeição de Pedro com gentios em Antioquia (2:11-14). Chegaram "alguns da parte de Tiago" e Pedro se retirou da mesa, seguido por Barnabé e pelos demais judeus. Paulo não menospreza o grupo que surge, como faz com os "falsos irmãos" em 2:4-5, além de ser respeitoso com Tiago em 1:19; 2:6-10. Se esse agrupamento não representasse legitimamente os interesses de Tiago, eles não teriam peso algum para Pedro, e o caso de Paulo seria fortalecido ao expor sua ilegitimidade ou excluir totalmente Tiago da narrativa. Sem essa condição, pode-se concluir com segurança que as preocupações que representam são de Tiago. O que, então, as motivou?

LEIS ALIMENTARES?

Evitar alimentos impuros era uma característica determinante da fé judaica, especialmente após a luta com o objetivo de manter tais leis diante da perseguição de Antíoco IV Epifânio no segundo

Andrew Das

século a. C.[3] Pedro vangloriou-se em Atos 10:14: "Jamais comi algo impuro ou imundo!". O Senhor precisou oferecer-lhe uma revelação enfática antes que ele considerasse ingerir alimento gentio. Se as refeições compartilhadas em Gálatas 2:11-14 violassem as regras mosaicas, os cristãos judeus as teriam rejeitado bem antes de alguém chegar de Jerusalém.[4] Muitos cristãos judeus antioquenos, sem o benefício de uma revelação especial, teriam apresentado reservas similares no que se refere a consumir alimento impuro, e o tumulto que se seguiu teria deixado sua marca no relato de Paulo. Há muito tempo os judeus antioquenos atraíam os gentios para seus costumes.[5] Os primeiros gentios cristãos convertidos provavelmente vinham do grupo dos tementes a Deus, que estavam acostumados a evitar certos alimentos por causa de seus amigos judeus.[6] Os cristãos gentios podiam respeitar os escrúpulos dos cristãos judeus ao comprar carne e vinho dos vendedores judeus de Antioquia. Se fosse preciso, os judeus recorriam a vegetais e água, com o propósito de evitar a alimentação repreensível.[7] Se os judeus pedissem aos gentios que respeitassem seus costumes alimentares, Paulo provavelmente teria defendido a possibilidade de cederem por causa dos crentes mais fracos (Romanos 14:13–15:3; 1Coríntios 8:7-13).[8] Ele não menciona o alimento em questão ou o fato de os cristãos judaicos evitarem as opções do cardápio. Não é provável que os crentes judeus antioquenos tivessem abandonado as leis alimentares mosaicas em suas refeições com os gentios.

---

[3]Por exemplo: 1Macabeus 1:62-63; 4Macabeus 5-6; 8-12; cf. Levítico 11:1-47; Deuteronômio 14:3-21; Fílon, *Spec.* 4.100-118.

[4]James D. G. Dunn, Jesus, *Paul, and the Law: Studies in Mark and Galatians* (Louisville: Westminster John Knox, 1990), p. 152: "Precisamos questionar se tantos judeus crentes em Antioquia teriam desistido da lei tão incondicionalmente"; p. 137: "Alguém que tivesse consideração pela memória dos macabeus nem sonharia em comer alimento impuro".

[5]Josefo, *J.W.* 7,45.

[6]Dunn, *Jesus, Paul, and the Law*, p. 152.

[7]Por exemplo, Josefo, *Ant.* 14,226, 259-61.

[8]Dunn, Jesus, Paul, and the Law, p. 152-53; Peter J. Tomson, *Paul and the Jewish Law: Halakha in the Letters of the Apostle to the Gentiles*, CRINT 3/1 (Assen: van Gorcum; Mineápolis: Fortress, 1990), p. 228: "Se Paulo realmente tivesse violado as leis alimentares e induzido os outros a fazê-lo na presença de Barnabé, Pedro e os judeus de Antioquia, ele teria anulado o acordo e tornado seu próprio apostolado impossível".

Circuncisão?

Talvez os da parte de Tiago exigissem que os gentios se tornassem prosélitos e fossem circuncidados. Talvez, sob a pressão deles, Pedro tenha mudado de uma posição mais flexível, de quem "vive como gentio" (2:14) para uma mais rigorosa, que exige a conversão. Esses cenários, contudo, são improváveis. Ao reconhecer o ministério de Paulo e Barnabé aos gentios, Pedro, Tiago e João já haviam concordado em 2:1-10 que eles não precisavam ser circuncidados.

Tiago não renegou o acordo de Jerusalém sob a pressão dos judeus que não criam em Cristo. Paulo nunca afirmou que Tiago teria violado seu pacto. Pedro não estava em Jerusalém quando Tiago, supostamente, mudou de ideia, e não estava sujeito às mesmas pressões em Antioquia. Ele já havia concordado no sentido de que os gentios não necessitavam ser circuncidados, apesar da influência e das táticas dos "falsos irmãos" (2:4).[9] Tiago não teria agido de forma unilateral, e Paulo não classifica o afastamento de Pedro como uma violação de seu acordo anterior. Exigir que os gentios se tornassem judeus (ιουδαΐζειν, *ioudaizein* [2:14]) parecia ser o *resultado* prático desse afastamento, e não o que estava sendo defendido em primeiro lugar. Outros indícios falsos incluem o dízimo ou as questões de pureza ritual.[10]

Um grande leque de interações judaico-gentias

Quando os judeus escolheram participar de refeições compartilhadas, eram conhecidos por evitar carne sacrificada e o vinho da libação.[11]

---

[9]Dunn, *Jesus, Paul, and the Law*, p. 153-54.
[10]Veja as críticas em Das, *Galatians*, p. 219–23.
[11]Daniel 1:3-20 [cf. Josefo, *Vida* 13-14]; Judite 10-12, esp. 12:1-4, 19; Ad. Est. 14:17; Tobias 1:10-12; Jubileus 22,16 (nada sobre os alimentos); 3Macabeus 3:4-7; Jos. Az. 7:1; 8:5; 21:14-15; Ct. Aris. 142, 172-294; 4Macabeus 5:2; m. Demai 6.10; m. ʿAbod. Zar. 5:3-7, rabino Meir. O rabino Shimon ben Elazar, aluno de Meir, tinha um posicionamento mais rígido: mesmo com seus próprios servos, comida e bebida, *ainda* é idolatria (t. ʿAbod. Zar 4:6). Cf. Tomson, *Paul and the Jewish Law*, p. 233-34. Shimon ben Elazar: comer à mesa de um gentio resulta no exílio de seus filhos (b. Sanh. 104a). Sobre a rejeição judaica da carne e do vinho dos gentios idólatras, veja os textos compilados por Menahem Stern, org. e trad., *Greek and Latin Authors on Judeus and Judaism*, 2 vols. (Jerusalém: Israel Academy of Sciences and Humanities, 1974), 1:20-21,26,28,148,155,156,181-83,332,335-36, 338; 2:19,26,340-41.

Andrew Das

Os textos do Segundo Templo não costumam posicionar-se em relação a se os alimentos gentios violavam ou não a Torá. O problema era a possível idolatria. Geralmente, os escritos do Segundo Templo vão além das preocupações relacionadas à Torá, a fim de expressar escrúpulos referentes aos próprios gentios.[12]

Os judeus realizavam um grande leque de interações sociais com os gentios, das mais estritas às mais moderadas. Fílon, filósofo obediente à lei, frequentava o ginásio de esportes, os banhos públicos e o teatro, e incentivava seus companheiros judeus a participar de instituições sociais e educacionais dos gentios. Para outros judeus, o estigma da provável idolatria residia nas refeições com os gentios e talvez até mesmo nos próprios gentios. Alguns judeus sugeriam a separação completa dos abomináveis gentios.[13] Em Atos 10:28, lemos que os israelitas não devem associar-se a (κολλᾶσθαι, *kollasthai*) ou visitar (προσέρχεσθαι, *proserchesthai*) gentios (cf. m. 'Ohol. 18:7; m. Ḥul. 2:7) comuns (κοινός, *koinos*) ou impuros (ἀκάθαρτος, *akathartos*). Dessa forma, alguns judeus evitariam consumir a carne e o vinho dos gentios, enquanto outros não questionariam as opções que lhes fossem apresentadas e outros ainda evitariam os gentios o máximo possível.

O crescimento do fanatismo judaico complicou a interação entre judeus e gentios. Os governantes romanos da Judeia nas décadas de 40 e 50 agiram em diversas ocasiões contra os movimentos nacionalistas e até mesmo contra a expressão da própria fé judaica.[14] Os judeus da Diáspora também sofreram ameaças direcionadas à sua fé.[15] O edital de Cláudio em 41 d.C., que determinava os direitos dos judeus antioquenos, era semelhante ao edital dos judeus alexandrinos, sugerindo que os antioquenos haviam sido ameaçados do mesmo modo, tanto no âmbito das rebeliões como da ameaça de Calígula contra o templo de Jerusalém.[16]

---

[12]Atos 10:11-16,28,47-48; 11:2-3, 5-12; 15:9. Observe não a comida, mas as pessoas envolvidas.

[13]Por exemplo, Jubileus 22:16; cf. 30:7,14-17; Jos. Az. 7:1.

[14]Josefo, *Ant.* 19:279; 20:6,97-99, 102, 112-24; também *J.W.* 2:223-27.

[15]Por exemplo, Fílon, *Flacc.* 41–54; *Legat.* 132–37.

[16]Josefo, *Ant.* 19:279. Da mesma forma Dunn, *Jesus, Paul, and the Law*, p. 134.

A RESPOSTA DA PERSPECTIVA PROTESTANTE TRADICIONAL A DUNN

Os primeiros judeus crentes em Jesus não conseguiram fugir dessas pressões.[17] Os judeus de Jerusalém mataram Estêvão por seu testemunho no começo ou em meados dos anos 30, inclusive quando Paulo, o "zelote", perseguia violentamente os crentes em Cristo (ζηλωτής, *zēlōtēs* [Gálatas 1:14; Atos 22:3]). Agripa matou Tiago, irmão de João, o que "agradou aos judeus" e o incentivou a tentar matar Pedro (Atos 12:1-3 [44 d.C.]). Os cristãos judeus defendiam a circuncisão dos gentios (Gálatas 2:4-5; Atos 11:2-3; 15:1-5). A pressão sobre o movimento cristão primitivo teria sido palpável. A possibilidade de os judeus se envolverem com os gentios levantaria suspeitas em outros judeus. A visita de Paulo a Jerusalém em Atos 21:20-21 (em meados dos anos 50 ou mais tarde) representou uma visível ameaça à fé judaica.[18] Em 1Tessalonicenses 2:14-16, o apóstolo descreve a perseguição aos cristãos na Judeia.[19] Os judeus não queriam parecer desleais à sua herança.

A SITUAÇÃO DE ANTIOQUIA

Tiago não envia uma palavra a Barnabé ou a outros cristãos judeus; ele manda uma mensagem exclusivamente a Pedro, que "comia com os gentios" (Gálatas 2:12). Provavelmente os homens de Tiago acusaram Pedro de "viver como gentio", mesmo antes de Paulo falar disso (2:14). Possivelmente criaram a expressão pejorativa "gentios pecadores" (2:15). Por que Pedro?

Quando os líderes de Jerusalém concordaram que Paulo e Barnabé se concentrariam principalmente nos não judeus (ἡ ἀκροβυστία / τὰ ἔθνη, *hē akrobystia / ta ethnē*) (2:7-9), tornou-se difícil imaginar que também não tivessem previsto judeus e gentios compartilhando pão, vinho e refeições.[20] No entanto, Pedro levaria a mensagem de

---

[17]Dunn, Jesus, *Paul, and the Law*, p. 154–55.
[18]Como Dunn (*Jesus, Paul, and the Law*, p. 135) concluiu: *"Onde quer que a crença ou prática dessa nova seita judaica fosse percebida como uma ameaça às instituições e tradições judaicas, seus membros quase certamente estariam sob a pressão de seus companheiros judeus para que permanecessem fiéis à sua herança judaica única"* (grifo original).
[19]Sobre a autenticidade deste texto, veja A. Andrew Das, *Paul and the Jewish*, LPS (Peabody, MA: Hendrickson, 2003), p. 129-38.
[20]Dunn, *Jesus, Paul, and the Law*, p. 155.

Andrew Das

Cristo aos judeus (2:7-9). O que aconteceria com seu trabalho missionário se seu vínculo com os gentios se tornasse conhecido? Em Atos 10, Pedro reconhece, junto a Cornélio, que todos os alimentos e todas as pessoas gentias são puros, mas as pressões nacionalistas aumentavam.[21] Embora os judeus pudessem comer com os gentios nas circunstâncias certas, as refeições compartilhadas seriam interpretadas por alguns judeus em um contexto de idolatria e talvez até mesmo como violações da lei.[22] Em uma época em que os fanáticos agiam contra qualquer um que fosse considerado desleal à sua herança judaica, o testemunho de Pedro a seus companheiros judeus corria risco. Tiago lhe enviou uma mensagem: *"Você* não pode comer com os gentios, Pedro!".[23]

Como "coluna" e apóstolo de Jerusalém, Pedro não teria razão para temer "o grupo da circuncisão" (τοὺς ἐκ περιτομῆς, *tous ek peritomēs*), se fossem eles cristãos judeus. Seu temor mostra que estes formavam um grupo *distinto* dos da parte de Tiago e dos não crentes em Cristo. O antecedente mais próximo desses indivíduos está em 2:7-9, passagem em que Pedro evangeliza os circuncisos (ἡ περιτομή, *hē peritomē*).[24] Ele não tinha receio das autoridades humanas (Atos 2:14-41; 3:17-26; 4:8-12; 5:29-32). O receio não era por seu próprio bem-estar, mas pela possível perseguição à igreja de Jerusalém por outros judeus ou pelo estrago à sua credibilidade como missionário para os circuncisos.

---

[21]Robert Jewett, "The Agitators and the Galatian Congregation", *NTS* 17 (1971): 198-212, destacando o crescimento da violência.

[22]E. P. Sanders, *Jewish Law from Jesus to the Mishnah: Five Studies* (Filadélfia: Trinity Press International, 1990), p. 284; Sanders, "Jewish Association with Gentiles and Galatians 2:11–14", in *The Conversation Continues: Studies in Paul and John in Honor of J. Louis Martyn*, org. Robert T. Fortna e Beverly R. Gaventa (Nashville: Abingdon, 1990), p. 170-88, aqui p. 186; Philip F. Esler, *Galatians*, NTR (Londres: Routledge, 1998), p. 107; Tomson, *Paul and the Jewish Law*, p. 236; Dunn, *Jesus, Paul, and the Law*, p. 157: "Tornar-se conhecido como um 'pecador' o separaria rapidamente da maior parte dos judeus fiéis".

[23]Sanders, "Jewish Association", p. 186. Richard B. Hays, "The Letter to the Galatians", NIB 11: 181-348, aqui 232; Charles B. Cousar, *Galatians*, IBC (Louisville: John Knox, 1982), p. 44: "O que parece estar em discussão no texto não é o cardápio das refeições, mas a lista de convidados".

[24]Paulo se refere muitas vezes aos judeus que não acreditavam em Cristo como "os circuncisos" (Romanos 3:30; 4:9,12; 15:8; Efésios 2:11; Colossenses 3:11; 4:11; Tito 1:10), veja Richard N. Longenecker, *Galatians*, WBC 51 (Dallas: Word, 1990), 73.

PERSPECTIVA *sobre* PAULO

Portanto, Tiago aconselhou Pedro a se afastar da refeição, e este reconheceu a sabedoria daquele conselho. É claro que, se Barnabé e outros cristãos judeus ainda esperassem um público de judeus não crentes em Cristo, também se teriam sentido forçados a se retirar. Como Paulo explicou, Pedro talvez não tenha, tecnicamente, obrigado os gentios a se tornarem observadores da lei, mas, na prática, fez isso com o pão e o cálice compartilhados (do Senhor [1Coríntios 11:27]). Eles precisariam obedecer à Torá. Quando Paulo fala de "prática da lei" em Gálatas 2:16, tem em mente a *totalidade* da lei judaica, uma exigência impossível (Gálatas 3:10).[25] Assim, em Gálatas 2:16, Paulo cita essa prática com um salmo que não diz nada sobre os limites étnicos: "*Ninguém* é justo diante de ti" (Salmos 143:2). *Só* Deus salva: "por *tua* justiça, tira-me desta angústia" (Salmos 143:11).

---

[25]A. Andrew Das, "Galatians 3:10: A 'Newer Perspective' on an Omitted Premise", in *Unity and Diversity in the Gospels and Paul: Essays in Honor of Frank J. Matera*, org. Christopher W. Skinner e Kelly R. Iverson, SBLECL 7 (Atlanta: Society of Biblical Literature, 2012), p. 203-23.

A RESPOSTA *da* PERSPECTIVA DE PAULO *dentro do* JUDAÍSMO *a* DUNN

Magnus Zetterholm

Em seu ensaio, James Dunn retoma um dos textos mais interessantes — e discutidos — do *corpus* paulino: a descrição de Paulo do que aconteceu durante o chamado incidente de Antioquia (Gálatas 2:11-14), um relato que culminou com a declaração "Sabemos que ninguém é justificado pela prática da lei, mas mediante a fé em Jesus Cristo" (2:16). Não repetirei totalmente meu argumento a respeito do incidente em si,[1] restringindo-me a algumas observações e sugestões alternativas que, do meu ponto de partida — A Perspectiva de Paulo dentro do Judaísmo —, fazem mais sentido. É natural que Dunn baseie sua interpretação em uma série de suposições um tanto diferentes: o Paulo de Dunn não age mais dentro do judaísmo.

Segundo Dunn, Paulo resiste àqueles que interpretaram o novo movimento como "uma extensão do judaísmo" (p. 183), deixando, assim, subentendido que Paulo não o fez. Independentemente do qual seja o posicionamento do apóstolo, Dunn afirma que não é uma forma de "judaísmo escatológico", mas, sim, algo "muito maior e mais

---

[1]Para tais abordagens, veja Magnus Zetterholm, *The Formation of Christianity in Antioch: A Social-Scientific Approach to the Separation between Judaism and Christianity* (Londres: Routledge, 2003); Zetterholm, "Purity and Anger: Gentiles and Idolatry in Antioch", *IJRR* 1 (2005): 1-24; Zetterholm, "The Antioch Incident Revisited", *JSPL* 6 (2016): 249-59.

universal" (p. 185). A conversão radical de Paulo, conforme indicado por ele mesmo (Gálatas 1:13-16) e por Lucas (Atos 9:1-19; 22:3-21; 26:4-23), levou-o a perceber que Deus o havia chamado para ser um apóstolo aos gentios. Estou totalmente de acordo com o autor de que foi dessa maneira que Paulo interpretou sua experiência mística, mas a questão é: isso necessariamente implica uma ruptura radical com o judaísmo, como Dunn parece argumentar, ou é possível conciliar a "conversão" de Paulo com um ponto de vista dele ainda como um judeu praticante do judaísmo?

Como ressaltado por Johannes Munck e Krister Stendahl há muitas décadas, é perfeitamente possível compreender a experiência mística de Paulo no cenário de um chamado profético *dentro* do judaísmo, e não como uma conversão *do* judaísmo ao cristianismo,[2] que, inclusive, ainda não existia. Assim, quando Paulo fala — em Gálatas 1:13 — sobre seu estilo de vida "anterior" como judeu (τὴν ἐμὴν ἀναστροφήν ποτε ἐν τῷ Ἰουδαϊσμῷ, *tēn emēn anastrophēn en tō Ioudaismō*), é possível entender isso com base em seu estilo de vida atual. Dessa forma, em vez de fazer uma transição do judaísmo ao "cristianismo" (ainda não existente), é mais provável que Paulo (e Lucas) retrate uma reorientação dentro de uma matriz judaica, um processo chamado de "intensificação" segundo Lewis R. Rambo: "Isso acontece quando membros nominais de uma instituição religiosa tornam seu compromisso o foco central de suas vidas ou quando as pessoas aprofundam seu envolvimento em uma comunidade de fé por meio de experiências religiosas intensas e/ou transições de vida como casamento, nascimento e proximidade com a morte".[3] Assim, graças a uma "experiência religiosa profunda", Paulo, o fariseu, torna-se Paulo, o judeu messiânico, com a missão especial de cumprir a tarefa de ser "luz para os gentios", a fim de que "você leve a minha salvação até aos confins da terra" (Isaías 49:6). O grego também apoia claramente essa interpretação.

---

[2]Johannes Munck, *Paul and the Salvation of Mankind*, trad. Frank Clarke (Richmond: John Knox, 1959); Krister Stendahl, *Paul among Jews and Gentiles* (Londres: SCM, 1977), p. 7-23.

[3]Lewis R. Rambo, *Understanding Religious Conversion* (New Haven: Yale University Press, 1993), p. 13.

Magnus Zetterholm

Além disso, embora seja bem possível que a "conversão" de Paulo fosse "incomum" e "excepcional" (p. 184), como afirma Dunn, também é importante perceber que o apóstolo e o movimento primitivo de Jesus não estavam sozinhos no desenvolvimento de um interesse no destino escatológico dos povos.[4] Desse modo, é bastante natural que os judeus refletissem e negociassem constantemente as relações entre Israel e os membros das nações. A solução particular de Paulo pode ter sido incomum, porém o discurso parece ter sido parte de uma tendência universal muito maior dentro do judaísmo do primeiro século.

Isso traz à tona o problema de Gálatas 2:16. Dunn argumenta que o sentido da expressão peculiar "prática da lei" é óbvio com base no contexto, e que Paulo se refere à tentativa dos crentes judeus tradicionalistas de exigir que os gentios crentes em Jesus sejam circuncidados e obedeçam às leis alimentares judaicas. Não tenho tanta certeza de que o significado seja assim tão evidente e que existam algumas sugestões no ar.[5] É claro que o apóstolo se opôs à ideia de que homens não judeus fossem circuncidados, ou seja, de que se tornassem judeus. Podem existir diversos motivos para isso, mas uma possibilidade que considero bastante convincente é que ele simplesmente não acreditava que as conversões fossem possíveis por razões genealógicas, como afirmou por Matthew Thiessen.[6]

Portanto, Dunn está obviamente correto no que se refere ao papel da circuncisão/conversão, mas é correto concluir que Paulo teria feito objeção ao fato de os não judeus seguirem as regras alimentares dos judeus? E é válido que os seguidores judeus do movimento

---

[4]Veja Terence L. Donaldson, *Judaism and the Gentiles: Patterns of Universalism* (a 135 EC) (Waco: Baylor University Press, 2007).

[5]Veja, por exemplo, Donald Guthrie, *Galatians*, NCBC (Grand Rapids: Eerdmans, 1984), p. 87 ("observações de qualquer código legal"); Ben Witherington III, *Grace in Galatia: A Commentary on St. Paul's Letter to the Galatians* (Edimburgo: T&T Clark, 1998), 177 ("ações praticadas em obediência à lei mosaica"); Mark D. Nanos, "The Question of Conceptualization: Qualifying Paul's Position on Circumcision in Dialogue with Josephus's Advisors to King Izates", in *Paul within Judaism: Restoring the First-Century Context to the Apostle*, org. Mark D. Nanos e Magnus Zetterholm (Mineápolis: Fortress, 2015), p. 105-52, esp. p. 139 ("circuncisão").

[6]Matthew Thiessen, *Contesting Conversion: Genealogy, Circumcision, and Identity in Ancient Judaism and Christianity* (Oxford: Oxford University Press, 2011). Veja também Paula Fredriksen, *Paul: The Pagans' Apostle* (New Haven: Yale University Press, 2017), p. 96-99.

de Jesus tenham menosprezado a importância dos regulamentos alimentares judaicos, por exemplo, aceitando convites dos seguidores não judeus de Jesus "sem fazer muitas perguntas" e que foi contra isso que os da parte de Tiago reagiram?[7] Acredito que essa conclusão tenha como base a abrangente (e agora um tanto ultrapassada) "Nova Perspectiva sobre Paulo" de Dunn, segundo a qual o apóstolo reagiu contra os elementos delimitadores da identidade judaica, como circuncisão, comida e normas de pureza.

Na minha opinião, é mais provável que o incidente nada tenha a ver com alimentos, mas com a comensalidade, e não creio que o chamado decreto apostólico de Atos "isente [os não judeus] das leis alimentares problemáticas" (p. 193), como Dunn afirma em seu ensaio. Muito pelo contrário. De certa maneira, com base em estudos anteriores,[8] de forma bastante convincente, Holger Zellentin argumentou recentemente que o decreto apostólico ecoa o chamado Código da Santidade em Levítico (cap. 17) e, de fato, serve como uma proibição contra o consumo de sangue, carne de idolatria e abatida indevidamente e fornicação: "Atos, em sua proibição da *contaminação* por carne impura dos ídolos, por imoralidade sexual, por animais estrangulados e pelo sangue, declara explicitamente a todos os seguidores gentios de Jesus quatro das ordens que a Bíblia Hebraica já dera aos residentes estrangeiros".[9] Assim, as leis judaicas de alimentação ou regras de pureza parecem ter desempenhado uma função vital no movimento de Jesus e no cristianismo primitivo ao longo da antiguidade.[10]

Além disso, discordo da interpretação de Dunn da história de Cornélio em Atos (10:1-48; 11:1-18; 15:7-11). É claro que o autor está correto ao apontar que Lucas atribui o desenvolvimento da missão

---

[7]James D. G. Dunn, *A Commentary on the Epistle to the Galatians*, BNTC (Londres: A&C Black, 1993), p. 121.

[8]Veja Holger Zellentin, "Judaeo-Christian Legal Culture and the Qur'ān: The Case of Ritual Slaughter and the Consumption of Animal Blood", in *Jewish-Christianity and Origins of Islam: Papers Presented at the Colloquium Held in Washington DC, October 29–31, 2015 (8th ASMEA Conference)*, org. Francisco del Río Sánchez, JAOC 13 (Turnhout, Bélgica: Brepols, 2018), p. 117-60, esp. 118n1.

[9]Zellentin, "Judaeo-Christian Legal Culture", p. 131 (grifo original). Veja também Isaac W. Oliver, *Torah Praxis after 70 DC: Reading Matthew and Luke-Acts as Jewish Texts*, WUNT 2/355 (Tübingen: Mohr Siebeck, 2013), p. 370-98.

[10]Zellentin, "Judaeo-Christian Legal Culture", p. 132-48.

Magnus Zetterholm

aos gentios a Pedro, e não a Paulo. Entretanto, a revelação que Pedro recebe por meio de sua visão o leva a concluir que todos os aspectos dos regulamentos de pureza judaica se tornaram nulos e ineficazes, como argumenta Dunn? Ele se surpreende com o fato de que Lucas não revela conhecimento algum de Jesus haver declarado "puros todos os alimentos" em Marcos 7:19, o que, de acordo com Dunn, significa que "as leis ou tradições de alimentos puros e impuros não se aplicavam mais aos seguidores de Cristo" (p. 191), uma conclusão altamente questionável.[11] Curiosamente, também não é como Pedro interpreta a visão: ele conclui que agora Deus deixou claro para ele que "não deveria chamar impuro [κοινόν, *koinon*] ou imundo [ἀκάθαρτον, *akatharton*] a homem nenhum" (Atos 10:28 [cf. v. 14-15]). A comida simplesmente não está em pauta, ao passo que a condição profana e impura dos não judeus está,[12] o que ilustra exatamente qual era o problema real e mais importante dentro do movimento primitivo de Jesus: como se relacionar com os membros profanos das nações por um tempo até que "o próprio Filho se sujeitará àquele que todas as coisas lhe sujeitou, a fim de que Deus seja tudo em todos" (1Coríntios 15:28). Esse fator marcante se perde completamente se nos concentrarmos em encontrar indícios de que Paulo rejeitou os "marcadores de identidade" judeus.

Uma observação final: Dunn descobre que Paulo e Lucas retratam o desenvolvimento inicial do movimento de Jesus de diferentes formas: o primeiro expressando a simplicidade do evangelho em Gálatas 2:16 de modo convicto, e o segundo suavizando e resolvendo todos os conflitos. O autor claramente prefere Paulo a Lucas, afirmando que há um risco de deixar que o caráter ecumênico do retrato de Lucas "ofusque o que era mais importante para Paulo" (p. 197). Paulo precisou confrontar Pedro da mesma forma que Lutero teve de confrontar o papa — em essência, por causa da "verdade do evangelho".

Contudo, o que Paulo realmente quis dizer com "a verdade do evangelho" não está totalmente claro. Historicamente, os grupos

---

[11]Veja, por exemplo, John van Maaren, "Does Mark's Jesus Abrogate Torah? Jesus' Purity Logion and Its Illustration in Mark 7:15–23", *JJMJS* 4 (2017): 21-41.

[12]Veja Oliver, *Torah Praxis after 70 EC*, p. 320-64; Zetterholm, "Purity and Anger", p. 8-10.

cristãos compreenderam isso de formas distintas, resultando, muitas vezes, em embates complexos, às vezes com consequências bastante destrutivas. De acordo com meu ponto de vista — de um Paulo dentro da perspectiva do judaísmo —, se Paulo tem algo a ensinar à sociedade contemporânea, não é exclusivismo dogmático. Em vez disso, em um mundo que se torna cada vez mais trumpiano, talvez a lição aprendida com o apóstolo seja sua ideia (claramente falha) de aceitar as diferenças étnicas e culturais das pessoas enquanto tenta um novo tipo de unidade, no seu caso ἐν Χριστῷ (*en Christō*). Ou, como escreveu David Brooks, colunista do *New York Times*, em um contexto completamente diferente: "pegar os diversos e torná-los um".[13]

---

[13]David Brooks, "Donald Trump Hates America: The Rest of Us Can Love America Well", *New York Times*, 18 de julho de 2019.

A RESPOSTA *da* PERSPECTIVA DO DOM *a* DUNN

John M. G. Barclay

O ensaio estimulante de Jimmy Dunn levanta uma série de questionamentos. Deixarei de lado a parte relacionada à recepção de Paulo por Lucas, pois não creio que isso seja essencial para a Nova Perspectiva. Os comentários de tal autor a respeito de Atos refletem a forte influência subjacente de F. C. Baur, cuja reconstrução do século 19 da história cristã primitiva, enfatizada por meio da escola bultmanniana (como, por exemplo, Hans Conzelmann e Ernst Käsemann), continha todos os ingredientes apontados aqui: Atos como a "síntese" apaziguadora que amenizou o conflito entre Paulo e seus oponentes cristãos judeus, o começo de seu obscurecimento, a tendência às características apelidadas de "catolicismo primitivo" e assim por diante. Essa leitura de Atos e do desenvolvimento cristão inicial sofreu críticas severas nos últimos tempos, e nós teríamos de ir longe demais na tentativa de entrar nesses debates.[1] Lucas tem realmente sua própria perspectiva sobre Paulo, porém não é papel deste volume fazer tal análise.

Também deixarei de lado a representação de Lutero por Dunn, ainda que eu desejasse questionar muitos aspectos a esse respeito.[2]

---

[1]Veja, por exemplo, Benjamin L. White, *Remembering Paul: Ancient and Modern Contests over the Image of the Apostle* (Oxford: Oxford University Press, 2014).
[2]Para minha própria análise da leitura que Lutero faz de Paulo, veja *Paul and the Gift* (Grand Rapids: Eerdmans, 2015), p. 97-116, 571-72, que foi confirmado por especialistas

Entretanto, há uma fragilidade significativa na leitura de Paulo — e também de Lutero — que abordarei, pois vai ao cerne de minha insatisfação com a Nova Perspectiva sobre Paulo.

Considero a Nova Perspectiva corretíssima ao tornar a missão entre os gentios algo central ao chamado e à teologia paulina, junto com a insistência radical de Paulo de que os gentios não precisavam adotar a "prática da lei" judaica. Parte da linguagem que Dunn usa para expressar isso pode causar confusão, mas o ponto básico é sólido, e creio que agora seja bastante aceito.[3] Todavia, a questão que se põe é a seguinte: baseado em que o apóstolo insistia em que os convertidos gentios não precisavam tornar-se judeus prosélitos? Dunn fica intrigado: "O motivo pelo qual ele foi tão inflexível a esse respeito não está totalmente claro" (p. 189). Ele aponta a própria experiência de Paulo ("supostamente, a lembrança do seu próprio compromisso (...) e sua perseguição cuidadosa dos crentes em Jesus" [p. 189]), porém acredito que podemos traçar um fundamento *teológico* muito mais profundo que esse e explicar como Paulo interpretou sua jornada. Repetidas vezes, Dunn recorre ao tema da fé ("O evangelho de Cristo buscava somente a resposta para a fé" [p. 189]; "um evangelho eficaz apenas por meio da fé" [p. 197]), e representa isso como único ou simples, não devendo a fé ser sobrecarregada com "tradições", sejam judaicas, sejam eclesiásticas.

Contudo, falta algo essencial aqui: fé em algo ou em alguém? Paulo não se interessa pela mesma por si só, tudo depende do objeto — Jesus Cristo —, que é o sujeito das "boas-novas" e de quem aquele que exerce a fé (ou confiança) é, radical e totalmente, dependente. Sem essa orientação cristológica, ela se torna uma condição humana alternativa a ser cumprida, um problema talvez mais simples do que outros, mas ainda um requisito para a salvação no mesmo nível que

---

em Lutero. Mais uma vez, recomendo Stephen J. Chester, *Reading Paul with the Reformers: Reconciling Old and New Perspectives* (Grand Rapids: Eerdmans, 2017).

[3]Embora Paulo não exigisse que seus convertidos gentios "vivessem como judeus" (Gálatas 2:14), exigiu que abandonassem a idolatria, "a fim de servir ao Deus vivo e verdadeiro" (1Tessalonicenses 1:9-10). Paulo interpretou isso simplesmente como o reconhecimento da verdade por seus convertidos (Gálatas 4:8-10), mas seus contemporâneos (como alguns hoje em dia na escola "Paulo dentro do Judaísmo") podem ter considerado uma forma de comportamento "judaica".

John M. G. Barclay

outras formas de capital humano.[4] E, sem esse conteúdo cristológico, a fé pode ser representada como uma exigência mínima, expressando a "simplicidade fundamental" do evangelho, livre de "declarações do credo, da ordem da igreja, da hierarquia eclesiástica, entre outros" (p. 197).[5] No entanto, com o "evento Cristo" como o objeto próprio da fé (sua vinda está alinhada com a vinda de Jesus [Gálatas 3:24-25]) e quando a justificação estiver devidamente integrada com a participação em Cristo (Gálatas 2:16-21), poderemos ver que, segundo Paulo, πίστις (*pistis*) significa fé centrada *em Cristo*. E o que ela expressa não é uma conquista positiva, mas uma declaração de falência, uma renúncia total ao capital simbólico em reconhecimento de que o único capital válido é o *dom* concedido por Deus em Cristo.

O que estava em discussão para Paulo em Antioquia, a fim de que ele pudesse declarar que Pedro "não estava andando de acordo com a verdade do evangelho" (Gálatas 2:14)? É válido afirmar, como Dunn o faz, que isso diz respeito ao evangelho ser "aberto aos gentios como gentios, sem exigir que se tornem prosélitos"? O que, na "verdade do evangelho", traz essa reflexão? Como argumentei, o que estava em jogo aqui era algo intrínseco às "boas-novas" (que, afinal de contas, são notícias *sobre Cristo*): que tanto judeus como não judeus são chamados por uma graça imerecida que suspende todo julgamento de valor exterior ao evento Cristo. Portanto, os crentes são atraídos a um reconhecimento mútuo que é cego a avaliações étnicas (embora não apague as diferenças) ou a outras avaliações de

---

[4]Foi em reação a essa visão limitada da fé que aqueles com antenas teológicas (Hays, Martyn, Campbell, et al.) propuseram a interpretação alternativa de πίστις Χριστοῦ (*pistis Christou*) como "a fidelidade de Cristo". Não creio que isso seja necessário (ou linguisticamente convincente), contanto que se tenha uma concepção paulina correta da fé como o recebimento de um dom, ou seja, como o reconhecimento de que a única coisa de valor é o que Deus realizou em Cristo.

[5]Esse modelo realmente se encaixa em Paulo? Para o apóstolo, a fé é expressa em uma declaração de credo central, "Jesus é o Senhor" (1Coríntios 12:3), que é revelada em Filipenses 2:6-11. Até que ponto uma "declaração de credo" seria muito "pesada" e "solene" (cf. 145)? A fé também é expressa no batismo (Gálatas 3:26-28) e na Ceia do Senhor (1Coríntios 10:16-17; 11:17-34), em torno de que (assim como os dons espirituais) Paulo espera certa "ordem da igreja". Novamente, quanto disso é excessivo? Existem indícios no ensaio de Dunn de um romanticismo protestante, aguardando uma volta a um começo supostamente simples e organizado?

valor (Gálatas 3:28). Restabelecer uma regra judaica de sociabilidade seria condicionar esse envolvimento a uma norma diferenciadora que não deriva das boas-novas. De acordo com Paulo, a inclusão de gentios sem exigir que eles sejam "judaizados" surge da incoerência radical da graça.[6]

Em minha opinião, um ponto frágil comum na Nova Perspectiva é sua incapacidade de falar claramente da graça. Nas raízes da NPP, Dunn e Wright foram convencidos pela visão impensada de Sanders sobre "graça", de forma que o judaísmo poderia ser definido simplesmente como "uma religião da graça". A declaração de Dunn é representativa: "O judaísmo do que Sanders batizou de 'nomismo da aliança' pode agora ser visto como uma pregação da boa doutrina protestante: que a graça é sempre prévia, a ação humana é a resposta à iniciativa divina e as boas ações são o fruto, e não a raiz, da salvação".[7] Assim como Sanders, ele considera a "prioridade" da graça sua principal (ou única) característica definidora, enquanto, para Paulo (bem como para os reformadores), revelava-se muito mais importante saber se era, ou não, incoerente.[8] Como, claramente, todos desejam reconhecer o significado da graça no Judaísmo do Segundo Templo, houve a necessidade de enfatizar que essa intenção em Paulo seria de algum modo trazer de volta caricaturas antigas do judaísmo baseadas em obras e destituídas da graça. Todavia, se analisarmos cuidadosamente os diferentes significados possíveis de "graça", seremos capazes de reconhecer sua presença em todo o Judaísmo do Segundo Templo, porém de formas bem distintas, e ao mesmo tempo poderemos identificar a ênfase paulina especial no evento Cristo como um dom incoerente. Então, constataremos que o fundamento teológico da missão entre os gentios não é a "simplicidade" do "somente pela fé", nem se baseia em protesto contra o "nacionalismo" ou "etnocentrismo". Em vez disso, como um evento singular, particular, mas não

---

[6]Veja Barclay, *Paul and the Gift*, p. 365-70.
[7]James D. G. Dunn, *The New Perspective on Paul: Collected Essays*, WUNT 185 (Tübingen: Mohr Siebeck, 2005), p. 193.
[8]Para a diferença entre essas e outras "perfeições" da graça, veja Barclay, *Paul and the Gift*, p. 66-78. Esse livro também traz uma análise de Sanders (p. 151-58) e da Nova Perspectiva (p.159-65), indicando suas fraquezas nessa contagem.

John M. G. Barclay

condicionado, o dom de Cristo tem valor universal exatamente por ser incoerente: não pertence a nenhum grupo da humanidade, sendo destinado a todos. Como ninguém recebe esse dom com base no sentido étnico, ninguém de qualquer etnia está fora de seu alcance.

Esse é o motivo pelo qual Paulo termina sua descrição do incidente de Antioquia, bem como o discurso que o acompanha quanto à justificação pela fé em Cristo, afirmando em termos categóricos: "Não anulo a graça de Deus" (Gálatas 2:21).

RÉPLICA *da* NOVA PERSPECTIVA

James D. G. Dunn

DIALOGANDO COM JOHN BARCLAY

Sou grato pela resposta de John e peço desculpas pela sensação de haver substituído o assunto que me levou a desviar o foco de um estudo de Atos, que é menos relevante às questões levantadas em Gálatas 2, para ser talvez discutido em outra ocasião.

No entanto, fiquei surpreso com sua crítica principal: que minha ênfase no fato de o evangelho de Paulo insistir em uma resposta de "somente a fé" tenha falhado em deixar claro que "o objeto" é Cristo, a "fé centrada *em Cristo*" (p. 223). Isso me surpreendeu, já que todas as menções iniciais a isso em meu ensaio são explicitamente referências à fé em Cristo: "fé em mim" (Atos 26:18) (p. 184), "fé em Cristo" (p. 185), citações de Gálatas 2:16 (por exemplo, p. 185) e uma nota de rodapé sobre essa expressão tão marcante (p. 188, nota). Nos últimos tempos, ao me concentrar nesse aspecto, naturalmente deduzi que esse foco na fé em Cristo seria entendido. Como John observa corretamente: "Tudo depende do objeto — Jesus Cristo —, que é o sujeito das 'boas-novas' e de quem aquele que exerce a fé (ou confiança) é, radical e totalmente, dependente" (p. 222).

Outra crítica pode referir-se à insistência do apóstolo de que a fé era a (única) reação inicial apropriada à verdade do evangelho, a fim de expressar alguma perplexidade e surpresa de que a resposta equivalente ao *dom* seja bem menos clara no destaque dado por John ao dom da graça.

DIALOGANDO COM BRANT PITRE

Brant é muito elogioso em seus parágrafos iniciais, razão pela qual sou muito agradecido. Naturalmente, concordo com sua ênfase em "somente a fé" e aceito sua crítica de que negligenciei o testemunho dos grandes pais da teologia cristã. Embora o destaque dado por Paulo tenha ficado obscuro na História da Igreja, talvez Brant aceitasse uma reformulação do assunto do debate como "a perspectiva renovada sobre Paulo". E como eu poderia discordar de Brant no que se refere à importância do amor para o apóstolo, principalmente quando ele cita meu comentário de Gálatas com tanto empenho? Nesse ponto, eu confirmaria alegremente minha concordância com sua citação do Concílio de Trento. Foi tão somente em seu último ponto que senti minha irritação protestante crescer levemente. Ele aponta que a Reforma e os reformadores não tinham bons motivos para seu protesto? Quem Lutero contestava: Agostinho ou Tomás de Aquino? A história do cristianismo não consiste apenas naqueles com quem concordamos, não é?

DIALOGANDO COM MAGNUS ZETTERHOLM

Devo confessar que fiquei intrigado com a determinação de Magnus de ver "Paulo dentro do judaísmo". É claro que Paulo era um judeu que se apegava profunda e constantemente à sua herança judaica. Ele certamente não era um antissemita, mas ainda se considerava "dentro do judaísmo"? Só usa a expressão em si duas vezes, ambas de sua experiência anterior, de sua vida pré-conversão (Gálatas 1:13-14). E utiliza o verbo "judaizar" apenas uma vez (2:14), a fim de descrever os "judaizantes", que insistiam em que os convertidos gentios de Paulo deveriam "judaizar-se", ou seja, tornar-se judeus ou viver conforme as práticas especificamente judaicas, uma política à qual ele resistiu fortemente. Assim, a expressão "dentro do Judaísmo" expõe realmente a compreensão de Paulo quanto à sua própria posição pós--conversão? Creio que não, pois "dentro do judaísmo" não é uma descrição precisa do entendimento do apóstolo de si mesmo após sua conversão. É claro que, na condição de judeu cristão, ele não agia "dentro do judaísmo". Evidentemente, não era mais assim que ele se expressava quando queria referir-se à sua rica herança judaica. Isso não está suficientemente claro?

Confesso que não fui capaz de acompanhar o debate recente, segundo a nota de rodapé de Magnus, e reconheço também certa surpresa com a frequência com que o argumento/explicação de Paulo em Gálatas 2:16 é separado da lembrança que é o clímax (2:1-16). O contexto certamente deixa claro que as "obras da lei" em sua mente eram basicamente a circuncisão e as leis alimentares (judaicas), as tentativas de insistir em que os crentes gentios tivessem de se judaizar. E 2:14-16 deixa bem claro que a "verdade do evangelho" foi resumida na insistência de Paulo de que a justificação não se dá pelas obras da lei, mas, sim, pela fé em Jesus Cristo. Foi a intensidade com que a insistência contínua nas leis alimentares judaicas afetou a comunhão de crentes judeus e gentios que tanto aborreceu Paulo. Magnus reconhece que as distinções entre puros e impuros em relação aos alimentos poderiam facilmente refletir ou reforçar a distinção entre pessoas puras e impuras? Era exatamente a isso que Paulo — o "Apóstolo dos Gentios" — se considerava chamado a resistir.

DIALOGANDO COM A. ANDREW DAS

Confesso que me sinto um tanto confuso no que diz respeito à referência de Andrew à "visita de alívio à fome" de Paulo a Jerusalém, relatada em "Atos 11:27-30 // Atos 12:25". Mas meu principal questionamento se refere ao que parece ser sua defesa de Tiago, quando me parece bastante óbvio que a chegada de "alguns da parte" dele resultou diretamente no fato de que crentes judeus, até mesmo Barnabé, "se uniram a ele nessa hipocrisia" (Gálatas 2:11-13). Será que, após admitir que os crentes gentios não precisavam ser circuncidados, Tiago considerou o abandono das leis alimentares um passo grande demais para o novo movimento de Jesus? Não creio que exigir que os crentes gentios se judaizassem fosse apenas o *resultado* do afastamento dos crentes judeus, quando está claro que a motivação para essa retirada deve ter sido a rejeição de crentes gentios incircuncisos em grupos de comunhão judaica cristã.

De modo geral, defendo o restante do ensaio de Andrew, observando que, de forma irônica, o grau de flexibilidade na participação judaica nos rituais gentios oferece um contexto interessante ao incidente de Antioquia. Nesse cenário, não está claro que a palavra de Tiago tenha sido "exclusivamente para Pedro", embora seja justo concluir que a comunhão mais livre de Pedro com os crentes gentios pode haver limitado sua missão junto aos companheiros judeus. E por que a insistência de Andrew na possibilidade de que, ao falar das "obras da lei" ou da "prática da lei", Paulo tinha em mente "a *totalidade* da lei judaica" (p. 214), quando está tão claro a partir do contexto que ele pensava especificamente nessas regras (circuncisão e leis alimentares) — leis que impediam os crentes judeus e gentios de terem comunhão?

4

A PERSPECTIVA *de* PAULO *dentro do* JUDAÍSMO

Magnus Zetterholm

Introdução

A tão falada "perspectiva de Paulo dentro do judaísmo" pode ser descrita como um desenvolvimento natural da nova interpretação de E. P. Sanders da natureza do antigo judaísmo em seu agora clássico *Paul and Palestinian Judaism*.[1][*] É provavelmente justo afirmar que, antes da década de 1980, a principal chave hermenêutica em direção ao entendimento do apóstolo em geral, e mais especificamente sua relação com o judaísmo, era de conflito. O Paulo pós-Damasco foi interpretado como contra o judaísmo e fora dele: seu encontro com o Cristo ressurreto o convenceu de que a Torá tivera seu momento (por exemplo, Gálatas; cf. Romanos 10:4). Segundo a maioria dos intérpretes convencionais antes de Sanders (sendo Munck, Dahl e Stendahl exceções evidentes), no contexto de seus compromissos e sensibilidades religiosas, Paulo deixou de ser judeu quando se tornou um "cristão".

Embora Paulo se apresente como o apóstolo dos *gentios* (por exemplo, em Gálatas 1:15-16; Romanos 1:5; 11:13), o principal problema que ele enfrentou, conforme as interpretações tradicionais, dizia respeito à salvação de *toda a humanidade*.[2] Nesse sentido, o evangelho de Paulo foi direcionado tanto a judeus como a não judeus. Por isso, muitos estudiosos concluíram que ele havia abandonado a Torá e, portanto, o estilo de vida judaico. Os conflitos internos do movimento primitivo de Jesus identificaram um choque entre dois sistemas religiosos opostos: o primeiro, conservador, centrado em Jerusalém, caracterizado pelo "legalismo"; o segundo, novo, voltado

---

[*]Agradeço muito a Paula Fredriksen pelos comentários úteis feitos a este texto.
[1]E. P. Sanders, *Paul and Palestinian Judaism: A Comparison of Patterns of* Religion (Mineápolis: Fortress, 1977).
[2]"A teologia paulina não é um sistema especulativo. Trata-se de Deus não como ele é em si mesmo, mas simplesmente como Deus, na medida em que ele tem grande significado para o homem, para sua responsabilidade e salvação". Rudolf Bultmann, *Theology of the New Testament*, trad. Kendrick Grobel, 2 vols. (Nova York: Scribner, p. 1951-55), 1: 190-91.

ao lado externo e caracterizado pela graça.[3] Os adversários de Paulo defenderam precisamente o sistema que ele era acusado de haver abandonado. Eles — chamados, em geral, de "cristãos judeus" — argumentaram a favor da validade contínua da Torá, e o apóstolo, em prol de sua abolição.

Leia desta maneira: se Paulo quis dizer, por exemplo, que todo homem que confia nas obras da lei ou na prática da lei está sob feitiço (Gálatas 3:1), e se o povo judeu também está incluído entre aqueles sobre quem a ira de Deus é revelada (Romanos 1:18), seu entendimento tradicional é extremamente útil sob o aspecto teológico. Como Stephen Westerholm observou no que se refere à ideia do suposto legalismo do judaísmo, "dificilmente poderia ser concebido um contraste melhor para a doutrina luterana da justificação".[4]

Mas e se lermos Paulo sob um ponto de vista diferente? É um erro comum deduzir que só temos acesso ao Paulo histórico por meio do texto bíblico. Tal afirmação não é uma concessão à ideologia relativista pós-moderna, a que eu me oporia profundamente: é simplesmente o reconhecimento de como funciona a interpretação.[5] A história não é unicamente textual; ela é também e necessariamente *con*textual. Simplificando, se não tivermos informações relevantes dos dados importantes oferecidos em um texto, não seremos capazes de interpretá-lo adequadamente, e se nos equivocarmos quanto ao contexto, provavelmente acabaremos com leituras malfeitas e interpretações falhas. O que Paulo quis dizer com a expressão ἔργα νόμου

---

[3]Não estou convencido, como muitos parecem estar, de que termos como "religião" e outras designações similares precisem ser evitados em um cenário do primeiro século. Concordo com Brent Nongbri no sentido de que o conceito de religião pode ser usado, porém com cuidado. Veja Nongbri, "The Concept of Religion and the Study of the Apostle Paul", JJMJS 2 (2015): 1-26. Os argumentos de Nongbri são desenvolvidos com maior profundidade em *Before Religion: A History of a Modern Concept* (New Haven: Yale University Press, 2013).

[4]Stephen Westerholm, *Perspectives Old and New on Paul: The "Lutheran" Paul and His Critics* (Grand Rapids: Eerdmans, 2004), p. 130.

[5]Veja Donald Hagner, que, referindo-se à minha obra *Approaches to Paul: A Student's Guide to Recent Scholarship* (Mineápolis: Fortress, 2009), p. 237, acredita que o argumento reflete minha "convicção hermenêutica pós-moderna", provando meu ponto: às vezes é complicado compreender o que as pessoas tentam comunicar. Veja Hagner, *How New Is the New Testament? First-Century Judaism and the Emergence of Christianity* (Grand Rapids: Baker Academic, 2018), 9n25.

(*erga nomou*) (Romanos 3:20,28; Gálatas 2:16; 3:10),[6] ao afirmar que Cristo é o τέλος (*telos*) da lei (Romanos 10:4)[7] ou ao se referir à pessoa em Romanos 2:17 como alguém que se autodenomina judeu[8] são apenas alguns exemplos de que o estudioso precisa sair do texto para ser capaz de interpretá-lo. Em consequência, todos — independentemente da tradição acadêmica de que façam parte — são levados a partir de certas suposições, de modo a (re)construir o contexto histórico.[9] A incerteza é inevitável, porém as sugestões e interpretações podem ser testadas e classificadas no sentido da plausibilidade. Em muitos casos, precisamos assumir uma postura de humildade interpretativa: simplesmente não podemos saber com *absoluta certeza*.[10]

Antes de Sanders, a maioria dos estudiosos partia do pressuposto de que a teologia paulina contradisse as crenças e os comportamentos judaicos comuns, principalmente a obediência à Torá. Essa declaração geral não pode ser considerada controversa. Em outros momentos, já descrevi, em detalhes, como vejo o surgimento do Paulo antijudeu.[11] O argumento principal é que um confronto originalmente político no campo da Grande Revolta Judaica logo se transformou em um cisma teológico. Isso resultou na ascensão do cristianismo como uma religião não judaica — e até mesmo antissemita[12] —, embo-

---

[6]Veja a discussão em James D. G. Dunn, "Yet Once More — 'The Works of the Law': A Response", *JSNT* 46 (1992): 99-117.

[7]Veja o panorama geral em Joseph A. Fitzmyer, *Romans: A New Translation with Introduction and Commentary*, AB 33 (Nova York: Doubleday, 1993), p. 584-85.

[8]Conforme sugerido por Runar M. Thorsteinsson, *Paul's Interlocutor in Romans 2: Function and Identity in the Context of Ancient Epistolography*, ConBNT 40 (Estocolmo: Almqvist & Wiksell, 2003) (reimpresso em 2015). Veja também Runar M. Thorsteinsson, Matthew Thiessen e Rafael Rodríguez, "Paul's Interlocutor in Romans: The Problem of Identification", in *The So-Called Jew in Paul's Letter to the Romans*, org. Rafael Rodríguez e Matthew Thiessen (Mineápolis: Fortress, 2016), p. 1-37.

[9]Para outra versão do mesmo argumento, veja Magnus Zetterholm, "The Antioch Incident Revisited", JSPL 6 (2016): 249-59, esp. 249-50.

[10]Veja a descrição bem precisa de John M. G. Barclay acerca das dificuldades de se entender o que estava acontecendo no chamado incidente de Antioquia, em *Paul and the Gift* (Grand Rapids: Eerdmans, 2015), p. 366-67.

[11]Magnus Zetterholm, *Approaches to Paul: A Student's Guide to Recent Scholarship* (Mineápolis: Fortress, 2009). Veja também Pamela Eisenbaum, *Paul Was Not a Christian: The Original Message of a Misunderstood Apostle* (Nova York: HarperCollins, 2009), p. 32-54.

[12]Magnus Zetterholm, *The Formation of Christianity in Antioch: A Social-Scientific Approach between Judaism and Christianity* (Londres: Routledge,

ra diversos grupos de judeus orientados por Jesus pareçam ter existido por séculos após a geração fundadora.[13]

Durante a antiguidade romana e a Idade Média europeia, quando os debates teológicos eram focados nas condições para a salvação do indivíduo, a obediência judaica à Torá era cada vez mais entendida como oposta ao conceito cristão (gentio) da graça. Tal desenvolvimento teve seu auge durante a Reforma, criando uma distinção totalmente polarizada entre dois sistemas religiosos contrários: o judaísmo e o cristianismo. Mais tarde, durante o século 19, descobrimos que as ideias baseadas na teologia normativa também se voltaram aos estudos do Novo Testamento,[14] produzindo uma orientação fundamental que exerceu grande influência sobre as pesquisas até o século 20.[15] O judaísmo era o "outro" sombrio do cristianismo. A conclusão de Emil Schürer, em seu capítulo "Life under the Law", em *A History of the Jewish People*, traz um exemplo clássico dessa abordagem:

> Em todas as questões, tudo [no judaísmo] dependia somente de estabelecer com o maior cuidado possível o que estava de acordo com a lei, a fim de que o sujeito ativo pudesse ter direções certas em cada caso individual. Resumindo, a ética e a teologia foram engolidas pela jurisprudência. Os resultados negativos dessa visão externa sobre questões práticas são bem claros e foram sua consequência necessária. Mesmo no caso mais favorável de casuística jurídica se movendo por caminhos moralmente corretos, esse era em si um envenenamento do princípio moral, e não poderia deixar de ter um efeito paralisante e entorpecente sobre a pulsação vigorosa da vida moral. Contudo, esse caso positivo aconteceu de alguma forma. Quando foi

---

2003); Zetterholm, "Paul within Judaism: The State of the Questions", in *Paul within Judaism: Restoring the First-Century Context to the Apostle*, org. Mark D. Nanos e Magnus Zetterholm (Mineápolis: Fortress, 2015), p. 31-51, esp. p. 35-38.

[13]Karin Hedner Zetterholm, "Alternate Visions of Judaism and Their Impact on the Formation of Rabbinic Judaism", *JJMJS* 1 (2014): 127-53.

[14]Sobre teologia normativa, veja John T. Granrose, "Normative Theology and Meta-Theology", *HTR* 63 (1970): 449-51.

[15]Veja, por exemplo, Anders Gerdmar, *Roots of Theological Anti-Semitism: German Biblical Interpretation and the Jewish, de Herder e Semler a Kittel e Bultmann* (Leiden: Brill, 2009).

feita a pergunta — "O que preciso fazer a fim de cumprir a lei?" —, a tentação era obviamente percebida: que uma composição com a carta estaria, primordialmente, em vista, à custa das exigências reais da moralidade, e não da verdadeira intenção da lei em si.[16]

Assim, a nova descrição de Sanders do judaísmo antigo virou o jogo,[17] desafiando os especialistas paulinos tradicionais ao confrontá-la com um novo contexto baseado na leitura de textos judaicos antigos, em oposição ao recurso de Strack-Billerbeck.[18] A ideia do judaísmo como uma religião da graça, em que o indivíduo não se esforça pela salvação observando o *mitzvot* obsoleto, ofereceu aos estudiosos um contexto completamente novo à leitura de Paulo. Depois de Sanders, o apóstolo teve de ser relacionado não ao judaísmo como uma religião legalista, mas, sim, a um sistema religioso em que a observância da Torá funcionava em um contexto pactual, que Sanders chamou de *nomismo de aliança*:

> O "padrão" (ou "estrutura") do nomismo da aliança é o seguinte: (1) Deus escolheu Israel e (2) concedeu a lei. A lei implica tanto (3) a promessa de Deus de manter a eleição como (4) a exigência de obediência. (5) O Senhor recompensa a obediência e castiga a transgressão. (6) A lei prevê meios de expiação e os respectivos resultados (7) na defesa ou no restabelecimento da relação pactual. (8) Todos aqueles que permanecem na aliança por obediência, expiação e misericórdia divina pertencem ao grupo que será salvo. Uma interpretação importante do primeiro e do último ponto é que a eleição e a salvação são consideradas frutos da misericórdia de Deus, e não da realização humana.[19]

---

[16]Emil Schürer, *A History of the Jewish People in the Time of Jesus Christ* (Edimburgo: T&T Clark, 1890), divisão 2, vol. 2, p. 120. Schürer e outros estudiosos que vieram depois, como Wilhelm Bousset, Paul Billerbeck e Rudolf Bultmann, dependiam profundamente do *System der altsynagogalen palästinischen Theologie aus Targum, Midrasch und Talmud* (Leipzig: Dörffling & Franke, 1880), de Ferdinand Weber.

[17]A pesquisa de Sanders é reconhecidamente limitada ao judaísmo *palestino*, mas, na verdade, foi interpretada no contexto da descrição do judaísmo como um todo.

[18]Herman Strack e Paul Billerbeck, *Kommentar zum Neuen Testament aus Talmud und Midrasch*, 6 vols. (Munique: C. H. Beck, 1922–28).

[19]*PPJ*, p. 422.

Mesmo diante da discussão quanto à dúvida sobre se o conceito de nomismo da aliança de Sanders captura corretamente a natureza do judaísmo do primeiro século, bem como a relação entre "graça" e "mérito",[20] a ideia geral de colocar a obediência da Torá dentro de uma estrutura pactual foi bem recebida, até mesmo por estudiosos que defendiam a visão de que Paulo, de alguma forma, opunha-se ao judaísmo.[21]

Provavelmente é correto afirmar que, embora a maioria dos estudiosos pareça ter aceitado a concepção de Sanders do judaísmo como não "legalista" e não caracterizado por "obras justas", eles estavam ainda menos convencidos por sua interpretação de Paulo. Como resultado, os estudiosos paulinos passaram a buscar outros meios de aplicar a reconstrução de Sanders acerca do antigo judaísmo a um Paulo ainda familiar. Assim, começando com a própria interpretação desse autor em relação ao apóstolo e, mais importante, com o artigo muito influente de James Dunn, "A Nova Perspectiva sobre Paulo"[22], existe uma nítida tendência de especialistas envolvidos no processo de aproximar gradualmente Paulo do judaísmo contemporâneo. É evidente que o ponto final é o ato de colocar o apóstolo, firme, completa e confortavelmente, dentro dessa religião. É precisamente dentro desse processo intelectual que a posição paulina deve ser vista. É uma das muitas "perspectivas" pelas quais é possível ver o Paulo histórico.[23]

A seguir, apresentarei minha interpretação das duas premissas mais importantes implícitas à "Perspectiva de Paulo dentro do Judaísmo": primeiro, sua identidade judaica contínua e, segundo, seu foco

---

[20]Veja, por exemplo, os diversos ensaios em D. A. Carson, Peter T. O'Brien e Mark A. Seifrid, org., *Justification and Variegated Nomism*, vol. 1, *The Complexities of Second Temple Judaism*, WUNT 2/140 (Tübingen: Mohr Siebeck; Grand Rapids: Baker Academic, 2001).

[21]Veja por exemplo, Heikki Räisänen, *Paul and the Law*, 2. org., WUNT 29 (Tübingen: Mohr Siebeck, 1987), p. 167-68; Frank Thielman, *From Plight to Solution: A Jewish Framework for Understanding Paul's View of the Law in Galatians and Romans*, NovTSup 61 (Leiden: Brill, 1989), p. 25; Westerholm, *Perspectives Old and New*, p. 350; N. T. Wright, *Paul and His Recent Interpreters: Some Contemporary Debates* (Londres: SPCK, 2015), p. 69-76.

[22]James D. G. Dunn, "The New Perspective on Paul", *BJRL* 65 (1983): 95-122.

[23]Veja também a história resumida de Karl Olav Sandnes do desenvolvimento do estudo de Paulo em *Paul Perceived: An Interactionist Perspective on Paul and the Law*, WUNT 412 (Tübingen: Mohr Siebeck, 2018), p. 8-15.

nos não judeus. Ainda que eu deduza que todos os estudiosos que compartilham esse mesmo ponto de vista concordem comigo quanto ao valor dessas suposições fundamentais, nem todos aceitarão minhas propostas específicas sobre como reconstruir Paulo a partir dessas concepções. É assim que deveria ser: os pesquisadores que estudam o apóstolo dentro do judaísmo representam um movimento historiográfico, não uma seita, e há uma variação considerável nesse compromisso acadêmico. Pamela Eisenbaum afirma: "O que compartilhamos é a mesma orientação básica em relação a Paulo".[24]

Discuto esse assunto com uma visão secular, o que significa que as implicações de um Paulo judeu para a teologia normativa estão fora do escopo desta apresentação. Ainda que eu não tenha nada contra a ideia de que mundo acadêmico influencia a religião contemporânea — ou, no caso específico dos estudos paulinos, por exemplo, aumente o diálogo judaico-cristão —, também acredito que a teologia normativa afetou negativamente esses estudos, impedindo-nos de encontrar o Paulo histórico. Tal teologia deve ser simplesmente deixada de fora da equação, já que uma das partes vitais da liberdade acadêmica é a autonomia de diversos grupos de interesse.

PAULO DENTRO DO JUDAÍSMO: DUAS PREMISSAS FUNDAMENTAIS

Paulo era judeu, portanto obediente à Torá

A sugestão de que Paulo era um observador da Torá é provavelmente a premissa mais difícil de digerir pelos estudiosos de orientação tradicional, já que, aparentemente, atinge a essência da teologia luterana, que, como já vimos, tem sido extremamente influente no que diz respeito aos estudos paulinos. A conexão entre a teologia normativa e as pesquisas acadêmicas é bem complicada — e realmente problemática —, e causa estranheza que ainda seja um fator a ser considerado. Em outras palavras, simplesmente não é bom que um teólogo cristão do século 16 ainda exerça influência no debate erudito moderno centrado em Paulo.

---

[24]Eisenbaum, *Paul Was Not a Christian*, p. 250.

Magnus Zetterholm

Seja como for, a ideia de que Paulo era um observador da Torá surge da suposição de que ele era judeu. Agora, a maioria dos especialistas certamente aceitaria a declaração de que ele era *etnicamente* judeu, insistindo que isso tinha pouco ou nenhum significado religioso.[25] Como apontado por Mark Nanos, "[Paulo] é tratado como um judeu que não se comportava mais dessa maneira".[26] No entanto, segundo os estudiosos que trabalham a partir de uma perspectiva de Paulo dentro do judaísmo, o fato de Paulo ser judeu significa que também *praticava* o judaísmo. Embora existam exemplos de judeus que, conscientemente, tentaram encontrar formas de deixar de sê-lo — como exemplos marcantes, temos o sobrinho de Fílon, Tibério Júlio Alexandre, ou Antíoco, filho do magistrado-chefe dos judeus em Antioquia, que sacrificou seguindo o costume dos gregos[27] ou os judeus que "removeram as marcas da circuncisão [literalmente, "criaram prepúcios"] e "abandonaram a santa aliança" em Jerusalém —,[28] esse claramente não era o caso do apóstolo, que expressa sua lealdade para com o povo de Israel e ressalta sua condição de judeu (Gálatas 1:13-14; 2:15; Romanos 9:3; 11:1).

Mesmo o trecho de Filipenses a seguir,[29] que, muitas vezes, é considerado evidência da "conversão de Paulo ao cristianismo"[30] e do repúdio às tradições judaicas, poderia ser realmente interpretado como o oposto.

---

[25]Veja, por exemplo, James D. G. Dunn, "Who Did Paul Think He Was? A Study of Jewish-Christian Identity", NTS 45 (1999): 174-93; Dunn, *Christianity in the Making*, vol. 2, *Beginning from Jerusalem* (Grand Rapids: Eerdmans, 2009). Cf. também Pamela Eisenbaum, "Paul, Polemics, and the Problem of Essentialism", *IntBib* 13 (2005): 224-38, esp. 227-28, em que ela estabelece uma distinção entre estudiosos que entendem Paulo como um *kata sarka* judeu, mas não mais religiosamente judeu, e aqueles que o veem como "Paulo, um judeu. Ponto final, ou seja, sem outras qualidades" (228).

[26]Mark D. Nanos, "Paul and Judaism: Why Not Paul's Judaism?", in *Paul Unbound: Other Perspectives on the Apostle*, org. Mark D. Dado (Peabody, MA: Hendrickson, 2010), esp. p. 119.

[27]Josefo, *J.W.* 7.50.

[28]1Macabeus 1:11-15.

[29]As traduções [em inglês] são da NRSV, algumas vezes com pequenas alterações. [Foi adotada a NVI na tradução em português seguindo as alterações].

[30]Veja, contudo, Dunn, "Who Did Paul Think He Was?", p. 179, que corretamente aponta o fato de que Paulo dificilmente poderia se haver convertido ao "cristianismo", "uma vez que o termo 'cristianismo' ainda não existia".

Cuidado com os cães [τοὺς κύνας, *tous kynas*], cuidado com esses que praticam o mal [τοὺς κακοὺς ἐργάτας, *tous kakous ergatas*], cuidado com a falsa circuncisão [τὴν κατατομήν, *tēn katatomēn*]![31] Pois nós é que somos a circuncisão, nós que adoramos pelo Espírito de Deus, que nos gloriamos em Cristo Jesus e não temos confiança alguma na carne, embora eu mesmo tivesse razões para ter tal confiança. Se alguém pensa que tem razões para confiar na carne, eu ainda mais: circuncidado no oitavo dia de vida, pertencente ao povo de Israel, à tribo de Benjamim, verdadeiro hebreu; quanto à lei, fariseu; quanto ao zelo, perseguidor da *ekklēsia* [ἐκκλησία];[32] quanto à justiça que há na lei, irrepreensível. Mas o que para mim era lucro, passei a considerar perda, por causa de Cristo. Mais do que isso, considero tudo como perda, comparado com a suprema grandeza do conhecimento de Cristo Jesus, meu Senhor, por cuja causa perdi todas as coisas. Eu as considero como esterco [σκύβαλα, *skybala*] para poder ganhar a Cristo. (Filipenses 3:2-8)

Embora a maioria dos intérpretes, usando o paradigma do conflito como ponto de partida, deduza que os oponentes de Paulo em Filipos eram "judaizantes" (judeus, judeus orientados por Jesus ou até mesmo prosélitos) tentando influenciar os filipenses a realizar a circuncisão e outros símbolos do judaísmo,[33] Mark Nanos ofereceu uma interpretação alternativa.[34]

---

[31]A tradução da NRSV [e da NVI] de "a falsa circuncisão" parece[m] um pouco exegética.
[32]A tradução da NRSV [e da NVI] de ἐκκλησία como "igreja" [são] totalmente [lamentáveis]. Paulo nunca fundou ou visitou uma igreja, muito menos perseguiu uma. Esse é apenas um exemplo de como as traduções costumam refletir certa posição teológica. Sobre a importância de usar terminologia imparcial, veja Anders Runesson, "The Question of Terminology: The Architecture of Contemporary Discussions on Paul", in Nanos and Zetterholm, *Paul within Judaism*, p. 53-77; Magnus Zetterholm, "Jews, Christians, and Gentiles: Rethinking the Categorization within the Early Jesus Movement", in *Reading Paul in Context: Explorations in Identity Formation; Essays in Honor of William S. Campbell*, org. Kathy Ehrensperger e J. Brian Tucker, LNTS 428 (Londres: T&T Clark, 2010), p. 242-54.
[33]Para um panorama geral, cf. D. K. Williams, *Enemies of the Cross of Christ: The Terminology of the Cross and Conflict in Philippians* (Sheffield: Sheffield Academic, 2002), p. 54-60; Jerry L. Sumney, "Studying Paul's Opponents: Advances and Challenges", *Paul and His Opponents*, org. Stanley E. Porter, Pauline Studies 2 (Leiden: Brill, 2005), p. 7-58, aqui p. 25-29; e John J. Gunther, *St. Paul's Opponents and Their Background: A Study of Apocalyptic and Jewish Sectarian Teachings*, NovTSup 35 (Leiden: Brill, 1973).
[34]Mark D. Nanos, "Paul's Polemic in Philippians 3 as Jewish-Subgroup Vilification of Local Non-Jewish Cultic and Seneca sophical Alternatives", *JSPL* 3 (2013): 47-91.

Os antagonistas contra quem Paulo nos alerta em 3:2, "os cães" (τοὺς κύνας) e aqueles "que praticam o mal" (τοὺς κακοὺς ἐργάτας), costumam ser identificados como "judeus" (ou "cristãos judeus").[35] Talvez a escolha do apóstolo da alcunha condescendente "cão" seja uma reversão consciente da calúnia judaica dos não judeus, agora aplicada aos judeus.[36] Da mesma forma, a expressão "falsa circuncisão" (τὴν κατατομήν) é colocada como uma referência negativa a esse rito.[37] Por outro lado, Nanos sugere que a preocupação de Paulo diz respeito a um contexto cultural e religioso greco-romano e que o problema consiste na forma como especialmente os seguidores não judeus de Jesus deveriam viver dentro do judaísmo que se baseia em Jesus como Messias.[38] Segundo Nanos, a ideia de que a palavra "cães" se referiria aos judeus não pode ser mantida, já que não existe evidência literária alguma que possa fundamentar tal afirmação.[39] Quanto à "falsa circuncisão", esse autor argumenta que é possível que Paulo use uma referência geralmente negativa com seus adversários, talvez influenciado pela história de Elias e dos profetas de Baal em 1Reis 18–19, em que é explicitamente apontado que os "falsos" profetas chegaram a "ferir-se com espadas e lanças" (18:28) ou que ele faz alusão a cultos locais específicos ou a escolas filosóficas (como os cínicos) presentes em Filipos. Resumindo, de acordo com Nanos, Paulo desaprova as influências pagãs, não as judaicas.

Com base nessa perspectiva, o apelo de Paulo à sua identidade judaica em 3:4-6 não tem a intenção de denunciar sua "antiga" identidade, mas, sim, de incentivar seus leitores a seguirem seu exemplo de não competir por honra ou *status* em termos judeus ou não judeus: "O argumento paulino se baseia na ideia de o seu público

---

[35]G. Walter Hansen, *The Letter to the Philippians*, PNTC (Grand Rapids: Eerdmans, 2009). Para um exemplo recente, veja Dorothea Bertschmann, "Is There a Kenosis in This Text? Rereading Philippians 3:2–11 in the Light of the Christ Hymn", *JBL* 37 (2018): 235-54, esp. 236.

[36]Veja, por exemplo, Gordon D. Fee, *Paul's Letter to the Philippians*, NICNT (Grand Rapids: Eerdmans, 1995), p. 295.

[37]Fee, *Philippians*, p. 296.

[38]Nanos, "Paul's Polemic in Philippians 3", p. 52-53.

[39]Mark D. Nanos, "Paul's Reversal of Jewish Calling Gentiles 'Dogs' (Philippians 3:2): 1600 Years of an Ideological Tale Wagging an Exegetical Dog?", *IntBib* 17 (2009): 448-82.

saber que ele é um judeu que 'ainda' pratica o judaísmo de modo exemplar. Assim, ele pretende comunicar que não permite que a vantagem social que normalmente acompanha a identidade judaica venha antes de sua identidade compartilhada com eles 'em Cristo', nem que busquem tal vantagem entre si em seus próprios contextos 'pagãos'".[40] Em minha opinião, Nanos apresentou uma interpretação alternativa confiável e mostrou ser ao menos possível abordar até mesmo textos "complicados" de um Paulo dentro da perspectiva do judaísmo. Observe também que o apóstolo fala no tempo presente: ele ainda "é" irrepreensível em relação à lei e ainda é um fariseu. Ele não renuncia a essas identificações; simplesmente as valoriza menos do que estar "em Cristo". Contudo, ele ainda as aprecia, ou não as listaria como motivos de confiança. A suposição de que o apóstolo condena sua vida "anterior" no judaísmo em Filipenses 3:4-6 não pode mais ser considerada definitiva.

É verdade que a suposição de que ele praticava o judaísmo parece conflitar com suas famosas afirmações negativas acerca da lei judaica. Como é possível reconciliar a visão de um Paulo obediente à Torá com declarações como as que se seguem?

> Cristo nos redimiu da maldição da lei. (Gálatas 3:13)

> Antes que viesse esta fé, estávamos sob a custódia da lei, nela encerrados, até que a fé que haveria de vir fosse revelada. Assim, a lei foi o nosso tutor até Cristo, para que fôssemos justificados pela fé. (Gálatas 3:23-24)

> Pois quando éramos controlados pela carne, as paixões pecaminosas despertadas pela lei atuavam em nossos corpos, de forma que dávamos fruto para a morte. Mas agora, morrendo para aquilo que antes nos prendia, fomos libertados da lei, para que sirvamos conforme o novo modo do Espírito, e não segundo a velha forma da lei escrita. (Romanos 7:5-6)

A resposta a isso está parcialmente ligada à pergunta dos leitores de Paulo, um problema ao qual voltaremos em breve. No momento,

---

[40]Nanos, "Paul's Polemic in Philippians 3", p. 89-90.

Magnus Zetterholm

basta dizer que sua visão em relação à Torá não pode ser considerada totalmente negativa. Por exemplo, em Romanos 3:31 ele questiona: "Anulamos então a lei pela fé?" e responde: "De maneira nenhuma! Pelo contrário, confirmamos a lei". Em Romanos 7:7, ele pergunta: "Que diremos então? A lei é pecado?", e responde: "De maneira nenhuma!". Em Romanos 7:12, ele diz: "De fato a lei é santa, e o mandamento é santo, justo e bom". Dessa forma, Paulo parece falar tanto negativa como positivamente da Torá.

De uma perspectiva geral, a ideia em si de que o apóstolo teria defendido um evangelho "sem leis" não está desprovida de problemas. A concepção de que a relação entre o humano e o divino era orientada por certas regras, regulamentos e rituais não se limitava ao judaísmo; essa concepção era compartilhada entre as religiões antigas e conectadas à etnia.[41] Nas palavras de Robert Turcan, "a verdadeira devoção, o senso romano do sagrado (*sanctitas*), é 'o conhecimento do respeito e da consideração devidos aos deuses' ([Cícero, *De natura deorum*], 1,116), com cuidado e obediência às normas".[42]

Além disso, não está totalmente claro o que queremos dizer quando afirmamos que alguém estava ou não "observando a Torá". No entanto, os estudiosos cristãos são, muitas vezes, bastante confiantes em determinar exatamente como a observância da Torá funcionou ao longo do primeiro século — como deveria ser observada e quando foi violada. Por exemplo: Heikki Räisänen acredita que "Paulo incentivou profundamente os crentes judeus e gentios a viverem juntos, compartilhando refeições sem levar em conta as leis dietéticas",[43] supondo que isso era parte da questão no chamado incidente de Antioquia (Gálatas 2:11-14 [ou 2:11-21]).[44] Da mesma forma, Scot McKnight, depois de ter listado cinco possíveis explicações para o conflito em discussão, sugere que o problema provavelmente envol-

---

[41]Paula Fredriksen, "Judaizing the Nations: The Ritual Demands of Paul's Gospel", *NTS* 56 (2010): 232-52, esp. 234.

[42]Robert Turcan, *The Gods of Ancient Rome: Religion in Everyday Life from Archaic to Imperial Times* (Nova York: Routledge, 2000), p. 2.

[43]Heikki Räisänen, *The Rise of Christian Beliefs: The Thought World of Early Christians* (Mineápolis: Fortress, 2010), p. 257.

[44]Räisänen, *Rise of Christian Beliefs*, p. 258.

A PERSPECTIVA DE PAULO DENTRO DO JUDAÍSMO

via Pedro consumindo alimentos que eram "expressamente proibidos em Levítico ou Deuteronômio".[45]

O apelo de Paulo aos coríntios — "Comam de tudo o que se vende no mercado [μάκελλον, *makellon*]" (1Coríntios 10:25) — é outro texto clássico que leva muitos estudiosos a concluírem que Paulo viola a Torá e descarta as práticas alimentares judaicas. Por exemplo, C. K. Barrett acredita que, aqui, Paulo "rompe completamente com o judaísmo",[46] e Gordon Fee afirma que "é difícil imaginar que possa existir no apóstolo algo mais não judeu que isso".[47]

No entanto, em todas as discussões referentes à obediência da Torá ou às suas transgressões, vale ter em mente que a ideia de alguém "observar" ou "violar" um código legal, como a lei judaica, está, em grande parte, nos olhos de quem vê. Provavelmente é verdade que a maioria dos judeus honrou suas tradições ancestrais, de uma forma ou de outra,[48] o que não significa que todos obedecessem à Torá da mesma maneira, mas apenas que existia "um padrão segundo o qual a lealdade a Israel e ao Deus de Israel era aferida".[49]

Karin Hedner Zetterholm declarou que a observância da Torá significa coisas diferentes para grupos e indivíduos distintos, o que é parcialmente explicado pela natureza da lei judaica.[50] É fato que muitos mandamentos individuais são formulados vagamente com base na Torá e precisam ser esclarecidos. Hedner Zetterholm usa o mandamento do *Shabat* (Êxodo 20:8-11; 31:13-17; 35:1-3) como exemplo.

---

[45]Scot McKnight, *Galatians: From Biblical Text to Contemporary Life*, NIVAC (Grand Rapids: Zondervan, 1995), p. 103.

[46]C. K. Barrett, *A Commentary on the First Epistle to the Corinthians*, 2. ed., BNTC (Londres: A&C Black, 1971), p. 240.

[47]Gordon D. Fee, *The First Epistle to the Corinthians*, NICNT (Grand Rapids: Eerdmans, 1987), p. 482. Veja também Wendell Lee Willis, *Idol Meat in Corinth: The Pauline Argument in 1 Corinthians 8 e 10*, SBLDS 68 (Chico, CA: Scholars Press, 1985), p. 230–31; Ben Witherington III, *Conflict and Community in Corinth: A Socio-Rhetorical Commentary on 1 and 2 Corinthians* (Grand Rapids: Eerdmans, 1995), p. 226-27.

[48]A definição de Sanders de "judaísmo comum" como aquela com que os sacerdotes e o povo concordavam faz muito sentido. Cf. Sanders, *Judaism: Practice and Belief*, 63 a.C.–66 d.C. (Londres: SCM; Filadélfia: Trinity Press International, 1992), p. 47. Cf. também Sandnes, *Paul Perceived*, p. 24-25.

[49]Sanders, Judaism: *Practice and Belief*, p. 47.

[50]Karin Hedner Zetterholm, "The Question of Assumptions: Torah Observance in the First Century", in Nanos and Zetterholm, *Paul within Judaism*, p. 79-103.

O texto bíblico afirma somente que os israelitas, seus escravos, seu gado e os residentes estrangeiros deveriam parar de "trabalhar" e que era proibido acender fogo. Como resultado, os rabinos tiveram de decidir quais atividades estavam incluídas na ideia de "trabalho", algo que pode ser encontrado na Mishná, em Šabbat 7.2.[51] Como está implícito em Marcos 2:23-24, parece que havia opiniões diversas quanto ao que era "lícito" fazer no sábado já durante o primeiro século: aparentemente, Jesus e seus discípulos não têm problemas em colher grãos no sétimo dia, ao contrário dos fariseus. Esse cenário pode indicar que os fariseus de Marcos representam, no final do primeiro século, a visão posteriormente codificada na Mishná (a "colheita" é explicitamente proibida no Šabbat 7.2). Desse modo, o fato de que muitos dos *mitzvot* na Torá precisam de interpretação ou esclarecimento leva naturalmente a um processo hermenêutico diverso, ou seja, ao surgimento de diferentes sistemas *halakic*. Grupos distintos desenvolveram interpretações distintas e, mesmo dentro de um grupo como os fariseus, nem sempre havia harmonia nas questões que envolviam a *halakah*, como pode ser visto nas discussões conhecidas entre Hillel e Shammai (m. Ber. 8:1-8), bem como na existência de toda a Torá oral.

Assim, entendemos que um judeu poderia enxergar certo modo de vida como um reflexo da Torá, enquanto outro, com uma interpretação diferente da *halakah*, veria violação. Até mesmo certa adaptabilidade — por exemplo, na interação social com não judeus — se encaixa nessa categoria. Hedner Zetterholm usa o contexto moderno e mostra que até mesmo um indivíduo bastante ortodoxo poderia muito bem comer (alimento permitido) na casa de não judeus em pratos que, segundo sua *halakah*, seriam um tipo de transgressão à Torá. No entanto, assim como em todas as tradições religiosas (até mesmo no cristianismo), geralmente há uma hierarquia de princípios éticos. A ideia ortodoxa de usar conjuntos separados de pratos para leite e carne, apresentada como uma interpretação de Êxodo 23:19; 34:26; Deuteronômio 14:21, poderia, em um contexto específico, ser percebida como em conflito com princípios considerados de maior valor, como, por exemplo, o de não ofender as pessoas ou de aceitar a hospitalidade de não judeus. Assim, mesmo que alguém ainda

---

[51]Ibidem, p. 81.

mais ortodoxo possa enxergar isso como uma violação da Torá, muitos judeus ortodoxos são capazes de comer em casas de não judeus e consideram isso totalmente compatível com o fato de ser leal à Torá.[52]

Essa variação normal é muito relevante no que diz respeito aos textos citados (Gálatas 2:11-14; 1Coríntios 10:25). No caso do chamado incidente de Antioquia, é bem possível que diferentes opiniões de como os judeus deveriam interagir socialmente com os não judeus estivessem em debate. Ou seja, o problema não dizia respeito à comida, mas, sim, à comensalidade. Argumentei em outro lugar que o povo de Tiago talvez representasse uma interpretação mais rigorosa da lei judaica em relação aos contatos sociais com não judeus do que os judeus da diáspora, e que eles reagiram contra o que perceberam ser uma interação social muito próxima nas refeições comuns.[53] Ou talvez a comunidade em Antioquia não observasse as convenções judaicas "normais" no que se refere ao local no qual sentar ou a distribuição de alimentos nas refeições comunitárias.[54] Nesse caso, o verdadeiro conflito diria respeito à suposta impureza moral dos não judeus e ao medo de que isso pudesse afetar negativamente os seguidores judeus de Jesus.[55] Acredito que a visão de Paulo de que judeus e não judeus tinham o mesmo *status* diante do deus de Israel o fez considerar os não judeus que se converteram a Cristo tão santos e puros quanto Israel. Portanto, podiam ser confiáveis, uma vez que haviam sido "lavados" (ἀπελούσασθε, *apelousasthe*), "santificados" (ἡγιάσθητε, *hēgiasthēte*) e "justificados" (ἐδικαιώθητε, *edikaiōthēte*) em nome do Senhor Jesus Cristo (1Coríntios 6:11). Aqueles "da parte de Tiago" simplesmente tinham uma visão diferente e argumentavam que os não judeus na comunidade deveriam alcançar a condição de puros e santos da maneira normal — pela conversão ao judaísmo —, resolvendo, assim, a questão da impureza moral e das relações sociais

---

[52]Ibidem, p. 81.

[53]Zetterholm, *The Formation of Christianity*, p. 129-64; Zetterholm, "The Antioch Incident Revisited".

[54]Mark D. Nanos, "What Was at Stake in Peter's 'Eating with Gentiles' at Antioch?", in *The Galatians Debate: Contemporary Issues in Rhetorical and Historical Interpretation*, org. Mark D. Nanos (Peabody, MA: Hendrickson, 2002), p. 282-318.

[55]Da mesma forma, Douglas J. Moo, *Galatians*, BECNT (Grand Rapids: Baker Academic, 2013), p. 142-43.

Magnus Zetterholm

entre judeus e não judeus. Em minha opinião, é totalmente possível ler Gálatas 2:11-14 com base na suposição de que Paulo não rejeitou a Torá. Isso soa como um exemplo de atrito entre dois pontos de vista diferentes das obrigações *halakic* que representam duas maneiras dsitintas de interpretar a Torá.[56]

O mesmo vale para 1Coríntios 10:25. Paulo viola a Torá quando aconselha os coríntios a comerem "de tudo o que se vende no mercado" ou sua declaração também pode ser compatível com ser um judeu obediente à Torá? A resposta provavelmente varia conforme o judeu a quem se dirige a pergunta. Extraindo conclusões de fontes rabínicas (posteriormente), Peter Tomson propõe que Paulo define o que é alimento dos ídolos nos casos duvidosos em 1Coríntios 10:25-29. Enquanto o problema é apresentado em 1Coríntios 8, Paulo aborda o assunto dos alimentos consagrados aos ídolos em 1Coríntios 10:1-22 e, então, o tema da "comida de natureza desconhecida em um ambiente pagão", de acordo com Tomson.[57] O fato de que, em 10:14, Paulo avisou aos coríntios que "fugissem da idolatria" torna aceitável supor que a questão do "alimento dos ídolos" ainda esteja em discussão.[58]

Além disso, Tomson argumenta que, no contexto de 10:25, o termo συνείδησις (*syneidēsis*), que geralmente é traduzido como "consciência", deveria ser entendido como "a 'consciência' ou a 'intenção' de alguém, que é direcionada aos ídolos ou ao Criador".[59] Tomson afirma que, tendo como base a literatura rabínica, fica claro que a visão dos rabinos acerca da idolatria não estava "tão relacionada a objetos ou ações materiais, e sim à atitude espiritual com a qual estes são abordados pelos gentios".[60] Por exemplo, se um não judeu quiser comprar um galo branco de um judeu, há uma grande probabilidade de que o

---

[56]Para outras visões de Paulo dentro do judaísmo em relação ao que estava em jogo no incidente de Antioquia, cf. Paula Fredriksen, *Paul: The Pagans' Apostle* (New Haven: Yale University Press, 2017), p. 94-100; Mark D. Nanos, "How Could Paul Accuse Peter of Living 'Ethné-ishly' in Antioch (Gálatas 2:11-21) If Peter Was Eating according Jewish Dietary Norms?", *JSPL* 6 (2016): 199-223.

[57]Peter J. Tomson, *Paul and the Jewish Law: Halakha in the Letters of the Apostle to the Gentiles*, CRINT 3/1 (Assen: van Gorcum; Mineápolis: Fortress, 1990), p. 208.

[58]John Fotopoulos, *Food Offered to Idols in Roman Corinth: A Social-Rhetorical Reconsideration of 1 Corinthians 8:1-11:1*, WUNT 2/151 (Tübingen: Mohr Siebeck, 2003), p. 237.

[59]Tomson, *Paul and the Jewish Law*, p. 214.

[60]Idem.

A PERSPECTIVA DE PAULO DENTRO DO JUDAÍSMO

galo seja usado em um contexto ritualístico. Nesse caso, a venda do galo seria proibida. No entanto, se o não judeu quisesse comprar *qualquer* galo, sinalizando não haver propósito de sacrifício, até mesmo um branco teria sua venda permitida. A famosa história da Mishná ('Abod. Zar. 3:4) sobre o rabino Gamaliel, que considerava a estátua de Afrodite em um balneário pagão apenas um enfeite, e não um "ídolo", revela a mesma atitude: o que não é visto como um deus é permitido.[61]

De fato, é preciso ter cuidado ao usar fontes rabínicas mais recentes com o objetivo de interpretar textos judaicos do primeiro século d.C. No entanto, como os judeus, por muitos séculos, foram obrigados a desenvolver estratégias com o intuito de negociar o espaço compartilhado com os não judeus no cenário da diáspora pagã, não parece ousado assumir que um sistema haláquico, semelhante ao que encontramos na literatura rabínica posterior, estivesse em atividade ainda durante a vida de Paulo. O oposto seria notável. Hedner Zetterholm conclui: "Longe de declarar a lei judaica nula e sem efeito, Paulo se concentra em *estabelecer* uma *halakah* relacionada ao alimento de ídolos para os gentios orientados por Jesus, ou a *ensiná-los que existe uma halakah judaica local*. À luz dos paralelos rabínicos, é possível que ele conclua, a partir de uma *halakah* judaica local, algo relativo a alimentos comprados no mercado em Corinto".[62] Desse modo, é perfeitamente possível ler 1Coríntios 10:25 denotando que Paulo não rompe com o judaísmo e que, em vez disso, ele vive conforme os princípios haláquicos judaicos locais.

Finalmente, a ideia de que o apóstolo era fiel à sua herança religiosa é defendida por Atos, que mostra que tais concepções entraram em circulação algum tempo após a morte de Paulo.[63] Na narrativa de Lucas, a chegada de Paulo a Jerusalém desencadeia uma sequência de incidentes que acabou resultando no cativeiro do apóstolo em Roma

---

[61]Para uma ampla discussão do συνείδησις e muitos outros exemplos de pontos de vista rabínicos sobre "intenção" em relação à "idolatria", veja Tomson, *Paul and the Jewish Law*, p. 208-16. O debate também está resumido em Hedner Zetterholm, "The Question of Assumptions", p. 91-103.

[62]Hedner Zetterholm, "The Question of Assumptions", p. 99 (grifo original).

[63]É claro que o significado de "bastante tempo" depende da datação de Atos. Para uma visão geral, veja Joseph A. Fitzmyer, *The Acts of the Apostles: A New Translation with Introduction and Commentary*, AB 31 (Nova York: Doubleday, 1998), p. 51-55.

Magnus Zetterholm

(Atos 21–28). Diante de acusações sérias, basicamente de haver desviado os judeus e abandonado um estilo de vida judaico, Paulo se desculpa energicamente ou realiza ações que expressam sua lealdade à Torá e às tradições judaicas.

Em Atos 21:17-26, Lucas relata que milhares de crentes judeus, que "são todos zelosos da lei" (πάντες ζηλωταὶ τοῦ νόμου ὑπάρχουσιν, *pantes zēlōtai tou nomou hyparchousin*) (v. 20), ouviram que Paulo incentivava o abandono das tradições judaicas. O fato de os seguidores judeus de Jesus serem aparentemente observadores da Torá não é apresentado por Lucas como uma anomalia. Com a intenção de acabar com todas as dúvidas em relação à sua fidelidade, Paulo se junta a quatro homens unidos por um voto e realiza um ritual que inclui purificação e sacrifício no templo.[64]

Em Cesareia, Paulo é acusado mais uma vez, agora de ser um agitador e de haver profanado o templo, entre outras coisas. Levado à presença do então governador romano, Félix, ele se declara inocente, afirmando: "Adoro o Deus dos nossos antepassados (...) Creio em tudo o que concorda com a Lei e no que está escrito nos Profetas" (Atos 24:14). Esse padrão é repetido em Atos 25:6-12, quando o apóstolo, agora diante do sucessor de Félix, Festo, declara: "Nada fiz de errado contra a lei dos judeus [εἰς τὸν νόμον τῶν Ἰουδαίων, *eis ton nomon tōn Ioudaiōn*], contra o templo ou contra César" (v. 8). Finalmente, depois de chegar a Roma, Paulo afirma perante "os líderes dos judeus" que não fez nada de errado "contra o nosso povo nem contra os costumes dos nossos antepassados" (Atos 28:17).

Lucas tem a nítida intenção de apresentar Paulo como um judeu obediente à Torá, encontrando forte oposição de diversos grupos judeus, inclusive de seguidores de Jesus. É claro que isso é um mistério para os estudiosos que trabalham com base em pontos de partida mais tradicionais. Uma solução é a sugerida por Ben Witherington, que argumenta que, como Paulo era indiferente à Torá, ele poderia "observá-la ou não, contanto que se entendesse que, de qualquer

---

[64]Tem acontecido uma discussão ampla exatamente em relação a que tipo de ritual Lucas tem em mente. Veja Ben Witherington III, *The Acts of the Apostles: A Socio-Rhetorical Commentary* (Grand Rapids: Eerdmans, 1998), p. 649.

maneira, isso não tinha significado soteriológico".[65] Reidar Hvalvik segue a mesma linha de raciocínio: Paulo foi criado como um judeu que respeita a lei, o que "torna razoável concluir que ele costumava observar os costumes judaicos em seu dia a dia, contanto que não obscurecessem o evangelho".[66] O resultado final parece ser este: mesmo que Paulo obedecesse à Torá, não queria dizer nada com isso.

Recentemente, Karl Olav Sandnes abordou a temática Paulo e a lei em Atos, e há muito o que ser elogiado em sua apresentação. Ele admite, de pronto, que Lucas realmente apresenta o apóstolo como leal às tradições judaicas, incluindo a Torá, e até reconhece que Paulo — dentro dos estudiosos do judaísmo — pode, até certo ponto, "considerar Lucas uma evidência que fundamenta sua leitura do Paulo epistolar".[67] Sandnes também está obviamente correto ao afirmar que "o retrato de Lucas está preso em um *debate* da relação de Paulo com a Torá".[68]

No entanto, apesar do que parece ser uma apresentação inequívoca de Lucas, Sandnes conclui que Lucas expressa uma imagem ambígua da relação de Paulo com a Torá. Por exemplo: ao discutir Atos 18:12-17, passagem em que Paulo é acusado de "persuadir o povo a adorar a Deus de maneira contrária à lei" (v. 13), Sandnes aponta que, como as alegações estabelecem a Torá como o padrão de adoração, ele é visto como alguém que acaba com isso, principalmente ao introduzir o batismo (18:8). Paulo cria "uma distância crescente da lei e da irmandade que a defende".[69] O problema com a interpretação de Sandnes é que ela pressupõe um ponto de vista essencialista da Torá que, basicamente, é o que devemos evitar. Levando em conta tal discussão sobre a diversidade da observância da Torá, percebemos que é bem problemático falar dela como um padrão fixo para quase tudo. Embora não conheçamos muitos detalhes da cerimônia na sinagoga no período do Segundo Templo, parece ter existido uma

---

[65]Witherington, *Acts of the Apostles*, p. 648.

[66]Reidar Hvalvik, "Paul as a Jewish Believer — According to the Book of Acts", in *Jewish Believers in Jesus: The Early Centuries*, org. Oskar Skarsaune e Reidar Hvalvik (Peabody, MA: Hendrickson, 2007), p. 121-53, aqui p. 153.

[67]Sandnes, *Paul Perceived*, p. 198.

[68]Ibidem, p. 183 (grifo original).

[69]Ibidem, p. 197.

diferença considerável na liturgia entre a diáspora e a Judeia — e provavelmente também variações locais.[70]

Não encontro motivo para duvidar que Paulo tenha encontrado judeus que o acusaram vigorosamente de haver violado a Torá de acordo com sua interpretação. Contudo, esse tipo de argumento interno é sempre usado por eles. Como vimos, isso não leva necessariamente à conclusão de que o apóstolo não era tão judeu ou tão apegado à Torá quanto qualquer outro judeu na diáspora, o que creio firmemente que ele era. O fato de sessenta e dois clérigos conservadores e acadêmicos de vinte países terem assinado uma carta acusando o Papa Francisco de heresia, *referindo-se à lei da Igreja*, significa que o papa não é mais católico?[71] Talvez sim, aos olhos de alguns, porém duvido que o Santo Padre concorde (ou perca o sono por causa dessa acusação). Na região profundamente ortodoxa de Mea Shearim, em Jerusalém, notei uma faixa, no outono de 2018, afirmando: "Os verdadeiros judeus sempre se opuseram ao sionismo e ao Estado de Israel", o que implica que aqueles que não se opõem não fazem parte do "verdadeiro judaísmo". Meus amigos judeus ortodoxos discordam veementemente disso.

Algumas das acusações contra Paulo parecem ter sido meros equívocos. É improvável que ele tenha instruído os judeus a abandonar Moisés ou dito a eles que não circuncidassem seus filhos, já que, em 1Coríntios 7:18, ele afirma claramente que os judeus não deveriam descartar sua identidade judaica. Eu diria que o centro da crítica judaica paulina está em suas relações estreitas e teologicamente motivadas com não judeus, que poderiam ser percebidas como uma ameaça à identidade judaica. A insistência do apóstolo de que judeus e não judeus "em Cristo" tinham a mesma condição diante do deus de Israel é de fato uma nova interpretação da Torá, sustentada pelo evento Cristo e pela crença firme de que o mundo estava prestes a acabar. Tais ideias certamente não foram recebidas de forma unânime.

---

[70]Lee I. Levine, *The Ancient Synagogue: The First Thousand Years*, 2. ed. (New Haven: Yale University Press, 2005), p. 171.

[71]Veja *Correctio Filialis De Haeresibus Propagatis*, acessado em 5 de março de 2020, http://www.correctiofilialis.org. Sabemos que os signatários "professam sua lealdade à santa Igreja Romana, garantem suas orações ao papa e pedem sua bênção apostólica".

A ideia de que a relação de Paulo com os não judeus era o problema principal é sugerida em Atos 21:27-28, passagem em que ele é acusado de ter levado "gregos" ao templo. A meu ver, foi isso também que causou o incidente de Antioquia. Esse complexo de problemas está intimamente conectado à segunda suposição principal de Paulo dentro da perspectiva do judaísmo, na qual nos concentraremos agora.

Paulo — apóstolo das nações

O segundo pressuposto fundamental que embasa A Perspectiva de Paulo dentro do Judaísmo diz respeito à sua autodefinição como apóstolo das nações (Romanos 1:5; 11:13; Gálatas 2:8). De acordo com os especialistas no assunto "Paulo dentro do judaísmo", isso significa que ele lida principalmente — mas não exclusivamente — com questões pertinentes à salvação dos povos. Isso se encaixa, muitas vezes, na questão da identidade dos destinatários de Paulo,[72] o que me parece estar fora de discussão. O importante é que ele lida com "o problema dos gentios", independentemente do público-alvo, do qual podemos especular até que o Messias chegue (ou volte). Segundo pressupõe A Perspectiva de Paulo dentro do Judaísmo, isso é imperativo: se o evangelho de Paulo inclui toda a humanidade, essa perspectiva é simplesmente incorreta.

Assim, segundo os especialistas nessa perspectiva, o problema que Paulo enfrenta não está *predominantemente* relacionado à forma como Israel será salvo, embora, às vezes, ele toque nesse problema também, visto que, de vez em quando, lida com a nova relação entre Israel e as nações. Essa visão deve ser contrastada com a concepção mais tradicional, de que o evangelho de Paulo é universal e de que sua preocupação é a salvação da humanidade, significando que tudo que ele diz, por exemplo, no que diz respeito à Torá também se aplica aos judeus.[73]

---

[72]Eisenbaum, *Paul Was Not a Christian*, p. 217; John G. Gager, *Reinventing Paul* (Oxford: Oxford University Press, 2000), p. 51; Lloyd Gaston, *Paul and the Torah* (Vancouver: University of British Columbia Press, 1990), p. 7; Johannes Munck, *Paul and the Salvation of Mankind*, trad. Frank Clarke (Atlanta: John Knox, 1959), p. 196. No entanto, compare com Tomson, *Paul and the Jewish Law*, p. 59-61, que defende uma imagem mais complexa para os romanos.

[73]Para um resumo desse ponto de vista, incluindo crítica de um Paulo dentro da perspectiva do judaísmo, cf. Räisänen, *Rise of Christian Beliefs*, p. 256-64.

Dito isso, é importante reconhecer que Paulo realmente se vê envolvido em acontecimentos que levarão à salvação do mundo inteiro. Porém, mais uma vez, seu problema não são os judeus, e sim as nações (τὰ ἔθνη, *ta ethnē*), ou — traduzindo a mesma palavra em sua forma religiosa, e não étnica — os pagãos. Na minha opinião, Paulo parece argumentar, especialmente em Romanos 9–11, que o destino da nação israelita está nas mãos do deus de Israel.[74] E, mesmo que não pareça, Israel cumpre uma função importante nesse grande drama escatológico orquestrado por Deus, que culminará na vinda do novo αἰών (*aiōn*), um novo céu e uma nova terra, como lemos no Apocalipse (21:1). "E assim todo o Israel será salvo (...), pois os dons e o chamado de Deus são irrevogáveis" (Romanos 11:26,29).

É difícil imaginar que Jesus, como agente messiânico de Deus, não esteja de alguma forma envolvido nesse processo, embora Paulo não afirme explicitamente como. Essa situação deu origem a um longo debate quanto à dúvida se ele defende ou não uma "solução dupla", ou seja, um caminho para a salvação dos judeus por meio da Torá e outro para os povos por meio de Cristo.[75] Muitos estudiosos que estão envolvidos na crítica do paradigma tradicional parecem relutantes em admitir que Cristo teria qualquer relevância à salvação dos judeus. Pamela Eisenbaum, por exemplo, nega que qualquer coisa que Paulo escreva signifique que os judeus "devam converter-se ao cristianismo a fim de serem salvos".[76] Na mesma linha, John Gager constata que, "ao defender a validade da lei, Paulo (...) não imagina uma conversão de Israel a Cristo no fim dos tempos".[77] Com os estudiosos de orientação mais tradicional, a impressão é que existe quase uma obsessão de que judeus e não judeus *precisam* ser salvos do mesmo modo: somente por meio da fé.[78]

---

[74]Fredriksen, *Paul: The Pagans' Apostle*, p. 162.

[75]Uma "solução dupla" mais ou menos desenvolvida é encontrada pela primeira vez em *Pseudo-Clementine Homilies* 8.5-7; veja Annette Yoshiko Reed, "'Jewish-Christianity' after the 'Parting of the Ways': Approaches to Historiography and Self-Definition in the Pesudo-Clementines", in *The Ways That Never Parted: Jews and Christians in Late Antiquity and the Early Middle Ages*, org. Adam H. Becker e Annette Yoshiko Reed (Mineápolis: Fortress, 2007), p. 189-221, esp. p. 213-17.

[76]Eisenbaum, *Paul Was Not a Christian*, p. 255.

[77]Gager, *Reinventing Paul*, p. 146.

[78]Veja, por exemplo, a crítica de Sandnes de Eisenbaum em *Paul Perceived*, p. 199.

A meu ver, todo o problema parece ser profundamente influencia-do pela história trágica do uso cristão europeu da força coercitiva contra populações de judeus europeus e uma boa quantidade de ideologia normativa em nome de representantes tanto judeus como cristãos no debate. É claro que a questão em discussão não é se Paulo espera ou não que os judeus se "convertam ao cristianismo", mas, sim, se Cristo tem alguma relevância para Israel na mente do apóstolo, o que estou inclinado a acreditar que sim. Não é improvável que Paulo soubesse que, no fim, Israel se *voltaria* a Cristo e, como Paula Fredriksen aponta, "voltar-se" não é "conversão".[79] No entanto, dadas as informações limi-tadas que temos em mãos, não posso ver como alguém pode chegar a uma resposta inequívoca a essa pergunta. Talvez Paulo não tenha ela-borado isso por si mesmo e, portanto, descreve o *grand finale* escatoló-gico como um "mistério" (μυστήριον, *mystērion*) em Romanos 11:25. É possível que tenhamos de concordar com a declaração um tanto cau-telosa de Stanley Stowers (em uma discussão de Romanos 3–4), de que "a linguagem paulina mostra que ele assume que judeus e gentios têm relações parecidas, porém diferentes com Cristo, Abraão e a lei".[80]

No entanto, o foco na salvação dos judeus corre o risco de nos fazer ignorar a preocupação real do apóstolo. John Gager explicou isso corretamente: "Quanto à dúvida se podemos falar da *Sonder-weg* de Paulo ou do caminho especial da salvação, creio que seja o contrário, pois, para ele, a salvação de Israel nunca esteve em xeque. Em vez disso, o que ele ensinou e pregou foi uma saída especial, um *Sonderweg*, para os gentios".[81] Essa declaração expressa perfeitamen-te a missão paulina. As atitudes judaicas em relação às nações são um pouco conflitantes: conforme algumas tradições, os povos devem ser destruídos por Deus ou submetidos a Israel, mas, de acordo com outras classes, os não judeus têm lugar no mundo por vir.[82] Paulo usa

---

[79]Em relação aos não judeus que se voltaram a Cristo, veja Fredriksen, *Paul: The Pagans' Apostle*, p. 75-76.

[80]Stanley K. Stowers, *A Rereading of Romans: Justice, Jews, and Gentiles* (New Haven: Yale University Press, 1994), p. 237.

[81]Gager, *Reinventing Paul*, p. 146 (grifo original).

[82]Fredriksen, Paul: *The Pagans' Apostle*, p. 28-29; Matthew Thiessen, *Paul and the Gentile Problem* (Nova York: Oxford University Press, 2016), p. 20-26; Zetterholm, *The Formation of Christianity*, p. 136-40. No que diz respeito às atitudes judaicas especificamente na

ambas. Por um lado, ele se conecta ao que parecem ser estereótipos judaicos negativos comuns do mundo pagão não judeu, como lemos, por exemplo, em Sabedoria 11-15, *Oráculos Sibilinos* 3:8-45 e Jubileus 22:16-17. Em Romanos 1:18-32, que é muito semelhante ao conteúdo de Sabedoria 13-14, ele descreve o destino das nações pagãs não judaicas,[83] sobre as quais a ira de Deus é revelada do céu (1:18) e que merecem morrer (1:32). Por outro lado, o apóstolo combina essa visão negativa dos povos com outras encontradas na Bíblia Hebraica e em outros textos judaicos que predizem a salvação futura das nações não judaicas quando se voltarem ao deus de Israel, como em Tobias 13:11:

> Como luz esplêndida brilharás até os confins da terra; virão a ti de longe nações numerosas, os habitantes de todos os confins da terra virão para a morada de teu santo nome, trazendo nas mãos presentes para o Rei do céu. Em ti as gerações das gerações manifestarão sua alegria, e o nome da cidade eleita durará pelos séculos.

Segundo Terence Donaldson, nem sempre está claro se os não judeus se converteram nessa peregrinação escatológica ou se são incluídos como não judeus.[84] Donaldson argumenta que apenas algumas passagens (por exemplo, Salmos de Salomão 17:28) preveem claramente uma existência continuada de não judeus como tais.[85] No entanto, parece evidente que, dentro "dessa concepção judaica, a inclusão dos gentios na consumação final era uma parte essencial das expectativas e do autoentendimento de Israel".[86]

---

literatura apocalíptica, veja Michael P. Theophilus, "The Portrayal of Gentiles in Jewish Apocalyptic Literature", in *Attitudes to Gentiles in Ancient Judaism and Early Christianity*, org. David C. Sim e James S. McLaren, LNTS 499 (Londres: Bloomsbury T&T Clark, 2013), p. 72-91.

[83]Sobre a identificação dos citados em Romanos 1:18-32 como não judeus, veja Thiessen, *Paul and the Gentile Problem*, p. 47-52; Magnus Zetterholm, "The Non-Jewish Interlocutor in Romans 2:17 and the Salvation of the Nations: Contextualizing Romans 1: 18-32", in Rodríguez and Thiessen, *The So-Called Jew*, p. 39-58.

[84]Terence L. Donaldson, *Judaism and the Gentiles: Patterns of Universalism* (to 135 EC) (Waco: Baylor University Press, 2007), p. 499-505. Compare, no entanto, com J. Ross Wagner, *Heralds of the Good News: Isaiah and Paul in Concert in the Letter to the Romans* (Leiden: Brill, 2003).

[85]Donaldson, *Judaism and the Gentiles*, p. 504.

[86]Ibidem, p. 505.

A PERSPECTIVA DE PAULO DENTRO DO JUDAÍSMO

De acordo com os especialistas na perspectiva de Paulo dentro do judaísmo, o apóstolo acreditava firmemente que os não judeus deveriam ser incluídos na salvação final sem desistir de sua etnia, ou seja, não deveriam tornar-se judeus (e os judeus também não deveriam descartar sua identidade judaica, o que parece evidente em 1Coríntios 7:17-24).[87] Os estudiosos sugeriram diferentes motivos para tal. Mark Nanos sugeriu que a unidade de Deus ficaria comprometida se os não judeus se convertessem, uma vez que o deus de Israel não é só o deus dos judeus, como também das nações.[88] Mais recentemente, Matthew Thiessen argumentou que Paulo acreditava na existência de uma divisão genealógica divinamente instituída entre Israel e os povos, tornando impossível que não judeus se tornassem judeus.[89]

Isso constitui uma chave hermenêutica importante para a compreensão da visão do apóstolo sobre a Torá, de acordo com os estudiosos da perspectiva de Paulo dentro do judaísmo. Ele lembrou que a divisão étnica entre os judeus e as nações deveria permanecer, o que leva à conclusão de que os não judeus não deveriam obedecer à Torá, pelo menos não da mesma forma que os judeus e, definitivamente, não pelas mesmas razões.

Considerando diversas atitudes em relação aos não judeus dentro do Judaísmo do Segundo Templo, esse, obviamente, não era o único ponto de vista possível. Como Terence Donaldson mostrou, alguns judeus não tinham nada contra os não judeus que estavam envolvidos na "judaização", ou seja, adotando certos costumes judaicos que, na verdade, significavam obedecer a partes da Torá.[90] Esse fenômeno pode ser observado também na tradição judaica posterior. Marc Hirshman aponta que uma tendência universalista semelhante pode ser encontrada nos *midrashim* tanaíticos, como, por exemplo, o Mekilta, do rabino Ishmael (Bahodesh 1), em uma interpretação de Êxodo 19:2, em que se constata que a Torá foi dada gratuita e abertamente para que "todos

---

[87]Veja, por exemplo, J. Brian Tucker, "Remain in Your Calling": *Paul and the Continuation of Social Identities in 1 Corinthians* (Eugene, OR: Pickwick, 2011). Veja também Romanos 11:25-26; 15:9-12.

[88]Mark D. Nanos, *The Mystery of Romans: The Jewish Context of Paul's Letter* (Mineápolis: Fortress, 1996), p. 9-10.

[89]Thiessen, *Paul and the Gentile Problem*.

[90]Donaldson, *Judaism and the Gentiles*, p. 469-82.

que desejam aceitá-la possam vir e fazê-lo". De modo semelhante, em Sipra, comentando Levítico 18:1-5, um não judeu "seguindo" a Torá é comparado ao sumo sacerdote. De acordo com Hirshman, nada nesses textos e em outros da mesma tradição sugere que os não judeus deveriam converter-se ao judaísmo, mas, sim, que estão "convidando os gentios a observar a Torá sem se tornarem judeus plenos".[91]

Porém, essa posição universalista não permaneceu inquestionável. Em outros textos, vinculados à chamada escola do rabino Akiba, é evidente que a Torá é considerada propriedade exclusiva de Israel. De Sifre a Deuteronômio (§ 345), o envolvimento de não judeus na Torá é comparado até mesmo ao adultério: "A Torá está prometida a Israel e é como uma mulher casada no que diz respeito às nações do mundo. E por isso diz: 'Um homem pode ter brasas no peito sem queimar suas roupas? Pode andar sobre brasa viva sem queimar os pés? O mesmo vale para quem dorme com a esposa de seu companheiro: ninguém que a tocar ficará impune'".[92]

A existência de uma ideologia semelhante ao longo do primeiro século não é inconcebível, e Paulo pode muito bem ser considerado um dos primeiros representantes dessa concepção. Outra solução que precisa ser levada em conta é a sugestão recente de Christine Hayes de que o discurso paulino baseado na Torá é uma estratégia retórica que faz uso da antiga dicotomia entre a lei divina e a lei humana. Hayes aponta que a lei divina ou natural era, segundo o pensamento grego, descrita geralmente como não escrita, racional, universal, correspondendo à verdade, benéfica à virtude, estática e imutável, enquanto a lei humana se caracterizava como uma série de regras que podem ser estabelecidas por escrito. A lei humana não apresenta, necessariamente, nenhuma das características da lei divina: "Ela conterá elementos arbitrários que não correspondem à verdade, e deve ser aplicada de forma coercitiva. É particular e sujeita a variações, e sua capacidade de produzir virtude é uma questão que

---

[91]Marc Hirshman, "Rabbinic Universalism in the Second and Third Centuries", *HTR* 93 (2000): 101-15, aqui 109.

[92]Citado de Steven D. Fraade, *From Tradition to Commentary: Torah and Its Interpretation in the Midrash Sifre to Deuteronomy* (Albany: State University of New York Press, 1991), p. 57.

A PERSPECTIVA DE PAULO DENTRO DO JUDAÍSMO

merece ser discutida".[93] Assim, muitos dos traços da lei divina bíblica se encaixam totalmente nas ideias gregas da lei humana, mas pouquíssimos no conceito de lei divina.

Hayes argumenta, por exemplo, que, enquanto Fílon, em uma tentativa de tornar a lei judaica atraente, alinhou-a com a lei divina,[94] resolvendo, assim, a dissonância cognitiva entre as concepções greco--romanas e bíblicas da lei divina, Paulo fez o oposto. Apresentar a não judeus a lei judaica como um privilégio do mesmo grupo a que nunca poderiam unir-se — os judeus — teria sido algo contraproducente. Em vez disso, "Paulo inspirou os gentios a adorarem o deus de Israel sem criar neles um desejo a mais de fazer parte da descendência privilegiada e obediente à Torá de Isaque".[95] Assim, ao apresentar a Torá como lei humana, *como ela apareceria a seu público helenizado*, Paulo foi capaz de ressaltar sua natureza temporária, escravizante e morta, tornando-a a segunda melhor opção para os não judeus. Hayes conclui:

> A Lei foi realmente dada por um bom deus para atingir um objetivo importante e aqui Paulo traz uma narrativa que dá sentido à sua avaliação ambígua da Lei como boa, mas não o suficiente: a Lei foi concedida a um povo caído para encerrá-lo e guardá-lo até o momento em que a fé — o verdadeiro caminho para a salvação — fosse revelada (Gálatas 3:22-23), até que na plenitude dos tempos Deus enviasse seu filho para a redenção (Gálatas 4:4) e até que os gentios pudessem ser levados à presença de Yahweh (Romanos 11:25).[96]

Partindo do pressuposto de que a ideia de Paulo de introduzir a Torá como lei humana era uma posição minoritária, isso poderia muito bem ser parte de uma explicação para o crescimento de reações negativas de outros judeus, como lemos em Atos.

Essas sugestões ou uma combinação delas — o exclusivismo nomístico, uma divisão genealógica irreversível e a apresentação da Torá como

---

[93]Christine E. Hayes, *What's Divine about Divine Law? Early Perspectives* (Princeton: Princeton University Press, 2015), p. 4.
[94]Hayes, *What's Divine about Divine Law?*, p. 111-24.
[95]Hayes, *What's Divine about Divine Law?*, p. 152.
[96]Ibidem, p. 163.

Magnus Zetterholm

lei humana — constituem um cenário ideológico consistente, apoiando o discurso de Paulo no que se refere à obediência à Torá pelos não judeus e uma alternativa confiável às perspectivas mais tradicionais.

No entanto, ainda precisamos explicar a última peça do quebra-cabeça. As fontes indicam fortemente que havia um grande interesse no judaísmo por parte dos não judeus.[97] As declarações de Josefo são bem conhecidas: em *Antiguidades dos judeus contra Apion* 2:282, ele afirma que os costumes judaicos se espalharam por todo o mundo e, em *Guerra dos judeus* 7:45, ele aponta que uma multidão de gregos em Antioquia foi atraída para os serviços religiosos (θρησκεία, *thrēskeia*) dos judeus. Esse cenário é confirmado também por fontes romanas.[98] Conforme mencionado por Paula Fredriksen, "Onde existiam sinagogas, pareciam existir também pagãos".[99] Isso corresponde bem aos padrões universalistas esboçados por Donaldson.[100] Assim, os não judeus simpatizavam e interagiam com os judeus, possivelmente no contexto da sinagoga, e adotaram algumas tradições judaicas encorajados por judeus que tinham a mesma visão universalista. Até certo ponto, podemos concluir que esses membros das nações eram, de diversas maneiras, observadores da Torá.

Do ponto de vista sociológico, não pode restar dúvida de que a maioria dos não judeus atraídos pelo evangelho de Paulo já havia entrado em contato com os judeus.[101] Eles haviam entendido que estavam cumprindo suas obrigações religiosas ao obedecer à Torá em vários sentidos e, portanto, eram aceitáveis ao deus de Israel. Assim, o apóstolo enfrenta não judeus judaizantes, ou seja, pessoas interessadas no judaísmo e positivamente inclinadas à lei judaica,

---

[97]Veja, por exemplo, Michele Murray, *Playing a Jewish Game: Gentile Christian Judaizing in the First and Second Centuries EC* (Waterloo, ON: Wilfred Laurier University Press, 2004), p. 11-27.

[98]Veja, por exemplo, Sêneca, *Ep.* 108:22; Sêneca em Agostinho, *Civ.* 6:11; Dião Cássio, *Hist. rom.* 67:14.1–2. Veja também Donaldson, *Judaism and the Gentiles*, p. 471.

[99]Fredriksen, *"Judaizing the Nations"*, p. 238.

[100]Donaldson, *Judaism and the Gentiles*. Veja também Shaye J. D. Cohen, *The Beginnings of Jewishness: Boundaries, Varieties, Uncertainties* (Berkeley: University of California Press, 1999), p. 140-74.

[101]Meredith B. McGuire, *Religion: The Social Context*, 3. ed. (Belmont, CA: Wadsworth, 1992), p. 91.

provavelmente apresentada como divina, com a impressão de que seu comportamento estava em consonância com a vontade do deus de Israel. Entretanto, Paulo havia excluído a possibilidade de não judeus se converterem e, estando convencido de que a Torá é a dádiva mais preciosa de Deus ao povo *judeu*, envolveu-se no projeto de criar *um modo de judaísmo para não judeus*, à parte da Torá *no sentido técnico*, porém ressaltando a necessidade de os não judeus se voltarem *exclusivamente* ao deus de Israel e fugirem de todas as formas de idolatria. Como Paula Fredriksen apontou, isso parece ser "uma tentativa muito mais radical de judaização do que as sinagogas da diáspora jamais solicitaram, muito menos exigiram".[102]

Conclusão

A vantagem competitiva de Paulo consistia em oferecer aos não judeus uma posição bem definida na economia da salvação — a mesma condição escatológica dos judeus diante do deus de Israel — e, como resultado disso, estabeleceu relações sociais mais fortes do que era comum entre os judeus. Esse aspecto — os vínculos entre judeus e não judeus em Cristo — é o ponto no qual talvez o apóstolo pareça ser mais radical. Ainda assim, embora os seguidores não judeus de Jesus pudessem esperar se juntar a Israel na consumação escatológica, jamais poderiam ser parte de tal nação, o que criou aquele paradoxo estranho que, com o passar do tempo, acabou criando a divisão entre "judaísmo" e "cristianismo". Na minha opinião, nada nos obriga a chegar à conclusão de que Paulo rompeu com o judaísmo. A perspectiva do apóstolo dentro do judaísmo é recente, datando de cerca de uma década e pouco. Não há como negar que um maior desenvolvimento dessa perspectiva se faz necessário. Entretanto, mantenho a firme convicção de que, no final, ela vencerá.

---

[102]Fredriksen, *Paul: The Pagans' Apostle*, p. 111.

A RESPOSTA *da* PERSPECTIVA CATÓLICA ROMANA *a* ZETTERHOLM

Brant Pitre

Sou sinceramente grato a Magnus Zetterholm por seu ensaio rico e abrangente sobre a "perspectiva de Paulo dentro do judaísmo". Na minha opinião, essa abordagem representa um dos desenvolvimentos mais significativos nos estudos paulinos dos últimos anos. Com isso em mente, pretendo destacar diversos pontos importantes de acordo com tal autor.

PAULO "DENTRO" DO JUDAÍSMO: SUA IDENTIDADE JUDAICA CONTÍNUA

Em primeiro lugar, concordo totalmente com a afirmação de Zetterholm de que um dos principais resultados do trabalho de E. P. Sanders, James Dunn e da Nova Perspectiva sobre Paulo seja "colocar o apóstolo firme, completa e confortavelmente dentro do judaísmo" (p. 237). Na verdade, sempre que ele usa um tom autobiográfico em suas cartas, refere-se a si mesmo como judeu, hebreu ou israelita:

> "Nós somos *judeus de nascimento*, e não pecadores da gentilidade". (Gálatas 2:15)

> Aliás, eu poderia, até, confiar na carne. Se algum outro pensa que pode confiar na carne, eu ainda mais: *circuncidado ao oitavo dia, da raça de Israel, da tribo de Benjamim, hebreu filho de hebreus*; quanto à Lei, fariseu; quanto ao zelo, perseguidor da Igreja; quanto à justiça que há na Lei, irrepreensível. (Filipenses 3:4-6)

A RESPOSTA DA PERSPECTIVA CATÓLICA ROMANA A ZETTERHOLM

Quisera eu mesmo ser anátema, separado de Cristo, *em favor de meus irmãos, de meus parentes segundo a carne*. (Romanos 9:3-4)

Observe a variedade de termos que Paulo usa com o propósito de descrever a si mesmo: ele é um "judeu" (Ἰουδαῖος, *Ioudaios*) por "nascimento" ou, mais literalmente, por "natureza" (φύσις, *physis*) (Gálatas 2:15). O apóstolo se considera parte dos "israelitas" (Ἰσραηλῖται, *Israēlitai*) (Romanos 9:4). É um "hebreu [nascido] de hebreus" (Ἑβραῖος ἐξ Ἑβραίων, *Hebraios ex Hebraiōn*) (Filipenses 3:5). Com base nessa linguagem, Zetterholm está certo em insistir na continuidade da identidade judaica de Paulo como ponto de partida.[1]

PAULO NÃO PEDE AOS JUDEUS QUE "ABANDONEM" SUA "IDENTIDADE JUDAICA"

Em segundo lugar, vejo também que Zetterholm cria um argumento extremamente importante quando escreve: "o apóstolo acreditava firmemente que os não judeus deveriam ser incluídos na salvação sem desistir de sua etnia, ou seja, não precisavam tornar-se judeus (nem os judeus deveriam abandonar sua identidade judaica)" (p. 256). Apoiando essa ideia, Zetterholm aponta corretamente para uma passagem essencial mas frequentemente ignorada em 1Coríntios:

Foi alguém chamado à fé *quando circunciso*? Não procure dissimular a sua circuncisão. Foi alguém incircunciso chamado à fé? *Não se faça circuncidar.* A circuncisão nada é, e a incircuncisão nada é. O que vale é a observância dos mandamentos de Deus. *Permaneça cada um na condição em que se encontrava quando foi chamado.* (1Coríntios 7:18-20)

Com base nesse trecho, parece-me indiscutível que Zetterholm esteja certo em insistir que a visão de Paulo não é simplesmente que "os não judeus não deveriam obedecer à Torá, pelo menos não da mesma forma que os judeus" (p. 256). Ao contrário do que algumas interpretações possam sugerir, o apóstolo não desejava que os judeus

---

[1]Veja Brant Pitre, Michael P. Barber e John Kincaid, *Paul, A New Covenant Jew: Rethinking Pauline Theology* (Grand Rapids: Eerdmans, 2019), p. 11-62.

Brant Pitre

abandonassem sua identidade judaica. Quando se tratava das marcas da circuncisão, o *modus operandi* de Paulo era que todos, judeus ou gentios, "permanecessem" (μένω, *menō*) na condição em que se encontravam quando foram chamados (1Coríntios 7:20).

PAULO E A TORÁ JUDAICA – SEM EVANGELHO "LIVRE DA LEI"

Em terceiro e último lugar, também concordo com a crítica de Zetterholm quanto à tendência de alguns exegetas protestantes de discutirem um evangelho paulino supostamente "livre da lei". Por um lado, como o autor aponta, não devemos entender que "todos obedeciam à Torá da mesma maneira" no judaísmo do primeiro século (p. 244). Além disso, não há como conciliar um evangelho "livre da lei" com a própria insistência do apóstolo de que aqueles que estão em Cristo precisam obedecer à sua lei:

> Carregai o peso uns dos outros e assim *cumprireis a Lei de Cristo*. (Gálatas 6:2)

> Para aqueles que vivem sem a Lei, fiz-me como se vivesse sem a Lei – ainda que não viva sem a lei de Deus, pois estou sob a *lei de Cristo* –, para ganhar aqueles que vivem sem a Lei. (1Coríntios 9:21)

Observe bem que Paulo fala explicitamente tanto em cumprir "a lei de Cristo" (ὁ νόμος τοῦ Χριστοῦ, *ho nomos tou Christou*) (Gálatas 6:2) como até mesmo em estar "sob a lei de Cristo" (ἔννομος Χριστοῦ, *ennomos Christou*) (1Coríntios 9:21). Finalmente, como Paula Fredriksen mostrou com clareza, discutir um evangelho "livre de leis" ignora totalmente o fato de que Paulo continua insistindo em que seus leitores gentios observem certas leis extraídas diretamente da Torá judaica: "A mensagem principal de Paulo aos seus gentios no que se refere ao comportamento deles não era 'não se circuncidem!', e sim 'chega de *latreia* a deuses inferiores!'". Os pagãos a quem Paulo se dirige deveriam adorar única e exclusivamente ao deus judeu. Deveriam conformar seu novo comportamento religioso aos mandamentos do culto judaico, *a primeira tábua da Lei Judaica, os dois primeiros entre os Dez Mandamentos do Sinai: nada de outros deuses ou ídolos* (Êxodo 20:1; Deuteronômio 5:6,7).[2] Em outras palavras, a única forma de afirmar que o evangelho paulino era "livre da lei" *per se* é ignorando que os próprios Dez Mandamentos fossem parte integrante da Torá judaica. A abordagem de Paulo dentro do judaísmo insiste em que Paulo não era antinomiano, e ela é enganosa ao descrever sua mensagem como um evangelho "livre da lei".

Dito isso, tenho diversos questionamentos referentes a aspectos do ensaio de Zetterholm.

A "MISSÃO" DE PAULO SE REFERE EXCLUSIVAMENTE AOS GENTIOS?

Minha primeira pergunta diz respeito à descrição de Zetterholm da "missão" de Paulo como exclusivamente concentrada na salvação dos gentios. O autor começa seu ensaio com uma crítica das "interpretações tradicionais" que defendem que o evangelho paulino "foi direcionado tanto a judeus como a não judeus" (p. 232). Posteriormente, ele contrasta essa visão tradicional com A Perspectiva de Paulo dentro do Judaísmo: "No entanto, o foco na salvação dos judeus corre o risco de nos fazer ignorar a preocupação real do apóstolo. John Gager explicou isso claramente: 'Quanto à dúvida se podemos falar da *Sonderweg* de Paulo ou do caminho especial para a salvação [dos judeus], creio que seja o contrário, pois, para ele, a salvação de Israel nunca esteve em xeque. Em vez disso, o que ele ensinou e pregou foi uma saída especial, uma *Sonderweg*, para os gentios'. Essa declaração capta perfeitamente a missão de Paulo" (p. 254).[3]

Concordo plenamente que Paulo se vê como "apóstolo dos gentios" (Romanos 11:13; cf. Gálatas 1:15-16), mas em que momento ele disse que sua missão não era com os judeus? Pelo contrário, quando ele descreve de modo programático seu evangelho e sua missão, sempre coloca os judeus em primeiro lugar. Considere o seguinte:

---

[2] Paula Fredriksen, *Paul: The Pagans' Apostle* (New Haven: Yale University Press, 2017), p. 108-22, aqui p. 112 (grifo nosso).

[3] Aqui, Zetterholm cita John G. Gager, *Reinventing Paul* (Oxford: Oxford University Press, 2000), p. 146.

Brant Pitre

> Na verdade, eu não me arrependo do *evangelho*: ele é força de Deus para a *salvação* de todo aquele que crê, *em primeiro lugar do judeu*, mas também do grego. Porque nele a justiça de Deus se revela da fé para a fé, conforme está escrito: O justo viverá da fé. (Romanos 1:16-17)

> Para os judeus, fiz-me como judeu, a fim de ganhar os judeus. Para os que estão sujeitos à Lei, fiz-me *como se estivesse sujeito à Lei* — se bem que não esteja sujeito à Lei —, para ganhar aqueles que estão sujeitos à Lei. Para aqueles que vivem sem a Lei, fiz-me como se vivesse sem a Lei — ainda que não viva sem a lei de Deus, pois estou sob a lei de Cristo —, *para ganhar aqueles que vivem sem a Lei*. Para os fracos, fiz-me fraco, a fim de ganhar os fracos. Tornei-me tudo para todos, *a fim de salvar alguns a todo custo*. (1Coríntios 9:20-22)

Observe bem que, em Romanos, Paulo não fala apenas da "salvação" em geral, mas do "evangelho" (τὸ εὐαγγέλιον, *to euangelion*), principalmente quanto a ser "primeiro do judeu" (Ἰουδαίῳ τε πρῶτον, *Ioudaiō te prōton*) (Romanos 1:16). Esses versículos não sugerem que a missão paulina de evangelização priorize seus companheiros judeus e que ele veja sua "salvação" da mesma forma que a dos gentios: por meio da "fé" no "evangelho" (Romanos 1:17)? Quanto à passagem de 1Coríntios, não creio que se possa pedir uma declaração mais clara e explícita do fato de que Paulo considera sua missão inclusiva de judeus e gentios. O que mais ele quer dizer ao declarar que se esforça "para ganhar os judeus" (ἵνα Ἰουδαίους κερδήσω, *hina Ioudaious kerdēsō*) (1Coríntios 9:20)? Aqui, observe bem o paralelo linguístico entre sua missão de "ganhar" (*kerdēsō*) judeus ("os que estão debaixo da lei" [1Coríntios 9:20]) com sua missão de "ganhar" (*kerdēsō*) os gentios ("aqueles que vivem sem a lei" [1Coríntios 9:21]). No contexto, sua "conquista" tanto de judeus como de gentios é seu desejo pela *salvação* deles, "a fim de salvar [σώσω, *sōsō*] alguns a todo custo" (1Coríntios 9:22). À luz desses trechos, Zetterholm concordaria que *o próprio* Paulo descreve sua missão como focada tanto em judeus como em gentios? Caso contrário, o que o autor pensa que o apóstolo quer dizer quando fala em "ganhar" e "salvar" ambos?

PERSPECTIVA *sobre* PAULO

O próprio Paulo diz que "não está debaixo da Torá"

Minha segunda pergunta diz respeito à afirmação de Zetterholm de que "Paulo era um observador da Torá" (p. 238). Ele argumenta que esse aspecto de Paulo dentro da perspectiva do judaísmo é "a premissa mais difícil de digerir pelos estudiosos de orientação tradicional, já que, aparentemente, atinge a essência da teologia luterana" (p. 238). Fiquei surpreso ao ler isso, pois certamente não é um compromisso com a "teologia luterana" que me faz questionar essa concepção, mas as palavras do próprio apóstolo:

> Para os que estão sujeitos à Lei, fiz-me como se estivesse sujeito à Lei — *se bem que [eu] não esteja sujeito à Lei* —, para ganhar aqueles que estão sujeitos à Lei. Para aqueles que vivem sem a Lei, fiz-me como se vivesse sem a Lei — ainda que não viva sem a lei de Deus, pois estou sob a lei de Cristo —, para ganhar aqueles que vivem sem a Lei. (1Coríntios 9:20b-21)

> E o pecado não vos dominará, porque não estais *debaixo da Lei*, mas sob a graça. E daí Vamos pecar porque não estamos mais *debaixo da lei*, mas sob a graça? De modo algum! (Romanos 6:14-15)

No contexto, a declaração paulina impressionante — "se bem que [eu] não esteja sujeito à lei" (μὴ ὢν αὐτὸς ὑπὸ νόμον, *mē ōn autos hypo nomon*) (1Coríntios 9:20) — é, sem dúvida, uma referência à "lei mosaica".[4] Em seu sentido original, essa afirmação sugere que Paulo não se considera pessoalmente sujeito à Torá de Moisés, mas, sim, à Torá do Messias: ele está "sob a lei de Cristo" (ἔννομος Χριστοῦ, *ennomos Christou*) (1Coríntios 9:21). Embora alguns possam sugerir que Paulo esteja simplesmente se tornando retórico, no contexto isso não convence. Por um lado, Paulo usa essa linguagem em outro momento ao dizer (duas vezes) que ele e seus leitores "não estão debaixo da lei" (οὐ ἐστε ὑπὸ νόμον, *ou hypo nomon*), mas "sob a graça" (ὑπὸ χάριν, *hypo charin*) (Romanos 6:14-15). Finalmente, o

---

[4]Veja, por exemplo, Shira L. Lander, "1 Corinthians", in *The Jewish Annotated New Testament: New Revised Standard Version Bible Translation*, org. Amy-Jill Levine e Mark Zvi Brettler, 2. ed. (Oxford: Oxford University Press, 2017), p. 338.

Brant Pitre

apóstolo diz que, quando foi "crucificado com Cristo" (possivelmente no batismo, cf. Romanos 6:1-4), ele "morreu para a lei" (Gálatas 2:19). Isso é algo meramente retórico? Acredito que não. Seja como for, ainda que o Judaísmo do Segundo Templo fosse extremamente diverso, podemos discutir algo que praticamente todos os judeus tinham em comum: a crença de que eram forçados a obedecer à lei de Moisés. Para ser mais específico: Zetterholm pode dar exemplos de outros judeus do Segundo Templo que se descrevem como "não estando debaixo a lei"? Eu, pelo menos, não consigo pensar em nenhum. Talvez por isso muitos especialistas na perspectiva de Paulo dentro do judaísmo simplesmente ignorem a declaração paulina de que ele não está "debaixo da lei" (1Coríntios 9:20).[5] Portanto, minha pergunta ao autor é: Como ele interpretaria a seguinte afirmação do apóstolo: "se bem que [eu] não esteja sujeito à lei" (1Coríntios 9:20 [cf. Romanos 6:14-15])? Essa passagem não estaria sugerindo haver algo essencialmente diferente na forma como Paulo percebe seu relacionamento com a lei mosaica, do modo como a maioria dos judeus do Segundo Templo percebia?

O QUE DIZER DA "NOVA ALIANÇA" E DA CEIA DO SENHOR?

Por último, mas não menos importante, questiono como conciliar a conclusão de Zetterholm de que o projeto de Paulo consistia em "criar um *modo de judaísmo para não judeus*" (p. 260) com suas declarações sobre ser um "ministro" da "nova aliança" selada no "sangue" de Jesus. Observe:

---

[5]Por exemplo, a declaração de Paulo de que está "debaixo da lei" (1Coríntios 9:20) nunca é nem mesmo mencionada na coletânea de ensaios organizada por Mark Nanos e Magnus Zetterholm, *Paul within Judaism: Restoring the First-Century Context to the Apostle* (Mineápolis: Fortress, 2015). Da mesma maneira, embora Paula Fredriksen, *Paul: The Pagans' Apostle*, p. 165, 222n38, cite 1Coríntios 9:20 brevemente, ela nunca explica o que Paulo quer dizer quando declara que ele mesmo não está "debaixo da lei". Finalmente, a única vez que 1Coríntios 9:20 é citado em John G. Gager, *Reinventing Paul* (Oxford: Oxford University Press, 2000), p. 147, ele elimina a afirmação do apóstolo sobre não estar "debaixo da lei" do versículo por meio de reticências. Em contraste, Mark D. Nanos, *Collected Essays of Mark D. Nanos*, vol. 4, *Reading Corinthians and Philippians within Judaism* (Eugene, OR: Cascade, 2017), p. 52-108, faz uma análise extensa desse trecho. No entanto, creio que o argumento de Nanos de que Paulo está apenas sendo retórico é exegeticamente convincente. Para mais sobre isso, veja nossa avaliação em Pitre, Barber e Kincaid, *Paul, A New Covenant Jew*, p. 30-62.

A RESPOSTA DA PERSPECTIVA CATÓLICA ROMANA A ZETTERHOLM

> Foi ele quem nos tornou aptos para sermos *ministros de uma Aliança nova*, não da letra, e sim do Espírito, pois a letra mata, mas o Espírito comunica a vida. (2Coríntios 3:6)

> Com efeito, eu mesmo recebi do Senhor o que vos transmiti: na noite em que foi entregue, o Senhor Jesus tomou o pão e, depois de dar graças, partiu-o e disse: "Isto é o meu corpo, que é para vós; fazei isto em memória de mim". Do mesmo modo, após a ceia, também tomou o cálice, dizendo: *"Este cálice é a nova Aliança em meu sangue*; todas as vezes que dele beberdes, fazei-o em memória de mim." (1Coríntios 11:23-25)

Observe-se que Paulo não pode estar falando simplesmente de uma aliança *mosaica* renovada. Como qualquer judeu do primeiro século saberia, tal aliança foi realizada e renovada por meio do sangue de *animais*, e não de um ser humano como Jesus de Nazaré (cf. Êxodo 24:1-8). Além disso, como todos sabem, o apóstolo se refere aqui ao livro de Jeremias, que indica explicitamente que a "a nova aliança "não [será] como a aliança que selei com seus pais" (Jeremias 31:31-32). Com base nessas passagens, quando Zetterholm afirma que "o fato de Paulo ser judeu significa que também *praticava* o judaísmo" (p. 239), mais detalhes se tornam necessários. Haveria algum outro judeu do Segundo Templo que celebrasse as refeições do "novo pacto", em que os elementos eram identificados com o "corpo" e "sangue" de um ser humano? Se não havia, isso não constitui uma diferença fundamental de culto e aliança entre o "judaísmo" praticado por Paulo e aquele praticado pela maioria dos outros judeus no primeiro século?[6]

Em poucas palavras, minha esperança é que trabalhos futuros de estudiosos que escrevem a partir da perspectiva de Paulo dentro do judaísmo prestem mais atenção aos trechos dos escritos paulinos que abordam uma missão dos judeus (1Coríntios 9:20-22; Romanos 1:16-17), o fato de o apóstolo não estar debaixo da lei de Moisés (1Coríntios 9:20; Romanos 6:14-15) e o significado da

---

[6]Veja mais em Pitre, Barber e Kincaid, *Paul, A New Covenant Jew*, p. 38-61, 211-50.

Brant Pitre

autoidentificação de Paulo como "ministro" de uma "nova aliança" (2Coríntios 3:6) selada no "sangue" de Jesus e celebrada na Ceia do Senhor (1Coríntios 11:23-25). Caso contrário, podem arriscar-se a balançar o pêndulo muito longe para o outro extremo e pintar um retrato de Paulo que não faça justiça à maneira como ele viu seu ministério e sua missão e que minimiza as diferenças fundamentais entre ele e a maioria de seus contemporâneos judeus.

A RESPOSTA *da* PERSPECTIVA PROTESTANTE TRADICIONAL *a* ZETTERHOLM

A. Andrew Das

Segundo os intérpretes da "perspectiva de Paulo dentro do judaísmo", ele incentivava os judeus a permanecerem como observadores da lei (1Coríntios 7:18). Desenvolvendo a discussão: (1) Os defensores dessa perspectiva ofereceram alternativas, *possíveis* leituras de cartas e passagens individuais, mas em que medida elas são plausíveis? (2) Deve-se perguntar se o apóstolo aceita que os judeus desfrutem a salvação de Deus dentro do reino da lei. As afirmações negativas sobre a mesma devem ser medidas corretamente. (3) O professor Zetterholm aponta as declarações positivas acerca da lei, e cada uma delas inclui características cruciais. (4) É preciso identificar os possíveis beneficiários do evangelho de Paulo. Por fim, é necessário questionar qual *peso* ele dá a estar "em Cristo" *versus* "no judaísmo".

1. Zetterholm oferece o exemplo de uma leitura alternativa da perspectiva de Paulo dentro do judaísmo: os da parte de Tiago em Gálatas 2:11-14 se espantaram com as refeições dos judeus crentes em Cristo com os gentios, por acreditarem que era um envolvimento muito estreito com os moralmente impuros. Para continuar compartilhando a mesa, os não judeus precisariam *converter-se ao judaísmo*. Minha resposta é que os companheiros

A. Andrew Das

de Tiago não defendiam a conversão de não judeus: seu foco era Pedro.[1]

Paul Holloway respondeu à leitura de Nanos de Filipenses 3:2. A "mutilação" naturalmente se emparelha com a "circuncisão" no versículo seguinte e identifica a influência *judaica*, e não pagã: "Não é a circuncisão física, e sim a possessão espiritual que marca o povo de Deus (...) Isso, por sua vez, faz com que colocar 'confiança na carne' — entendida como a obediência à Torá, incluindo a circuncisão ('mutilação') — seja algo irracional, se não impossível".[2]

2. As declarações negativas de Paulo no que se refere à lei mosaica representam um grande desafio. Em Romanos 3:20, ele diz: "Portanto, ninguém será declarado justo diante dele baseando-se na obediência à lei, pois é mediante a lei que nos tornamos plenamente conscientes do pecado" — uma negação categórica de que a lei oferece um caminho à salvação. John Gager, um intérprete de Paulo dentro do judaísmo, limitaria essa declaração aos gentios.[3] Porém, observe a linguagem universal: em 2:12-13, a palavra "todos" corresponde aos que estão e aos que não estão debaixo da lei. O termo "ninguém" (*pasa sarx* — [nenhuma carne]), em Romanos 3:20, corresponde, no contexto imediato, a "por todos os que creem" (3:22) e "todos pecaram" (3:23). Assim, a limitação aos gentios pode ser seguramente eliminada.

De acordo com Paulo, a lei é um poder cósmico que está acima de *todos* os descendentes de Adão, e não só dos gentios (Romanos 5:12-21). O trecho de Romanos 7:7-25 lamenta o problema apontado pelo pecado para a lei. Em 7:18, o "eu" é simplesmente incapaz de fazer o bem. O apóstolo questiona a própria lei: "A lei é pecado?" (7:7), um aspecto dificilmente limitado aos gentios debaixo da lei.

---

[1]A. Andrew Das, *Galatians*, ConcC (St. Louis: Concordia, 2014), p. 196-232 (resumido em minha resposta a Dunn neste volume). Para críticas detalhadas de outras leituras de Paulo dentro do judaísmo, veja Das, *Solving the Romans Debate* (Mineápolis: Fortress, 2007), p. 115-48, contra a reconstrução de Nanos da situação romana; Das, *Galatians*, p. 10-14, contra a leitura alternativa de Nanos de Galatians.

[2]Paul A. Holloway, *Philippians: A Commentary*, Hermeneia (Mineápolis: Fortress, 2017), p. 153–54, aqui p. 154.

[3]John G. Gager, *Reinventing Paul* (Oxford: Oxford University Press, 2000), p. 121–22. Veja minha resposta mais completa a Gager em A. Andrew Das, *Paul and the Jewish*, LPS (Peabody, MA: Hendrickson, 2003), p. 96-106.

Em Gálatas 3:10, a lei pronuncia uma maldição sobre os que são identificados por suas obras (ὅσοι ἐξ ἔργων νόμου εἰσιν, *hosoi ex ergōn nomou eisin*). A expressão se refere aos que se caracterizam por um estilo de vida judeu observador da Torá.[4] Gager explica que Gálatas 3:1-14 se concentra exclusivamente nos gentios e desconsidera o consenso entre os intérpretes de Gálatas de que a maldição em 3:10 se refira àqueles que se envolvem com a lei.[5] Gager adiciona — diversas vezes — palavras ao texto paulino. Por exemplo, a lei "foi acrescentada — *aos gentios* — por causa das transgressões" (Gálatas 3:19).[6] Entretanto, no contexto imediato, Paulo explica por que a lei "foi acrescentada" 430 anos após a promessa abraâmica (Gálatas 3:17), ou seja, do ponto de vista de sua origem histórica com o povo de *Israel*.

Em 2Coríntios 3:13-14, discute-se o endurecimento das mentes israelitas com a leitura da antiga aliança. Afinal, "a letra mata" (2Coríntios 3:6). Paulo considera suas prerrogativas judaicas "esterco", ou melhor, "lixo" em relação ao que ele desfruta em Cristo (Filipenses 3:8).

3. Em vez disso, Zetterholm chama a atenção para declarações positivas relacionadas à lei de Moisés, mas não cita as repetidas e cruciais características para que ela funcione corretamente. Em Gálatas 6:2, a lei está *nas mãos de Cristo*. Em Romanos 8:2, resulta em morte quando agarrada pelo poder cósmico do pecado. Tomada pelo *Espírito*, a lei resulta em vida *em Cristo Jesus*. Ela é considerada um testemunho de fé (Romanos 3:31), assim como Abraão acreditava nas promessas cumpridas em Cristo (Romanos 4:1-9,23-25). Em outras palavras, os comentários positivos de Paulo sobre a lei estão sempre no contexto do que Deus está realizando em Cristo e no Espírito.

Segundo Gager, a "fé (fidelidade)" abraâmica em Romanos 4 é sua fé/crença em uma promessa de que os gentios seriam incluídos no

---

[4]Por exemplo, Hans Dieter Betz, *Galatians: A Commentary on Paul's Letter to the Churches in Galatia*, Hermeneia (Filadélfia: Fortress, 1979), p. 144; o caso tão detalhado de Joseph B. Tyson, "'Works of Law' in Galatians", JBL 92 (1973): 423-31.

[5]Gager, *Reinventing Paul*, p. 87-88, assumindo simplesmente a divergência de Lloyd Gaston: *Paul and the Torah* (Vancouver: University of British Columbia Press, 1987), p. 29.

[6]Gager, *Reinventing Paul*, p. 89 (grifo nosso).

A. Andrew Das

plano de Deus. Cristo não é citado.[7] Certamente, a fé do patriarca estava nas promessas divinas do que ainda estava por vir (Romanos 4:13), porém Paulo tem o cuidado de observar, contra Gager, que a fé de Abraão deve incluir agora o reconhecimento da ação de Deus *em Cristo* para gentios incircuncisos *e* judeus circuncidados (Romanos 3:21,30; 4:23-25).

4. Quanto aos beneficiários do evangelho de Jesus Cristo, o problema do pecado é universal ("todos pecaram" [Romanos 3:23]). A lei não salva ninguém ("nenhum ser humano": πᾶσα σάρξ, *pasa sarx* [3:20]). "Todas" as pessoas devem apropriar-se da obra redentora de Cristo "acreditando" ("para todos os que creem" [3:21-25, esp. 3:22]). A fé de Abraão é a razão pela qual ele é o pai tanto dos circuncidados como dos incircuncisos que acreditam (4:11-12). A linguagem universal impossibilita qualquer limitação.

Há muito tempo os estudiosos lutam contra a reversão súbita e poderosa do argumento paulino em Romanos 11:26, quando ele proclama que "todo o Israel será salvo". A maioria dos intérpretes de Paulo dentro do judaísmo defende que o versículo se refere a uma "aliança" à parte que serve para a salvação dos judeus. O judeu pode haver resistido ao que Deus fez pelos gentios em Cristo, mas esse não é um pecado imperdoável. No entanto, Paulo expressa angústia genuína em 9:1-5 no que se refere a seus companheiros judeus por não reconhecerem seu próprio Messias. Ele deseja ser "amaldiçoado" (ἀνάθεμα, *anátema*) e separado de Cristo (ἀπὸ τοῦ Χριστοῦ, *apo tou Christou*), ou seja, trocar de lugar com eles a fim de carregar sua "maldição" e ser "excluído".[8] Seu povo enfrenta uma situação muito mais grave do que meramente falhar em reconhecer o plano de Deus para os gentios em Cristo.

---

[7]Gager, *Reinventing Paul*, p. 124-25.

[8]Heikki Räisänen escreve: "Por que a *tristeza profunda* expressa por Paulo em 9:1-2; 10:1? Muitas das declarações paulinas fariam pouco sentido se não fosse a dificuldade de Israel *acreditar que ter Jesus como o Cristo* era o seu problema". Räisänen, "Paul, God, and Israel: Romans 9–11 in Recent Research", in *The Social World of Formative Christianity and Judaism: Essays in Tribute to Howard Clark Kee*, org. Jacob Neusner et al. (Filadélfia: Fortress, 1988), p. 178-206, aqui p. 190; também p. 180.

Na preparação de Romanos 11, Paulo, em 10:11, adiciona a palavra "todos" à sua citação de Isaías 28:16 (cf. Romanos 9:33) e é claro — com base em 10:12-13 — que não existe diferença entre judeus e gentios no que diz respeito à salvação. Ambos têm o mesmo Senhor (10:12), o Senhor Jesus Cristo (10:9).[9] O trecho "todo o Israel será salvo" de Romanos 11:26 ressoa o uso repetido de "todos" em Romanos 10:8-13 no intuito de explicar que um indivíduo é salvo, seja judeu ou gentio, por crer em Jesus Cristo.[10] O capítulo 11 de Romanos não deve ser separado das declarações veementes sobre o plano de Deus em Cristo para todas as pessoas que lemos em passagens anteriores, incluindo, especialmente, Romanos 10. A maior interpretação natural da "desobediência" judaica (Romanos 11:11-12,19,28a), bem como da "incredulidade" ou da "infidelidade" (ἀπιστία, *apistia* em 11:20-23) é com referência à fé em Cristo abordada em toda a carta. Israel será restaurado "se não continuar na incredulidade". "No momento em que chegamos ao capítulo 11, Paulo estabelece um intervalo semântico cristocêntrico para o vocabulário essencial desse discurso aparentemente não cristológico".[11]

A adoração ao Deus judeu é necessariamente cristocêntrica. Paulo louva Cristo como Deus em Romanos 9:5.[12] A alta cristologia também é clara em Filipenses 2:6-11, pois o apóstolo se concentra em Cristo, que está na forma de Deus e igual a ele, com a adoração estritamente limitada a Yahweh em Isaías 45:23.[13] Como muitos observaram, em 1Coríntios 8:6, Paulo redefine o Shemá para incluir a referência a Jesus Cristo ao lado de Deus Pai.[14]

---

[9]Sobre a adaptação cristológica paulina de Jl 2:32 (Hb 3:5), cf. C. Kavin Rowe, "Romans 10:13: What Is the Name of the Lord?", HBT 22 (2000): 135-73.

[10]"Segundo Paulo, não há dúvida de que os judeus precisam de Jesus como seu salvador tanto quanto os gentios (10:13)". Günter Wasserberg, "Romans 9-11 and Jewish-Christian Dialogue", in *Reading Israel in Romans: Legitimacy and Plausibility of Divergent Interpretations*, org. Cristina Grenholm e Daniel Patte, RHCS (Harrisburg, PA: Trinity Press International, 2000), p. 174-86, aqui p. 182.

[11]Terence L. Donaldson, *Paul and the Gentiles: Remapping the Apostle's Convictional World* (Mineápolis: Fortress, 1997), p. 233.

[12]Veja a evidência discutida em Das, *Paul and the Jews*, p. 84-85.

[13]Das, *Paul and the Jews*, p. 85.

[14]N. T. Wright, *Climax of the Covenant: Christ and the Law in Pauline Theology* (Mineápolis: Fortress, 1991), com capítulos sobre Filipenses 2:5-11 e 1Coríntios 8.

A. Andrew Das

Em vez de um "caminho à parte", o evangelho de Jesus Cristo é o poder da salvação para *todos* os que creem, tanto *judeus* como gentios (Romanos 1:16). As outras cartas paulinas confirmam que a única salvação é em Jesus Cristo. Paulo concede a glória genuína da aliança mosaica (2Coríntios 3), mas a antiga aliança condenava as pessoas à morte. Somente a nova aliança em Cristo oferece vida, não Moisés.[15] Quando 2Coríntios 3:13-14 discute o endurecimento da mente dos israelitas na leitura do antigo pacto, o véu é removido unicamente em Cristo: "O Espírito vivifica" (2Coríntios 3:6).

Em Gálatas 2:7, os apóstolos concordam: Pedro levará a mensagem do evangelho aos circuncidados; Paulo, aos incircuncisos.[16] Em Gálatas 3:10, a lei mosaica coloca seus adeptos debaixo da "maldição" divina, uma condição poderosamente negativa que se resolve apenas com Cristo sofrendo tal maldição por eles (Gálatas 3:13). Portanto, a descendência de Abraão não é o Israel coletivo, como seria de esperar de Gênesis, e sim Cristo (3:15-18) e aqueles que estão "em Cristo" (3:28-29).[17]

Em Gálatas 2:15-16, a fé em/de Cristo deve ser entendida junto à necessidade dos judeus de crerem em Cristo Jesus: "Nós, judeus de nascimento e não 'gentios pecadores', sabemos que ninguém é justificado pela prática da lei, porém mediante [a fidelidade de Jesus Cristo/a fé em Jesus Cristo]. Assim, nós também [enfaticamente: *até mesmo nós* (judeus)'] cremos em Cristo Jesus".[18] O significado da "fé (plenitude) de Cristo" não pode ser limitado à inclusão dos gentios feita por Deus. A leitura das duas alianças não resiste ao exame

---

[15]Sigurd Grindheim, "The Law Kills but the Gospel Gives Life: The Letter-Spirit Dualism in 2 Corinthians 3.5-18", *JSNT* 84 (2001): 97-115.

[16]Bradley H. McLean, "Galatians 2.7-9 and the Recognition of Paul's Apostolic Status at the Jerusalem Conference: A Critique of G. Luedemann's Solution", *NTS* 37 (1991): 67-76. Gager, *Reinventing Paul*, p. 147, distingue o "evangelho" de Pedro e o de Paulo, mas Gálatas 2:7 usa a palavra "evangelho" apenas uma vez para o que *ambos* proclamam aos seus respectivos públicos.

[17]Gager, em *Reinventing Paul*, p. 88-89, ignora incompreensivelmente essa linha de raciocínio no pensamento do apóstolo. Existe um grau de verdade irônica no título de seu livro?

[18]Veja a discussão desse versículo em Das, *Galatians*, 237-57; Das, "The Ambiguous Common Ground of Galatians 2:16 Revisited", BR 58 (2013): 49-61.

A RESPOSTA DA PERSPECTIVA PROTESTANTE TRADICIONAL A ZETTERHOLM

detalhado. A hesitação de Zetterholm em relação à necessidade da fé judaica em Cristo é injustificada. Longe de ser um vestígio da Reforma, a ênfase na salvação em Cristo tanto dos judeus como dos gentios é do próprio Paulo.

Como Terence Donaldson ressaltou, os primeiros cristãos perseguidos por Paulo, o judeu, eram os próprios *judeus*. Então, o que atraiu a ira de Paulo? Eles haviam adotado uma abordagem negligente da Torá? Nesse caso, o apóstolo pode ter, antes ou depois de sua conversão, encorajado uma forma de cristianismo mais rigorosamente obediente à lei (cf. Atos 21:20-21). Não, em termos de salvação, o Paulo pré-cristão passou a ver a fé em Cristo em oposição fundamental à observância da Torá. O que diferenciava os cristãos judeus eram suas afirmações a respeito de Cristo e sua adoração a ele. Os primeiros cristãos atribuíram um significado salvífico à pessoa de Jesus, mas essa crença colocaria — de maneira consistente — em risco a eficácia da lei para o povo judeu. Se Paulo via a lei e Cristo como meios mutuamente exclusivos de salvação antes de sua conversão, como parece ser o caso, sua concepção permaneceu consistente depois que ele se converteu. Um fanático pela lei não abandonaria facilmente seu cuidado. Ele simplesmente se encontrou face a face com aquele a quem havia negado. O apóstolo reconheceu que se a lei não era o instrumento de salvação de Deus, então as obras que ela exigia, à parte de Cristo, eram meras ações humanas vazias que não poderiam merecer a misericórdia de Deus.[19]

Portanto, reconhecer o significado de Jesus Cristo representou uma reversão na avaliação de Paulo, antes de Cristo e depois de Cristo, de sua herança judaica. Em Gálatas 1:13-14, ele usa o termo "judaísmo" (Ἰουδαϊσμός, *Ioudaismos*) duas vezes, o que destaca duplamente sua afiliação. Embora reconheça seus antepassados "segundo a carne" (cf. 1.14; 2.15), ele fala do "judaísmo" em relação à sua vida *anterior*.

---

[19]Terence L. Donaldson, "Zealot and Convert: The Origin of Paul's Christ-Torah Antithesis", *CBQ* 51 (1989): 655-82, aqui 656, 662.

A. Andrew Das

ANTES	AGORA
1:13 perseguia com violência a *igreja* de Deus	1:22 não era pessoalmente conhecido pelas *igrejas* da Judeia
1:13 vocês *ouviram* qual foi o meu procedimento	1:23 apenas *ouviam* dizer
1:13 *no* judaísmo	1:22 *em* Cristo
1:13 *perseguia* com violência	1:23 aquele que antes nos *perseguia*
1:13 procurando *destruí-la*	1:23 agora está anunciando a fé que outrora procurava *destruir*

Fonte: Modificado de Beverly R. Gaventa, "Galatians 1 and 2: Autobiography as Paradigm", *NovT 28* (1986): 309-26, aqui 316.

A expressão "no judaísmo" (1:13-14) está em contraste com estar, pela fé, "em Cristo" (ἐν Χριστῷ, *en Christō*) (1:22; cf. 2:4,17; 3:14,26,28; 5:6,10). Houve uma reversão social e religiosa decisiva.[20] O povo de Deus não é salvo por nascimento, identidade étnica ou obediência à Torá. Os judeus e os gentios são reunidos na assembleia de Deus pela mesma fé no Messias Jesus. Como o professor Zetterholm afirmou, Paulo "valoriza [sua identidade judaica] menos do que estar 'em Cristo'" (p. 242).

---

[20]Ben Witherington III, *Grace in Galatia: A Commentary on the Paul's Letter to the Galatians* (Grand Rapids: Eerdmans, 1998), 98; Markus Cromhout, "Paul's Former Conduct in the Judean Way of Life' (Gal 1:13) [...] or Not ?", *HTSTS* 65 (2009): 1-12.

A RESPOSTA *da* NOVA PERSPECTIVA *a* ZETTERHOLM

James D. G. Dunn

Agradeço profundamente pelo ensaio de Magnus Zetterholm, embora me entristeça confessar que suas muitas notas de rodapé me tenham mostrado quanto estou atrasado no debate atual. Fiquei particularmente impressionado com sua insistência em estabelecer e ver Paulo "dentro do judaísmo". Isso deve estar correto, pelo menos até certo ponto, já que o "cristianismo" como tal não existia nos dias de Paulo, ainda que Jesus tivesse seguidores, é claro. Contudo, esses primeiros adeptos viam a si mesmos como membros de uma nova religião, uma religião diferente do judaísmo? Essa é exatamente a questão na recuperação de uma perspectiva do primeiro século distinta de uma perspectiva do século 16. A discussão é: o que há na herança do judaísmo bíblico que se revela essencial também para o cristianismo que está surgindo? E o que era o judaísmo do primeiro século ao qual o apóstolo se opôs? A resposta à última pergunta deve ser — como ele próprio a viu — no contexto da limitação da graça divina aos judeus, não somente aos judeus étnicos como tais, mas também aos prosélitos. O grande diferencial da teologia paulina nesse aspecto é que se mostrou capaz de argumentar pela continuidade direta da experiência da graça de Israel, com Abraão oferecendo o exemplo clássico de seu evangelho para todos — gentios e judeus — e sem exigir que os gentios se tornassem judeus.

Esse foi o cerne do incidente de Antioquia. Uma das minhas decepções foi que Magnus abrangeu demais sua discussão de "Paulo dentro do judaísmo" rapidamente a partir do cenário crucial de Gálatas 2.

James D. G. Dunn

Um debate tão valioso corre o risco de perder o que Paulo julgou ser fundamental para uma compreensão correta do evangelho. Igualmente importante é ler a primeira grande explicação paulina da justificação somente pela fé em seu contexto: Gálatas 2 desde o começo, e não só 2:16. Até mesmo perceber a coerência no que o apóstolo diz em 2:15 deve ser suficiente para nos lembrar de que a questão judeus/gentios estava no cerne da concepção paulina sobre o assunto. É ótimo ver que refletir teologicamente à luz de Gálatas 2:16 traz à tona o debate de como a passagem foi entendida posteriormente e seu respectivo papel na análise seguinte. Todavia, se nos preocupamos com a exegese histórica, a forma como a passagem se relacionava com as particularidades de seu tempo, a questão principal é como Paulo pretendia que a passagem fosse entendida. E, nesse contexto, devo insistir que essa foi a primeira tentativa literária do apóstolo (até onde sabemos) de afirmar que seu evangelho (para os gentios) não era simplesmente um convite para que se convertessem ao judaísmo. A eficácia do evangelho *não* dependia de os gentios se tornarem prosélitos, e insistir nisso implica subestimar o ponto de que a resposta inicial decisiva ao evangelho é a fé: fé no Cristo proclamado no evangelho e somente a fé.

Portanto, "Paulo dentro do judaísmo" é uma denominação bastante enganosa, uma vez que a autocompreensão predominante dessa religião que prevalecia na época era exatamente o que ele questionava. Esse é o "judaísmo" de que estamos falando nesse cenário. E foi precisamente por causa da conversão a esse judaísmo, como exigido por Pedro e os outros crentes judeus mais experientes — reduzindo a ênfase do apóstolo unicamente na fé —, que outro termo diferente de "judaísmo" precisou ser criado como a identidade crucial para os crentes em Jesus. E foi assim que surgiu o "cristianismo" (neste contexto: "não judaísmo"), palavra que, por causa dessa distinção, transmitiu a mensagem de que os gentios crentes em Jesus estavam se convertendo, mas não ao judaísmo.

É claro que o apóstolo não estava absolutamente abandonando ou negando sua herança judaica. Magnus se refere ao ponto de vista (que ele atribui à maioria dos intérpretes mais ilustres antes de Sanders) de que "Paulo deixou de ser judeu quando se tornou um 'cristão'" (p. 232). Essa concepção é simplesmente ridícula. Ele apenas passou a lembrar a seus companheiros crentes, tanto judeus como gentios, que a graça — somente por meio da fé — estava no centro da história e da religião de Israel, conforme mostrado por ninguém menos que o patriarca Abraão. Por mais importantes e distintivos dessa história e dessa religião fossem a circuncisão, as leis alimentares e outros fatores, não chegavam ao cerne de tal religião. É difícil definir "dentro do judaísmo" sem incluir a obediência da lei, exatamente o que o evangelho de Paulo questionou. Assim, por mais justificado que seja descrever o evangelho e a teologia paulina como "dentro do judaísmo", nesse aspecto específico, no evangelho de Paulo para os gentios, conforme expresso e explicado em Gálatas 2, ele certamente *não* pode ser descrito desse modo. Sua teologia não pode ser adequadamente compreendida se não for dentro de sua herança judaica, mas caracterizá-la como "dentro do judaísmo" é questionar o ponto no qual ele estava pronto para repreender Barnabé e Pedro em Antioquia. Dessa maneira, é correto falar "Paulo, o judeu" e "herança judaica de Paulo", porém não "Paulo dentro do judaísmo".

A RESPOSTA *da* PERSPECTIVA DO DOM *a* ZETTERHOLM

John M. G. Barclay

Magnus Zetterholm define claramente "as duas premissas mais fundamentais implícitas à perspectiva de Paulo dentro do judaísmo: primeiro, sua identidade judaica contínua, e segundo, seu foco nos não judeus" (p. 237-38). De um ponto de vista, não há controvérsia aqui. Quase todos reconhecem que ele se considerava um judeu ou "israelita" (Gálatas 2:15; Romanos 11:1; 2Coríntios 11:22) e ninguém nega que ele sempre foi consciente de ser chamado como apóstolo dos não judeus. Então, o que importa é o que está subentendido nessas suposições e, principalmente, o que elas parecem negar. Analisarei um ponto de cada vez.

1. Como muitos na aliança de Paulo dentro do judaísmo, Zetterholm estabelece uma oposição binária que é clara, mas, na minha opinião, bastante simplista. Por um lado, há o que Zetterholm chama de "paradigma do conflito", segundo o qual o apóstolo "rompeu" com o judaísmo, ficou "em oposição" a tal religião, apontou a lei judaica como "nula e sem efeito", envolveu-se em um "repúdio às tradições judaicas" e "contradisse as crenças e os comportamentos judaicos comuns, principalmente a obediência à Torá" (p. 234). Por outro lado, em seu polo oposto, existe a visão de Paulo dentro do judaísmo de que ele era judeu, portanto observador da Torá: "O fato de Paulo ser judeu significa que também *praticava* o judaísmo (p. 239). Ele era "fiel à sua herança religiosa [judaica]" (p. 248) e era tão "judeu" e "apegado à Torá quanto qualquer outro judeu na diáspora" (p. 251). Essas duas posições permanecem em oposição direta

entre si, e a tarefa de Paulo entre os estudiosos do judaísmo é promover o "processo intelectual" de "trazer gradualmente o apóstolo para mais perto do judaísmo contemporâneo", sendo "o ponto final" desse processo "o ato de colocar o apóstolo firme, completa e confortavelmente dentro do judaísmo" (p. 237).

Existem dois motivos pelos quais penso que esse modelo é falho. Um diz respeito à dificuldade de aferir a postura de qualquer judeu mais velho em uma escala de proximidade ou distância do "judaísmo". O outro está associado à complexidade de Paulo, que desafia a categorização nos termos da polaridade de Zetterholm.

No padrão binário, em que é possível estabelecer a posição de um indivíduo por proximidade relativa ("mais perto") do judaísmo e esperar mostrar que estão "firmemente" "dentro" dele, deve-se analisar também a proximidade e definir o limite que determina se alguém está "dentro" ou "fora" do judaísmo. Porém, como o próprio Zetterholm deixa claro, esses não são fenômenos neutros, objetivos ou mensuráveis, pois, nesse contexto, os julgamentos estão, em suas palavras, "em grande parte, nos olhos de quem vê" (p. 244). No judaísmo antigo, como hoje em dia, havia uma flexibilidade considerável na interpretação e aplicação da lei. Em muitos aspectos, o que um judeu considerava lealdade à lei, outro poderia ver como negação flagrante. O que um enxergava como expressão correta do judaísmo, outro poderia interpretar como apostasia.[1] Com base nesse princípio, os especialistas não podem declarar que Paulo estava ou não "dentro do judaísmo", como se isso fosse uma questão de evidência clara e objetivamente definida. O apóstolo pode ter afirmado pertencer a tal religião e seus adversários terem discordado. Quem estava certo? Ainda que Paulo tenha alegado distanciamento de sua "vida anterior no judaísmo", podemos considerá-lo dentro dele. Quem decide? O próprio Zetterholm parece inseguro quanto a identificar até que ponto é possível levar esse princípio da relatividade. Em determinado

---

[1]Apliquei esse princípio (o julgamento relativo do desvio) ao judaísmo antigo e ao cristianismo primitivo em dois ensaios ("Deviance and Apostasy" e "Who Was Considered an Apostate in the Jewish Diaspora?"), reimpresso em *Pauline Churches and Diaspora Jews*, WUNT 275 (Tübingen: Mohr Siebeck, 2001), p. 123-55.

John M. G. Barclay

momento, ele aponta que "é bem problemático falar dela [da Torá] como um padrão fixo para quase tudo" (p. 250). (O que há por trás desse "quase"? Existem algumas exceções? Em caso afirmativo, quais são?) Em outro (p. 244), ele cita a afirmação de Sanders de que existia "um padrão segundo o qual a lealdade a Israel e ao Deus de Israel era medida".[2] Existia um modelo fixo ou não? Quem o estabeleceu e como?

O processo de "aproximar mais ainda" Paulo do judaísmo exige que possamos aferir o que está próximo e o que está longe. Ele foi um judeu que disse: "Por meio da lei eu morri para a lei" (Gálatas 2:19). Isso pode ser esboçado em uma escala? Em caso afirmativo, em que medida? Ele foi um israelita que declarou: "Tenho plena convicção de que nenhum alimento é em si mesmo impuro" (Romanos 14:14). Isso é confortável dentro do judaísmo? Não estou pressionando em busca de uma decisão de uma forma ou de outra, porque não creio que o tema seja assim tão simples. Estou apenas pedindo clareza quanto ao que se pretende afirmar com a expressão "dentro do judaísmo" e quais critérios podem ser usados para determinar objetivamente em que ponto um judeu, na antiguidade, posicionava-se a esse respeito. Se a relatividade para a qual Zetterholm aponta vai até o fim, torna-se sem sentido para nós julgar se alguém estava ou não "dentro do judaísmo". Caso contrário, onde podermos encontrar os critérios objetivos para avaliar essa questão?

O segundo motivo pelo qual considero o modelo binário de Paulo dentro do judaísmo falho é que o apóstolo é muito complexo para ser reduzido a uma escala de uma polaridade a outra. É claro que ele se identificava como judeu, mas "em Cristo", e essa qualidade acrescentava complexidade à sua identidade, definindo sua lealdade e seu valor mais elevado como "ser encontrado nele" (Filipenses 3:9).[3] Isso não o distancia de sua herança judaica nem afasta o significado

---

[2] E. P. Sanders, *Judaism: Practice and Belief,* 63 AEC — 66 EC (Londres: SCM; Filadélfia: Trinity Press International, 1992), p. 47.

[3] Zetterholm cita o pedido de Pamela Eisenbaum de considerar Paulo "judeu e ponto final, ou seja, sem outros adjetivos". Eisenbaum, "Paul, Polemics, and the Problem of Essentialism", *IntBib* 13 (2005): 28. Esse apelo é fruto de um essencialismo que é desmentido pelos fatos históricos: existiam muitos tipos de judeus na antiguidade, e Paulo era uma variação entre muitas outras.

"religioso" de seu judaísmo, porém relativiza e reorienta sua identidade e seu comportamento judaicos de forma que estão sempre subordinados e desafiados por sua lealdade a Cristo. Não se pode limitar isso a uma escala de "perto" ou "longe": é uma questão de viver seu chamado em Cristo de modo que ele possa observar a Torá ou desconsiderá-la *por Cristo*, dependendo das exigências mais elevadas das "boas-novas". Darei somente três exemplos.

(A) No caso de Antioquia, independentemente do que estivesse sendo exatamente praticado ou não, Paulo elogia Pedro por viver "como gentio e não como judeu" (ἐθνικῶς καὶ οὐχὶ Ἰουδαϊκῶς, *ethnikōs kai ouchi Ioudaikōs*) por causa da "verdade do evangelho" (Gálatas 2:14). Seja o que for que Pedro estivesse fazendo ao comer com gentios, Paulo considerava isso uma prática "não judaica" e acreditava que Pedro estava certo em adotá-la. Isso ressoa o que Paulo diz sobre não ser justificado "pelas obras da lei" (ou seja, a obediência da Torá), e em relação a ele mesmo (observação: *ele mesmo como um judeu* [2:15]) ter "morrido para a lei, a fim de viver para Deus" (2:19).[4] Precisamos discutir com maior profundidade por que ele elogiava os judeus por não viverem "no estilo judaico" enquanto contemplavam "a verdade do evangelho".

(B) Em Filipenses 3:2-11, o ponto principal não é o alvo retórico de Paulo (pagão ou judeu), mas, sim, como ele pode classificar seu orgulho judaico como algo "da carne" e por que considera o símbolo de seu capital emblemático "esterco" (σκύβαλα, *skybala*), ao lado de todos os outros sinais de valor, em comparação a conhecer a Cristo e ser encontrado nele. Essa necessidade não significa que Paulo "renuncie" à sua herança judaica ou a repudie, embora Paulo valorize agora seu judaísmo, não é o seu valor *mais importante*: ele pode considerar a observância da Torá em muitas circunstâncias valiosas em seu culto a Cristo, porém, aparentemente, são valiosas *unicamente nesse cenário*. Por mais "irrepreensível" (3:6) que possa ser pelo padrão da lei, seu princípio máximo não é a justiça nos termos dessa

---

[4]A passagem Romanos 7:4-6 é igualmente clara nesse ponto, em que o "nós" que foi "desativado" da lei (7:6) inclui tanto o "eu" que fala (7:1) como o "você", que é o público que o ouve (7:4).

John M. G. Barclay

lei (3:9: "não tendo a minha própria justiça que procede da lei, mas a que vem mediante a fé em Cristo"). Precisamos discutir mais acerca do sentido dessa hierarquia de valor.

(C) Paulo diz em outro lugar que pode viver "debaixo da lei" a serviço das boas-novas, mas não se considera sujeito à lei (μὴ ὢν αὐτὸς ὑπὸ νόμον, *mē ōn autos hypo nomon*), pois sua maior lealdade é para Cristo (ἔννομος Χριστοῦ, *ennomos Chistou*) (1Coríntios 9:20-21). O apóstolo e outros judeus deveriam permanecer circuncidados com base no princípio de que todos, de preferência, precisariam continuar no estado em que foram chamados (1Coríntios 7:17-24). A obediência à Torá pode realmente ser uma forma de servir ao Senhor (Romanos 14:5-9) e é "religiosamente significativa" dentro dessa estrutura. Entretanto, uma vez que Paulo repensou sua própria identidade (bem como a de seus gentios convertidos) no cenário da dádiva de Cristo, tudo agora é reorientado pela divulgação das "boas-novas" (1Coríntios 9:22-23). Precisamos discutir mais detalhadamente esse texto.

Não se pode dizer de Paulo que ele fosse "a favor" ou "contra" a obediência à Torá, do mesmo modo que se afirma de um estoico que ele é "a favor" ou "contra" a saúde. Para um estoico, se a boa saúde serve aos propósitos do bem, aceite-a de todas as maneiras: se o bem só puder ser praticado se a saúde (ou a vida) for perdida, a saúde deve estar subordinada ao bem. Até sermos capazes de analisar o apóstolo com o tipo de sutileza evidente em suas cartas e estarmos familiarizados com o pensamento antigo acerca do valor e o *telos* da vida, continuaremos presos a falsas antíteses e debates estéreis.[5]

2. Quanto à segunda premissa fundamental de Zetterholm, de que o foco de Paulo estava nos não judeus, concordamos que ele foi chamado de apóstolo dos gentios. A questão é se ele também fala a respeito da situação dos judeus na trajetória da vinda de Cristo. Estou

---

[5]Estou intrigado com o fato de Zetterholm usar Atos para apoiar sua tese. É claro que devemos discutir primeiro os objetivos de Lucas e por que ele pode apresentar Paulo da maneira que o faz. De uma perspectiva histórica, a questão de um apologista cristão do primeiro século — com um propósito evidente — ainda exercer influência na discussão acadêmica moderna paulina é um sinal de quanto nós todos estamos em dívida, de uma forma ou de outra, com a história da recepção de Paulo.

de acordo com o autor no sentido de que a problemática do *público* paulino é completamente irrelevante para esse ponto: a discussão se refere *ao que* Paulo fala, não *com quem* ele fala.[6] Zetterholm reconhece que ele não discute *exclusivamente* sobre não judeus, trazendo à tona o que está em jogo com esta afirmação: "Se o evangelho de Paulo inclui toda a humanidade, essa perspectiva [Paulo dentro do judaísmo] é simplesmente incorreta" (p. 252).

Então, o evangelho de Paulo se refere a toda a humanidade? Vamos ouvi-lo falar desse assunto (minhas traduções): "Não me envergonho do evangelho, porque é o poder de Deus para a salvação de todo aquele que crê: primeiro do judeu, depois do grego" (Romanos 1:16); "Já demonstramos que tanto judeus quanto gentios estão debaixo do pecado" (Romanos 3:9); "pois todos pecaram e estão destituídos da glória de Deus, sendo justificados, na forma de um dom, por sua graça, por meio da redenção que há em Cristo Jesus" (Romanos 3:23-24); "Não há diferença entre judeus e gentios, pois o mesmo Senhor é Senhor de todos e abençoa ricamente todos os que o invocam" (Romanos 10:12); "Pois Deus colocou todos sob a desobediência, para exercer misericórdia para com todos" (Romanos 11:32); "nós, porém, pregamos a Cristo crucificado, o qual, de fato, é escândalo para os judeus e loucura para os gentios" (1Coríntios 1:23). Acredito que seja incontestável que, quando o apóstolo diz "judeus e gregos" ou "judeus e gentios", refere-se a todos os indivíduos. Ele claramente considera o evangelho aplicável à humanidade inteira. Podemos aceitar o convite de Zetterholm e chegar à conclusão necessária no que se refere à precisão da perspectiva de Paulo dentro do judaísmo.

Precisamos claramente acrescentar alguns detalhes. O apóstolo sabe que o evangelho está sendo pregado tanto para não judeus como para judeus. Ele (junto com Barnabé) recebeu a missão para os gentios, enquanto Cefas e outros receberam a missão para os judeus, que ele aprovou de todo o coração (Gálatas 2:6-9). Paulo espera que até mesmo sua missão com os gentios possa repercutir nos judeus, para que, de alguma forma, ele os provoque ao ciúme e possa "salvar

---

[6]Aqui Zetterholm se distancia um pouco da obra de Matthew Thiessen, visivelmente seu *Paul and the Gentile Problem* (Oxford: Oxford University Press, 2016).

John M. G. Barclay

alguns deles" (Romanos 11:14). Segundo Zetterholm, não é provável que Paulo considerasse a salvação de Israel algo desvinculado do
próprio Messias. As referências em Romanos 11 à atual "descrença"
de alguns (o que só pode significar incredulidade em Cristo) (11:20)
e a esperança de Paulo pelo "redentor de Sião" (11:26) me fazem pensar por que o autor considera o apóstolo confuso a esse respeito. Se
Cristo (o Messias) era o "servo dos que são da circuncisão" (Romanos
15:8), o destino deles está claramente ligado ao dele.

Serei claro: Israel nunca perde sua condição especial para o apóstolo. Embora judeus e não judeus estejam debaixo do pecado e precisando de resgate, o chamado e as dádivas de Deus a Israel são irrevogáveis
(Romanos 11:29), e Paulo está confiante de que o Senhor encontrará
um meio de salvar "todo o Israel".[7] Por isso ele se importa e se entris-
tece tanto com a atual descrença de Israel (Romanos 9:1-3; 10:1), que
é exatamente o povo que deveria responder à expressão definitiva da
misericórdia divina pela qual passou a existir e é perpetuamente sustentado. O fato de Paulo ser um israelita permanece profundamente
significativo para ele no sentido "religioso" (Romanos 11:1-2) e é exatamente por essa razão que, embora seja um apóstolo dos gentios, ele
não pode ignorar o que Deus faz e fará por essa nação. Sugerir que
ele se concentrava apenas — ou principalmente — em não judeus é,
na verdade, subestimar *quão teologicamente importante* era sua identidade judaica para ele. Seria de se esperar que a perspectiva de Paulo
dentro do judaísmo mostrasse como foi essencial para ele pensar em
toda a história, incluindo sua missão com os gentios, a partir da concepção da centralidade de Israel na forma de Deus lidar com o mundo.
Ele não conseguia entender o Senhor, suas Escrituras, o evento Cristo,
sua própria experiência e sua missão sem colocar os propósitos divinos para Israel no centro de cada aspecto de seu pensamento. Por essa
razão, Romanos 9-11 é tão importante para o argumento dessa carta.
Realmente parece haver algo estranhamente gentio em uma perspectiva sobre o apóstolo que torna o significado dessa área de sua teologia tão limitado para Paulo, o judeu.

---

[7]Para minha leitura de Romanos 9-11, veja meu *Paul and the Gift* (Grand Rapids:
Eerdmans, 2015), p. 520-61.

RÉPLICA *da* PERSPECTIVA DE PAULO *dentro do* JUDAÍSMO

Magnus Zetterholm

Discussões críticas impulsionam o desenvolvimento do conhecimento. Então, em primeiro lugar, gostaria de expressar minha sincera gratidão a meus colegas por seus comentários estimulantes e perspicazes a respeito da minha visão acerca de Paulo. A maioria das perspectivas — se não todas — sobre o apóstolo têm seus pontos frágeis, e é unicamente por meio do diálogo com aqueles que discordam que essas coisas vêm à tona. Na verdade, vários argumentos foram apresentados, mas as diferenças permanecerão.

Por exemplo: pode ser que James Dunn esteja correto em sua leitura do chamado incidente de Antioquia, porém estou inclinado a acreditar que ele não está, o que tem a ver apenas com — novamente — suposições. Vamos começar pelos pontos nos quais concordamos. O autor está bastante seguro ao afirmar que a questão dos judeus/gentios era o foco principal de Paulo, o qual, claramente, se opôs às conversões ao judaísmo. Também concordo que ele fez uso de tradições já predominantes em tal religião. Como mencionado em outro momento neste volume, parece ter existido uma tendência universalista bastante difundida — e multifacetada — no judaísmo do primeiro século. Assim, Paulo não foi o único a defender um lugar para o não judeu na economia judaica da salvação. O que gerou tensão dentro do movimento de Jesus não foi tanto uma grande discussão teológica envolvendo o papel da Torá em um cenário judaico, mas algumas questões práticas: como se relacionar com não judeus em Cristo diariamente. Creio que essa tenha sido a verdadeira essência do incidente de Antioquia: os membros das nações podem ser confiáveis e ser considerados santos e puros ou precisam tornar-se judeus para socializar com outros judeus em termos iguais (por causa da preocupação com a pureza)? A postura de Paulo foi o resultado de uma ideia teológica (judaica) grandiosa, apesar de o confronto em Antioquia ter envolvido inicialmente aspectos práticos. Nesse caso, nada nos impede de colocar o apóstolo firmemente *dentro do judaísmo*.

John Barclay clama por mais objetividade no que se refere à definição do judaísmo de Paulo. Gostaria muito de poder ajudá-lo nessa tarefa, mas isso exigiria a descoberta de mais cartas paulinas autênticas. Tal autor aponta uma discussão problemática: como podemos saber algo sobre o grau de prática do judaísmo de Paulo e, assim, deixá-lo dentro ou fora de tal religião? Contudo, mesmo que eu concorde totalmente com Barclay em sua crítica, penso também que, de certa forma, ele deixou de lado o ponto mais importante. Não é como se Paulo tivesse sido descoberto ontem: todos os especialistas se baseiam em uma tradição interpretativa de dois mil anos — uma tradição que o estabeleceu fora do judaísmo. Basta uma hora dedicada a alguns dos comentários em geral para confirmar isso. O objetivo de colocá-lo dentro do judaísmo não é descobrir precisamente como ele o praticava, o que seria uma causa perdida desde o começo. Em vez disso, o propósito é usar uma perspectiva "interna" como uma ferramenta heurística para verificar se é possível dar sentido ao apóstolo dos pagãos, *deduzindo* que ele não rompeu com a religião mencionada. É interessante ressaltar que, embora Barclay vise posicionar Paulo *dentro do judaísmo*, eu não vejo um abismo de desacordo entre nós.

Andrew Das oferece uma ampla variedade de exemplos que pretendem minar a perspectiva de Paulo dentro do judaísmo. É claro que ele está certo ao afirmar que nem todas as leituras possíveis são igualmente plausíveis, pois a plausibilidade é algo complicado de se determinar nos estudos paulinos. Isso depende, mais uma vez, dos pressupostos fundamentais. Como já enfatizei diversas vezes neste volume, considero improvável que as suposições adotadas nos estudos tradicionais sejam úteis. Por exemplo, Das afirma: "Deve-se perguntar qual *peso* Paulo atribui a estar 'em Cristo' *versus* 'no judaísmo'". Para mim, parece que aqui não existem contradições. Estar "em Cristo" e "no judaísmo" não são coisas opostas, mas faces diferentes da mesma moeda. A ideia de uma figura messiânica é, obviamente, uma invenção judaica, e a crença nessa figura era, na antiguidade, totalmente compatível com estar "no judaísmo", independentemente de o indivíduo considerar outros modos (anteriores) de ser judeu menos importantes do que ser messiânico. Somente quando aplicamos a dicotomia tradicional entre judaísmo e cristianismo é que a "crença em Cristo" e o "ser judeu" parecem incoerentes, embora o ressurgimento recente do judaísmo messiânico possa mudar isso.

Evidentemente, estou feliz em observar que Brant Pitre considera a perspectiva de Paulo dentro do judaísmo "um dos desenvolvimentos mais significativos nos estudos paulinos dos últimos anos" (p. 261). Estou inclinado a concordar. No entanto, Pitre tem dificuldades com a ideia de que a missão do apóstolo é exclusivamente focada na salvação dos gentios. Como Barclay também deparou com essa problemática, pode ser válido esclarecê-la. Esse ponto de vista também deve ser entendido com base nas análises (tradicionais) anteriores, segundo as quais Paulo pretendia criar uma terceira raça: "os cristãos", significando que os judeus haviam desistido da obediência à Torá e dos delimitadores da identidade judaica, como a circuncisão e os hábitos alimentares. Na realidade, o apóstolo defende as diferenças étnicas entre judeus e membros das nações: os judeus observam a Torá como faziam antes de seguir Cristo, enquanto os não judeus deveriam evitar tal observância e, ao mesmo tempo, adotar um estilo de vida mais coerente com o estilo de ex-pagãos gentios, para usar a terminologia de Paula Fredriksen. Ainda assim, os dois grupos pertencem um ao outro: são um só em Cristo. Todavia, o *maior problema* de Paulo é como trazer os não judeus para uma relação de aliança com o deus de Israel, sem que se tornem judeus ou precisem obedecer à Torá, como os judeus faziam. Essa missão para os povos realmente faz parte do drama apocalíptico magnífico que eventualmente culminará na salvação de todo o mundo: Israel e as nações. A preocupação do apóstolo é com a salvação dos judeus, já que a redenção de ambos os grupos está profundamente interligada, mas, ao mesmo tempo, ele parece convencido de que o destino do povo judeu está nas mãos de Deus, que não rejeitou seu povo (Romanos 11:1). Na verdade, sua atual incredulidade é parte do plano divino de conduzir o mundo à consumação final, que acontecerá por meio do instrumento messiânico divino: Cristo. Não existe salvação para a humanidade exceto por meio de Cristo, mas os caminhos que levam a ele não são idênticos.

5

A PERSPECTIVA
DO DOM
sobre PAULO

John M. G. Barclay

A "Perspectiva do Dom" sobre Paulo recebe esse nome — criado para o presente volume — a partir de análises da teologia paulina que assumem como premissa sua teologia do dom ou da graça. A base dessa concepção é a exegese, traçando as maneiras pelas quais a linguagem da dádiva do apóstolo e a incoerência da dádiva de Cristo moldam a soteriologia de Paulo, sua hermenêutica escritural, eclesiologia, ética e muito mais. Está fundamentada na análise histórica e antropológica das ações sociais do dom (amplamente definidas) e se expressou não só em meu livro *Paul and the Gift*, como também em uma série de análises recentes da teologia paulina realizadas por Jonathan Linebaugh, Orrey McFarland, Kyle Wells, Susan Eastman, Stephen Chester e outros.[1] Eles formam uma constelação de pontos de vista, e não uma "escola" bem definida, e escrevo aqui por mim mesmo, por ninguém mais. Porém, estão ligados, no mínimo, por cinco aspectos: (1) sentem-se particularmente atraídos pela teologia do dom/graça de Paulo, como a forma ou o padrão de toda a teologia paulina; (2) tentam posicionar o apóstolo dentro do judaísmo de uma forma que vai além da obra *Paul and Palestinian Judaism,* de Sanders, baseando-se, ao mesmo tempo, em sua determinação de contestar as caricaturas cristãs do judaísmo antigo ou moderno; (3) baseiam-se em elementos da "Nova Perspectiva" sobre Paulo, mas oferecem

---

[1]John M. G. Barclay, *Paul and the Gift* (Grand Rapids: Eerdmans, 2015); Jonathan A. Linebaugh, *God, Grace, and Righteousness in Wisdom of Solomon and Paul's Letter to the Romans: Texts in Conversation*, NovTSup 152 (Leiden: Brill, 2013); Orrey McFarland, *God and Grace in Philo and Paul*, NovTSup 164 (Leiden: Brill, 2015); Kyle B. Wells, *Grace and Agency in Paul and Second Temple Judaism: Interpreting the Transformation of the Heart*, NovTSup 157 (Leiden: Brill, 2014); Susan Grove Eastman, *Paul and the Person: Reframing Paul's Anthropology* (Grand Rapids: Eerdmans, 2017); Stephen Chester, *Reading Paul with the Reformers: Reconciling Old and New Perspectives* (Grand Rapids: Eerdmans, 2017). Existem alguns pontos de afinidade (bem como diferenças de ênfase) com as chamadas leituras apocalípticas de Paulo, claramente aquelas de J. Louis Martyn, Martinus de Boer e Beverly Roberts Gaventa.

John M. G. Barclay

leituras paulinas além do impasse entre as concepções "antiga" e "nova", tentando corrigir os pontos fracos de cada uma; (4) embora mantenham uma postura crítica independente, mostram-se sensíveis à história da recepção de Paulo, que, de Efésios e das cartas pastorais em diante, tem sido especialmente sintonizada com a teologia da graça do apóstolo; (5) estão atentos às implicações contemporâneas da teologia de Paulo e não se opõem a tornar sua voz audível nos domínios social, político e eclesiástico.

É importante deixar claro, desde o começo, que a "Perspectiva do Dom" opera em dois níveis no que diz respeito à concepção da dádiva. Em um nível, estabelece os vocabulários múltiplos do dom, que são entrelaçados na teologia e na ética de Paulo e estão intimamente ligados a lexemas contíguos (por exemplo: misericórdia e amor), porém, no outro, determina — na teologia paulina — o papel estruturante do evento Cristo como um presente incoerente, um padrão às vezes sinalizado pela linguagem do presente (por exemplo, χάρις, *charis*), mas outras vezes não. Esclareceremos esses dois níveis antes de prosseguirmos.

1. *O dom como domínio semântico.* Seria difícil ignorar quantas vezes e em que papéis estratégicos Paulo usa a linguagem do dom, ocasionalmente por meio do termo χάρις (*charis*) e de seus cognatos, e em outros momentos pelas variantes do verbo δίδωμι (*didōmi*) e seus substantivos cognatos. Assim como seu chamado e o de seus convertidos vieram por meio do χάρις de Deus (Gálatas 1:6,15; 1Coríntios 1:4; 15:10), ele celebra o enriquecimento de suas igrejas em cada dádiva recebida (1Coríntios 1:5-7), avisando-os para não rejeitar a graça/misericórdia divina (Gálatas 2:21; 5:4). Todo o evento Cristo pode ser resumido como o advento do dom de Deus (Romanos 5:15-21, com vários termos relacionados ao dom) ou como a entrega de Cristo (Gálatas 2:20): "vocês conhecem a χάρις de nosso Senhor Jesus Cristo" (2Coríntios 8:9), o dom inexprimível (δωρεά, *dōrea*) de Deus (2Coríntios 9:15). A generosidade que une os crentes, mesmo através das distâncias, é compreendida na terminologia da dádiva (2Coríntios 8–9; Filipenses 4:10-20), uma vez que são os dons do Espírito que constituem o corpo de Cristo (1Coríntios 12:12-31; Romanos 12:3-8). Esse vocabulário do dom costuma coincidir com outra linguagem paulina central, como

A PERSPECTIVA DO DOM SOBRE PAULO

"amor" (Gálatas 2:20), "misericórdia" (Romanos 11:28-32), "promessa" (Gálatas 3:18), "chamada" (Gálatas 1:6) e "eleição" (Romanos 11:5-6), de modo que uma análise dessas palavras em Paulo abre espaço para um estudo das características centrais de sua soteriologia.

2. *O dom incoerente como uma gramática estruturante.*[2] Como veremos, o detalhe mais distinto na teologia paulina do dom é que ela é principalmente identificada com o evento Cristo e "aperfeiçoada" (veja a seguir) como uma dádiva incoerente ou incondicional que age independentemente do valor e da ausência de valor, que é capaz de criar a partir do nada ou de seu oposto. O formato desse dom — a vida após a morte, a força na fraqueza, a justificação dos ímpios, a reconciliação dos inimigos — molda a forma como Paulo usa metáforas soteriológicas e estrutura a maneira como ele lê as Escrituras e narra as histórias sobre si mesmo, seus convertidos, Israel e o cosmos. Às vezes, essa incoerência é sinalizada pelo uso do termo χάρις (por exemplo: Gálatas 2:19-21; 2Coríntios 12:9-10; Romanos 3:24; 5:4-6; 11:5-6) e em outras situações, não (por exemplo, Romanos 5:6-11). Entretanto, mesmo quando os lexemas do dom estão ausentes, a teologia de Paulo é moldada pelas incongruências da ressurreição da morte, da sabedoria na loucura, da misericórdia com os desobedientes, do poder na fraqueza, sendo todos manifestações da graça pela qual a justiça vivificante de Deus opera em meio ao pecado e à morte (Romanos 5:12-21). Como veremos, a incongruência da graça dá origem a grande parte da criatividade na teologia paulina e ao uso frequente de antíteses e paradoxos. Assim, a "Perspectiva do Dom" se preocupa não apenas em seguir um fio único na teologia do apóstolo ou em traçar apenas um de seus muitos motivos, como também em revelar os padrões que conferem a toda a teologia paulina sua forma altamente distinta.

O QUE QUEREMOS DIZER COM "DOM"?

Não é de se espantar que Paulo use com tanta frequência a terminologia do dom, uma vez que as dádivas eram um elemento constituinte

---

[2]Para a concepção de "gramática" da teologia paulina, veja Jonathan A. Linebaugh, "The Grammar of the Gospel: Justification as a Theological Criterion in the Reformation and in Galatians", *SJT* 71 (2018): 287–307.

PERSPECTIVA *sobre* PAULO

da sociedade antiga em toda a escala social, sendo usadas, muitas vezes, como metáforas da atividade divina, tanto nas tradições judaicas como nas demais. Na verdade, afirma-se, com segurança, que é possível estruturar uma sociedade por suas práticas e ideologias relacionadas ao dom, bem como pela antropologia, como apontou Marcel Mauss, ao afirmar que as dádivas unem as sociedades, mas de formas culturalmente específicas que mudam com o tempo.[3] Assim, não podemos deduzir que os dons signifiquem as mesmas coisas ou tenham o mesmo efeito em culturas distintas e em períodos diferentes, e devemos ter cuidado para não retroceder de modos específicos segundo os quais evoluíram, na prática e na conceituação, no Ocidente moderno. Nesse sentido, até mesmo as definições de "dom" no dicionário são perigosas, já que tendem a refletir as suposições e práticas de sua época.

Juntando as evidências da antiguidade greco-romana (que inclui, para esses fins, o judaísmo), podemos dizer que o dom "denota a esfera das relações pessoais voluntárias, caracterizadas pela boa vontade do ato de conceder benefício ou favor e obtendo alguma forma de retorno recíproco que seja tanto voluntário como necessário à continuidade do relacionamento".[4] Partindo dessa definição, notamos que dons são distintos de salários, transações comerciais e empréstimos legalmente realizados, mesmo quando há alguma sobreposição na prática (por exemplo: termos favoráveis em um empréstimo entre amigos). Nem os dons nem os retornos esperados podem ser forçados (por lei ou pela força) sem deixar de ser o que são, mas carregam expectativas de reciprocidade e são cercados por sanções morais (por exemplo: desaprovação social do receptor ingrato). As dádivas podem operar em relações iguais e desiguais: entre os pobres (por exemplo: alimentos e serviços trocados por quem vive no nível de subsistência) e os poderosos e seus clientes (por exemplo: benefícios

---

[3]Marcel Mauss, *The Gift: The Form and Reason for Exchange in Archaic Societies*, trad. W. D. Halls (Londres: Routledge, 1990); publicado originalmente como *Essai sur le don: Forme et raison de l'échange dans les sociétés archaïques* (1925); cf. mais em Barclay, *Paul and the Gift*, p. 11-65.

[4]Barclay, *Paul and the Gift*, p. 575.

A PERSPECTIVA DO DOM SOBRE PAULO

públicos dos cidadãos). Contudo, mesmo nesse segundo caso, algum "retorno" é esperado, não em termos materiais, mas em honra ou elogio público. De fato, a circulação de benefícios e contrabenefícios era geralmente considerada a cola que mantinha as sociedades antigas unidas, tanto em microníveis como no nível do Estado.

Essas são as práticas normais do dom. Todavia, também era possível desenvolver ações ou ideologias ao extremo e levá-las a um fim de linha absoluto. Em outras palavras, "aperfeiçoá-las" em um ou outro aspecto.[5] Isso não era raro — nem na antiguidade, nem hoje — no que se refere ao dom divino, que muitas vezes é considerado perfeito em um ou outro aspecto. No entanto, vale ressaltar que há mais de uma maneira de aperfeiçoar as dádivas e que elas não constituem um "pacote". Identificam-se, por exemplo, entre as possíveis perfeições do dom, pelo menos estas seis:

1. *Superabundância*: a escala suprema, a extravagância ou a permanência do dom
2. *Prioridade*: a escolha do momento certo do dom, diante da iniciativa do receptor
3. *Singularidade*: a ação do doador marcada apenas pela benevolência (sem se misturar com julgamento ou raiva)
4. *Eficácia*: o impacto do dom, realizando o que foi designado a fazer
5. *Incoerência*: a distribuição do dom sem levar em consideração o valor do receptor
6. *Não circularidade*: a fuga do dom de um ciclo contínuo de reciprocidade

Como essas seis possíveis perfeições são independentes entre si, uma dádiva pode ser superabundante sem ser incoerente, ou seja, pode ser extravagante e, mesmo assim, dar o devido valor ao receptor. Alternativamente, pode ser mais importante, porém não eficaz, ou seja, pode ser concedida primeiro, ainda que exija muito esforço por parte do receptor na intenção de atingir seu objetivo. O que

---

[5] Para a concepção de "perfeições" do dom, veja Barclay, *Paul and the Gift*, p. 66-78.

John M. G. Barclay

é mais importante aos nossos propósitos é que um dom pode ser incongruente (oferecido sem consideração ao valor), porém nunca linear: pode ser uma "dádiva pura" no sentido de ser incondicionada, não de que não carrega expectativas e que é "totalmente livre". É claro que essas perfeições podem ser combinadas de diversos modos, e a história da recepção mostra as diferentes maneiras como a linguagem da graça de Paulo foi aperfeiçoada, desde a ênfase de Marcião na singularidade (Deus é benevolente, e somente benevolente, sem exercer punição) até as formas modernas de "graça barata" (que não carrega expectativas ou qualquer custo).[6] Na verdade, expressões como "dádiva pura", "graça pura" e "somente pela graça" exigem uma avaliação cuidadosa com o objetivo de identificar quais — se houver — dessas perfeições estão sendo aplicadas. Ao desagregá-las, temos uma noção melhor do que está sendo afirmado e contestado, e fica mais claro que muitas discussões teológicas sobre esse assunto resultam não de um destaque maior ou menor na graça, mas de diferentes perfeições. Isso é fundamental na tarefa de entender a história da interpretação paulina e também, como veremos agora, para entender como Paulo se posiciona no Judaísmo do Segundo Templo.

PAULO, SANDERS E O JUDAÍSMO DO SEGUNDO TEMPLO

De acordo com uma longa tradição de interpretação cristã, em primeiro plano nas leituras luteranas do apóstolo, a graça de Deus em Cristo pode ser contrastada com o caráter religioso do judaísmo (ou pelo menos o judaísmo da era do Novo Testamento): o último, como uma religião de "ações" e, portanto, de salvação alcançada pessoalmente, não conhece nada da graça (devidamente concebida) como um dom aos que não a merecem. A conquista de Sanders consistiu em derrubar essa caricatura e sua obra de referência, *Paul and Palestinian Judaism*, que representa o antigo judaísmo como uma "religião da graça" na forma de "nomismo da aliança". O autor analisou a estrutura religiosa

---

[6]Veja Barclay, *Paul and the Gift*, p. 79-188. Em muitas teologias populares, Deus é apresentado como um tipo de Papai Noel que dá presentes de acordo com o merecimento, mas não espera nada em troca. Como veremos, o Deus de Paulo é exatamente o inverso dessa imagem.

em uma sequência (primeiro "entrar" e depois "permanecer") e destacou a dádiva do pacto como o fundamento da obediência da lei de Israel em quase todos os textos do Segundo Templo que ele analisou. Ele insistia em que tais textos eram sempre claros quanto à *prioridade* da graça. No entanto, como acabamos de apontar, a prioridade é apenas uma das possíveis perfeições da graça, e isso ainda não nos diz nada sobre, por exemplo, a dúvida se a graça divina é oferecida aos merecedores ou aos não merecedores. Sanders deduziu que, se fosse graça, teria sido concedida a quem não a merecia, porém observou que alguns textos que falam dela ressaltam o paralelo entre o dom e o valor de seu receptor. Esse autor conclui que eles eram apenas assistemáticos ou obscuros, mas que essa estranheza expõe uma dificuldade.[7] Existe uma suposição implícita de que qualquer graça valiosa precise ser incoerente? E essa premissa está correta? Na verdade, existem muitos motivos pelos quais alguém pode *não* querer aperfeiçoar a graça dessa forma. Se Deus concede a salvação de forma indiscriminada e sem levar em consideração o valor, isso não desprezaria a justiça? Certamente podemos esperar que o Senhor sustente a ordem moral do cosmos e distribua dádivas de forma abundante, mas discriminada, àqueles que, por um critério ou outro, são dignos de recebê-las.

Se estivermos cientes das diferentes formas pelas quais a graça pode ser aperfeiçoada, uma avaliação mais minuciosa dos textos judaicos do Segundo Templo revela realmente uma diversidade de pontos de vista que dizem respeito a esse assunto e um debate intenso. A graça (ou misericórdia) de Deus pode ser identificada de várias maneiras (na criação, na história de Israel, na salvação de membros de uma seita), podendo também ser aperfeiçoada de diversos modos: como primordial, singular, incoerente, e assim por diante.[8] Em 4Esdras, encontramos uma discussão fascinante entre a convicção linha-dura e baseada na justiça de Uriel de que, no fim do dia, não pode existir misericórdia para os não merecedores e os apelos de Esdras por uma

---

[7]Para uma análise mais profunda, veja Barclay, *Paul and the Gift*, p.151-58.

[8]Veja em Barclay, *Paul and the Gift*, p. 194-328, a discussão de cinco textos/*corpora* representativos: Sabedoria de Salomão, Fílon de Alexandria, o Qumran Hodayot, Liber antiquitatum biblicarum de Pseudo-Filo e 4Esdras. Para uma discussão bem mais detalhada dos dois primeiros, veja Linebaugh, *God, Grace, and Righteousness;* McFarland, *God and Grace.*

graça que substitui a justiça e o valor. Em outras palavras, a graça não é um conceito simples ou singular e, se o judaísmo, como o cristianismo, é "uma religião da graça", isso diz muito pouco sobre a variedade de formas pelas quais esse tema pode ser interpretado e aplicado. A graça está em toda parte no Judaísmo do Segundo Templo, mas não da mesma forma em toda parte. Nesse ponto essencial, o "nomismo pactual" de Sanders ofereceu uma versão homogeneizada da teologia judaica, sem a clareza analítica necessária para ver sua diversidade interna. Como a maioria dos representantes da "Nova Perspectiva" assumiu o trabalho de tal autor, concluindo que, no assunto da graça, Paulo não difere de nenhum de seus companheiros judeus, eles construíram sobre um alicerce instável.

Se graça é um conceito multifacetado, capaz da perfeição de diversas maneiras, o ponto não é se Paulo e seus companheiros judeus "acreditavam" nela, mas, sim, o que entendiam que isso significava. E, quando começamos a ver a diversidade a partir de concepções dentro do Judaísmo do Segundo Templo, o apóstolo surge não apenas como *igual* a todos os seus colegas judeus no que se refere a esse tema, nem só como se estivesse sozinho em *contraste* com todos eles: ele concorda com alguns quanto à incoerência da graça divina e discorda de outros.[9] Em outras palavras, o apóstolo está *dentro da diversidade do Judaísmo do Segundo Templo*. Ele não é o único a pensar que a graça do Senhor se manifestou de maneira incongruente com o valor de seus receptores: alguns amigos judeus defendem que isso é possível e real, mas não tudo. O que distingue Paulo não é o fato de ele acreditar na graça ou mesmo pensar que a graça divina poderia ser incondicional, e sim o fato de haver identificado o evento Cristo como o dom definitivo, máximo e incoerente, expressando convicção em uma missão radical aos não judeus. Paulo não estava sozinho na tarefa de aperfeiçoar a incongruência da graça. Não devemos destacá-lo como único a se empenhar nessa missão. Entretanto, nem todos os judeus dariam boas-vindas a essa configuração de

---

[9]Compare a triangulação das interpretações paulinas das Escrituras com as de diversos textos do Segundo Templo em Francis Watson, *Paul and the Hermeneutics of Faith* (Londres: T&T Clark, 2004).

graça, e essa ênfase poderia desafiar outras interpretações da tradição judaica. Além disso, essa incoerência, concretizada no dom de Cristo, surge como o diferencial da teologia de Paulo, como, neste ponto, passamos a mostrar.

O DOM INCOERENTE E A MISSÃO ENTRE OS GENTIOS

A Epístola de Paulo aos Gálatas nos ajuda a ver com maior clareza como o dom de Deus em Cristo moldou sua teologia e prática.[10] Aqui, ele percebe que "a verdade do evangelho" está em xeque (Gálatas 2:5,14) e resume isso na expressão "a graça de Deus" (2:21; cf. 5:4). A opinião contrária (o "outro evangelho") que o apóstolo enfrenta na Galácia também acreditava que o Senhor estava cumprindo suas promessas a Abraão na bênção de todas as nações. A questão não era se deveria existir uma missão gentílica, mas, sim os termos em que ela deveria ser realizada. Os adversários de Paulo provavelmente acreditavam, como ele, que Cristo era o Messias, enviado para redimir o mundo, mas não viam motivo para duvidar que os gentios que criam em Cristo deveriam "judaizar-se" (2:14), abraçando os costumes e as tradições do povo judeu. Se fossem filhos de Abraão, por que não adotar a marca da aliança abraâmica na circuncisão masculina? Se haviam sido abençoados com o Espírito, por que o Espírito não os levava a obedecer à lei, dada por meio de Moisés ao povo de Deus?

Paulo descarta essas opções: se você fizer a circuncisão e se submeter a toda a lei, terá caído da graça (5:4). Se você é guiado pelo Espírito, não está debaixo da lei (5:18). Por que isso acontece? Qual é a lógica das exclusões de Paulo? A Epístola aos Gálatas está repleta de antíteses: escravidão ou liberdade (2:4; 4:21-31), justificação por meio da fé em Cristo ou pela prática da lei (2:16; 3:2-5), maldição ou bênção (3:10-14), a presente era má ou a nova criação (1:4; 6:15), agradar às pessoas ou a Deus (1:10-11). Como devemos alinhar e interpretar essas ideias contraditórias? Em que sentido e por que motivo o evento Cristo criou essas opções?

---

[10]Para mais detalhes, veja Barclay, *Paul and the Gift*, p. 331-446.

John M. G. Barclay

A melhor resposta está na forma como o evento Cristo é interpretado como um dom incondicionado. As boas-novas dizem respeito ao Cristo que "entregou a si mesmo por nossos pecados" (1:4), o "Filho de Deus, que me amou e se entregou por mim" (2:20). Adotar o "outro evangelho" seria rejeitar a graça divina (2:21), desvincular-se de Cristo e cair da graça (5:4). Os convertidos de Paulo foram chamados "pela graça" (1:6), assim como o próprio apóstolo em seu chamado antes mesmo de nascer (1:15-16). Ao contar novamente a história de sua vida, ele nos dá uma noção dos efeitos radicais dessa graça. Em 1:13-17, ele descreve seu "avanço" no judaísmo, sua lealdade fiel às tradições de seus antepassados e seu cuidado excepcional, incluindo sua perseguição à igreja de Deus (veja Filipenses 3:4-6). Apesar de todo esse capital simbólico positivo dentro das tradições judaicas, não foi por essa razão que ele foi escolhido e chamado, pois, segundo ele, isso aconteceu antes de seu nascimento e, ainda que se tenha dado conta agora de seu erro terrível (perseguir "a igreja de Deus"), ele não estava fora do alcance da graça do Senhor. Seja qual for o modo como você enxergou as coisas — seu valor positivo ou seu valor negativo —, nada havia em sua vida que o tornasse um receptor digno da graça de Deus. A mesma verdade desconcertante se aplica aos seus convertidos gentios: apesar de sua etnia "inferior", de sua origem pecaminosa (2:15) e de sua ignorância idólatra de Deus (4:8-9), eles também foram "chamados pela graça" (1:6) sem circuncisão, antes de adotar práticas judaicas ("obras da lei") e de se "judaizar" em qualquer sentido.

A graça que alcançou os gentios em Cristo e foi experimentada no dom e no poder do Espírito (3:1-5) foi concedida sem levar em conta quaisquer critérios anteriores de valor: em Cristo não há judeu ou grego, nem escravo ou livre, nem masculino ou feminino (3:28). Essas marcas de identidade e *status* não se apagam, porém já não são mais o que conta ou o que dá valor: "Em Cristo Jesus nem circuncisão nem incircuncisão têm efeito algum, mas sim a fé que atua pelo amor" (5:6). O que mapeou novamente a realidade e recalibrou todos os sistemas de valor foi o evento Cristo, que é dado e recebido como uma dádiva incoerente. Não "pertence" a ninguém e, portanto, serve para todos: tanto gentios como judeus. Não está de acordo com as normas humanas (1:11), então subverte os critérios pré-constituídos.

PERSPECTIVA *sobre* PAULO

A PERSPECTIVA DO DOM SOBRE PAULO

Como resultado dessa graça, existem as "boas-novas da incircuncisão", bem como as "boas-novas da circuncisão" (2:8-10), pois tanto a marca da excepcionalidade judaica (circuncisão) como um símbolo do orgulho grego (o corpo masculino "não mutilado") são relativizados por uma dádiva que é a única coisa extremamente valiosa. Se Pedro exige que os crentes gentios vivam conforme as regras alimentares judaicas, ele está reformulando essa dádiva dentro dos critérios de uma identidade particular ("obrigar gentios a viverem como judeus" [2:14]) e, assim, condicionando o dom incondicional. Isso seria sair da linha com "a verdade do evangelho" (2:14), que se mantém firme ou cai em seu anúncio do dom incongruente de Deus em Cristo (2:21).

A discussão de Paulo sobre a "justificação pela fé, não pela prática da lei", segue o relato do conflito de Antioquia (2:11-14) e nele se baseia (2:15-21). Aquilo com que Pedro e Paulo concordam (apesar do comportamento "hipócrita" do primeiro em Antioquia) é que Deus justifica (ou seja, considera estar "com razão") aqueles que confiam em Cristo. Apesar dos argumentos contrários, continuo interpretando πίστις Χριστοῦ (*pistis Christou*) em 2:16 e em outras passagens como significando "confiança em Cristo".[11] O que essa confiança representa é uma declaração de falência e um reconhecimento de que as únicas fontes de valor — aquelas que contam para tudo — são a morte e a ressurreição de Cristo, em que o crente é reconstituído e refeito (2:19-20; 6:15). Esse dom não é condicionado por critérios anteriores de valor étnico, social ou moral: ele começa, por assim dizer, *de novo* (como "nova criação" [6:15]), e essa radicalidade se estende até mesmo à lei. As práticas judaicas ("ações da lei") não são, de maneira alguma, erradas ou equivocadas. Contudo, não são os critérios valorativos da economia de Cristo. Um indivíduo não é considerado "com razão" perante Deus com base nisso e, nesse sentido, Paulo — como um crente judeu representativo — "morreu para a lei" (2:19). Não é mais o que lhe dá valor, nem o critério do que é certo e errado. Como um estoico "indistinguível" (*adiaphoron*), não é inerente ao bem, nem

---

[11]Veja Barclay, *Paul and the Gift*, p. 378-84, embora agora eu prefira o termo "confiança" a "fé". Veja Teresa Morgan, *Roman Faith and Christian Faith: Pistis and Fides in the Early Roman Empire and Early Churches* (Oxford: Oxford University Press, 2015).

John M. G. Barclay

ao mal. Em algumas circunstâncias, a obediência à lei pode ser a prática preferida e, em outras, não (veja 1Coríntios 9:19-23), porque o único e último fator do bem é viver em e para Cristo (2:19-20). É por esse "cânone" (6:15) que todos os aspectos normais foram questionados ("o mundo foi crucificado para mim, e eu para o mundo" [6:14]).

Como podemos agora perceber, o dom incoerente combina com o formato de morte-ressurreição de Cristo (2:20-21). A incongruência subverte os critérios esperados de ajuste entre a bondade de Deus e o valor do receptor, assim como surgem do dom e da vida de Cristo a morte do antigo eu e o nascimento de um novo. Essa disjunção explica por que Paulo descreve os padrões de salvação em Gálatas de modos tão incomuns. As promessas a Abraão indicam os planos divinos para a bênção das nações por meio da "descendência" abraâmica e no dom do Espírito (3:6-16), no entanto, não há progressão linear na história de Israel. Tudo estava "debaixo do pecado", e até mesmo a lei era incapaz de oferecer vida (3:21-22): o evento Cristo representa não o clímax de uma progressão humana, mas a redenção dos escravos e sua adoção como filhos (4:1-7). O que acontece em Cristo é o nascer do impossível (como Isaque em relação à esterilidade de Sara [4:21-31]), a chegada do Espírito que opera milagres (3:2-5), a formação de um novo regime (Espírito, não carne) e o surgimento de uma nova comunidade que marcha em uma direção diferente (5:25). Voltaremos às implicações éticas e sociais dessa "nova criação", mas já podemos sentir que o que padroniza a teologia paulina não é unicamente a linguagem da "graça", mas, sim, a estrutura de um dom incoerente que dá uma forma distinta à maneira como o apóstolo configura sua soteriologia e suas metáforas constitutivas.

A GRAMÁTICA DA INCONGRUÊNCIA

Conforme observei na introdução, a "Perspectiva do Dom" se concentra não apenas em seu vocabulário (o uso de Paulo de termos do campo semântico do "dom"), como também nos padrões distintos de incongruência que moldam a forma como Paulo fala sobre a salvação. A forma que encontramos também pode ser chamada de "gramática" da linguagem paulina: regras de estruturação segundo as quais os termos, as expressões e as metáforas são combinados para criar um sentido teológico. Às vezes, esses aspectos formais são associados a χάρις (*charis*) ou a outra terminologia relacionada à dádiva, mas nem sempre. O vocabulário importa menos do que o padrão comum da soteriologia do apóstolo.

É característico de Paulo, por exemplo, que a salvação seja marcada pela morte e pela ressurreição, e modelada com base a crucificação e ressurreição de Jesus. O "eu" paulino não progride nem evolui para um estado avançado em Cristo: encontra-se "crucificado" (Gálatas 2:19; 5:24; 6:14) e reduzido a nada em sua morte (Romanos 6:3-6; 7:4-6), com o intuito de se refazer na vida de ressurreição dentre os mortos. Paulo associa essa transição radical à graça (Gálatas 2:19-21; Romanos 5:12-21; 6:14), apesar de ela estar estampada em toda a sua teologia, mesmo nos pontos em que esse termo específico não aparece. Em Romanos 6, ele interpreta o batismo como "cocrucificação" com Cristo (6:6), de maneira que a "novidade de vida" que os crentes desfrutam só é possível por meio da ressurreição de Cristo. Toda a existência cristã é "trazer sempre em nosso corpo o morrer de Jesus, para que a vida de Jesus também seja revelada em nosso corpo" (2Coríntios 4:10; cf. 4:15 e a relação com χάρις). Consequentemente, a fé cristã que Paulo vê esboçada por Abraão é descrita como fé no Deus "que dá vida aos mortos e chama à existência coisas que não existem, como se existissem" (Romanos 4:17). A vida em Cristo é uma "nova criação", marcada pela morte da vida antiga, e não por seu aperfeiçoamento (2Coríntios 5:17; Gálatas 6:15).

É essa incongruência — vida a partir da morte, algo que surge do nada — que confere à teologia paulina sua capacidade criativa de reelaborar a realidade. As antíteses usuais de etnia, gênero ou condição social não são mais o que importa: os opostos comuns e as normas que eles consagram não se aplicam mais.[12] O dom concedido sem levar em conta a circuncisão masculina relativiza essa marca fundamental de diferenciação (Gálatas 5:6; 6:15; 1Coríntios 7:19), porque o que vale agora é o "chamado" de Cristo, um chamado pela graça (1Coríntios 7:17-24; Gálatas 1:6). A fórmula batismal de Gálatas 3:28

---

[12]Veja J. Louis Martyn, "Apocalyptic Antinomies in Paul's Letter to the Galatians", *NTS* 31 (1985): 410-24.

John M. G. Barclay

e de 1Coríntios 12:13 (cf. Colossenses 3:11) é o exemplo mais famoso dessa reformulação da sociedade, e nós encontramos a mesma dinâmica em toda a configuração paulina da comunidade cristã, em que "o bem" que os crentes compartilham em Cristo reestrutura até mesmo o relacionamento entre um mestre e seu escravo anteriormente "inútil" (Filemom 1:6; 1:15-19). As diferenças culturais dentro da comunidade podem ser acomodadas porque não são mais as características fundamentais das identidades dos crentes, que servem ao seu Senhor comum em formas culturais divergentes (Romanos 14:1-11). O que os une é o fato de serem igualmente "acolhidos" em Cristo (Romanos 15:7) por uma "misericórdia" que desconsidera suas diferenças (Romanos 11:28-32; 15:7-9).

Essa gramática incongruente da graça molda todas as metáforas soteriológicas do apóstolo, criando mudanças surpreendentes de pensamento e expressões contraditórias. Esperamos que os "filhos" se desenvolvam e amadureçam, mas eles se tornam escravos que precisam ser liberados e adotados (Gálatas 4:1-7). Esperamos também que Deus considere corretos ("justifique") aqueles que são justos ou nobres, por um critério ou por outro, porém ele justifica "o ímpio" com uma graça que não corresponde a mérito algum (Romanos 4:1-6). O que *não* esperamos é que Deus escolha os fracos, os indignos, os ignorantes ou os tolos, e é precisamente isso que ele faz: escolhe os desprezados e "as coisas que nada são, para reduzir a nada as que são" (1Coríntios 1:28). De todas essas formas, Paulo destaca a incompatibilidade entre o poder salvador divino e a condição de seus receptores. Cristo não morreu pelos bons, mas pelos pecadores (Romanos 5:7-8). É por meio dele que Deus reconcilia os inimigos (Romanos 5:10) e justifica, sem distinção, os pecadores, que necessitam da glória de Deus (Romanos 3:21-26). Não "pela prática da lei, mas mediante a fé em Jesus Cristo" (Gálatas 2:16); "Não são os filhos naturais que são filhos de Deus, mas os filhos da promessa" (Romanos 9:8); "Portanto, isso não depende do desejo ou do esforço humano, mas da misericórdia de Deus" (Romanos 9:16); "Chamarei 'meu povo' a quem não é meu povo" (Romanos 9:25, citando Oseias). Por meio dessas e de muitas outras antíteses, Paulo ressalta a incongruência da graça, seu desprezo pelos cânones humanos de possibilidade, razão e justiça.

A PERSPECTIVA DO DOM SOBRE PAULO

Outro produto dessa gramática peculiar é o uso que Paulo faz do paradoxo. Só existe riqueza por meio da pobreza de Cristo (2Coríntios 8:9). O poder e a sabedoria de Deus são mostrados apenas na fraqueza e na loucura da cruz (1Coríntios 1:18-25). Existem vida e fecundidade para o Senhor unicamente por meio da morte (Gálatas 2:19-20; Romanos 7:4-6). Como um representante apostólico dessas boas-novas paradoxais, a vida do apóstolo está repleta dessas anomalias: pela graça divina, é quando Paulo está fraco que ele é forte (2Coríntios 12:8-10). Ele parece estar morrendo e triste, mas está vivo e feliz. Parece pobre e sem um tostão, porém possui tudo e enriquece os outros (2Coríntios 6:9-10). Paulo se deleita nesses paradoxos não por amor à habilidade verbal, mas por refletirem a coincidência de opostos que marcam "a graça de nosso Senhor Jesus Cristo" (2Coríntios 8:9): a vida na morte, a riqueza na pobreza. Mesmo na ausência de terminologia específica do "dom", encontramos o papel estruturante da graça em todo o cenário da teologia paulina. As narrativas são aqui distorcidas de uma forma particular e em uma linguagem reformulada por uma gramática específica. Identificar e conectar esses fenômenos exigem a apreciação da incongruência da graça.

Israel e a misericórdia de Deus

Um dos benefícios da "Perspectiva do Dom" é sua capacidade de ler Romanos 9–11 e a teologia paulina de Israel de um modo que une sua cristologia com sua convicção de que "todo o Israel será salvo" (Romanos 11:26). Não é preciso adotar uma leitura *Sonderweg* ("caminho especial") de Romanos 11 (que Israel será salvo sem confiança em Cristo) ou negar que "todo o Israel" em 11:26 se refere ao aspecto étnico. Também não é necessário lembrar que Paulo mudou de ideia drasticamente ao escrever Romanos 11. Pelo contrário, esses capítulos fazem sentido real se seguirmos seu argumento de que Israel foi constituído, desde o começo, como produto da misericórdia ou da graça de Deus, que agora chegou à sua expressão máxima e definitiva em Cristo.[13]

---

[13]Veja Barclay, *Paul and the Gift*, p. 520–61; veja Jonathan A. Linebaugh, "Not the End: The History and Hope of the Unfailing Word of God in Romans 9–11", in *God and Israel: Providence and Purpose in Romans 9-11*, ed. Todd Still (Waco: Baylor University Press, 2017), p. 141-63.

John M. G. Barclay

A crise que Paulo enfrenta é causada pelo fato de o Messias de Israel não ter sido aceito pela maioria em Israel, dando a impressão de que a palavra (ou a promessa divina) teria falhado (Romanos 9:1-6). Sua resposta pode ter sido que somente alguns pretendiam ser salvos e que Deus não se importa com os demais. Todavia, as partes iniciais de seu argumento em Romanos 9:6-18 recebem melhor interpretação quando se indica que Israel foi, desde o começo, constituído pela graça eletiva de Deus e é sustentado no passado, no presente e no futuro, unicamente por esse aspecto. Israel não é constituído apenas pelo nascimento, mas também pela promessa (9:6-9). Não por conquistas morais, mas por eleição ou chamado (9:10-13). Não por vontade ou esforço humano, mas pela misericórdia de Deus (9:14-18). Deus define o caráter de Israel ao declarar "terei misericórdia de quem eu quiser ter misericórdia" (9:15, citando Êxodo 33:19), o que tira seu futuro de suas próprias mãos, colocando-o nas mãos do Senhor. Como o restante de Romanos 9 indica, as ações dessa misericórdia podem ser limitantes ou surpreendentemente expansivas. Entretanto, o fato de Israel ter continuado se deve à graça divina, que não é limitada pelas condições de mérito. Em Romanos 10, o evento Cristo é discutido como a expressão máxima da justiça e da riqueza de Deus, e o trauma atual da "desobediência" israelita é enfrentado. Porém, já sabemos que a misericórdia divina não é limitada ou condicionada por essa desobediência e, em Romanos 11, Paulo indica que a graça de Deus com os desobedientes será tão eficaz em enxertar os ramos de oliveira naturais quanto tem sido no enxerto de ramos de uma oliveira cultivada (crentes gentios). A "raiz da riqueza" que sustenta ambos, e em que são enxertados (11:17-24), não é o povo de Israel como tal, ou mesmo os patriarcas, mas a misericórdia prometida e determinada desde o início, e agora definitivamente mostrada no Messias.

A passagem de Romanos 9–11 apresenta uma dialética complexa entre o evento Cristo e a história escriturística de Israel. Por um lado, está claro que Jesus não pode ser compreendido sem a estrutura escritural e sua narrativa israelita. Por outro, Paulo seleciona e interpreta as Escrituras que correspondem à forma peculiar do evento Cristo e o que torna sua leitura da história de Israel diferente é o elemento cristológico da graça incongruente. O trecho de Romanos 9–11 não é uma leitura normal ou natural, assim como Romanos 4 não é uma interpretação padrão da história de Abraão. No entanto, é fundamental para o apóstolo que as boas-novas anunciadas sejam o cumprimento dos propósitos graciosos de Deus tecidos por meio do relato das Escrituras. Nesse sentido, o evento Cristo é "conforme as Escrituras" (1Coríntios 15:3-5), já que Paulo encontra nelas os ecos do evangelho, pregados ali de antemão (Gálatas 3:8). O que os une não é somente a necessidade de que a história tenha um final, mas também a necessidade de um formato narrativo que redirecione a atenção ao Deus que dá vida aos mortos e tem misericórdia dos desobedientes.

Nesse sentido, o evento Cristo apresenta também a própria identidade de Deus. Assim como Êxodo 33:19 ("Terei misericórdia de quem eu quiser ter misericórdia") ecoa e esclarece Êxodo 3:14 ("Eu Sou o que Sou"), a citação de Paulo em relação a Êxodo 33:19, que repercute em Romanos 9–11, indica que, de tudo o que pode ser dito em relação a Deus, misericórdia e graça estão no cerne dessa verdade. Se Cristo se tornou pobre precisamente por ser "rico" (2Coríntios 8:9), e essa "riqueza" em generosidade é o que significa ter "a forma de Deus", o que pode ser visto no ato de se entregar, não de receber (Filipenses 2:6-8), então a graça transbordante e incongruente de Deus em Cristo mostra que "o Deus que é" é "o Deus que está dando".[14] Nesse sentido, a "Perspectiva do Dom" sobre Paulo nos ajuda a entender melhor não só a cristologia e a soteriologia do apóstolo, mas também sua *teologia*: o dom se torna a lente pela qual o Senhor e toda a realidade devem ser vistos.

O DOM E A ÉTICA PAULINA

A "Perspectiva do Dom" é capaz de explicar tanto o conteúdo como a estrutura do dever na ética paulina. Podemos nos lembrar (cf. "What Do We Mean by 'Gift'?") que falar "somente da graça" no sentido de uma dádiva incongruente e imerecida *não* implica que ela não

---

[14]Para essa leitura de 2Coríntios 8:9, veja John M. G. Barclay, "Because He Was Rich He Became Poor': Translation, Exegesis, and Hermeneutics in the Reading of 2 Cor. 8.9", in *Theologizing in the Corinthian Conflict: Studies in the Exegesis and Theology of 2 Corinthians*, org. Reimund Bieringer et al., FEB 16 (Leuven: Peeters, 2013), p. 331-44.

John M. G. Barclay

traga obrigações ou expectativas de resposta. A incongruência é diferente da não circularidade. Embora no Ocidente moderno tenhamos aperfeiçoado as concepções de dom sem obrigação ("sem amarras") e o idealizado como algo unilateral, esse não era um ponto de vista natural da dádiva na antiguidade (ou, atualmente, na maior parte do mundo). Os dons costumam ser entendidos como capazes de criar e consolidar laços sociais, e a reciprocidade é parte integrante do seu propósito. No caso de Paulo, é claro que o dom/misericórdia de Deus pretende provocar uma resposta: "Rogo-lhes pelas misericórdias de Deus que se ofereçam em sacrifício vivo" (Romanos 12:1). Segundo o apóstolo, os crentes estão "debaixo da graça" (Romanos 6:14-15) e são trazidos por meio do batismo a uma nova obediência ou até mesmo a uma escravidão (Romanos 6:15-25). Na verdade, Romanos 6:1-2 (cf. 3:8) parece ser especificamente escrito com o intuito de afastar o conceito de uma "graça barata" (veja Dietrich Bonhoeffer, *The Cost of Discipleship*), que dá sem a expectativa de uma resposta. Nesse contexto, para Paulo, a graça é incondicionada, e não incondicional.

Podemos muito bem compreender por que a transformação da vida do crente faz parte da salvação. Cristo morreu pelos ímpios, porém não permanecerão desse modo: pelo contrário, ao se unirem a Cristo, suas vidas são remodeladas, por meio do Espírito, segundo novos padrões de existência que correspondem ao dom que eles receberam imerecidamente. Todas as cartas paulinas indicam sua expectativa de mudança moral e de comunidades que demonstram o poder da dádiva em padrões alterados de comportamento. E, sob essa ótica, entendemos o motivo pelo qual Paulo fala de julgamento pelas obras (por exemplo: Romanos 2:1-11; 2Coríntios 5:10) e podemos alertar os crentes de que aquele que semeia para a carne colherá destruição (Gálatas 6:8). O julgamento analisará as evidências da presença e do poder do dom da graça: é claro que, sem elas, nenhuma dádiva foi recebida. As "boas ações" do crente não serão instrumentos com o objetivo de alcançar uma nova graça. Conquistar um dom novo e definitivo não é uma forma de "mérito". Toda a "caminhada no Espírito" depende de um único dom, dado em Cristo, e, nesse sentido, permanece incongruente, externamente resultante da vida de ressurreição. Contudo, o Espírito trabalha com o propósito de criar

A PERSPECTIVA DO DOM SOBRE PAULO

harmonia entre a vida do crente e a vida de Deus, e Paulo espera que "vivam de maneira digna de Deus, que os chamou para o seu Reino e glória" (1Tessalonicenses 2:12).[15]

Essa harmonia surge da ação transformadora do Espírito; não é um conjunto de novos deveres carregados sobre o antigo eu. Paulo leva a sério a ação divina nessa transformação, mas não à custa da ação do crente, como em um cálculo de soma zero. É o novo eu, originado e ativado pelo dom de Deus em Cristo, que está ocupado na tarefa de "semear para o Espírito", de modo que é melhor falar de "energismo" (cf. Filipenses 2:12-13) do que usar as alternativas tradicionais de "monergismo" e "sinergismo".[16] Nesse contexto, a "Perspectiva do Dom" se conecta bem com as análises da teologia paulina que esclarecem a salvação como "participação em Cristo" ou "união com Cristo".[17] Como 2Coríntios 8–9 deixa bem claro, a relação entre a dádiva divina em Cristo e o ato de oferecer a dádiva dos crentes não é digna de exemplo e imitação. Se a "riqueza" de Cristo é sua entrega (2Coríntios 8:9; cf. 8:2) e sua "pobreza" é seu tornar-se humano (cf. Filipenses 2:6), então sua participação na condição humana fundamenta a participação dos crentes na "riqueza" de Cristo, ou seja, no fluxo de doação de χάρις (*charis*) que se espalha entre os crentes. Tomada por esse ímpeto de graça, a generosidade dos crentes é energizada e direcionada uns aos outros e a todos (2Coríntios 9:13; cf. Gálatas 6:10). O dom de Cristo resulta nessas "boas obras" (Gálatas 6:9-10; cf. Efésios 2:9-10; Tito 2:14) por necessidade: o poder transformador da graça remodela tudo o que toca.

Portanto, a formação de novos grupos é fundamental para as boas-novas. Como são "bem recebidos" independentemente de seu valor social ou étnico, os crentes criam novos tipos de comunidade, que não apagam, e sim relativizam suas diferenças, permitindo

---

[15]Veja ainda Barclay, *Paul and the Gift*, p. 449-519, com a discussão, nas páginas 461-74, do julgamento pelas ações em Romanos 2.

[16]Barclay, *Paul and the Gift*, p. 439-42.

[17]Veja, por exemplo, Michael J. Thate, Kevin J. Vanhoozer e Constantine R. Campbell, org., "*In Christ*" in *Paul: Explorations in Paul's Theology of Union and Participation* (Grand Rapids: Eerdmans, 2018); Grant Macaskill, *Union with Christ in the New Testament* (Oxford: Oxford University Press, 2013).

John M. G. Barclay

uma nova calibragem de valor. Os sistemas antigos que provocam competição a partir da falta de honra são substituídos por um novo espírito de apoio mútuo, em que o bem a ser oferecido e a honra a ser compartilhada têm origem em Deus, e, portanto, não encontram limites. As reformulações da comunidade encontradas em Gálatas 5–6, Romanos 12–15, Filipenses, 1Coríntios e Filemom são claramente baseadas na dádiva de Deus em Cristo. É graças à sua κοινωνία (*koinōnia*) compartilhada na graça (Filipenses 1:5-7) que Paulo e os filipenses podem desfrutar a reciprocidade aberta de "dar e receber" que é expressa no apoio material (Filipenses 4:10-20), enquanto a nova forma de dom das igrejas paulinas aos "santos" em Jerusalém (2Coríntios 8–9) tem origem na — e é expressão da — χάρις recebida em Cristo.[18] Notoriamente, a linguagem do dom também formata o modo como o apóstolo imagina a edificação mútua da igreja (1Coríntios 12; Romanos 12): o que é compartilhado em atos de instrução e serviço são os χαρίσματα (*charismata*), que o Espírito distribui ao seu redor (cf. 1Coríntios 1:4-7). Como são dons, não são "propriedade" daqueles que os possuem; eles são planejados com o objetivo de ser benefício mútuo (1Coríntios 12:7). E, por serem dons, o que importa não é só o que é dado, mas também como isso é feito. Portanto, Paulo estabelece, além de sua distribuição adequada, a operação necessária do amor (1Coríntios 13:1-13).

Como esses exemplos mostram, o cumprimento da dádiva divina não acontece primeiramente em dons unilaterais, mas na reciprocidade segundo a qual os crentes estão ligados por vínculos de doação e recebimento mútuos (cf. 2Coríntios 8:13-15).[19] A reciprocidade não é direta, podendo criar obrigações indesejadas, mal-entendidos,

---

[18]Veja David E. Briones, *Paul's Financial Policy: A Socio-Theological Approach*, LNTS 494 (Londres: T&T Clark, 2013); David J. Downs, *The Offering of the Gentiles: Paul's Collection for Jerusalem in Its Cronological, Cultural, and Cultic Contexts*, WUNT 2/248 (Tübingen: Mohr Siebeck, 2008).

[19]Para análises dessa reciprocidade na ética do dom paulino, veja John M. G. Barclay, "Manna and the Circulation of Grace: A Study of 2 Corinthians 8:1-15", in *The Word Leaps the Gap: Essays on Scripture and Theology in Honor of Richard B. Hays*, org. Ross Wagner, Kavin Rowe e Katherine Grieb (Grand Rapids: Eerdmans, 2008), p. 409-26; Barclay, "Benefiting Others and Benefit to Oneself: Seneca and Paul on 'Altruism'", in *Seneca and Paul in Dialogue*, org. Joseph R. Dodson e David E. Briones, APR 2 (Leiden: Brill, 2017), p. 109-26.

ressentimentos e padrões opressivos de poder. Existem momentos em que Paulo aceita tal reciprocidade em suas próprias congregações e ocasiões em que não o fará (1Coríntios 9:1-23; 2Coríntios 11:7-21; Filipenses 4:10-20). Entretanto, isso também pode ser mutuamente enriquecedor, uma vez que os doadores não entregam *a si mesmos* ao dar aos outros, preferindo doar-se *a* uma relação de benefício compartilhado, o que os contemporâneos de Paulo chamam de φιλία (*philia*) e que ele preferia chamar de κοινωνία (*koinōnia*).[20] Em tais relações de interesse de ambas as partes, não é necessário jogar o benefício de um contra o de outro: enquanto o egoísmo é banido, o objetivo não é o autossacrifício nem mesmo "altruísmo", como entendemos esse termo da maneira comum, mas, sim, o florescimento de ambos — doador e receptor — em benefício mútuo. E o motivo pelo qual cada um pode beneficiar-se sem competição é que, ao contribuir com o outro, as duas partes recebem o dom incomensurável de Deus (2Coríntios 9:8-10; Filipenses 4:19), encontrando realização tanto em sua doação como em seu recebimento. Os dons — profundamente compreendidos — constituem os tendões do corpo de Cristo, sustentando sua diversidade na unidade. São essenciais para a visão de Paulo do "bem comum".

A "Perspectiva do Dom" em relação às demais perspectivas

A "Perspectiva do Dom" carrega ecos de outras perspectivas sobre Paulo, porém é mais do que uma coletânea de seus pontos fortes. Ela se concentra em um tema — a graça — que tem sido central nas leituras católicas e protestantes do apóstolo, porém uma análise mais cuidadosa dos significados desse conceito nos permite entender os conflitos entre — e a diversidade dentro de — essas tradições cristãs da recepção de Paulo. Ao distinguir diferentes perfeições da graça, combinamos certa ênfase na incoerência da graça com a integração da "ética" como um elemento necessário da teologia paulina. Dessa forma, alguns leitores percebem um tom profundamente "luterano",

---

[20]Para a distinção entre simplesmente entregar-se e entregar-se a um relacionamento, veja a próxima tese de doutorado de Durham, de Logan Williams.

John M. G. Barclay

e outros, um tom "tomista". Sua análise detalhada do que se entende por "graça" evita estereótipos negativos do judaísmo como uma religião "legalista" ou desprovida de graça, colocando o apóstolo "dentro do judaísmo", como participante de um debate judaico referente à misericórdia ou à bondade de Deus. Assim como a "Nova Perspectiva", ele destaca a importância do trabalho do apóstolo em fundar comunidades (não só em salvar indivíduos) e sua missão aos gentios como o exemplo prático de sua teologia. Contudo, ele não identifica a raiz dessa missão apenas na preocupação social com "unidade" ou "inclusão", nem somente na convicção histórico-bíblica de Paulo de que as promessas abraâmicas estavam prosperando, mas, sim, na expressão necessária do dom de Cristo, concedido sem levar em conta o valor pré-constituído. Assim, oferece uma dimensão teológica crucial à "Nova Perspectiva", uma profundidade 3D, a fim de acompanhar sua visão completa, que não é avessa a aprender com a história da recepção de Paulo (incluindo a Reforma). Mas sua avaliação crítica dessa tradição implica que ela não está ligada a nenhuma perspectiva teológica.

No entanto, a base histórica e exegética da "Perspectiva do Dom" não está totalmente separada de um interesse no significado contemporâneo da teologia paulina. Na verdade, suas implicações são múltiplas e abrangentes. As dimensões comunais do dom sugerem uma eclesiologia segundo a qual a igreja está consciente de sua diferença em relação às normas culturais de valor, portanto é capaz de criar comunidades experimentais que cruzam as fronteiras ainda disseminadas de etnia, raça e classe social. As boas-novas de que, na economia de Deus, todos são valiosos em Cristo, independentemente das percepções dos outros, não são apenas socialmente revolucionárias; elas também abordam as crises contemporâneas de valor e autoestima. Então, uma missiologia da dádiva é um antídoto forte para as muitas características divisórias e críticas do atual cenário global e cultural, oferecendo boas-vindas ousadas àqueles que, por diversos motivos, são considerados indignos pelos outros ou por si mesmos. Aqui, as dimensões individuais e sociais da soteriologia estão unidas, e ela é integrada à pneumatologia, à eclesiologia e à ética. As políticas paulinas de acolhimento aos gentios são consideradas relevantes às condições sociais muito além do primeiro século, embora mantenham o máximo respeito teológico pelos judeus e o judaísmo. A ética paulina da reciprocidade tem aplicações múltiplas para a "caridade" (global e local), que, de modo paternalista e unilateral, tende a se tornar tóxica. Explicando de maneira mais ampla, se toda a criação é considerada um dom (cf. Romanos 1:18-25; 2Coríntios 9:8-10), a responsabilidade por ela tem um fundamento teológico sólido, enquanto as relações econômicas podem ser reconfiguradas e reorientadas.[21] Na verdade, ao dialogar com a expansão da filosofia contemporânea e da teologia do dom, essa abordagem do apóstolo começa a ressoar com múltiplas ressonâncias contemporâneas, sem perder sua base histórica. E, como qualquer perspectiva sobre Paulo tem, entre suas múltiplas funções, a responsabilidade de fazer sentido dentro de suas condições presentes, vale a pena explorar mais profundamente uma leitura paulina que tenha implicações sociais, políticas, pessoais, eclesiais e econômicas até o seu limite.

---

[21]Veja, por exemplo, o trabalho de Jean-Luc Marion, John Milbank e Kathryn Tanner.

A RESPOSTA *da* PERSPECTIVA CATÓLICA ROMANA *a* BARCLAY

Brant Pitre

Começarei agradecendo a John Barclay por seu excelente ensaio analisando A Perspectiva do Dom sobre Paulo. Embora *Paul and the Gift*, trabalho de Barclay, tenha sido publicado apenas alguns anos atrás, já foi reconhecido como um divisor de águas nos estudos paulinos.[1] Em minha opinião, o tempo mostrará que essa obra pode muito bem ser tão importante quanto *Paul and Palestinian Judaism*, de E. P. Sanders. Considero um privilégio interagir aqui com o texto mais conciso de Barclay. Com isso em mente, gostaria de, inicialmente, destacar alguns pontos de concordância.

AS "SEIS PERFEIÇÕES DO DOM" E A OBRA DE E. P. SANDERS: PRIORIDADE ≠ INCONGRUÊNCIA

Embora meu próprio ensaio se concentre na sobreposição entre a exegese católica e a interpretação de E. P. Sanders, concordo com a crítica de Barclay a Sanders no que diz respeito à "graça". Em particular, a taxonomia de Barclay das seis "perfeições do dom" ajuda a apontar uma fraqueza importante no ponto de vista de Sanders.[2] O primeiro ressalta corretamente que o segundo enfatiza a "prioridade" temporal da misericórdia no cenário do "nomismo pactual" (por

---

[1] John M. G. Barclay, *Paul and the Gift* (Grand Rapids: Eerdmans, 2015).
[2] Veja Barclay, *Paul and the Gift*, p. 66-78.

exemplo, "entrar" pela graça) sem observar suficientemente o fato de que "a prioridade é apenas uma das possíveis perfeições da graça" (p. 300). Barclay também critica Sanders por assumir que a preferência da misericórdia também resulta em sua "incongruência", ou seja, o indivíduo que recebe esse dom não fez nada para ser considerado digno dele. Em poucas palavras, por meio dessa taxonomia, Barclay deu aos estudiosos uma ferramenta que lhes permite ser muito mais detalhados e precisos em suas discussões sobre a "graça" em Paulo do que Sanders foi capaz de fazer em sua época.

A GRAÇA COMO "INCONDICIONADA", MAS NÃO "INCONDICIONAL": A JUSTIFICAÇÃO INICIAL VERSUS O JULGAMENTO FINAL

Igualmente significativa é a conclusão sucinta e importante de Barclay de que, "para Paulo, a graça é incondicionada, e não incondicional" (p. 311). Na minha visão, isso constitui uma *das* maiores contribuições da "Perspectiva do Dom" desse autor. No início do ensaio, ele explica que, de acordo com o apóstolo, a "graça" "pode ser uma 'dádiva pura' no sentido de ser incondicionada, não de que não carrega expectativas e que é 'totalmente livre'" (p. 299). Com essa afirmação, Barclay oferece uma explicação sofisticada e historicamente ancorada para o que eu estava tentando esboçar em meu texto: na exegese católica paulina patrística, medieval e moderna, não existe conflito entre a ideia de que o dom inicial da justificação seja completamente imerecido (ou seja, "incondicionado") e, ainda assim, ao mesmo tempo, o julgamento final do crente será de acordo com "ações" (ou seja, não "incondicional"). Observe as seguintes passagens de Paulo:

> Incondicional: Assim também no tempo atual constituiu-se um resto segundo a eleição da graça. E se é por graça, não é pelas obras; do contrário, a graça não é mais graça. (Romanos 11:5,6)

> Não incondicional: Deus "retribuirá a cada um segundo suas obras: a vida eterna para aqueles que pela constância no bem visam à glória, à honra e à incorruptibilidade; a ira e a indignação para os egoístas, rebeldes à verdade e submissos à injustiça. (Romanos 2:6-8)

Brant Pitre

Como Paulo pode falar, na mesma carta, sobre a justificação pela "graça" imerecida (Romanos 11:5) e sobre o julgamento final segundo as "obras" (Romanos 2:6)? Embora existam muitas formas de interpretar esses textos, creio que Barclay nos ofereça uma explicação extremamente plausível: ainda que, segundo a visão do apóstolo, o "dom" (ou "misericórdia") inicial da justificação seja "incondicionado" (ou seja, incoerente), o juízo final não é (ou seja, não deixa de ter expectativas de reciprocidade). Como o autor escreveu em outro momento, "a partir dessa perspectiva, talvez o antigo enigma da justificação pela graça e do julgamento pelos atos seja menos problemático do que se costuma afirmar. As ações pelas quais os crentes são responsáveis no tribunal de Cristo são o produto da graça que transformou seu agente e empoderou seu desempenho".[3]

Se Barclay estiver correto, isso proporcionaria pelo menos uma explicação convincente para o fato de tantos comentaristas católicos pré-modernos — ou seja, patrísticos e medievais — não terem encontrado dificuldade para interpretar Paulo, declarando que ninguém pode merecer a graça inicial da justificação e que o juízo final seja conforme as obras.[4] Na verdade, se o autor estiver certo de que "a reciprocidade é parte" do "propósito" de conceder dádivas e que "o dom/misericórdia de Deus pretende provocar uma resposta" (p. 311), um julgamento final de acordo com as ações praticadas pela misericórdia deve ser esperado.

A PARTICIPAÇÃO EM CRISTO E "ENERGISMO" — A AÇÃO DIVINA E HUMANA, NÃO EM "COMPETIÇÃO"

Como esbocei em meu ensaio neste volume, um dos pilares de uma perspectiva católica sobre Paulo é que a salvação não é meramente o perdão dos pecados, mas, sim, uma "participação" real e transformadora em Cristo. Nesse sentido, concordo com Barclay que, para o

---

[3]John M. G. Barclay, "Grace and the Transformation of Agency in Christ", in *Redefining First-Century Jewish and Christian Identities: Essays in Honor of Ed Parish Sanders*, org. Fabian E. Udoh et al. (Notre Dame, In: University of Notre Dame Press, 2008), p. 372-89, aqui p. 385.

[4]Para exemplos patrísticos e medievais desse ponto de vista, veja meu ensaio "A Perspectiva Católica Romana sobre Paulo", neste livro.

apóstolo, não há "competição" entre a agência divina e a humana em Cristo. Esse ponto é tão importante que vale a pena repetir as palavras desse autor:

> Paulo leva a sério a ação divina (...), mas não à custa da ação do crente, como em um cálculo de soma zero. É o novo eu, originado e ativado pelo dom de Deus em Cristo, que está ocupado na tarefa de "semear para o Espírito", de modo que é melhor falar de "energismo" (cf. Filipenses 2:12-13) do que usar as alternativas tradicionais de "monergismo" e "sinergismo". Nesse contexto, a "Perspectiva do Dom" se conecta bem com as análises da teologia paulina que esclarecem a salvação como "participação em Cristo" ou "união com Cristo". (p. 312)

De uma perspectiva estritamente exegética, é intrigante perceber que Barclay sente a necessidade de evitar a terminologia do "sinergismo" quando o próprio Paulo a usa: "Pois nós somos cooperadores [συνεργοί, *synergoi*] de Deus" (1Coríntios 3:9 [cf. 1Tessalonicenses 3:2]). No entanto, concordo que a palavra "energismo" cumpre, com excelência, a função de captar a compreensão paulina de como o Senhor age (ação divina) naqueles que, por meio da fé e do batismo, agora estão em Cristo. Como o apóstolo destaca em outro lugar, "é Deus quem opera em vós [ἐνεργῶν ἐν ὑμῖν, *energōn en hymin*] o querer e o operar, segundo a sua vontade" (Filipenses 2:13). Mais uma vez, a compreensão rica de Barclay do dom e da reciprocidade oferece leituras convincentes de aspectos discutidos da soteriologia paulina.

Dito isso, tenho três questionamentos quanto ao ensaio de Barclay.

A GRAÇA E A "NECESSIDADE" DAS "BOAS OBRAS"?

Em primeiro lugar, estou intrigado com o motivo pelo qual o autor afirma que, de acordo com Paulo, "o dom de Cristo resulta nessas 'boas obras' (Gálatas 6:9-10; cf. Efésios 2:9-10; Tito 2:14) por necessidade" (p. 312). Concordo que, segundo o apóstolo, o dom da graça possibilita boas ações, mas, na primeira passagem citada por Barclay, a linguagem usada por Paulo não é a de "necessidade":

Não vos iludais; de Deus não se zomba. O que o homem semear, isso colherá: quem semear na sua carne, da carne colherá corrupção; quem semear no espírito, do espírito colherá a vida eterna. Não desanimemos na prática do bem, pois, se não desfalecermos, a seu tempo colheremos. Por conseguinte, enquanto temos tempo, pratiquemos o bem para com todos, mas sobretudo para com os irmãos na fé. (Gálatas 6:7-10)

Observe aqui que, segundo Paulo, aqueles que estão em Cristo colherão apenas "se" "não desanimarem", mas "trabalharem bem" (ἐργαζώμεθα τὸ ἀγαθόν, *ergazōmetha to agathon*) (6:9-10). Na verdade, a essência do trecho parece ser a insistência em que a colheita da "vida eterna" depende diretamente de os crentes "semearem" para a "carne" ou "o Espírito" (6:8). Se os crentes "semeiam" para a "carne" (σάρξ, *sarx*) — praticando provavelmente "as obras carnais" (τὰ ἔργα τῆς σαρκός, *ta erga tēs sarkos*), como "imoralidade sexual", "idolatria", "embriaguez", que Paulo cita apenas alguns versículos antes (5:19-21) —, colherão "corrupção" ou "destruição" (φθοράν, *phthoran*) em vez de "vida eterna" (ζωὴν αἰώνιον, *zōēn aiōnion*) (6:8).[5] Resumindo, Barclay concordaria que, de acordo com Paulo, é possível que alguém deixe de dar o "retorno" que é "esperado" e, dessa forma, "colha" destruição em vez de vida eterna?[6]

CAINDO DA GRAÇA = "DOM NENHUM" FOI RECEBIDO?

Em segundo lugar, concordo totalmente com Barclay quando ele escreve: "Cristo morreu pelos ímpios, porém não permanecerão desse

---

[5]Para mais informações dessa passagem e de outros textos relacionados, veja Nathan Eubank, "Justice Endures Forever: Paul's Grammar of Generosity", *JSPL* 5 (2015): 169-87.
[6]Pelo menos em certo lugar o próprio Barclay parece afirmar que um indivíduo pode deixar de dar um retorno. Comentando sobre Gálatas 2:19-21, Barclay escreve: "Ele [o eu] é reconstituído de tal maneira que alguém precisa falar depois de uma ação dupla, e não simplesmente de uma ação agindo em parceria com a outra, mas de Cristo operando 'no' agente humano. Porém, vemos claramente que *esse novo poder não é coercitivo. Paulo considera uma possibilidade real* (muito real na Galácia) *de que alguém pode rejeitar a graça de Deus*". Barclay, "By the Grace of God I Am What I Am': Grace and Agency in Philo and Paul", in Divine and Human Agency in Paul and His Cultural Environment, org. John M. G. Barclay e Simon J. Gathercole, *LNTS* 335 (Londres: T&T Clark, 2008), p. 140-57, aqui p. 152 (grifo nosso).

modo" (p. 311). Mas o que acontece se um crente voltar a ter um comportamento "ímpio"? E se ele não corresponder à "expectativa de mudança moral" implícita no dom da graça? Por um lado, Barclay cita brevemente o ensinamento de Paulo sobre o julgamento segundo a prática (Romanos 2:1-11; 2Coríntios 5:10). Por outro, ele faz a seguinte afirmação surpreendente quanto ao juízo final: "O julgamento analisará as evidências da presença e do poder do dom da graça: é claro que, sem elas, *nenhuma dádiva foi recebida*" (p. 311, grifo nosso).

Nesse caso, qual é a base exegética para a interpretação de Barclay? Onde Paulo afirma que o julgamento revelaria que "dom nenhum" foi "recebido"? Eu, pelo menos, não consigo pensar em texto algum em que o apóstolo use tal linguagem. Porém, existem diversas passagens em que ele descreve a possibilidade de os crentes serem cortados ou caírem da graça:

> Rompestes com Cristo, vós que buscais a justiça na Lei; caístes fora da graça. (Gálatas 5:4)

> Assim, pois, aquele que julga estar em pé, tome cuidado para não cair. (1Coríntios 10:12)

> Vê então a bondade e a severidade de Deus: a severidade para com os que caíram, e a bondade de Deus para contigo, se perseverares na bondade; do contrário, também tu serás cortado. (Romanos 11:22)

Observe aqui que, quando Paulo fala de "cair" (ἐκπίπτω, *ekpiptō*) da "graça" (χάρις, *charis*) (Gálatas 5:4), é difícil acreditar na sugestão de que o indivíduo realmente não tenha recebido a dádiva antes de cair. Da mesma forma, a linguagem de "cair" (πίπτω, *piptō*) (Romanos 11:22; 1Coríntios 10:12), ser "cortado/afastado" (καταργέω, *katargeō*) (Gálatas 5:4) ou "cortar" (ἐκκόπτω, *ekkoptō*) (Romanos 11:22) mostra certamente que a pessoa em questão já esteve "firme" na graça e participando "em Cristo". À luz dessas passagens, não seria melhor dizer que, se um crente não retribuir, então a relação de estar "em Cristo" não poderá *continuar*? Como o próprio Barclay ressalta, quando se trata de conceder dádivas antigas, os receptores que não reagem com a reciprocidade

Brant Pitre

esperada deixam de fazer algo "necessário à continuidade do relacionamento" (p. 297). Não vejo fundamento exegético para concluir que a falta de reciprocidade signifique que o relacionamento nunca existiu.[7]

AÇÃO DIVINA E HUMANA — A "RECOMPENSA" PELAS BOAS "AÇÕES" PRATICADAS EM CRISTO

Por fim, concordo plenamente com Barclay no sentido de que, para Paulo, as ações divinas e humanas não são uma equação de "soma zero" (p. 312). No entanto, se isso se refere à graça, estou confuso quanto ao que o autor diz acerca das "boas obras": "As 'boas obras' do crente não serão instrumentos com o objetivo de alcançar uma nova graça. Conquistar um dom novo e definitivo não é uma forma de 'mérito'" (p. 311). Se Barclay estiver correto no sentido de que a graça não é um jogo de soma zero (e creio que seja), é possível cogitar receber uma "retribuição" ou um "salário" (μισθός, *misthos*) de acordo com o dom? Colocando a questão de forma exegética: por que o próprio Paulo usa palavras como "recompensa" e "salário" para descrever a forma como Deus retribuirá as boas "práticas" do crente? Reflita sobre o seguinte:

> Segundo a graça [τὴν χάριν, *tēn charin*] que Deus me deu, como bom arquiteto, lancei o fundamento; outro constrói por cima. Mas cada um veja como constrói. Quanto ao fundamento, ninguém pode colocar outro diverso do que foi posto: Jesus Cristo. Se alguém sobre esse fundamento constrói com ouro, prata, pedras preciosas, madeira, feno ou palha, *a obra* [ἑκάστου τὸ ἔργον, *hekastou to ergon*] será posta em evidência. O Dia torná-la-á conhecida, pois ele se manifestará pelo fogo, e o fogo provará *o que vale a obra de cada um*. Se *a obra construída* sobre o fundamento subsistir, o operário *receberá uma recompensa*. *Aquele, porém, cuja obra* for queimada perderá a recompensa. Ele mesmo, entretanto, será salvo, mas como que através do fogo. (1Coríntios 3:10-15)

---

[7]Para uma discussão completa, veja B. J. Oropeza, *Paul and Apostasy: Eschatology, Perseverance, and Falling Away in the Corinthian Congregation*, WUNT 2/115 (Tübingen: Mohr Siebeck; Eugene, OR: Wipf & Stock, 2000); e mais recentemente, B. J. Oropeza, *Jews, Gentiles, and the Opponents of Paul: The Pauline Letters*, vol. 2 de *Apostasy in the New Testament Communities* (Eugene, OR: Cascade, 2012).

Observe aqui que o apóstolo não hesita em falar de construir sobre "a graça [χάρις, *charis*] de Deus" que é Jesus Cristo (3:10) com uma "obra" (ἔργον, *ergon*) que receberá uma "recompensa" ou "salário" (μισθός, *misthos*) (3:14). Se seguirmos as implicações da pesquisa de Barclay, parece-me que não existe motivo para contrapor a incoerência do dom inicial à reciprocidade divina e à "recompensa escatológica" por boas obras.[8] Como a participação em Cristo *não* é um "cálculo de soma zero" (p. 312), a construção de um tesouro eterno por meio das "boas ações" do crente não tira — de modo algum — "a 'riqueza' de Cristo" (usando a linguagem de Barclay, p. 312) (cf. 2Coríntios 8:9). Em vez disso, eu sugeriria que negar que as "boas obras" dos crentes em Cristo são meritórias é negar que a obra de Cristo é meritória, visto que é ele mesmo quem age no crente.[9] Como Paulo diz em outro momento, "já não sou eu que vivo, mas é Cristo que vive em mim" (Gálatas 2:20).

Em suma, meu questionamento em relação a Barclay é o seguinte: se a ação divina e a ação humana operam em uma base não competitiva, e o próprio apóstolo conecta "graça" e "salários" em 1Coríntios 3, é possível falar de "salários" sendo distribuídos conforme o "dom" (χάρις, *charis*)? Caso contrário, por que Paulo fala de uma "recompensa" ou de um "pagamento" (μισθός, *misthos*) sendo dado pela boa "obra" (ἔργον, *ergon*) realizada por alguém em Cristo (1Coríntios 3:10-14)?[10] Agradeço por tudo que aprendi com o brilhante *Paul and the Gift*, de Barclay, inclusive gostaria de ler também sua sequência: *Paul and the Reward*.

---

[8]Observe Raymond F. Collins, *1 Corinthians*, SP 7 (Collegeville, MN: Liturgical Press, 1999), p. 159: "Paulo usa 'salários' (*misthos*) como uma metáfora da recompensa escatológica. Em outros casos, tal palavra indica pagamento por um trabalho bem-feito (Romanos 4:4; veja 1Coríntios 9:17,18)".

[9]Veja Michael P. Barber, "A Catholic Perspective: Our Works Are Meritorious at the Final Judgment Because of Our Union with Christ by Grace", in *Four Views on the Role of Works at the Final Judgment*, org. Alan P. Stanley (Grand Rapids: Zondervan, 2013), p. 161-84, aqui p. 180.

[10]É intrigante que, em seu estudo completo, Barclay aponta duas vezes que Paulo usa "o termo" μισθός (*misthos*) em 1Coríntios 3:14 no sentido de "recompensar" e "pagar" (Barclay, *Paul and the Gift*, 485n96, n98). Infelizmente, o autor não explica como a discussão de Paulo em 1Coríntios 3 concorda com a negação de Barclay do caráter meritório da boa "ação" (ἔργον, *ergon*) construído sobre o fundamento de Cristo (cf. 1Coríntios 3:10-15).

A RESPOSTA *da* PERSPECTIVA PROTESTANTE TRADICIONAL *a* BARCLAY

A. Andrew Das

O professor Barclay ofereceu um esboço útil em miniatura de sua apresentação mais detalhada em *Paul and the Gift*.[1] Começando com o vocabulário do dom tão usado nas cartas paulinas, o autor observa o destaque dado à *incongruência* da dádiva divina, que é concedida sem levar em consideração o valor ou o esforço humano. A incongruência é apenas uma das seis maneiras pelas quais um dom pode ser descrito ou, como ele diz, "aperfeiçoado" (p. 311). Uma dádiva pode ser extravagante ou *superabundante*. Pode acontecer *antes* da ação do receptor. O doador pode agir com *singularidade* por pura bondade e sem qualquer raiva ou julgamento. Um dom pode ou não ser *eficaz* no alcance de seu resultado. Por fim, ele pode ser *não circular* se o doador não esperar reciprocidade. Barclay trouxe clareza às variedades de graça dentro do Judaísmo do Segundo Templo. De acordo com Paulo, a graça é o dom incoerente de Deus em Jesus Cristo para toda a humanidade, incluindo os não judeus. Os gentios não precisam obedecer à lei ou ser circuncidados graças ao dom de Deus em Cristo pelos pecados da humanidade. Uma vida observadora da lei não torna alguém digno de uma dádiva.

---

[1] John M. G. Barclay, *Paul and the Gift* (Grand Rapids: Eerdmans, 2015).

Barclay adere desnecessariamente à "Nova Perspectiva" ao definir as "obras da lei" como "adotar práticas judaicas" ou "judaização" (paralelamente à circuncisão) (p. 303), apesar da alternância de Paulo entre as "obras da lei" e o esforço humano generalizado em Romanos 3:28; 4:4-5.[2] No entanto, a ênfase do autor na incongruência da graça permanece independentemente de obediência ou dignidade humana. Como resultado, a identidade judaica é radicalmente relativizada, já que não é salvífica: "As práticas judaicas (...) não são os critérios valorativos da economia de Cristo" (p. 304). O Espírito opera em Cristo com a intenção de possibilitar uma nova criação quando os crentes compartilham sua morte e ressurreição, e são trazidos "para seu interior", portanto para uma nova comunidade baseada no que Deus já fez graciosamente por Israel em Cristo.

O dom puro, gracioso e imerecido de Deus carrega expectativas de uma reação ou de uma reciprocidade. Dessa forma, Paulo destaca as boas ações dos cristãos moldados graciosamente pelo Senhor (Filipenses 2:12-13) e, ainda assim, esses atos em resposta não "merecem" "conquistar um dom novo e definitivo" (p. 311). O Espírito "energiza" um comportamento recíproco, e essa reciprocidade se expressa na generosidade de uma comunidade "repleta de dádivas".

O que não fica muito claro na análise de Barclay é se o apóstolo evita um estereótipo negativo do judaísmo como uma religião "legalista" ou "desprovida de graça" (p. 315). Acredito que o raciocínio de Paulo seja centrado em Cristo, mas sua graça *definidora* — no contexto de sua incongruência e de seu contraste regular entre graça e obras/atos — parece *intencional*, com vista a seus companheiros que defendem concepções *coerentes* que Paulo não via como verdadeiramente graciosos.[3] Como o autor em questão apontou, esses conceitos sólidos de graça eram realmente vigentes em alguns setores do

---

[2]Veja a crítica de Barclay sobre esse ponto em A. Andrew Das, "Paul and Works of Obedience in Second Temple Judaism: Romans 4:4-5 as a 'New Perspective' Case Study" CBQ 71 (2009): 795-812, aqui 804-5. Também seria útil destacar nesses versículos o *pecador* justificado. Às vezes, a ideia de "solução para uma situação problemática" de Barclay perde o foco na situação real.

[3]É desnecessário esperar com Barclay (*Paul and the Gift*, p. 571) até que a tão contestada literatura paulina (Efésios 2:8-10; 2Timóteo 1:9; Tito 3:5) das "obras" também sirva como realização moral (Romanos 4:4-5).

A. Andrew Das

Judaísmo do Segundo Templo (por exemplo, em Fílon, *Sabedoria de Salomão*, 4Esdras [Uriel]).

Em poucas palavras, boa parte da análise de Barclay apoia um ponto de vista protestante tradicional de Paulo. Lutero também ressaltou a resposta esperada de conduta correta e a gratidão pelo dom imerecido de Deus. Assim como acontece com as leituras apocalípticas modernas paulinas, um intérprete "tradicionalista" concordaria sinceramente com a maior parte da análise do professor Barclay.

A RESPOSTA *da* NOVA PERSPECTIVA *a* BARCLAY

James D. G. Dunn

Foi um prazer ler *Paul and the Gift,* o grande livro de John Barclay, com sua discussão exegética das Epístolas de Paulo aos Gálatas e aos Romanos em particular, resumidas em uma quantidade pequena de páginas, repleta de referências a esses textos fundamentais e explicações tanto para o enlevo da alma como o estímulo da mente.

O ensaio de Barclay reflete um dos grandes valores de sua obra ao observar o que ele chama de "The Diverse Dynamics of Grace in Second Temple Judaism" [A dinâmica diversificada da graça no Judaísmo do Segundo Templo] (*Paul and the Gift,* cap. 10). Entretanto, não posso esquecer que, em tal livro, as referências a textos não paulinos no Novo Testamento são muito limitadas. Esclarecer nosso entendimento do apóstolo em relação ao seu contexto judaico é uma tarefa tremendamente útil, mas, como a teologia do dom de Paulo era o cerne de seu evangelho, não só na defesa de sua missão entre os gentios, e que foi essa teologia do dom, como uma boa notícia para os gentios, que causou tamanha turbulência dentro da missão cristã primitiva (ou melhor dizendo, dentro das primeiras missões cristãs), não deveria haver mais espaço para relacionar o evangelho de Paulo a outros escritos do Novo Testamento, como os de Mateus e Tiago? A questão de como ele se relaciona com a rica diversidade do Judaísmo do Segundo Templo é bem abordada. Contudo, como Paulo se situa dentrodessa variedade textual do Novo Testamento, incluindo os escritos atribuídos posteriormente — corretamente ou não — a ele?

James D. G. Dunn

Não pude deixar de pensar — especialmente — em Mateus 5:17-20, com sua forte confirmação da lei, a advertência impressionante de que "todo aquele que desobedecer a um desses mandamentos (...) será chamado menor no Reino dos céus", e o chamado a uma justiça que excede a dos escribas e fariseus. Paulo teria compartilhado o que parecia ser a concepção de Mateus acerca dessas palavras? Eles parecem pressupor e imaginar uma situação que atravessa o destaque paulino na graça como um dom e sua distinção nítida entre fé e obras. É claro que Mateus escrevia no que parecia ter sido um forte contexto judaico tradicionalista, enquanto Paulo escrevia especificamente como um homem que foi chamado a pregar o evangelho aos gentios. Todavia, não precisaria ser explicada mais claramente essa distinção do evangelho de dom de Paulo, mesmo dentro dos textos do NT?

Questões similares surgem quando incluímos a carta de Tiago nesse diálogo, principalmente a insistência deste último nas ações como uma demonstração necessária de fé (Tiago 2:14-26). Evidentemente, podemos compreender por que uma carta atribuída a ele, irmão de Jesus e líder da igreja-mãe em Jerusalém, expressa tal ênfase, apesar de isso simplesmente reforçar a dúvida se os crentes do neotestamentários eram tão unidos na graça e no dom quanto a justaposição desses dois termos implica. A essa altura, Paulo era um porta-voz de toda a igreja primitiva ou a estava usando basicamente com o intuito de defender sua insistência de que o evangelho era também dos gentios, algo (o evangelho como dádiva) em que ele claramente sentiu que deveria insistir, até mesmo em confronto com Pedro?

E não há como deixar de imaginar se o destaque paulino no dom e na graça foi excessivo para os sucessores da primeira geração, com a ênfase crescente no ofício e na hierarquia evidente ao longo do segundo século e além. E a reafirmação de Lutero sobre o evangelho de Paulo teve o mesmo destino? É esta verdade desconfortável que o evangelho do dom pregado pelo apóstolo é muito frustrante, até mesmo embaraçoso, para a maioria dos indivíduos e instituições, de modo que rapidamente ele perde seu apelo e se torna obscuro por trás de ênfases em promoção, reconhecimento e recompensa? Hoje, o evangelho como dom precisa ser novamente ressaltado.

A RESPOSTA *da* PERSPECTIVA DE PAULO *dentro do* JUDAÍSMO *a* BARCLAY

Magnus Zetterholm

Na minha opinião, o ensaio de John Barclay sobre a "Perspectiva do Dom" merece muitos elogios. Tenho o prazer de observar que ele parece compartilhar minha convicção de que Paulo deveria ser interpretado dentro do judaísmo "de uma forma que vai além da obra *Paul and Palestinian Judaism*, de Sanders, baseando-se, ao mesmo tempo, em sua determinação de contestar as caricaturas cristãs do judaísmo antigo ou moderno" (p. 294). Como, por repetidas vezes, foi enfatizado — embora nem todos concordem com isso —, a teologia cristã influenciou negativamente o esforço de ver o Paulo histórico como um judeu tardio do Segundo Templo. E estava mais relacionada ao aumento da vontade social e política de exterminar seis milhões de judeus cristãos da Europa. Quanto mais estudiosos conscientemente pretendiam expor afirmações não históricas a respeito de Paulo, melhor. Talvez os cristãos acabem criando uma teologia que leve em consideração não apenas a declaração do apóstolo quanto à justiça por meio da fé (Romanos 1:17), como também suas ideias quanto à relação entre Israel e as nações: "primeiro do judeu, depois do grego" (Romanos 1:16).

Também aprecio e considero bastante esclarecedora a tentativa de Barclay de ancorar as ideologias vinculadas aos dons tanto na antropologia como nas antigas convenções sociais. O mesmo

Magnus Zetterholm

acontece com sua problematização da ligação entre "dom" e "graça". Como muitos perceberam,[1] Sanders estava correto ao caracterizar o judaísmo como uma "religião" centrada na graça divina, embora, após sermos alertados por esse autor, agora vejamos que nossa evidência revela uma situação mais complexa. Dessa maneira, a reconstrução de Sanders do antigo judaísmo representou um avanço gigantesco, e a obra *Paul and Palestinian Judaism* deve ser considerada uma das mais importantes do século 20 no campo dos estudos bíblicos. No entanto, como Barclay aponta, "o 'nomismo pactual' de Sanders ofereceu uma versão homogeneizada da teologia judaica" (p. 301). Nesse quesito, Barclay está certo em sua tentativa de posicionar o apóstolo dentro do contexto denso do(s) judaísmo(s) contemporâneo(s) do primeiro século.

Barclay também acerta ao se concentrar na missão paulina às nações. Concordo plenamente com ele no sentido de que a questão em jogo não era se os judeus dentro do movimento de Jesus pensavam que deveria existir uma missão para os não judeus, mas, sim, qual era o contexto dessa missão. Tomando como base Gálatas e Atos, fica claro que, em meados do século, indivíduos dentro do movimento argumentaram que a missão aos povos deveria envolver a conversão ao judaísmo. Em Atos 15:5, isso é declarado explicitamente:

> Então se levantaram alguns do partido religioso dos fariseus [τῆς αἱρέσεως τῶν Φαρισαίων, *tēs haireseōs tōn Pharisaiōn*] que haviam crido e disseram: "É necessário circuncidá-los e exigir deles que obedeçam à lei de Moisés [δεῖ περιτέμνειν αὐτοὺς παραγγέλλειν τε τηρεῖν τὸν νόμον Μωϋσέως, *dei peritemnein autous parangellein te tērein ton nomon Mōyseōs*].

Não fica claro o motivo pelo qual alguns fariseus defendiam esse ponto de vista radical, tendo em mente a grande variedade de possíveis acolhimentos para não judeus interessados que não envolviam

---

[1]Veja os ensaios em D.A. Carson, Peter T. O'Brien e Mark A. Seifrid, orgs., *Justification and Variegated Nomism*, vol. 1, *The Complexities of Second Temple Judaism*, WUNT 2/140 (Tübingen: Mohr Siebeck; Grand Rapids: Baker Academic, 2001).

conversão.[2] Porém, Barclay parece defender que os oponentes de Paulo chegaram naturalmente à conclusão de que os não judeus deveriam "adotar a marca da aliança abraâmica na circuncisão masculina" (p. 302).

No entanto, o problema com essa visão é que a conversão nunca é mencionada nos textos da Bíblia Hebraica que parecem ter ativado a missão das nações.[3] A impressão é que os povos farão parte da peregrinação escatológica sem mudar sua identidade étnica, ou seja, continuarão a ser membros das nações. Entretanto, serão capazes de se adaptar aos caminhos do deus de Israel com o objetivo de que "andem em suas veredas" (Isaías 2:3). Alguns chamariam isso de obediência à Torá, o que tornaria a posição de Paulo difícil de entender. A explicação de Barclay das ideias antitéticas do apóstolo em Gálatas em relação, por exemplo, a lei *versus* graça e fé em Cristo *versus* obras da lei, é que "o evento Cristo é interpretado como um dom incondicionado" (p. 303). Para mim, parece que o autor age em um nível ideológico/teológico muito avançado e é complicado evitar a impressão de que o Paulo de Barclay chega muito perto de uma versão protestante tradicional do mesmo.

Prefiro supor que a teologia da graça de Paulo, se é que ela existe, não seja o ponto de partida, mas o resultado de um problema em um nível mais realista que requer certa estratégia retórica. Reiterando o que argumento em outro momento neste volume, acredito que o maior problema enfrentado pelo movimento primitivo de Jesus dizia respeito à impureza moral dos adeptos não judeus. O fato de que a peregrinação escatológica agora era uma realidade, e não algo a ser implementado em um futuro remoto, resultou em um novo vínculo entre Israel e as nações. Assim, a questão em debate era em que medida esses gentios, potencialmente idólatras e, até pouco tempo antes, não pagãos, podiam ser confiáveis e até onde era possível, para os judeus, associarem-se a seguidores não judeus de Jesus, por

---

[2]Veja Terence L. Donaldson, *Judaism and the Gentiles: Patterns of Universalism* (a 135 EC) (Waco: Baylor University Press, 2007); Shaye J. D. Cohen, *The Beginnings of Jewishness: Boundaries, Varieties, Uncertainties* (Berkeley: University of California Press, 1999), p. 140-74.

[3]Veja, por exemplo, Isaías 2:2-3; Miqueias 4:1-2; Zacarias 8:20-23; Tobias 13:11.

exemplo, para comer (comida adequada a eles) juntos. Na contramão desse contexto, a estratégia de "alguns do partido religioso dos fariseus" (Atos 15:5) faz todo o sentido: a conversão e o compromisso com a obediência da Torá removeriam todos os obstáculos das relações sociais.

Além disso, no que se refere ao incidente de Antioquia, Barclay afirma que Pedro teria transformado o dom incondicionado em condicionado se tivesse exigido que os não judeus vivessem "conforme as regras alimentares judaicas" (p. 304). Aqui, a dependência deste autor da chamada Nova Perspectiva sobre Paulo vem à tona. De acordo com ela, acredita-se que Paulo reagiu contra "marcadores de identidade" judaicos, como, por exemplo, os costumes alimentares. Como salientei em outro momento,[4] é improvável que a ἐκκλησία (ekklēsia) em Antioquia tivesse abandonado os costumes dietéticos tradicionais judaicos. Mais uma vez, o problema, nesse caso, provavelmente não dizia respeito à comida, mas, sim, à comensalidade. Seria correto afirmar que Paulo se mostrava contrário a "judaizar" em todas as suas formas, e consequentemente, que o dom de Deus é "incondicionado"?

Embora os judeus que não pertenciam ao movimento de Jesus dificilmente esperassem que os não judeus de quem eram próximos evitassem a "idolatria", essa parece ter sido uma exigência absoluta dentro do movimento de Jesus. Abster-se da "idolatria" é um princípio da Torá. O afastamento do que "foi sacrificado aos ídolos [εἰδωλοθύτων, eidōlothytōn], do sangue [αἵματος, haimatos] e do que é estrangulado [πνικτῶν, pniktōn] e da fornicação [πορνείας, porneias] (Atos 15:29)" é um ensino da Torá.[5] Assim, o dom de Deus para os ímpios — ou seja, os povos — foi realmente concedido pela graça, sem deixar dúvida de que tenha envolvido adaptação às normas judaicas. Segundo Paulo, a confiança em Cristo tornava os membros das nações tão santos e

---

[4]Magnus Zetterholm, *The Formation of Christianity in Antioch: A Social-Scientific Approach to the Separation between Judaism and Christianity* (Londres: Routledge, 2003), p. 160. Cf. também Mark D. Nanos, "What Was at Stake in Peter's 'Eating with Gentiles' at Antioch?", in *The Galatians Debate: Contemporary Issues in Rhetorical and Historical Interpretation*, org. Mark D. Nanos (Peabody, MA: Hendrickson, 2002), p. 282-318.

[5]Sobre esse ponto, cf. também minha resposta ao ensaio de James Dunn, p. 161-62.

puros quanto Israel, e criava neles a capacidade de viver uma vida santa e pura. Que ninguém questione como o apóstolo esperava que os não judeus se comportassem: conforme o ensino da Torá.

A que exatamente Paulo se opôs na questão de os não judeus observarem a Torá? Essa é uma pergunta válida. Meu melhor palpite é que ele enfrentou os não judeus que antes haviam travado contato com outros judeus, os quais argumentavam que obedecer à Torá em termos judaicos os tornaria justos diante do deus de Israel. Novamente, como defendo em meu ensaio neste volume, a hipótese de que Paulo era um exclusivista nomístico — ou seja, que acreditava que algo como a obediência "absoluta" da Torá era um privilégio apenas judaico — traz uma explicação satisfatória. Isso não contradiz o fato de que seus ensinamentos aos não judeus fossem inteiramente fundamentados na Torá: ele estava simplesmente criando uma forma de judaísmo aos não judeus com base na própria Torá.

Finalmente, gostaria de acrescentar algumas observações quanto à terminologia. Acredito que as escolhas de palavras de Barclay funcionem contra sua ambição declarada de construir Paulo dentro do judaísmo. Usar termos como "cristão" e "igreja" — como tradução de *ekklēsia* — para se referir a membros desse movimento e suas reuniões negligencia o contexto histórico do primeiro século. Por exemplo, por um lado, o autor cita a interpretação "cristã" responsável pelo contraste entre "a graça de Deus em Cristo" e o "caráter religioso do judaísmo" (p. 299). Por outro, ele fala da "fé cristã que Paulo vê esboçada por Abraão" (p. 306). O apóstolo estaria criando uma nova religião? Barclay não responde, mas o vocabulário soa de outro modo. Na verdade, a palavra Χριστιανός (*Christianos*) aparece algumas vezes em textos do Novo Testamento (Atos 11:26; 26:28; 1Pedro 4:16), mas estes são posteriores — foram escritos bem depois da existência de Paulo — e mais coerentes com a sensibilidade da coletânea de textos que agora chamamos de pais apostólicos. Seu período pós-apocalíptico não é o mesmo de Paulo, e seu projeto não é o dele.

Simplesmente não há indícios de que o apóstolo, ou qualquer outro seguidor contemporâneo de Cristo, se considerasse "cristão". E, enquanto sua experiência social de reunir judeus e membros das nações deu origem ao que passamos a chamar de identidade "cristã",

Magnus Zetterholm

esse processo formativo resultou em algo bastante diferente do que Paulo esperava: um judaísmo sem judeus, que, basicamente, é o cristianismo. Portanto, é uma boa ideia seguir o conselho de Donald Akenson e evitar "palavras que nos fazem mentir".[6] É claro que o mesmo vale para o termo "igreja". Quaisquer que sejam as assembleias de Paulo, podemos, com muita segurança, ignorar esse termo como uma tradução correta de *ekklēsia*.[7]

Dessa maneira, concluo: agradeço, sinceramente, a tentativa de Barclay de posicionar Paulo dentro do judaísmo e saúdo sua ambição de evitar as caricaturas cristãs do judaísmo como alicerce para uma reconstrução do Paulo histórico. No entanto, gostaria de vê-lo ir um pouco mais longe.

---

[6]Donald Harman Akenson, *Saint Paul: A Skeleton Key to the Historical Jesus* (Oxford: Oxford University Press, 2000), p. 55-67. Veja também Anders Runesson, "The Question of Terminology: The Architecture of Contemporary Discussions on Paul", in *Paul within Judaism: Restoring the First-Century Context to the Apostle*, ed. Mark D. Nanos e Magnus Zetterholm (Mineápolis: Fortress, 2015), p. 53-77; Magnus Zetterholm, "Jews, Christians, and Gentiles: Rethinking the Categorization within the Early Jesus Movement" in *Reading Paul in Context: Explorations in Identity Formation; Essays in Honor of William S. Campbell*, org. Kathy Ehrensperger e J. Brian Tucker, LNTS 428 (Londres: T&T Clark, 2010), p. 242-54.

[7]Para uma visão geral da discussão atual sobre os "grupos de Cristo" de Paulo, veja Richard Ascough, "Paul, Synagogues, and Associations: Reframing the Question of Models for Pauline Christ Groups", *JJMJS* 2 (2015): 27-52.

RÉPLICA *da* PERSPECTIVA *do* DOM

John M. G. Barclay

Sou muito grato pelo diálogo proporcionado por este projeto. Ele criou um fórum para uma escuta séria de pontos de vista alternativos, um fenômeno surpreendentemente raro nos estudos atuais. As respostas ao meu capítulo são intensas e desafiadoras, e agradeço profundamente a todos os meus entrevistados. No geral, estou impressionado com o fato de que a "Perspectiva do Dom" foi calorosamente apreciada por todos os lados, ainda que com algumas reservas. Os pesquisadores que representam *todas* as outras perspectivas parecem encontrar aqui uma abordagem que, prontamente, aprovam e endossam. Isso não é resultado de minha escolha de alguns elementos de seus pontos de vista, nem de meu oferecimento de um "menor denominador comum" que todos pudessem aceitar. Na verdade, creio que isso aconteça porque a "Perspectiva do Dom" reconfigurou um aspecto essencial — a graça — que separou os protestantes dos católicos, a Nova Perspectiva da Antiga, aqueles que veem Paulo "dentro do judaísmo" e aqueles que o veem do lado de fora do judaísmo. Virando o caleidoscópio para um fator crucial — esclarecer o significado da graça e as diferentes "perfeições" que ela carrega —, espero haver *resolvido* muitos problemas que causaram mal-entendidos no que se refere a Paulo e às distinções entre seus intérpretes. Em outras palavras, acredito ter oferecido um caminho *além* de muitas de nossas diferenças ou pelo menos um meio de eliminar alguns dos bloqueios de nossos pensamentos. Como um benefício adicional, a "Perspectiva do Dom" também cria um excelente diálogo entre os estudos bíblicos e a teologia (tanto católica como protestante), como fica evidente nos textos de um colóquio de Durham publicado no *International Journal of Systematic Theology*.[1]

Responderei aqui aos meus entrevistados em três tópicos.

1. *Dom, condição e recompensa* (Pitre). Embora Brant Pitre e eu sejamos parecidos em muitos aspectos, gostaria de reafirmar algo que preciso deixar claro em minha resposta a seu capítulo. Não creio que Paulo estabeleceria a distinção de Pitre entre uma salvação *inicial* e uma salvação *final*. Embora o dom incoerente (de Cristo) visasse criar (por meio do Espírito) o ajuste correto entre a vida do crente e a vontade/lei divina — correção essa que ficará clara no dia do Senhor —, o que é esperado não é *outro dom*, uma graça nova ou diferente, mas, sim, o cumprimento e a coroação do *mesmo dom* na forma pretendida. A dádiva de Deus, da vida eterna, já é concedida em Cristo (Romanos 6:23), pois é distribuída a todos os que compartilham a vida de ressurreição de Cristo (Romanos 6:1-11). Não existe um *segundo dom* da vida eterna a ser oferecido posteriormente. Nesse sentido, a coroação a que Paulo se refere não é conquistar um novo prêmio, mas a consumação do fim para o qual o crente já foi "alcançado" por Deus (Filipenses 3:12-14).

Contudo, Pitre está certo (p. 108) ao apontar que Paulo considera possível a um crente "cair da graça". Isso fica bem claro em Gálatas 5:4 e nos outros textos que esse autor menciona. Assim, ele me corrige — com razão — quando afirmo que, sem os indícios das boas obras analisadas no julgamento, "é claro que nenhuma dádiva foi recebida" (p. 311). O que eu deveria ter dito é: "Vejo que a graça foi recebida em vão" (cf. 2Coríntios 6:1). Concordo que, se não houver evidência da obra do Espírito na resposta do crente ao dom da graça, o relacionamento "em Cristo" terá um fim, ou já teve. Não creio que seja possível levar a sério as advertências de Paulo sem considerar essa possibilidade, mas ele é cuidadoso na forma como expressa esse assunto. Não é "se você deixar de fazer o bem" ou "se você não

---

[1] Mike Higton, Karen Kilby e Paul Murray, orgs., "Receiving the Gift: Ecumenical Theological Engagements with John Barclay's *Paul and the Gift*", edição especial, *International Journal of Systematic Theology* 22, n. 1 (janeiro de 2020).

trabalhar o suficiente", mas, sim, "se não permanecer na bondade de Deus" (Romanos 11:22). O que mantém o crente até a salvação, do começo ao fim, é a misericórdia ou a generosidade divina. O que importa é permanecer *nela*.

Isso nos ajuda a lidar com a linguagem de Paulo quanto a pagamento ou recompensa (μισθός, *misthos*). Como insiste Pitre, ele usa esses termos por serem os mais naturais ao reconhecimento e à retribuição do trabalho realizado. Todavia, quando o apóstolo fala de recompensa, não se refere à salvação. Creio que isso fica bem claro em 1Coríntios 3:10-15, independentemente de essa passagem se aplicar aos crentes em geral ou especificamente aos líderes. Paulo afirma que o trabalho de alta qualidade será retribuído/pago (μισθός) (3:14). O que for meramente "madeira, feno e palha" (3:12) será queimado, e o trabalhador perderá qualquer retribuição/pagamento (3:15). Portanto, ele perderá sua salvação? Não: "Se o que alguém construiu se queimar, esse sofrerá prejuízo; contudo, será salvo como alguém que escapa através do fogo" (3:15). Se um indivíduo pode perder sua recompensa e, ainda assim, ser salvo, é evidente que essa recompensa complementa a salvação, mas não é idêntica a ela. Por que ele será salvo apesar de sua obra terrível de edificação? Provavelmente porque estava construindo sobre o "alicerce além do que já está posto, que é Jesus Cristo" (3:11). Isso é o que sobreviverá ao fogo.

Na metáfora de semeadura-colheita (que não é a mesma de trabalho-recompensa), vemos que existem duas direções de vida fundamentais e que aqueles que não "semeiam para o Espírito" estão se afastando de sua fonte vital de vida (Gálatas 6:7-8). É realmente possível fazer isso. Porém, não creio que seja útil ou bem fundamentado no discurso paulino falar de salvação "merecedora" (final), mesmo que (nos termos de Pitre) seja Cristo quem "merece" (Paulo, alguma vez, mencionou algo nesse sentido?). O que importa é permanecer no dom que foi oferecido e os demais produzirão seus próprios — sim, *necessários* — frutos. Digo "necessários" no sentido de integrais, inseparáveis ou indispensáveis, do mesmo modo que é preciso que aqueles que são guiados pelo Espírito digam "Jesus é Senhor" e não "Jesus seja amaldiçoado" (1Coríntios 12:3). Esse fruto — ou confissão — não é a *base* nem a *fonte* da salvação, mas sua expressão necessária.

O dom em si, a vida de Cristo "em mim" (Gálatas 2:20), continua a ser a dádiva imerecida e incongruente, mesmo quando alinha a vida do crente de maneira a deixá-la em harmonia com Cristo.

2. *Obras e as obras da lei* (Das e Dunn). Reconheço totalmente que, em alguns momentos (Romanos 4:4-5; 9:11-12; 11:5-6), Paulo usa "obras" [ou "prática"] em antítese a graça e, assim, *generaliza* o conceito de "obras" [ou "prática"] em um sentido mais amplo do que "obras da lei" [ou "prática da lei"]. Essa mudança na linguagem do apóstolo é cuidadosamente escolhida (no caso de Abraão, não havia "lei" a ser obedecida), e não um sinal de que, em todos os casos, poderíamos substituir "obras" por "obras da lei", como se os termos significassem exatamente a mesma coisa. Concordo com Das (contra alguns representantes da "Nova Perspectiva") no sentido de que, onde Paulo usa "obras" sem qualificadores, ele não limita sua visão a atividades que distinguem judeus de gentios. Seu propósito é minar todas as concepções possíveis de capital simbólico, que alguns podem encontrar em sua ancestralidade, outros em suas tradições culturais e outros ainda em suas realizações. Paulo ressalta que podemos tornar as categorias tão amplas quanto desejarmos, mas não há nada nelas de que possamos nos orgulhar ou nos considerar dignos da graça divina (Romanos 4:1-8).[2] Essas generalizações continuam na tradição paulina (Efésios 2:8-10; Tito 3:5), que, nesse ponto, mostra continuidade com o *ethos* do apóstolo.

Entretanto — e esse é um grande "contraponto" —, não encontro aqui indícios de que Paulo esteja se opondo a uma tendência judaica característica ou criticando o "legalismo" judaico no sentido de "uma religião desprovida da graça". Ele pode conhecer leituras judaicas alternativas das histórias dos patriarcas, em que suas ações — já realizadas ou antecipadas por Deus — tornava-os dignos de receber a misericórdia do Senhor. Ademais, certamente teria discordado dessas interpretações, mas não tem em vista os *judeus* ou o *judaísmo* como tais. Neste ponto, minha leitura do apóstolo se assemelha àqueles que criticam esse elemento de sua leitura protestante clássica, como se ele fosse um oponente da "justiça judaica pelas obras". Ele discorda de

---

[2]Veja John M. G. Barclay, *Paul and the Gift* (Grand Rapids: Eerdmans, 2015), p. 484.

alguns judeus no que se refere à incoerência da graça, porém concorda com outros nesse quesito: não existe uma "perspectiva judaica" monolítica que nos leve a colocá-lo na mesma categoria ou em uma diferente. Nesse tópico, como em muitos outros, ele é parte de uma *discussão* interna judaica baseada na operação de misericórdia ou dom divino, e nós devemos resistir de todos os modos a considerá-lo "antijudaico".

Na verdade, foi a leitura protestante de Paulo como um refugiado do judaísmo e um defensor de "graça *versus* prática" que levou às polarizações desnecessárias entre ele [Paulo] e Tiago ou Mateus (veja a resposta de Dunn). Na verdade, ele poderia ser facilmente mal interpretado em seus dias (como está claro em Romanos 3:8; cf. 6:1-2), e é provável que a carta de Tiago seja um ataque a um equívoco de Paulo. Contudo, assim como o primeiro, o que o segundo procurava era a obra resultante da fé (cf. Gálatas 5:6: a fé que atua pelo amor), como uma expressão *necessária* da fé (no sentido de "necessário" esboçado acima). Então, se o Paulo e o Tiago daquela carta tivessem se encontrado para conversar sobre o assunto, imagino que teriam apertado a mão direita como sinal de comunhão. Paulo interpreta a justiça como fruto do batismo (Romanos 6:12-23) e espera "a obediência que vem pela fé" (Romanos 1:5). Já Mateus tem uma impressão diferente de como são a "justiça" e a "obediência", porque age dentro da estrutura da lei judaica (escrevendo, em grande parte, aos seguidores judeus de Cristo). Todavia, não estou convencido de que a *estrutura* de sua teologia esteja totalmente desalinhada com a de Paulo.

Isso ainda deixa Paulo com uma imagem radical e desconfortável que poderia entrar em choque com seus contemporâneos, assim como também nos inquieta. Por quê? Por haver entendido que a graça diminuía *todas* as coisas sobre as quais construímos nosso senso de valor. Segundo o apóstolo, existe somente um elemento que nos concede o verdadeiro valor diante de Deus: o dom de Deus em Cristo. Paulo viu as consequências sociais radicais dessa crença e sua capacidade de criar novas comunidades que ultrapassassem distinções de etnia, gênero e condição social. Isso continua a ser perturbador nos dias atuais.

3. *Dentro do judaísmo* (Zetterholm). Estou muito satisfeito em ver a quantidade de semelhanças que Zetterholm e eu compartilhamos, e creio que algumas das diferenças que ainda nos restam tenham

John M. G. Barclay

natureza terminológica. Compreendo que os termos "igreja" e "cristianismo" podem confundir. O problema não é tanto o fato de serem anacrônicos, já que usamos em grande medida esse vocabulário para descrever o mundo antigo. Porém, percebo que esses anacronismos particulares podem expressar o sentido de algo que é *incompatível com* a tradição judaica se tomarmos "igreja" como "não sinagoga" e "cristianismo" como, por definição, algo diferente de "judaísmo" (sentido que a palavra tomara na época de Inácio, no começo do segundo século). Paulo viu o que estava acontecendo em Cristo (o Messias) como o cumprimento do que Deus havia planejado para seu povo e como a peça central da salvação futura de Israel (Romanos 9–11). Ele distinguiu a ἐκκλησία (*ekklēsia*) (talvez mais bem traduzido como "assembleia") de "judeus" e "gregos" (1Coríntios 10:32), mas "assembleia de Deus" (Gálatas 1:13; 1Coríntios 10:32) dificilmente pode ser considerado um termo estranho ao povo judeu. Aqueles a quem Paulo descreve como "em Cristo" são posteriormente chamados de "cristãos", e não é necessariamente errado chamá-los assim. O termo "cristãos" não significa "não judeus". No mundo paulino — e por séculos depois disso —, era perfeitamente possível ser um cristão judeu ou um judeu cristão e, se negássemos essa possibilidade (apesar da realidade dos judeus messiânicos atuais), estaríamos impondo nossa própria definição das palavras "cristão" e "judeu". Trazendo uma questão paralela: no debate presente sobre a melhor tradução do termo grego Ἰουδαῖος (*Ioudaios*), que alguns entendem como "judeu" e outros como "judaico", um argumento importante no intuito de manter a tradução como "judeu" é que essa mantém a continuidade entre "judeu/judaico" do passado e os judeus de hoje.[3] Pelo mesmo argumento, pode-se dizer que devemos aos primeiros seguidores de Cristo permitir-lhes o mesmo rótulo de seus sucessores chamados "cristãos".

Paulo teria induzido seus convertidos gentios à "judaização", como diz Zetterholm (p. 333)? Esse é mais um questionamento referente a

---

[3]Veja John M. G. Barclay, "Ioudaios: Ethnicity and Translation", in *Ethnicity, Race, Religion: Identities and Ideologies in Early Jewish and Christian Texts, and in Modern Interpretation*, org. Katherine M. Hockey e David G. Horrell (Londres: Bloomsbury T&T Clark, 2018), p. 46–58.

qual linguagem devemos usar. Na única oportunidade em que Paulo utiliza o termo "judaizar", ele *critica* Pedro (Cefas) por exigir que os gentios convertidos em Antioquia "vivessem como judeus" (Gálatas 2:14).[4] Poderíamos ignorar seu uso e insistir que, sob a nossa perspectiva, pedir que desistam da idolatria é uma forma de "se judaizar" ou de "se adaptar às normas judaicas". Todavia, isso seria usar *nossa* linguagem em vez da dele, na verdade, contra a dele. Quando ele esperava que os gentios "se voltassem para Deus, deixando os ídolos a fim de servir ao Deus vivo e verdadeiro" (1Tessalonicenses 1:9), o que (em seus termos) estava pedindo que fizessem? Não que se voltassem ao "Deus dos judeus", pois há apenas um Senhor, que é o Senhor dos judeus e não judeus (Romanos 3:29). O que ele solicita é que olhem na direção do Deus que é e foi adorado por eles, mas não que se tornem judeus, ou mesmo que o façam de algum outro modo. Ele espera que reconheçam a verdade que sempre foi absoluta para todos e que, até então, havia sido reconhecida unicamente pelos judeus. Assim como Fílon, Paulo chamaria a adoração ao único Deus verdadeiro de um mero ato de se alinhar com a realidade do cosmos, não de adotar uma verdade "judaica". Descrever isso como uma mudança cultural ("judaização") implica negligenciar as afirmações da verdade que o apóstolo fazia, usando uma explicação histórico-cultural própria.

No final das contas, desejo levar a teologia paulina a sério. Não tenho certeza de como alguém pode ler Romanos 5–6 e nos acusar de agirmos "em um nível ideológico/teológico muito avançado" (palavras de Zetterholm, p. 332) para chamar o evento Cristo de dom incondicionado. Paulo era um teólogo judeu, assim como alguns de seus contemporâneos. E, embora suas teologias fossem retoricamente carregadas e intimamente conectadas às respectivas realidades sociais, não podemos reduzi-las ao nível de engenheiros sociais.

---

[4] Como indiquei em *Paul and the Gift* (p. 367), estou bastante aberto à possibilidade de que a questão em Antioquia se referisse à comensalidade (intimidade nas refeições com não judeus), e não à dúvida se a comida era pura ou impura.

POSFÁCIO

Reflexões pastorais acerca
de *Perspectivas sobre Paulo:
cinco pontos de vista*

Dennis Edwards

Dizer que não existe uma escassez de livros sobre Paulo é um eufemismo. Alguns cristãos podem ficar paralisados ao conferir a abundância de recursos. De acordo com alguns, cogitar a possibilidade de que ideias anteriormente defendidas por Paulo precisem ser aperfeiçoadas ou mesmo abandonadas é algo desconcertante. Existem também preocupações pragmáticas para os pastores. Por exemplo: O que uma mudança de perspectiva em relação à teologia paulina pode significar para alguém empregado por uma igreja se a congregação se recusar a aceitar quaisquer novas ideias acerca de Paulo? Meu objetivo neste capítulo final não é retomar questões abordadas neste livro, mas, sim, incentivar os pastores, professores e todos os cristãos cuidadosos — especialmente os líderes — a continuar explorando as discussões acadêmicas referentes à teologia do apóstolo. Ele é um modelo dos líderes cristãos e eu incentivo uma análise mais profunda de sua teologia. Destaco quatro áreas de reflexão que surgem dos ensaios deste livro. Essas questões dizem respeito ao Judaísmo do Segundo Templo e à relação de Paulo com esse judaísmo. O crescimento da compreensão desse tópico pode levar a uma redução do antissemitismo. Ressalto também a importância de se reconsiderar o tópico da justificação pela fé. Além disso, sugiro uma redução dos

POSFÁCIO

antagonismos entre católicos romanos e protestantes quando descobrirmos aspectos da teologia paulina que ambos os grupos compartilham. É claro que existem mais de quatro questões dentro de tal teologia que merecem ser observadas, mas espero que o meu destaque para esses quatro fatores estimule mais pesquisas e investigações sobre a vida e os escritos de Paulo.

PAULO, O MODELO DOS LÍDERES CRISTÃOS

Paulo é o patrono de missionários, evangelistas, escritores e funcionários públicos. Nós, pastores, que muitas vezes somos chamados a compartilhar as boas-novas como missionários e evangelistas, que produzimos sermões e outros textos espirituais, e tantas vezes complementamos nossa renda com trabalhos no âmbito secular, imaginamos uma conexão especial com o que sabemos desse apóstolo. Embora eu tenha obtido um doutorado em estudos bíblicos, trabalhado como professor adjunto por muitos anos e atualmente lecione em tempo integral, minha principal identidade profissional foi a de pastor durante a maior parte de minha vida adulta. Plantei duas igrejas: uma no Brooklyn, NY, e outra em Washington, DC. Também servi duas vezes em congregações já estabelecidas, em Washington, DC, e em Mineápolis. Ao ministrar em diversas populações naqueles ambientes urbanos, senti uma espécie de afinidade com Paulo. Ele se empenhou na tarefa de unir judeus e gentios em uma nova humanidade (Gálatas 3:28; Efésios 2:15; Colossenses 3:11); eu, na tentativa de unir indivíduos de diferentes raças, identidades étnicas, gêneros e classes sociais.[1]

Muitos de nós — pastores — nos identificamos com o apóstolo Paulo quando enfrentamos conflitos congregacionais, denominacionais ou de vizinhança. Sentimos que, "de todos os lados, somos pressionados, mas não desanimados; ficamos perplexos, mas não desesperados; somos perseguidos, mas não abandonados;

---

[1]Estou ciente das discussões acadêmicas em torno da autoria paulina de algumas das cartas que cito neste ensaio. Também sei que, em um nível popular, diversos pastores e leigos extraem suas percepções do ministério de Paulo a partir de Atos, bem como de todas as cartas que levam o nome do apóstolo.

abatidos, mas não destruídos" (2Coríntios 4:8-9). Podemos ter conhecimento íntimo da dor causada pelos cultos à personalidade quando os membros da igreja afirmam sua lealdade a diferentes líderes (cf. 1Coríntios 1:12). Os plantadores de igrejas conhecem as alegrias e as tristezas de criar novas congregações, de plantar sementes que serão regadas por outros e de confiar em Deus para o crescimento (cf. 1Coríntios 3:6). Temos histórias pessoais de nos sentirmos deixados de lado porque nossos colegas de trabalho nos abandonaram (cf. Atos 15:36-40; 2Tm 1:15; 4:10,16). Graças aos nossos instintos pastorais, nossos corações se emocionam quando Paulo lista as adversidades terríveis que se abateram sobre ele e conclui com estas palavras: "Além disso, enfrento diariamente uma pressão interior, a saber, a minha preocupação com todas as igrejas" (2Coríntios 11:28). Nossa intenção como pastores não é somente a de compartilhar as boas-novas de Deus com palavras, mas também, assim como Paulo, doar nossas vidas (1Tessalonicenses 2:8). Embora o Senhor Jesus Cristo certamente seja o modelo do que significa ser um cristão fiel, ainda assim, Paulo serve como exemplo de ministério profissional para muitos líderes. Portanto, esforçamo-nos na intenção de entender sua humanidade, seu papel como professor, teólogo, pastor e até profeta. Compreender Paulo e seus ensinamentos, entretanto, parece algo cada vez mais complicado, já que existem inúmeras escolas de pensamento tentando explicar detalhes a seu respeito, como, por exemplo, sua relação com o judaísmo, sua visão da Torá, seu significado por trás de termos como "salvação", "justificação" e "fé", suas injunções éticas e suas percepções escatológicas.

No início de seu estudo detalhado sobre Paulo, Michael J. Gorman cita o gênio Albert Schweitzer: "Paulo é o único homem da época dos cristãos primitivos que realmente conhecemos".[2] Então, Gorman pergunta: "Schweitzer estava correto?"[3] A julgar pela nomeação subsequente de Gorman de dez perspectivas diferentes acerca

---

[2]Michael J. Gorman, *Apostle of the Crucified Lord: A Theological Introduction to Paul and His Letters*, 2. ed. (Grand Rapids: Eerdmans, 2016), p. 1. A citação de Gorman é de *The Mysticism of Paul the Apostle*, de Schweitzer (Londres: Black, 1931), p. 332.
[3]Gorman, *Apostle of the Crucified Lord*, p. 1.

POSFÁCIO

do apóstolo — que não tinha a intenção de ser uma lista exaustiva —, Schweitzer estava equivocado.[4] A impressão é que não conhecemos Paulo de verdade. Décadas antes, F. F. Bruce afirmou que Paulo "tem algo importante a dizer e, ao fazê-lo, expressa algo de si. Não existe nada de artificial ou meramente convencional na maneira como ele o diz. E o que ele tem a falar é tão importante — tanto aos leitores do século 20 como aos do primeiro século — que o esforço para compreendê-lo é profundamente recompensador".[5] Nós, pastores, esperamos que a tentativa de entender o apóstolo — o que parece cada vez mais complexo — resulte em alguma recompensa. Confesso que, em minha experiência, existem muitos pastores e até mesmo alunos que estão no curso de Divindade que não têm a menor inclinação para pesquisar mais sobre o assunto. Talvez confiem que o que já receberam da visão tradicional paulina seja o suficiente. Ou talvez não queiram correr o risco de confundir os membros de suas congregações. Afinal, o objetivo de entender a teologia paulina não é simplesmente alcançar mais conhecimento, mas, sim, tentar incorporá-lo na comunidade cristã. O desafio é não só receber novas informações referentes a Paulo, como também ensiná-las a fim de que sejam manifestas nas igrejas.

Os pastores deveriam estar curiosos em relação a Paulo e se empenhar o máximo possível para despertar curiosidade semelhante entre membros de suas congregações. Recentemente, N. T. Wright afirmou que "o apóstolo Paulo é um dos poucos do mundo antigo cujas palavras ainda têm a capacidade de saltar da página e nos confrontar. Independentemente de concordarmos com ele ou não — e de *gostarmos* dele ou não —, suas cartas são pessoais e intensas, algumas vezes chorosas, e outras, provocantes, muitas vezes densas, porém nunca tediosas".[6] E realmente os textos paulinos são profundos e jamais enfadonhos. Com relação às suas cartas, o autor de 2Pedro observa que elas "contêm algumas coisas difíceis de entender" (2Pedro 3:16). Portanto, fazemos o nosso melhor quando buscamos entender Paulo e aplicar seus escritos aos nossos contextos.

---

[4]Ibidem, p. 1-2.
[5]F. F. Bruce, Paul, *Apostle of the Heart Set Free* (Grand Rapids: Eerdmans, 1977), p. 457.
[6]N. T. Wright, *Paul: A Biography* (São Francisco: HarperOne, 2018), xi.

EMPENHANDO-NOS O MÁXIMO POSSÍVEL COM PAULO

Sete das onze ocorrências de σπουδάζω (*spoudazō*) no Novo Testamento surgem em cartas atribuídas a Paulo.[7] A palavra sugere pressa, cuidado e esforço conscientes. Muitas vezes, é traduzida como uma ordem de "faça o seu melhor" ou "faça tudo o que estiver ao seu alcance". Reconheço, respeito e me identifico com a missão dos pastores e de outros líderes de igrejas. No entanto, também sei que os ministros zelosos abraçariam o conceito de σπουδάζω encontrado nesta advertência paulina: "procure apresentar-se a Deus aprovado, como obreiro que não tem do que se envergonhar, que maneja corretamente a palavra da verdade" (2Timóteo 2:15), tendo em mente que o significado da expressão "a palavra da verdade" agora inclui os textos de Paulo. Consequentemente, parte de fazer o nosso melhor é lutar e desenvolver as ideias encontradas nos escritos paulinos e nos preparar para ajustar algumas de nossas atitudes e ações. Os ensaios neste volume abordam diversos conceitos que nós, pastores, reconsideraremos. Com base em minha experiência, ressalto os seguintes pontos a partir das cinco perspectivas apresentadas: (1) o suposto legalismo do Judaísmo do Segundo Templo, (2) a relação de Paulo com o judaísmo, (3) a compreensão de Paulo sobre a justificação e (4) a possibilidade de católicos romanos e protestantes não estarem tão longe uns dos outros quando o assunto é a teologia paulina.

1. Quanto ao suposto legalismo do Judaísmo do Segundo Templo, é importante ver que todos os escritores deste livro interagem com a obra seminal *Paul and Palestinian Judaism: A Comparison of Patterns of Religion*, de E. P. Sanders. O próprio A. Andrew Das, que defende a visão protestante tradicional da teologia paulina, reconhece: "Nem todos os judeus do Segundo Templo adotaram uma abordagem legalista ou baseada em ações, mas pelo menos alguns o fizeram, e Paulo responde a essa afirmação" (p. 123). Pode ser surpreendente para alguns que um apoiador da perspectiva tradicional ou luterana sobre Paulo admitisse que nem todos os judeus dos dias do apóstolo fossem

---

[7]Gálatas 2:10; Efésios 4:3; 1Tessalonicenses 2:17; 2Timóteo 2:15; 4:9,21; Tito 3:12. As outras quatro estão em Hebreus 4:11; 2Pedro 1:10,15; 3:14.

PERSPECTIVA *sobre* PAULO

legalistas. Magnus Zetterholm sugere a probabilidade de que a maioria dos especialistas tenha concordado com a visão básica de Sanders em relação ao judaísmo. Contudo, a pregação popular cria caricaturas de fariseus legalistas e hipócritas durante a época de Jesus e Paulo, e essas representações acendem as chamas do antissemitismo.[8] No mínimo, os alunos contemporâneos do apóstolo não podem ser impertinentes em suas discussões e descrições do judaísmo. Além disso, teremos de aprender como usar a expressão "obras da lei" ou "prática da lei" de forma mais detalhada, reconhecendo que as perspectivas da Torá variam dentro dessa religião. É possível confirmar a centralidade de Cristo sem lançar um olhar odioso ou condescendente ao judaísmo.

2. A relação de Paulo com o judaísmo está atrelada ao debate de qual termo — "chamado" ou "conversão" — é o melhor na tarefa de descrever o que aconteceu quando Saulo de Tarso encontrou o Jesus de Nazaré ressuscitado na estrada de Damasco (Atos 9:1-22). O cristianismo norte-americano costuma referir-se ao evento da estrada de Damasco como a conversão do apóstolo. A linguagem da conversão sugere a alguns que Paulo tenha abandonado o judaísmo. O fato de o nome "Paulo" ter substituído "Saulo" na narrativa de Lucas reforça o conceito de conversão, principalmente para muitos cristãos que se acostumaram a histórias de conversões dramáticas. Os cultos evangélicos de adoração seguem o modelo das reuniões e avivamentos americanos realizados em tendas que se concentram em testemunhos pessoais. O chamado ao altar — básico em muitas igrejas evangélicas — pressupõe que conversões repentinas e emocionantes devem ser comuns. A conversão consiste no abandono do antigo modo de vida, e muitos deduzem que Paulo tenha feito exatamente isso. Sua reflexão quanto ao próprio passado, em contraste com seu zelo atual por Cristo, descrito em Filipenses 3:4-11, pode sugerir a alguns que ele rejeitou o judaísmo em favor de um novo modo de vida. No entanto, alguns especialistas descrevem o que aconteceu com Saulo no caminho para Damasco como um chamado, e não como uma conversão.

---

[8]Veja Magnus Zetterholm, *Approaches to Paul: A Student's Guide to Recent Scholarship* (Mineápolis: Fortress, 2009), p. 62-63.

A palavra "chamado" enfatiza que aquele que perseguia o Caminho e se tornara o apóstolo das nações (Atos 22:4; 1Coríntios 15:9) não realizou uma mudança completa em suas crenças teológicas.[9] Os ensaios de John M. G. Barclay e Magnus Zetterholm nos levam a reconhecer que Paulo agia dentro do judaísmo, e ambos os autores abordam como sua missão aos gentios se encaixa em suas perspectivas. A relação de Paulo com o judaísmo está ligada ao meu argumento anterior sobre o legalismo judaico. Se Paulo está firmemente situado dentro de tal religião e prega Cristo — o Messias — crucificado de acordo com as Escrituras de Israel e ressuscitado dos mortos pelo Deus de Israel (1Coríntios 15:3-4), podem existir modos de os cristãos permanecerem fiéis a suas convicções sem diminuir os judeus.

3. A articulação de Paulo da justificação pela fé é um assunto bastante discutido. O ensaio de James D. G. Dunn neste livro, bem como muitos de seus outros textos, aborda o tema da justificação com as expressões correspondentes, como "justiça de Deus" e "obras da lei". Em um nível popular, quando a ideia retórica por trás da justificação pela fé é acentuada, os cristãos correm o risco de minimizar o comportamento correto relacionado à conversão. Isso significa que alguns deles consideram a fé em Cristo uma confirmação verbal de certas proposições a ele relacionadas (ou seja, morte e ressurreição). Então, essa aprovação confere a esses confessores uma espécie de "seguro contra incêndio" do castigo eterno do inferno. Nós, pastores, temos muitas histórias de indivíduos que confessaram a fé em Jesus Cristo, mas por anos a fio não demonstraram nenhum desejo de viver segundo a imagem de Cristo (Romanos 8:29). Por outro lado, a percepção popular de justificação que ressalta a mudança de comportamento está associada ao catolicismo romano e, portanto, é rejeitada por muitos protestantes. O amor a Deus e ao próximo, que inclui ações e atitudes corretas, é visto como uma prática que não tem nada a ver com a posição de alguém perante o Senhor. Nós,

---

[9]Veja Michael J. Gorman, *Reading Paul* (Eugene, OR: Cascade, 2008), p. 14-17; Michael F. Bird, *Introducing Paul: The Man, His Mission and His Message* (Downers Grove, IL: IVP Academic, 2009), p. 34-37. Bird usa um tom mediador ao afirmar que "Paulo foi convertido da seita farisaica a uma seita messiânica dentro do judaísmo" (p. 35, grifo original).

POSFÁCIO

pastores, precisamos de meios para comunicar a justificação, oferecendo tanto a absolvição divina (ou seja, o perdão dos pecados) como a participação na justiça de Deus. Craig S. Keener conecta diferentes perspectivas sobre a justificação quando argumenta que "Gálatas 2:11-21 aborda tanto a justificação retórica como a união com Cristo e que (...) é Deus quem coloca os indivíduos no lugar certo e também os transforma".[10] Quanto mais nós, como pastores, pregadores e professores, pudermos ajudar as pessoas a reconciliar suas crenças com seus atos, melhor será para as igrejas!

4. O empenho de Keener na missão de reconciliar diferentes concepções da justificação está vinculado à minha questão final que surgiu a partir dos ensaios neste livro. Os pastores e outros professores precisam levar em consideração que as perspectivas católica romana e protestante sobre Paulo podem estar mais próximas umas das outras do que todos pensam. Como parte de meus estudos de doutorado na Universidade Católica da América, recebi — muitas vezes — ensinamentos de Joseph A. Fitzmyer, incluindo um seminário baseado em Romanos e um curso à parte focado na teologia paulina. O ensaio de Brant Pitre neste livro se baseia no trabalho de Fitzmyer, bem como de muitos outros especialistas, ao lado das declarações do Concílio de Trento. Pitre argumenta que, no catolicismo romano, "a justificação envolve tanto o perdão dos pecados como uma participação real na morte e na ressurreição de Cristo" (p. 48). Essa observação ecoa a visão de Keener anteriormente citada e pode ser uma surpresa para alguns protestantes. Na verdade, Pitre encontra muitas sobreposições entre as interpretações católicas e as que surgem da Nova Perspectiva sobre Paulo. É claro que ainda há diferenças significativas entre as teologias católica romana e protestante, mas podem existir aspectos de concordância importantes, especialmente no que diz respeito aos textos paulinos. Esses pontos de consenso podem servir para proporcionar ou fortalecer boas relações entre católicos e protestantes.

---

[10]Craig S. Keener, *Galatians: A Commentary* (Grand Rapids: Baker Academic, 2019), 176. Keener oferece o que ele chama de um "olhar mais íntimo" na justificação em um excurso (173-77).

Conclusão

Do meu ponto de vista como pastor e estudioso das Escrituras, observei a necessidade de todos os leitores e mestres da Bíblia reanalisarem seus pontos de vista sobre a teologia paulina. A paisagem é ampla, então tentei usar os ensaios deste livro para destacar tópicos a partir dos quais essa reavaliação pode começar: (1) o legalismo e o Judaísmo do Segundo Templo, (2) a relação de Paulo com o judaísmo, (3) a justificação e (4) a semelhança das perspectivas católica romana e protestante em relação a aspectos da teologia paulina. É claro que existem outras questões que exigem estudo contínuo, como a ética e a escatologia de Paulo. Por exemplo: há cristãos no Terceiro Mundo, ao lado de minorias étnicas nos Estados Unidos e mulheres em todo o mundo, que suspeitam dos códigos domésticos discutidos nas cartas do apóstolo, principalmente em relação às advertências para os escravos obedecerem a senhores humanos (como em Efésios 6:5; Colossenses 3:22) e instruções que marginalizam as vozes femininas (como em 1Timóteo 2:9-15).[11] Além disso, a ênfase da Nova Perspectiva na reconciliação pode ajudar nos debates contemporâneos referentes à harmonia racial no cristianismo norte-americano. De certa forma, N. T. Wright descarta as discussões contemporâneas a respeito de escravidão e harmonia racial quando comenta a Epístola de Paulo a Filemom, ressaltando que o fracasso do apóstolo em denunciar a escravidão é motivo de preocupação dos "moralistas pós-Iluminismo, para quem se tornou um tipo de critério moral, principalmente devido aos grandes movimentos abolicionistas do século 19 e a ligação da escravidão então abolida com o colonialismo e o racismo — e nenhum desses tinha algo a ver com a escravidão no mundo paulino".[12] Apesar dessas palavras, Wright aponta que, "segundo Paulo, a *reconciliação* e o *acolhimento mútuo* de todos os que estão 'no

---

[11]Veja, por exemplo, Grace Ji-Sun Kim e Susan M. Shaw, *Intersectional Theology: An Introductory Guide* (Mineápolis: Fortress, 2018); Abraham Smith, "Paul and African American Biblical Interpretation", in *True to Our Native Land: An African American New Testament Commentary*, org. Brian K. Blount et al. (Mineápolis: Fortress, 2007), 31-42; Brian K. Blount, *Then the Whisper Put On Flesh: New Testament Ethics in an African American Context* (Nashville: Abingdon, 2001), 119-57.

[12]N. T. Wright, *Paul and the Faithfulness of God*, COQG 4 (Mineápolis: Fortress, 2013), 1:12.

POSFÁCIO

Messias' tinham precedência sobre qualquer outra coisa".[13] A teologia paulina é capaz de nos ajudar a curar a divisão racial, bem como as separações causadas por outros problemas em nossos dias. Quanto à escatologia, os pastores podem precisar de auxílio na tarefa de comunicar as ideias de Paulo quanto à *parousia* de Cristo, a natureza do corpo humano após sua ressurreição e como é a redenção para a criação não humana (cf. Romanos 8:19-23).

Há também uma necessidade contínua de livros e outros recursos para ajudar a tornar a teologia paulina mais prática. De acordo com minha argumentação, se pregadores e outros líderes cristãos precisam ajustar alguns aspectos de seu pensamento a respeito do apóstolo, esses comunicadores contemporâneos necessitam de exemplos que ilustrem como seu ministério diário pode ser impactado. Scot McKnight, um dos editores deste volume, é um dos nomes dedicados a oferecer esses recursos.[14] Em diversos momentos, Paulo escreve: "Não desejo/desejamos que vocês sejam ignorantes" (Romanos 1:13; 1Coríntios 10:1; 12:1; 2Coríntios 1:8; 1Tessalonicenses 4:13). Nós, líderes da igreja, respondemos alegremente ao desejo de Paulo. Queremos continuar aprendendo o que ele tem a dizer, mesmo que isso exija mudança ou ajuste de ideias pretéritas.

---

[13]Wright, *Paul and the Faithfulness of God*, 1.12 (grifo original).
[14]Por exemplo, Scot McKnight, *Pastor Paul: Nurturing a Culture of Christoformity in the Church*, TECC (Grand Rapids: Brazos, 2019); Scot McKnight e Joseph B. Modica, orgs., *Preaching Romans: Four Perspectives* (Grand Rapids: Eerdmans, 2019); Scot McKnight e Greg Mamula, org., *Conflict Management and the Apostle Paul* (Eugene, OR: Cascade, 2018).

ÍNDICE DE AUTORES

Abernathy, David, 32n67
Achtemeier, Paul, 141n43
Agostinho, 51n19, 52, 54, 59, 63n64, 65, 68, 69, 259n98
Akenson, Donald, 335
Aletti, Jean-Noël, 71n89
Allman, James E., 19n6
Anderson, Garwood, 23n25, 40
Ascough, Richard, 335n7
Aune, David E., 48n11
Avemarie, Freidrich, 32n67, 33n69

Bachmann, Michael, 32nn67-68, 37n90
Bandstra, A. J., 19n6
Barber, Michael B., 80, 81n118, 85n136, 116, 116n15, 117n18, 155n8, 262n1
Barclay, John M. G., 19n6, 31n64, 32n66, 34, 43, 44, 97, 99, 102, 104n4, 106n11, 107, 116, 116n16, 117n20, 121, 121n4, 141, 141n42, 164, 167, 173, 174, 224n6, 224n8, 225, 234n10, 289, 290, 294n1, 295, 297nn3-4, 299n6, 300nn7-8, 302n10, 304n11, 308n13, 310n14, 312nn15-16, 313n19, 317, 318, 319, 320, 321, 321n6, 322, 323, 324, 325, 325n1, 326, 327, 328, 330, 331, 332, 333, 334, 335, 337n1, 339n2, 341n3, 349
Barr, James, 87n3
Barrett, C. K., 196n12, 244
Bassler, Jouette, 143-144, 171
Bates, Matthew, 111n4
Baugh, S. M., 33n68

Baur, F. C., 221
Beilby, James K., 145n56, 182n3
Beker, J. Christiaan, 42n116
Bento XVI (papa), 54, 57, 63, 65, 71, 72, 73, 84
Bernardo de Claraval, 60n52
Bertschmann, Dorothea, 241n35
Betz, Hans Dieter, 272n4
Billerbeck, Paul, 236n16, 236n18
Billings, J. Todd, 41n110
Bird, Michael F., 18n6, 29n54, 36n88, 38n94, 38n95, 40, 42n116
Blackwell, Ben C., 42n116, 52n23
Blount, Brian K., 351n11
Boccaccini, Gabriele, 39n101
Boer, Martinus de, 42n116, 294n1
Bousset, Wilhelm, 236n16
Bovati, Pietro, 147n60
Bozung, Douglas C., 19n6
Brawley, Robert L., 135n29
Briones, David E., 313n18
Brooks, David, 220
Bruce, F. F., 19n6, 346
Buch-Hansen, Gitte, 32n67
Bultmann, Rudolf, 232n2, 236n16
Byrne, Brendan, 29n57, 38n94, 71n89

Campbell, Constantine R., 41n110, 312n17
Campbell, Douglas, 37, 42, 111n4
Carson, D. A., 34, 123n7, 163n4, 237n20, 331n1
Cerfaux, Lucien, 21n15

Chancey, Mark A., 18n6, 22n23
Chester, Stephen, 41n110, 60n54, 104n5, 104n7, 167n1, 222n2, 294
Cohen, Shaye J. D., 259n100, 332n2
Collins, Raymond F., 157n10, 324n8
Congar, Yves, 113n10
Conzelmann, Hans, 221
Cooper, Jorden, 32n67
Cousar, Charles B., 213n23
Cranfield, C. E. B., 32n67, 142nn47
Cranford, Michael, 138n33
Cremer, Hermann, 148n61
Cromhout, Markus, 277n20

Danby, Herbert, 124n10
Das, A. Andrew, 33n69, 35n79, 44, 87n2, 88nn6-8, 90n9, 96, 97, 99, 109-110, 122n5, 122n6, 132n23, 133n24, 139n37, 142n48, 144n53, 144n55, 149n61, 150-158, 160-165, 167-171, 173n1, 174n6, 175n8, 175n10, 176n11-12, 177nn13-15, 178nn16-18, 179n22, 207n2, 210n10, 212n19, 214n25, 228, 271n1, 271n3, 274nn12-13, 275n18, 289, 326n2, 339, 347
Davies, W. D., 17n3
Davis, Joshua B., 42n116
Denzinger, Heinrich, 47n6, 53n24, 53n25, 61n55, 61n57, 70n85, 70nn86-87, 79n113, 80n115, 85n137, 153n6, 204n11
de Roo, Jacqueline C. R., 136n30

PERSPECTIVA *sobre* PAULO 353

ÍNDICE DE AUTORES

Despotis, Athanasios, 33n68, 52n23
Dião Cássio, 259n98
Donaldson, Terence L., 30, 120, 217n4, 255, 256, 256n90, 259, 259n98, 274n11
Downs, David J., 313n18
Dunn, James D. G., 18n6, 21n15, 23-26, 28n52, 29n56, 37, 37n90, 39, 44, 84n132, 95-96, 109, 111-113, 121, 122, 129, 129n15, 130, 134, 136n30, 139, 140nn39-40, 155n8, 158-159, 174-175, 181-195, 198-204, 205-227, 234n6, 239n25, 239n30, 261, 288, 333n5, 339, 340

Eastman, Susan, 294
Eddy, Paul Rhodes, 145n56, 182n3
Edwards, Dennis, 44
Ehrensperger, Kathy, 30n59, 38n95
Eisenbaum, Pamela, 38n95, 234n11, 238, 239n25, 252n72, 253, 283n3
Elliott, Mark Adam, 33
Enderlein, Steven E., 18n6
Eskola, Timo, 32n67, 35n78
Esler, Philip F., 213n22
Espy, John M., 32n67
Eubank, Nathan, 321n5

Fee, Gordon D., 241nn36-37, 244
Fílon, 211n15
Fitzmyer, Joseph, 54, 57n44, 62n59, 63, 63n61, 71, 71n89, 80, 80n116, 136, 137, 137n31, 137n32, 350
Fotopoulos, John, 247n58
Fraade, Steven D., 257n92
Fredriksen, Paula, 38, 39n101, 59n48, 243n41, 247n56, 253n74, 254, 254n82, 259, 360n102, 263, 267n5, 290

Gager, John G., 39n101, 252n72, 253n77, 254, 264, 264n3, 267n5, 271, 272
Garlington, Don, 18n6, 25n34, 30, 36n87, 38n94
Garroway, Joshua, 39n101
Gaston, Lloyd, 252n72, 272n5
Gathercole, Simon J., 31n64, 34, 103n2
Gaventa, Beverly Roberts, 42n116, 294n1
Gerdmar, Anders, 235n15
Goodrich, John K., 42n116
Gorman, Michael J., 22n21, 41n110, 345, 349n9
Granrose, John T., 235n14
Gregory, Bradley C., 126n12
Grindheim, Sigurd, 33n69, 275n15
Gundry, Robert H., 32n67
Gundry Volf, Judith M., 31n65
Gunther, John J., 240n33
Guthrie, Donald, 217n53

Hagner, Donald A., 18n6, 233n5
Hahn, Scott W., 70nn88-89
Hansen, G. Walter, 241n35
Hanson, Anthony Tyrrell, 142nn45-46
Harink, Douglas, 42n116
Harrill, J. Albert, 39n101
Hassler, Andrew, 32n67
Hayes, Christine, 257-258
Hays, Richard B., 22n21, 36n89, 131, 213n23
Hedner Zetterholm, Karin, 235n13, 244-245, 248
Heen, Erik M., 33n68
Heilig, Christopher, 36n88
Hewitt, J. Thomas, 36n88
Higton, Mike, 337n1
Hirshman, Marc, 256-257
Holloway, Paul, 271
Horn, Friedrich Wilhelm, 30n59
Horton, Michael Scott, 19n6, 41n110, 60n54, 84n131
Hultgren, Stephen J., 33n68

Humphrey, Edith, 50n15
Hvalvik, Reidar, 250

Irons, Charles Lee, 32n67, 86, 146n58, 148n61

Jerônimo, 67, 72, 102, 202
Jewett, Robert, 141n41, 213n21
Johnson, Luke Timothy, 70n88
Josefo, 209n5, 209n7, 211n14, 211n16, 239n27
Jung, Sungkook, 33n68

Käsemann, Ernst, 42n116, 221
Keener, Craig S., 350
Kilby, Karen, 102, 337n1
Kim, Grace Ji-Sun, 351n11
Kim, Kyoung-Shik, 31n66
Kincaid, John A., 85n136, 111nn1-4, 112n2-8, 113n8, 116nn13-14, 117nn15-22, 155n8, 262n1, 267n5, 268n6
Kok, Kobus, 30n59
Kuula, Kari, 35n77

Laato, Timo, 35n80
Lambrecht, Jan, 131n21
Lander, Shira L., 266n4
Landes, Paula Fredriksen. Cf. Fredriksen, Paula
Langton, Daniel R., 38n95
Lapointe, Roger, 129n14
Leach, Tara Beth, 33n68
Lee, Yongbom, 32n67
Letham, Robert, 41n110
Levine, Lee I., 251n70
Linebaugh, Jonathan, 294, 296n2, 300n8, 308n13
Longenecker, Bruce, 40
Longenecker, Richard N., 213n24

Martinho Lutero, 60
Maaren, John van, 219n11
Macaskill, Grant, 41n110, 312n17
Macleod, Donald, 32n67
Mamula, Greg, 352n4

354 PERSPECTIVA *sobre* PAULO

ÍNDICE DE AUTORES

Marcus, Joel, 43n118
Marion, Jean-Luc, 316n21
Martyn, J. Louis, 42n116, 121, 126n13, 294n1, 306n12
Maschmeier, Jens-Christian, 30n59
Maston, Jason, 31n64, 42n116
Matera, Frank J., 54, 62n58, 70nn88-89, 91n10
Matlock, R. Barry, 32n67, 37
Mattison, Mark M., 18n6
Mauss, Marcel, 297
McFarland, Orrey, 294, 300n8
McGrath, Alister E., 52n22, 83n129
McGuire, Meredith B., 259n101
McKnight, Scot, 30n59, 243, 352n14
McLean, Bradley H., 275n16
Meek, James A., 19n6
Milbank, John, 316n21
Mitchell, Margaret, 43n118
Modica, Joseph B., 30n59, 352n14
Montefiore, C. G., 17n3
Moo, Douglas, J., 19n6, 246n55
Moore, George Foot, 17n3
Moores, John D., 131n22
Morales, Isaac, 50n13
Morgan, Teresa, 111n1, 304n11
Morson, Michael, 32n67
Munck, Johannes, 216, 252n72
Murphy-O'Connor, Jerome, 62n58
Murray, Michele, 259n97
Murray, Paul, 337n1
Mussner, F., 204n10

Nanos, Mark D., 38, 39n102, 40n103, 114n11, 182n2, 217n5, 239, 240-241, 246n54, 247n56, 256, 267n5, 271n1, 333n4
Nongbri, Brent, 233n3

O'Brien, Peter T., 32n67, 34, 123n7, 163n4, 237n20, 331n1
Oliver, Isaac W., 218n9, 219n12
Orígenes, 51n17, 52, 53, 58, 59, 67, 72, 73, 102
Oropeza, B. J., 31nn65-66, 323n7
Ortlund, Dane C., 31n66, 87n5

Perrin, 36n89
Pifer, Jeanette Hagen, 169n4
Piper, John, 29n54
Pitre, Brant, 44, 85n136, 86, 88n6, 89, 93, 96-101, 107n15, 108, 111n1, 111nn2-4, 112nn5-6, 113n8, 115n13, 116nn14-15, 116n17, 117nn18-20, 118nn21-22, 155n8, 175-176, 262n1, 268n6, 290, 337, 338, 350
Prothro, James B., 31n66, 87n4, 105n8, 117n19, 146n59, 147n60

Quarles, Charles L., 33n69

Räisänen, Heikki, 35n77, 135n27, 237n21, 243, 252n73, 273n8
Rambo, Lewis R., 216
Ratke, David C., 33n68
Reed, Annette Yoshiko, 125n11, 253n75
Reumann, John, 48n10
Richardson, Peter, 162n1
Rodríguez, Rafael, 39n99, 234n8
Rowe, C. Kavin, 274n9
Runesson, Anders, 23n27, 240n32, 335n6

Sanders, E. P., 17-24, 26, 30, 34, 46-48, 55-56, 64-65, 72-73, 81-85, 93, 96, 98, 99, 100, 103, 108, 109, 112, 116, 121-122, 130, 132-133, 150, 151, 213nn22-23, 224n8, 232, 234, 236-237, 244nn48-49, 261, 283n2, 294, 299-300, 317-318, 330-331, 347-348
Sandnes, Karl Olav, 237n23, 250, 253n78
Scheck, Thomas P., 52n21, 202n9
Schoeps, H. J., 17n3
Schreiner, Gerhard H., 32n67
Schreiner, Thomas R., 35n79, 60n54, 84n131, 111n4, 146n58
Schröter, Jens, 33n68
Schürer, Emil, 235, 236n16
Schweitzer, Albert, 345-346
Scott, James M., 36n89
Segovia, Carlos, 39n101
Sehorn, John, 63n62
Seifrid, Mark A., 32n67, 34, 35n80, 123n7, 144n54, 163n4, 237n20, 331n1
Sêneca, 259n98
Shaw, Susan M., 351n11
Silva, Moisés, 32n67
Slenczka, Notger, 33n68
Smith, Abraham, 351n11
Smith, Jay E., 17n3, 18n6
Smith, Lesley, 60n52
Smith, Murray J., 18n6
Sprinkle, Preston M., 17n3, 31n64, 38n95
Stanley, Alan P., 29nn54-55
Stegman, Thomas D., 33n68, 50n14
Stendahl, Krister, 20, 21n15, 24n29, 39, 41, 98, 114, 216
Stern, Menahem, 210n11
Stettler, Christian, 31n66
Stökl, Daniel Ben Ezra, 114n12
Stowers, Stanley K., 22n21, 254
Stoychev, Theodor, 33n68
Strack, Herman, 236n18
Strecker, Christian, 19n6
Stuhlmacher, Peter, 35n80
Sumney, Jerry L., 240n33

Tanner, Kathryn, 316n21
Thate, Michael J., 312n17

ÍNDICE DE AUTORES

Theophilus, Michael P., 255n82

Thielman, Frank, 35n78, 237n21

Thiessen, Matthew, 39, 99, 217, 234n8, 255n83, 256, 286n6

Thiselton, Anthony C., 164n5

Thomas, Matthew J., 24n30, 35n79, 202n8

Tomás de Aquino, 52n20, 57, 60, 65, 68, 69, 71, 78, 84, 201, 227

Thompson, Michael B., 19n6

Thorsteinsson, Runar M., 234n8

Tilling, Chris, 42n116

Tleane, Lekgantshi C., 33n68

Tomson, Peter J., 209n8, 210n11, 213n22, 247, 248n61, 252n72

Tucker, J. Brian, 256n87

Turcan, Robert, 166n7, 243

Tyson, Joseph B., 272n4

Vanhoozer, Kevin J., 312n17

VanLandingham, Chris, 31n66, 34

Venema, Cornelis P., 32n67

Wasserberg, Günter, 274n10

Waters, Guy Prentiss, 33n68

Watson, Francis, 41, 301n9

Weber, Ferdinand, 236n16

Weinandy, Thomas, 60n53

Wells, Kyle B., 31n64, 294

Wengert, Timothy J., 33n68

Westerholm, Stephen, 19n6, 30n59, 33n68, 34-37, 90n9, 139, 167n1, 233

Westermann, Claus, 129n14

White, Benjamin L., 221n1

Wilkin, Robert N., 31n66, 36n87

Williams, D. K., 240n33

Williams, Logan, 314n20

Willis, Wendell Lee, 244n47

Wilson, Andrew, 31n65

Witherington, Ben, III, 162n1, 217n5, 244n47, 249, 277n20

Witherup, Ronald D., 70n89

Wong, Solomon H. F., 19n6

Wright, N. T., 18n6, 23-24, 26-29, 36-37, 130n16, 134n26, 138n33, 139n34, 140nn39-40, 141n44, 142, 148n61, 170, 237n21, 274n14, 346, 351

Yee, Tet-Lim N., 30n59

Yinger, Kent L., 18n6, 30n58, 31, 31n64, 32n67, 46, 64n68, 67n76, 75n105

Young, Norman, 130

Zahl, Paul F. M., 32n67

Zellentin, Holger, 218, 218nn9-10

Zetterholm, Magnus, 18n6, 38n95, 44, 100n5, 109, 114-115, 122, 165n6, 176-177, 215n1, 234n9, 234nn11-12, 240n32, 244, 255n83, 261-262, 264, 264n3, 266-268, 270, 272, 276, 277, 278, 281-287, 333n4, 335n6, 340-342, 348, 349

ÍNDICE DAS ESCRITURAS

ANTIGO TESTAMENTO

Gênesis
12, 124
12:3, 127
15, 125
15:6, 125, 126
17:1-4, 151
18:18, 128
22, 125, 126
22:1, 125
22:18, 128
26:4, 128
28:14, 128
38:25-26, 147
44:16, 147

Êxodo
3:14, 310
18:20, 135
19:2, 256
20:1, 264
20:5, 140
20:8-11, 244
20:13-14, 113
20:17, 67
23:19, 245
24:1-8, 268
31:13-17, 244
33:19, 310
34:26, 245
35:1-3, 244

Levítico
4-6, 21
4:1-7:10, 115
4:26, 115
11:1-47, 151, 209n3
16, 21
16:13-15, 114-115
17, 218
18:1-5, 257
18:5, 91, 177

Deuteronômio
5:6, 264
9:4, 91
14:3-21, 209n3
14:21, 245
27-30, 27
27:26, 177
30:12-14, 91

1Samuel
8:8, 136n30

2Samuel
11, 152
11-12, 142
11:1-25, 113
12:13, 136
14:4-11, 147
15:2, 147
15:4, 147

1Reis
8:32, 147
15:5, 136
18-19, 241

2Reis
23:19, 136n30

Neemias
9:7-9, 125
9:8, 125

Salmos
4:7-8, 142
32, 140, 142n47
32:3, 142n47
32:5, 142n47
32:7, 142n47
32:8, 142n47
32:10, 142n47

51, 152
51:3-4, 147
130:3-4, 147
143:2, 146, 214
143:11, 214

Eclesiastes
1:14, 136n30

Isaías
2:2-3, 332n3
2:3, 332
28:16, 274
43:22-28, 147
45:23, 274
49:6, 216
50:7-9, 147
50:8, 146
53:10-12, 147

Jeremias
2:11, 177
7:13, 136n30
31:31-32, 268

Daniel
1:3-20, 210n11

Joel
2:32, 274n9

Amós
9:11-12, 193

Miqueias
4:1-2, 332n3

Habacuque
2:4, 42

Zacarias
8:20-23, 332n3

ÍNDICE DAS ESCRITURAS

NOVO TESTAMENTO

Mateus
5:17-20, 329
15, 191
15:16-20, 191

Marcos
2:23-24, 245
7,191, 192
7:18-19, 191
7:19, 219
7:20-23, 191

Atos
1:5, 195
1:8, 195
2:1-47, 195
2:14-41, 213
3:17-26, 213
4:8-12, 213
5:29-32, 213
9:1-19, 184, 190, 216
9:1-22, 348
10, 213
10-11, 190, 191
10:1-11:18, 195
10:1-48, 190, 218
10:11-16, 190, 211n12
10:13, 191
10:14, 209
10:28, 192, 211, 219
10:47-48, 211n12
11:1-18, 190, 218
11:2-3, 211n35, 212
11:5-12, 211n12
11:26, 334
11:27-30, 207, 228
12:1-3, 129
12:25, 207, 228
13, 190
13:38-39, 196
15, 98, 193, 207
15:1-2, 185, 192
15:1-5, 212
15:5, 192, 331
15:7-11, 190, 218
15:9, 211n12
15:12, 193
15:19-21, 193
15:20, 98
15:29, 333

15:36-40, 345
18:12-17, 250
18:24-19:7, 195
21:17-26, 249
21:20-21, 212, 276
21:27-28, 252
22:3, 212
22:3-21, 184, 190, 216
22:4, 349
24:14, 249
25:6-12, 249
26:4-23, 184, 190, 216
26:18, 184, 226
26:28, 334
28:17, 249

Romanos
1-4, 42
1-5, 34
1:5, 111, 111n1, 168, 232,
    252, 340
1:13, 352
1:16, 100, 265, 275, 286, 330
1:16-17, 177, 265, 268
1:17, 42, 87, 146, 149, 265,
    330
1:18, 98, 233
1:18-25, 316
1:18-32, 43, 140, 165, 255
1:20, 147
1:23, 140, 177
2, 90, 107n166
2:1-11, 311, 322
2:2, 87
2:6, 74n103, 75, 84, 87-88,
    109-110, 155, 319
2:6-7, 84, 155
2:6-8, 318
2:6-10, 155
2:7, 74n103, 107
2:8-9, 76
2:12-16, 81-82
2:13, 73, 75, 88, 89, 90, 110,
    147
2:13-16, 75, 145
2:15, 75n104, 107, 147
2:16, 75, 81, 157n11
2:17, 234
2:25, 89
2:25-29, 66n75, 89n8, 90

2:26, 89, 90
2:27, 89
3, 63
3-4, 90
3:1, 36
3:5, 149
3:8, 203
3:9, 286
3:20, 36, 58, 66-68, 89, 99,
    138, 146, 234, 271
3:20-22, 138, 357
3:21, 146
3:21-22, 87
3:21-24, 57
3:21-25, 273
3:21-26, 88, 92, 145, 307
3:21-31, 141
3:22, 61, 87, 149
3:23, 88, 89, 98, 273
3:23-24, 286
3:23-25, 114
3:24, 54, 57, 61, 62, 114, 296
3:24-25, 57n44
3:25, 114, 175
3:25-26, 138
3:27, 137
3:27-29, 137
3:27-31, 142
3:27-4:5, 137
3:28, 58, 59, 63, 73, 78, 82,
    88, 89, 112, 145, 326
3:28-30, 145
3:29, 342
3:30, 213
3:31, 243, 272
4, 90, 140, 142, 159, 170, 175,
    272, 310
4:1-5, 143
4:1-6, 307
4:1-8, 88, 167, 171, 339
4:1-9, 272
4:2, 67
4:3, 90
4:3-5, 28n49
4:3-6, 88
4:3-9, 149
4:4, 170, 67, 157n10, 170,
    324n8
4:4-5, 88, 90, 137, 138, 140,
    141, 143, 145, 326n3, 339

ÍNDICE DAS ESCRITURAS

4:4-6, 35, 153
4:4-9, 140
4:5 59, 60n52, 113
4:6, 90, 153
4:6-8, 113, 115
4:8, 90, 115
4:8-11, 88
4:9, 90, 213n24
4:9-12, 66n75, 90, 138
4:9-25, 142
4:10, 90
4:11, 90
4:13, 273
4:14, 138, 283
4:17, 306
4:18, 142n47
4:19, 142n47
4:22, 90
4:22-24, 88
4:23, 90
4:23-25, 273
4:24, 90
4:25, 88
5-6, 342
5-8, 43, 196
5:1, 60, 106, 108
5:5, 51, 53, 61, 63, 106, 118
5:6, 140
5:6-11, 296
5:7-8, 307
5:7-9, 35
5:9, 145
5:10, 307
5:12, 70
5:12-21, 271, 296, 306
5:14, 50
5:15, 148
5:15-21, 295
5:16, 148
5:16-19, 146
5:17, 88, 148
5:18, 77, 145
5:18-19, 49
5:19, 50, 54
6, 306
6:1-2, 311
6:1-4, 267
6:1-11, 50, 105, 337
6:3, 50
6:3-4, 49
6:3-6, 306
6:7, 56, 145

6:12-23, 340
6:14, 57n44, 306
6:14-15, 266, 267, 268
6:15-25, 311
6:20, 70
6:23, 107, 139, 148, 337
7:4-6, 284n4, 306, 308
7:5-6, 90, 242
7:6, 106
7:7, 67, 243, 271
7:7-25, 89, 105, 144, 271
7:12, 243
7:14-25, 90, 134
7:15, 90
7:16, 90
7:17, 90
7:18, 90
7:19, 90
7:20, 90
7:21, 90
8:1-4, 90
8:2, 272
8:4, 89, 90
8:9-14, 195
8:15, 53
8:17, 79
8:19-23, 352
8:29, 118, 349
8:29-30, 118
8:30, 118
8:33-34, 146
8:39, 76n106
9-11, 274, 308
9:1-3, 287
9:1-6, 309
9:3, 239
9:3-4, 262
9:4, 262
9:5, 274
9:6-9, 309
9:8, 88, 307
9:11, 139n37
9:11-12, 139, 171
9:12, 153
9:16, 139n37, 307
9:25, 307
9:30, 87
9:30-32, 151
9:33, 274
10:3, 27, 146
10:3-4, 149
10:3-5, 87

10:4, 87, 100, 232, 234
10:5, 146
10:5-8, 91
10:8-13, 274
10:9-13, 144
10:9, 274
10:10, 118
10:12, 274, 286
11, 274, 287, 308
11:1, 57, 239, 281, 291
11:1-2, 287
11:5, 319
11:5-6, 296, 339
11:6, 58, 61, 62, 69, 139n37, 153
11:11-12, 274
11:13, 198, 232, 252, 264
11:14, 287
11:17-24, 108, 309
11:20, 287
11:22, 76n106, 322, 338
11:25, 254, 258
11:25-26, 256n87
11:26, 140, 253, 273-274, 308
11:28-32, 296, 307
11:29, 287
11:32, 286
12:1, 311
12:1-2, 105
12:3, 57n44
12:3-8, 295
13:8-10, 91
13:9, 91
13:9-10, 91
14:1-11, 307
14:5-9, 285
14:13-15:3, 209
14:14, 283
15:7, 307
15:7-9, 307
15:8, 213n24, 287
15:9-12, 256n87
15:18, 77
16:26, 111n1, 111

1Coríntios
1:4, 295
1:4-7, 313
1:5-7, 295
1:10, 113
1:12, 345
1:18-25, 308

ÍNDICE DAS ESCRITURAS

1:23, 286
1:28, 307
3:6, 74, 345
3:8, 75, 110
3:8-15, 157
3:9, 320
3:9-10, 77, 106n9
3:10-14, 324
3:10-15, 323, 324, 338
3:11, 108
3:13, 75
3:14, 74n101, 110
3:15, 78
4:2-5, 147
4:4, 75, 76n106, 147
4:4-5, 145
4:5, 82
5:1-5, 98, 164
5:9, 164
6:2, 90
6:9-10, 50
6:9-11, 76n106
6:11, 49, 50, 86, 98, 145, 147, 246
6:12, 71
6:17, 49, 50, 86
7:17-24, 256, 285, 306
7:18, 251, 270
7:18-20, 262
7:19, 306
7:20, 263
8:6, 274
8:7-13, 209
9:1-23, 314
9:17, 157n10
9:18, 157n10
9:19-23, 305
9:20, 265-268
9:20-21, 266
9:20-22, 265, 268
9:21, 263, 265, 266
9:22, 265
9:22-23, 285
9:24-27, 79, 88
9:25, 76n106
9:27, 76n106, 79
10:1, 352
10:1-22, 247
10:12, 322
10:14, 164
10:16-17, 223n5
10:25, 244, 246, 247

10:25-29, 247
10:32, 341
11:17-34, 223n5
11:23-25, 268
11:25, 85n136
11:27, 214
12, 195
12:3, 223n5, 338
12:7, 313
12:12-31, 295
12:13, 307
13:1-13, 313
15:3-4, 349
15:3-5, 310
15:9, 349
15:10, 106n9, 116, 295
15:22, 51
15:28, 219

2Coríntios
1:8, 352
3, 122n5, 195
3:5, 145
3:6, 133, 268-269, 272, 275
3:6-7, 90
3:6-18, 85n136
3:13-14, 272, 275
3:18, 56
4:7, 145n57
4:8-9, 345
4:10, 306
5:10, 110, 154, 157, 311, 322
5:17, 105, 116, 306
5:17-18, 49
5:19, 88, 90, 149
5:19-21, 92
5:21, 50, 87, 104n7, 149
6:1, 77, 106n9, 337
6:9-10, 308
8-9, 295
8:9, 295, 308, 310, 310n14, 312
8:13-15, 313
9:8-10, 314, 316
9:10, 77
9:13, 312
9:15, 295
11:7-21, 314
11:15, 74, 74n102, 75, 87
11:22, 281
11:28, 345
12:8-10, 308

12:9, 117
12:9-10, 296
13:5, 108

Gálatas
1:4, 144, 170
1:6, 296, 306
1:6-7, 201
1:6-8, 200
1:7, 200
1:10-11, 302
1:11, 303
1:13, 216, 277
1:13-14, 239, 276, 277
1:13-16, 184, 216
1:13-17, 303
1:14, 212
1:15-16, 232, 264
1:16, 127, 198
1:23, 169
2, 94, 115, 159, 160, 183, 185, 192, 193, 199, 226, 278
2:1-10, 185, 192, 207
2:1-16, 228
2:3, 186
2:4, 186, 192
2:4-5, 212
2:5, 302
2:6-9, 286
2:7, 275, 275n16
2:7-9, 208
2:8, 252
2:8-9, 198
2:9, 187n9
2:10, 347n7
2:11-13, 151, 188, 199, 228
2:11-14, 174, 175n8, 193, 207, 209, 215, 243, 246, 247, 270
2:11-16, 94, 190, 197
2:11-21, 247, 350
2:12, 66, 187, 212
2:14, 222, 223, 284, 342 2:15, 66, 98, 261, 262, 281
2:15-16, 99, 112, 166, 177, 275
2:15-21, 199
2:16, 36, 57, 66, 68, 87, 88, 89, 100, 146, 147, 158, 174, 183, 185, 194, 201, 205, 207, 208, 214, 217, 219, 226, 228, 234, 279

ÍNDICE DAS ESCRITURAS

2:16-21, 196, 223
2:18-19, 189
2:19, 267, 283, 306
2:19-20, 104, 115, 308
2:19-21, 296, 321n6
2:20, 80, 81, 105, 116, 295, 296, 324, 339
2:21, 36, 133, 134, 144, 145, 172, 225, 295
3, 155
3:1, 233
3:1-5, 196
3:1-14, 272
3:2, 67, 202
3:2-5, 91
3:6, 88, 90, 127, 128, 168n2
3:6-9, 126, 130
3:7, 126
3:8, 127, 128, 129, 310
3:8-9, 111
3:9, 168n2
3:10, 89, 91, 130-132, 134, 132n23, 134n26, 143, 145, 159, 162, 169, 174, 177, 214, 272, 275
3:10-14, 121, 130, 143, 162, 169
3:11-12, 175
3:12, 130, 177
3:13, 242, 275
3:13-14, 170
3:16, 122n5, 129
3:17, 272
3:18, 296
3:19, 272
3:21, 133, 144
3:21-22, 305
3:22, 169
3:22-23, 258
3:23, 133
3:23-24, 242
3:23-26, 123
3:23-4:7, 91
3:24-25, 223
3:24-27, 49, 86
3:26-28, 223n5
3:27, 50
3:27-29, 129
3:28, 172, 224, 344
4:1-7, 307
4:4, 258
4:4-7, 172

4:6, 118
4:8-9, 303
4:8-10, 222n3
4:10, 185n8
4:19, 105
4:21-31, 122n5, 302, 305
4:25, 178
5:2-12, 91
5:3, 91
5:4, 76, 108, 322, 337
5:4-6, 203
5:6, 61, 63, 63n64, 65, 65n75, 104n6, 111n1, 203-204, 306, 340
5:13, 91
5:13-6:10, 91
5:14, 91
5:18, 302
5:19, 76
5:21, 76, 88
5:22-23, 95
5:23, 92
5:24, 306
5:25, 105, 305
6:2, 92, 263, 272
6:4, 74, 74n100, 76, 110, 155
6:4-9, 176
6:7-8, 338
6:7-10, 82, 321
6:8, 76, 311, 321
6:8-9, 82, 84
6:8-10, 76
6:9, 76, 110, 155
6:9-10, 312, 320
6:10, 91, 312
6:11-16, 91
6:12-13, 91
6:14, 306
6:14-16, 144
6:15, 66n75, 302, 306
6:16, 133, 162, 177

Efésios
2:8, 87
2:8-10, 326n3, 339
2:9-10, 312, 320
2:11, 213n24
2:15, 344
4:3, 347n7
5:5-6, 88
6:5, 351

Filipenses
1:5-7, 313
1:6, 73, 75, 77, 81, 108
1:11, 77
2:5-11 274n14
2:6, 312
2:6-8, 310
2:6-11, 223n5, 274
2:12-13, 92, 312, 320, 326
2:13, 77, 81, 320
3:2, 271
3:2-8, 240
3:2-11, 284
3:3, 90
3:3-11, 134
3:4-6, 21, 242, 262, 303
3:4-11, 348
3:5, 262
3:6, 130, 189
3:8, 272
3:9, 87, 145, 146, 149, 283
3:12-14, 337
4:10-20, 295, 313, 314
4:19, 314

Colossenses
2:12, 87
3:5-6, 88
3:11, 213n24, 344
3:22, 351
4:11, 213n24

1Tessalonicenses
1:3, 111n1
1:8-10, 111n1
1:9, 342
1:9-10, 222n3
2:8, 345
2:12, 312
2:14-16, 212
2:17, 347n7
3:2, 320
3:2-10, 111n1
4:13, 352
5:8, 111n1

1Timóteo
2:9-15, 351

2Timóteo
1:9, 326n3
1:15, 345

PERSPECTIVA *sobre* PAULO 361

ÍNDICE DAS ESCRITURAS

2:15, 347, 347n7
4:9, 347n7
4:10, 345
4:14, 87
4:16, 345
4:21, 347n7

Tito
1:10, 213n24
2:14, 312, 320
3:5, 326n3, 339
3:12, 347n7

Filemom
1:6, 307
1:15-19, 307

Hebreus
4:11, 347n7

Tiago
2:14-26, 329
2:17, 78, 79n115, 204
2:20, 204
2:24, 79, 84, 84n130
2:26, 78

1Pedro
4:16, 334

2Pedro
1:10, 347n7
1:15, 347n7
3:14, 347n7
3:16, 346

Apocalipse
21:1, 253

OBRAS DEUTEROCANÔNICAS

Tobias
1:10-12, 210n11
12:9, 144n54
13:11, 255, 332n3

Judite
5:6-9, 123
10-12, 210n11
12:1-4, 210n11
12:19, 210n11

Adições em Ester
10:8-12, 147
14:17, 210n11

Sirácida
3:3, 144n54
3:30, 144n54
11:32, 140
15:12, 140
27:30, 140
32:17, 140
44:20, 125
45:23, 144n54

1Macabeus
1:11-15, 239n28
1:62-63, 209n3
2:44, 140

2:48, 140
2:52, 126
2:62, 140

3Macabeus
3:4-7, 210n11

4Macabeus
5-6, 209n3
5:2, 210n11
8-12, 209n3
17:22, 144n54

ÍNDICE DE TEMAS

Abraão, 27, 43, 111, 123-129, 141-143, 158-159, 162, 168-171, 173, 175, 178-179, 254, 272, 273, 302. *Cf.* também descendência de Abraão
ação, 105, 116, 311, 319, 323, 324
aliança
  antiga, 272, 275
  e a graça, 19
  e a justiça, 21-22
  e a Torá, 237
  e Cristo, 21, 275
  e Israel, 21
  e os não judeus, 290
  nomismo da, 19, 46, 85, 121, 130, 224
  nova, 268-269, 275
  Sanders sobre a, 300
amor, 29, 61, 91-92, 203-204
Antioquia, 94, 159, 174, 185, 187, 193, 207-210, 246, 247, 288, 289, 304, 333, 342
antítese, 306
apocalíptica, 40
apóstolo dos gentios/ nações. *Cf. em* gentios
arrependimento, 180
atos. *Cf.* obras

Barnabé, 186-187, 192

cães, 240-241
catolicismo romano
  caricatura do, 83
  Dunn sobre, 205
  e a fé, 57-59, 202-206
  e a justiça, 50
  e a justificação, 47-56, 202-203, 204, 350
  e a Nova Perspectiva, 46, 84-85, 200-202
  e a participação em Cristo, 319

e o amor, 203-204
e o evangelho, 204-206
e o judaísmo, 46, 100
e o julgamento final, 73-82
e o legalismo, 46
e o nomismo da aliança, 64
e o protestantismo, 205, 350
e obras, 65-73
e Paulo, 47-51, 57, 65-67, 73-77, 82, 97, 100, 102, 320
e Sanders, 55-56, 64-65, 72-73, 81-82, 93, 103
graça, 57-60, 61, 102
soteriologia, 46
Cefas. *Cf.* Pedro
circuncisão, 80, 174-175, 200-204, 210
Código da Santidade, 218
comunidades, novas, 340
contexto histórico, 93, 199, 234, 334
"conversão" de Paulo, 216-217, 348
Coríntios (receptores das cartas), 247
Cornélio, 190, 191, 213
cristianismo
  a relação de Paulo com o, 232, 334, 341
  e a lei, 91
  e a salvação, 92
  e o Espírito, 195
  e o judaísmo, 93-94, 184, 234-235, 253, 276, 279, 341
  gentio, 90
  início do, 194
cristologia, 120, 138, 168, 308
descendência de Abraão, 129, 134, 275, 305. *Cf. também* Abraão
Deus

dom de, 172
e a aliança, 20
e a fé, 168-169
e a salvação, 94-95
e Abraão, 168, 171
e Cristo, 311
e Israel, 132-134, 177-178, 309
e o amor ao próximo, 22
e o judaísmo, 341-342
justifica, 147
misericórdia, 309
povo de, 22
dom
  coerência do, 312, 337
  concepção greco-romana do, 297
  da justificação, 148, 176-177
  da vida eterna, 337
  de Deus, 172
  definição de, 296-298
  domínio semântico do, 295
  e a fé, 168
  e a graça, 105, 294-295, 314, 325, 330-331
  e a reciprocidade, 313-314, 322-323, 326
  e a resposta, 311
  e a salvação, 338
  e as ações, 107, 171, 312
  e Cristo, 225, 296, 303, 304-305, 331-333
  e missiologia, 315
  e o judaísmo, 340
  e o juízo final, 107, 322
  e o retorno, 297
  incoerência do, 295, 296, 305, 325, 337
  justiça como, 87-89, 145-146, 149
  nova perspectiva sobre o, 295, 314-316
  Paulo sobre, 305, 311, 316, 328, 329
  perfeições do, 298, 317

PERSPECTIVA *sobre* PAULO   363

ÍNDICE DE TEMAS

perspectiva do dom
sobre Paulo,
43, 294-295, 305, 308,
311, 314-316, 317, 318,
336-337

ἐκκλησία, 335, 341
energismo, 106, 312, 319
"entrar em"/"permanecer
em", 31, 64, 103, 108, 300
escatologia, 351
Espírito Santo, 26, 53, 61,
92, 106, 107, 195
estudos do Novo
Testamento, 19, 97, 235
ética, 295, 305, 310, 351
evangelho
a verdade do, 186, 194-
195, 219, 223
Dunn sobre, 25, 204-206
e a humanidade, 286
e a justificação, 200
e a lei, 243, 263
e a missão, 24, 25
e a salvação, 265, 274
e o catolicismo, 204-206
e o ecumenismo, 195
e o judaísmo, 286
e os gentios, 159-160,
188, 200, 279
e os não judeus, 286
e Paulo, 197, 200, 243,
262-264, 278-279
em Gálatas, 219
Escritura, 309-310

fanatismo, 211
farisaísmo, 241
fé
Bento XVI sobre a, 62-63
confiança, 126-127, 130,
168, 304
de Abraão, 125-127, 130,
141, 158, 168
e a crença, 110, 141
e a graça, 105
e a justificação, 56,
57-60, 61, 87, 196, 203,
348-350
e a justiça, 149
e a promessa, 168
e as obras, 87, 94, 97, 141,
158, 165
e Deus, 168-169

e o amor, 203-204
e o dom, 168
em Cristo, 103-104,
222-224, 226
fidelidade, 111
Fitzmyer sobre a, 62-63
no catolicismo, 56-65, 84,
203-204
Paulo sobre a, 57, 97, 103,
168, 196, 222
πίστις, 126, 169, 223
πίστις Χριστοῦ, 304
Sanders sobre a, 64-65
somente pela (sola),
63, 64-65, 79-81, 84,
203-204
Trento, Concílio de,
sobre a, 61, 79-81
Félix, 249
Fílon, 123-124, 179, 180, 211
fruto do Espírito, 92, 95

Gálatas, epístola aos, 184,
185, 302, 328
Gamaliel, rabino, 248
Gênesis, livro de, 127
gentios
apóstolo dos, Paulo
como, 165, 183, 184,
190, 198, 252, 265, 285
cristãos, 90, 184
e a graça, 171, 224, 303
e a lei, 177, 271
e a salvação, 165, 177,
265-266, 274, 289-291
e a Torá, 164
e Abraão, 143
e as leis alimentares, 209
e o evangelho, 159-160,
188, 200, 279
e o judaísmo, 94, 165,
184, 189, 211-212
e Paulo, 24, 30-32, 127,
165, 177, 184, 190, 192-
193, 232, 264-266, 285
e Pedro, 192
missão com os, 24, 25,
183-184, 186, 190, 193-
194, 222, 264-266, 290,
331
prosélitos, 185, 189, 222
cf. também nações
graça
Barclay sobre, 317-318

cair da, 322, 337
coerência da, 326
como poder, 117
como relação, 106-107
Das sobre, 167
e a aliança, 20
e a justificação, 57-60,
61, 154
e a natureza, 102-103
e a perspectiva do dom,
336
e Abraão, 168, 171
e ação, 30-32, 115-116
e as obras, 143, 156, 318-
320, 321, 323-324, 338
e Cristo, 134, 303-304
e fé, 105
e Israel, 278, 308
e o "eu", 105
e o dom, 105, 294-295,
314, 325, 330-331
e o judaísmo, 19, 168,
173, 224-225, 236, 299,
300-302
e o julgamento, 107-108
e o pecado, 102-103
e os gentios, 171, 223, 303
incoerência da, 105, 168,
224, 294, 296, 306-308,
325-326
incondicionada, 311, 318
multifacetada, 300-302
no catolicismo, 102
no protestantismo, 102
nova perspectiva sobre,
171-172, 224, 300
perfeição da, 300
Sanders sobre, 224, 300,
317-318, 330-331
Trento, Concílio de,
sobre, 61
gramática da linguagem
paulina, 305

halakah, 165, 245, 248
história da interpretação,
18, 112, 299

idolatria, 210, 218, 333
igreja, 335, 341
impiedade, 140
indulgências, 113
intérpretes medievais, 48,
51-52, 58-60, 67-69, 77-79

ÍNDICE DE TEMAS

intérpretes patrísticos, 48, 51-52, 58-60, 67-69, 77-79
Israel
  de Deus, 132-134, 177-178
  descrença de, 287
  e a aliança, 27-28
  e a graça, 278, 308
  e a lei, 271
  e a salvação, 253, 286-287
  e a Torá, 256
  e Cristo, 309
  e Deus, 309
  e os não judeus, 246, 256
  e Paulo, 100, 132-134, 246, 286-287
  exílio, 27-28
Jesus Cristo
  chamado de, 306
  confiança em, 304
  conformidade a, 118
  e a aliança, 28, 268-269, 274-276
  e a graça, 303-304
  e a incoerência, 305
  e a justiça, 50
  e a lei, 90, 134, 273
  e a salvação, 18, 105, 144, 253, 274, 290
  e a Torá, 162, 284
  e as obras, 76-77
  e Deus, 311
  e Israel, 309
  e o dom, 225, 296, 303, 305, 331-333
  e o judaísmo, 253-255, 273, 276, 277, 283, 289
  e o julgamento final, 75
  e Paulo, 20, 116, 277
  πίστις Χριστοῦ, 304
  fé em, 103-105, 222-223, 226
  justificação em, 26, 118
  Messias, 273, 309
  morte de, 132
  participação em, 27, 48-53, 76, 105, 320, 350
  sacrifício de, 174
  sangue de, 268-269
  cf. também cristologia
Josefo, 123
Journal of the Jesus Movement in Its Jewish Setting, 23
judaísmo

a relação de Paulo com, 24, 35-37, 184, 232, 234, 237-242, 248-252, 260, 261-262, 265-266, 277, 279-280, 281-285, 288-289, 302, 340, 341, 348
  conflito com, 232, 241, 281
  do Segundo Templo, 19, 24, 34
  e Abraão, 171, 173
  e Cristo, 253-255, 273, 276, 277, 283
  e Deus, 341-342
  e a conversão, 279, 288
  e a graça, 19, 168, 173, 224-225, 236, 299, 300-302
  e a justificação, 21
  e a lei, 137, 177, 282
  e a missão, 190, 265-266
  e a salvação, 253-255, 273-274
  e a Torá, 165
  e as ações, 26
  e as nações, 217, 255-256
  e o catolicismo, 47, 100
  e o cristianismo, 93-94, 184, 234-235, 253, 276, 279, 289, 341
  e o dom, 340
  e o evangelho, 286
  e o legalismo, 20, 31, 42, 46, 83, 120, 122, 144, 150, 233, 237, 347-348
  e o pecado, 99
  e os gentios, 94, 165, 184, 189, 211-212
  e os não judeus, 258-260, 270
  intensificação do, 216
  limite do, 282
  modelo binário de, 282-283
  nova perspectiva sobre o, 26, 29
  perspectiva de Paulo dentro do, 38-40, 99, 100, 215-216, 227-228, 232, 238, 239-241, 260, 261-262, 269, 270, 278, 279-280, 281-282, 287, 289, 295, 330, 340-341
  rabínico, 17

rituais do, 185
  Sanders sobre o, 34
  Trento, Concílio de, sobre o, 70
  judaizantes, 227, 240, 260, 341
  julgamento, final
  comentaristas medievais e patrísticos sobre, 77-79
  e a justificação, 31-32, 75
  e o castigo, 76
  e o dom, 107, 322
  e obras, 28, 73-82, 89, 107, 154-155, 157
  e salários, 76-77, 110
  Sanders sobre, 81-82
  Trento, Concílio de, sobre, 79-81
justiça
  e a aliança, 28
  e a fé, 149
  e a justificação, 350
  e Abraão, 171
  e as ações, 150-151
  e o dom, 145-146, 149
  e o pecado, 87-89
  e Paulo, 150-151
  δικαιόω, 105, 146
  nacional, 27
  participação em Cristo, 50, 350
  Sanders sobre, 56, 150-151
  termo de transferência, 56
justificação
  Campbell sobre, 42
  "contenção", significado de, 87
  δικαιόω, 117, 146
  concepção tradicional de, 145
  Dunn sobre, 202-203
  e a conformidade a Cristo, 118
  e a fé, 56, 57-60, 61, 84, 87, 196, 203, 348-350
  e a graça, 57-60, 61, 154
  e a justiça, 350
  e a lei, 135
  e a salvação, 21

PERSPECTIVA sobre PAULO 365

ÍNDICE DE TEMAS

e as obras, 26, 65-67, 75, 87, 155, 156-157, 176-177
e Cristo, 26, 118
e discussão, 146
e o amor, 203
e o catolicismo, 46-56, 84, 202-203, 204, 350
e o dom, 148, 176-177
e o evangelho, 200
e o julgamento, 75
e o julgamento final, 75
e o mérito, 60-61
e o perdão dos pecados, 48, 51-52
e os judeus, 26
e Paulo, 21, 26, 55, 57, 65-67, 145, 196
em Deus, 147
em Gálatas, 203
individual, 115
paralelismo vs. identidade, 86-87
participação em Cristo, 48-53
Pitre sobre, 86
realista, 117
retórica, 27, 54, 56, 350
Sanders sobre, 55-56
somente por atribuição, 55
Trento, Concílio de, sobre, 52-56, 61
Wright sobre, 28
lei
delimitadores, 25, 135, 154
Dunn sobre, 207-208
e a justificação, 135
e a obediência, 130, 135, 178
e a salvação, 21, 276-277
e a Torá, 258
e Abraão, 137-138
e Cristo, 90, 134, 273
e Israel, 272
e o "eu", 144
e o amor, 91
e o Espírito, 91-92
e o evangelho, 243, 262-264
e o judaísmo, 137, 177, 282

e o legalismo, 144, 159, 166
e os gentios, 177, 272
e os não judeus, 258
e Paulo, 65-68, 130-132, 199, 243, 266-267, 272, 285
e Qumran, 136-137
exclusivismo nomístico, 259, 334
Mateus, Evangelho de, sobre, 328-329
nomismo da aliança, 19, 64, 85, 236
nomismo eletivo, 121
obediência à, 244
obras da, 25, 65-73, 99, 113, 134-137, 138, 151-152, 174, 176, 188-189, 199, 207-208, 348
prática da, 174, 175, 188
Trento, Concílio de, sobre, 70
legalismo
e a lei, 144, 159, 166
e o judaísmo, 20, 31, 42, 46, 83, 120, 122, 144, 150, 233, 236, 347-348
e o catolicismo romano, 46
e os não judeus, 166
Nova Perspectiva sobre, 144
leis alimentares, 188, 189, 200, 201, 228, 280
Lucas, 189-197, 207, 219, 249, 250
luteranismo, 47

mandamentos, 91
Marcos, Evangelho de, 190
Martinho Lutero, 60, 183
Mateus, Evangelho de, 190, 328-329
missão com os gentios/ nações. Cf. sob gentios
modelo, Paulo como, 183, 249
mutilação, 271

nações, 97, 127-128, 217, 332, 333-334. Cf. também gentios
nova criação, 304-305

Noé, 178-179
Nova Perspectiva sobre Paulo
Barclay sobre, 325, 333
Dunn sobre, 23-24, 25, 183, 199, 221-222
e a Antiga Perspectiva, 40-43
e a graça, 171-172, 224, 300
e a missão gentílica, 222
e as ações, 138
e o catolicismo, 46, 84-85, 200-202
e o contexto, 199
e o etnocentrismo, 140
e o judaísmo, 26, 29
e o legalismo, 144
e Sanders, 18, 46, 300
obras da lei, 207
perspectiva do dom sobre, 295, 314-316
perspectiva mais recente sobre Paulo, 122
prática da lei, 39
princípios comuns, 29
respostas a, 31-37
respostas protestantes a, tradicional, 32-37, 161

obediência
e a lei, 129, 135, 178
e Abraão, 123-130, 141, 161, 173, 178
e as ações, 154
perfeita, 122, 130-134, 178
obras
Bento XVI sobre, 71
da lei, 25, 65-73, 99, 113, 134-137, 139, 151-152, 174, 176, 188-189, 199, 207-208, 348
Dunn sobre, 207-208
e a fé, 87, 94, 97, 141, 158, 165
e a graça, 143, 156, 318-319, 321, 323-324, 338
e a justiça, 150-151
e a justificação, 26, 61, 65-67, 76, 87, 155, 156-157, 176-177
e a obediência, 152-154
e a recompensa, 323-324
e a Reforma, 183

366 PERSPECTIVA *sobre* PAULO

ÍNDICE DE TEMAS

e a Torá, 68-69
e Cristo, 76-77
e o catolicismo, 65-73
e o dom, 107, 171, 312-313
e o empenho, 140
e o julgamento final, 28, 73-82, 89, 107, 154-155, 157
e o luteranismo, 86
e os delimitadores, 154
e os salários, 76-77, 110, 139, 152-154, 155-156, 176
e Paulo, 65-68, 97, 107, 109-110, 150-151, 176, 199
intérpretes medievais e patrísticos sobre, 67-69
necessidade das, 321
Nova Perspectiva sobre, 138
Sanders sobre, 72-73, 81-82, 150
Trento, Concílio de, sobre, 61, 70, 79-81
Wright sobre, 29

paradoxo, 308
paralelismo, 86
pastores, 344, 345, 346
Paul and Palestinian Judaism (Sanders), 19, 83, 331
Paul and the Gift (Barclay), 108, 168
Paul: The Apostle's Life, Letters, and Thought (Sanders), 22
Paulo, a lei e o povo judeu (Sanders), 18, 19
pecado
das nações, 99
e Abraão, 141-143
e expiação, 143
e graça, 102-103
e justiça, 87-89
e os não judeus, 99
e Paulo, 97-99
perdão do, 98, 114
protestantismo sobre, 102-103

Pedro, 186-188, 190-197, 207-210, 212-214, 219, 229, 304
perspectiva de Paulo dentro do judaísmo. *Cf.* sob judaísmo
praticidade, 352
protestantismo
e a graça, 102
e a perspectiva do dom, 326
e o catolicismo, 205, 350
e o pecado, 102-103
leituras de Paulo, 120, 122, 167, 173-174, 340
respostas à nova perspectiva, tradicional, 32-37, 161
provação, 125

raça, 351
Reforma, 94, 183, 199
religião, 299
reelaboração, 306
reunião em Jerusalém, 192

Shabat, 244
sacrifício, 21, 130, -174-175, 180
salvação
da humanidade, 232-233
das nações, 252, 255-256
do mundo, 252-253
dos cristãos, 92
e a justificação, 21
e a lei, 21, 276-277
e a mudança moral, 312
e a recompensa, 337-338
e a Torá, 162-164
e Cristo, 20-22, 105, 144, 253, 274, 290
e Deus, 94-95
e Israel, 253, 286-287
e o catolicismo, 46
e o dom, 338
e o evangelho, 265, 274
e o judaísmo, 253-255, 265, 273-274
e o mérito, 338
e os gentios, 165, 177, 265-266, 274, 289-291
e os não judeus, 260, 262
e Paulo, 20, 177, 232, 286-287, 305-306

em Gálatas, 305
individual, 99, 114-115
inicial *vs.* final, 337
morte e ressurreição, 305-306
para todos, 24
solução para uma situação problemática, 21
Sara, 124
sinergismo, 312, 320
Sonderweg, 254, 264, 308
σπουδάζω, 347

teologia, 96-97, 227, 234, 235, 238, 266, 294-296, 306, 308, 312, 315
Theology of Paul the Apostle, The (Dunn), 25
Tiago, 79, 186-188, 193, 208, 210, 212, 213, 228, 246, 246, 270
Tiago, carta de, 194, 329
Tito, 186
Torá
divisão genealógica, 256
e a aliança, 175
e a lei, 258
e a salvação, 162-164
e Cristo, 162, 283
e Israel, 256
e o judaísmo, 165
e o movimento de Jesus, 333-334
e os gentios, 164, 165
e os não judeus, 256-259, 334
e os sacrifícios, 21
e obras da lei, 68-69
e Paulo, 20-22, 99-100, 162, 164, 165, 238, 242-244, 247, 249-252, 256, 256-259, 266-267, 281, 285, 334
e prática da lei, 69, 99
interpretações da, 245, 251-252
obediência à, 243-245, 250
padrão moral, 164-165
transgressões da, 21
Trento, Concílio de, 47-48, 52-53, 55-56, 61-63, 70, 79, 84

PERSPECTIVA *sobre* PAULO 367

Este livro foi impresso pela Eskenazi
para a Thomas Nelson Brasil em 2021.
O papel do miolo é pólen soft $70g/m^2$,
e o da capa é cartão $250g/m^2$